सामाजिक समरसता

सामाजिक समरसता

नरेंद्र मोदी

संपादन

किशोर मकवाणा

प्रभात
पेपरबैक्स
www.prabhatbooks.com

प्रकाशक

प्रभात पेपरबैक्स

प्रभात प्रकाशन प्रा. लि. का उपक्रम

4/19 आसफ अली रोड, नई दिल्ली–110002

फोन : 23289777 • हेल्पलाइन नं. : 7827007777

इ–मेल : prabhatbooks@gmail.com ❖ वेब ठिकाना : www.prabhatbooks.com

संस्करण

2022

अनुवाद

श्री प्रेमशंकर भट्ट

मूल्य

तीन सौ रुपए

मुद्रक

नरुला प्रिंटर्स, दिल्ली

———— ★ ————

SAMAJIK SAMRASTA *(Articles & Lectures)*
by Shri Narendra Modi

Published by **PRABHAT PAPERBACKS**
An imprint of Prabhat Prakashan Pvt. Ltd.
4/19 Asaf Ali Road, New Delhi-110002

ISBN 978-93-5048-235-3

₹ 300.00

समाज की एकता
और
देश की अखंडता
के लिए
सतत आहुति देनेवालों
को
सादर समर्पित

प्रस्तावना

भारत के राष्ट्र-जीवन का आधार सदैव आध्यात्मिक रहा है। सर्वजन में एक ही तत्त्व को देखनेवाली यह संस्कृति विश्व में बेजोड़ है। 'माताभूमिः पुत्रोऽहं पृथिव्याः', धरतीमाता है और हम सब उसके पुत्र हैं अर्थात् सारे विश्व के लोग हमारे भाई हैं—यह घोष यहाँ हुआ। परिणामतः ऊँच-नीच का भाव नहीं रहा। समाज-विकास में हरेक का अपना महत्त्व है, इसका ध्यान रखा गया। इसी विश्वास के आधार पर यहाँ युगानुकूल समाज-रचना का विकास हुआ। विकास का उच्च शिखर हमने सभी क्षेत्रों में देखा। सारे विश्व ने इस विचारधारा का स्वागत किया।

काल-प्रवाह में यह स्थिति कायम रखने में हम नाकाम रहे। वैश्विकता के भाव को हम भूल गए। अपने भाई को हमने अपने से दूर किया। उन्हें अराष्ट्रीय, असामाजिक क्षेत्र में जाने हेतु विवश किया और हम सिकुड़ते गए। तब करुणामय भगवान् बुद्ध ने पंचशील के आधार पर समाज में नवचेतना जगाई। समाज ने फिर करवट ली और हम फिर से विश्व-संचार करने लगे। यह सारा इतिहास हम सबके सामने है।

विकास-क्रम में समाज का नेतृत्व करनेवाले सभी जातियों में से आते थे। अपने व्यक्तित्व और कृतित्व के द्वारा उन्होंने समाज में श्रेष्ठ स्थान बनाया। 'चित्तविनोदिनी' ग्रंथ में एक श्लोक आता है—

वेश्यागर्भ समुत्पन्नो वसिष्ठश्च महामुनिः।
दासीगर्भ समुत्पन्नो नारदश्च महामुनिः॥
कैवर्तीगर्भ उत्पन्नो व्यासश्च महामुनिः।
क्षत्रियागर्भ समुत्पन्नो विश्वामित्रो महामुनिः॥ १॥
शृंगीगर्भ समुत्पन्नो ऋष्यशृंगो महामुनिः।
कुम्भीगर्भ समुत्पन्नो अगस्त्यश्चैव महामुनिः॥
शूद्रीगर्भ समुत्पन्नो कुशकश्व महामुनिः॥
तपस्याद् ब्राह्मणो भूयात् तस्माज्जातिर्नि कारणम्॥ २॥

समाज-विकास को दिशा देनेवाले ऋषि-मुनि सभी जाति से आए थे। अपने तप-बल के आधार पर उन्होंने श्रेष्ठ स्थान पाया था।

मुगलों के पश्चात् अंग्रेज यहाँ आए। अपनी राजनीतिक स्वार्थ-पूर्ति हेतु उन्होंने यहाँ अनेक भेद खड़े किए। हिंदुत्व को, राष्ट्रीयत्व को क्षीण करने का षड्यंत्र उन्होंने रचा, जिसे डॉ. बाबा साहब अंबेडकरजी ने समझा। उन्होंने भगवान् बुद्ध के सपनों को साकार करने का अथक प्रयास किया, अपने ही समाज में आई बुराइयों को दूर करने का बीड़ा उठाया। वंचित वर्ग में प्रेरणा जगाकर उसमें ऊपर उठने की ललक जगाई।

समाज-विकास की चिंता करनेवाले आज भी परिस्थिति को समझते हैं। आज समाज को तोड़नेवाली शक्तियाँ पूर्वकाल से भी ज्यादा सक्रिय हैं। उन्हें परास्त कर हमें सारे समाज को परम वैभव तक ले जाना है। अत: सारा समाज मेरा अपना है—यह भाव जगाकर समाज रूपी भगवान् की आराधना करनी होगी और इस भाव को वैयक्तिक, पारिवारिक, सामाजिक, व्यावसायिक एवं सांस्कृतिक क्षेत्र में व्यावहारिक रूप में खड़ा करना होगा। राष्ट्रीय स्वयंसेवक संघ से प्रेरणा पानेवाला स्वयंसेवक वर्ग एवं साधु-संतों से दिशा लेनेवाला समाज इस दिशा में सक्रिय हुआ है। इनके अनेक अच्छे परिणाम भी सामने आ रहे हैं।

संघ के स्वयंसेवक श्री नरेंद्र मोदी ने समाज में व्याप्त इस दुःख को दूर करने का संकल्प लिया, जो उनके व्यवहार में दिखाई देता है। उन्होंने समरस समाज के विचार को प्रतिष्ठित करने का सत्प्रयास किया। समाज के विविध प्रश्नों को देखने का उनका अपना ही दृष्टिकोण है। श्री नरेंद्र मोदी की समाज के प्रति जो संवेदना है, वंचितों के प्रति जो कर्तव्य भाव है और सामाजिक समरसता के लिए जो प्रतिबद्धता है, वह उनके प्रवचनों में, उनके लेखों में तथा उनके कार्य में स्पष्ट रूप से दिखाई देती है।

श्री किशोर मकवाना द्वारा इन सब बातों को संकलित कर पाठकों के लिए प्रस्तुत करने का प्रयास अभिनंदनीय है। विश्वास है कि यह पुस्तक समरसता के क्षेत्र में कार्यरत बंधुओं के मन में आत्मविश्वास जगाकर समाज में सामाजिक समरसता का भाव दृढ़ करने में प्रेरणा जगाएगी।

शुभकामनाओं के साथ,

—कुप्.सी. सुदर्शन

नरेंद्र मोदी का समाज-धर्म

ग्राम वड़नगर (गुजरात) सन् १९६२, नरेंद्र मोदी की उम्र १२ वर्ष। वे आठवीं कक्षा में पढ़ते थे। उन्होंने पाठशाला में एक पात्रीय नाटक किया—'पीला फूल'। इस एक पात्रीय नाटक के सृजक और अभिनेता थे—स्वयं नरेंद्र मोदी। नाटक का विषय अस्पृश्यता के साथ जुड़ा हुआ था एक गरीब माँ का इकलौता बालक बीमार हो जाता है। माँ उस बालक के इलाज हेतु इधर-उधर भटकती है, गाँव के वैद्य, तांत्रिक सभी के पास जाती है। कोई भी इस अस्पृश्य बालक का इलाज करने को तैयार नहीं है। दवा के लिए भटकती-फिरती माँ को कोई सलाह देता है कि गाँव के मंदिर में भगवान् को चढ़ाए हुए पीले फूल को प्रसाद के रूप में लाकर बालक को दोगी तो तुम्हारा बालक ठीक हो जाएगा। माँ दौड़ती है, मंदिर की ओर परंतु उसे मंदिर में आने नहीं दिया जाता है। दूसरी ओर बीमार बालक अकेला ही घर में तड़प रहा होता है। अंत में हारी-थकी माँ सब तरह से प्रताड़ित और अपमानित होकर घर वापस लौटती है। तब तक बालक मर चुका होता है।

आठवीं कक्षा में पढ़ते समय नरेंद्र मोदी ने स्कूल के बालकों को संदेश दिया—

"प्रभु के प्रसाद रूपी फूल पर सबका समान अधिकार है।"

□

शहर धोलका और सन् १९८४ खाराकुवा में कुबेरजी मंदिर के पास के अखाड़े के सामने जैन उपाश्रय में राष्ट्रीय स्वयंसेवक संघ द्वारा मकर संक्रांति उत्सव में संघ प्रचारक नरेंद्र मोदी का बौद्धिक। उनके हृदय से शब्द निकलते हैं—"भारत के प्रत्येक उत्सव में एक सामाजिक विज्ञान है। मकर संक्रांति उत्सव समाज को एक तार में गूँथता है; समाज में सौहार्द, सामंजस्य और मिले-जुले सहयोग का वातावरण पैदा करता है। स्नेहभाव सरिता हम में प्रवाहित करने का संदेश देता है। मकर संक्रांति समाज में उत्साह, उमंग और गति का निरूपण करता है, ताकि उत्सवों द्वारा समाज की विकृति दूर करने की,

समाज–प्रबोधन की, समाज की एकता की और सामाजिक समरसता की अनुभूति प्रस्थापित करने की धीमी, परंतु एक निश्चिंत प्रक्रिया चलती रहे। उत्सव हमारे अंदर सामाजिक विकास और उत्थान का भाव उत्पन्न करता है।''

☐

शहर गांधीनगर 'सन् २००१' धनतेरस का दिन!

नरेंद्र मोदी ने ७ अक्तूबर, २००१ के दिन गुजरात के मुख्यमंत्री का पदभार सँभाला। पदभार ग्रहण करने के बाद वे अधिकृत रूप से मुख्यमंत्री निवास में रहने जाने वाले थे। शुभ दिन और शुभ मुहूर्त था—धनतेरस का पवित्र दिन। श्री नरेंद्र मोदी के लिए यह अवसर मात्र गृह–प्रवेश का नहीं था, बल्कि सामाजिक समरसता की अपने हृदय में वर्षों से संचित भावगंगा की अभिव्यक्ति के साथ गृह–प्रवेश का था। नरेंद्र मोदी ने तभी मन–ही–मन निश्चय कर लिया था कि गृह–प्रवेश के समय एक दलित बाला के हाथों से कुंभ रखा जाएगा। सामाजिक समरसता का इससे बड़ा प्रामाणिक, सुंदर तथा व्यावहारिक संदेश और क्या हो सकता है?⋯और धनतेरस के पवित्र दिन अधिकृत मुख्यमंत्री निवास–स्थान पर 'रविना नरेश कुमार जादव' नाम की एक दलित बाला के हाथों कुंभ रखा गया। उसके पश्चात् ही हुआ श्री नरेंद्र मोदी का गृह में प्रवेश।

इन तीन प्रसंगों के बीच एक लंबा अंतराल गुजर गया। उम्र के विविध आयामों से गुजरने के उपरांत भी नरेंद्र मोदी के विचार और व्यवहार की एकसूत्रता अभी भी गुँथी हुई है। उनके हृदय में समाज के प्रति संवेदना और सामाजिक समरसता की भावगंगा बहती रहती है।

चाहे जैसा भी माहौल हो, परंतु सामाजिक संवेदना का स्पर्श देना श्री नरेंद्र मोदी के व्यक्तित्व की अनोखी विशिष्टता है। उस दिन मुख्यमंत्री के निवास–स्थान पर रक्षाबंधन का उत्सव मनाया गया था। नरेंद्र मोदी को राखी बाँधने के लिए सैकड़ों बहनें आई हुई थीं। उस समय नरेंद्र मोदी की सुरक्षा के लिए पदस्थ ब्लैक कमांडो पंडाल के बाहर खड़े थे। नरेंद्र मोदी पंडाल में आए। राखी बाँधने का कार्यक्रम प्रारंभ हुआ। एक के बाद एक बहन आकर नरेंद्र मोदी की कलाई पर राखी बाँधने लगी; परंतु मोदी के लिए केवल रक्षाबंधन भाई–बहन के प्रेम और रक्षण का पर्व ही नहीं, बल्कि सामाजिक समता और समरसता का भी पर्व था। उन्होंने सोचा सुरक्षा में लगे हुए ब्लैक कमांडो की कलाइयों पर भी राखी बँधनी चाहिए, उन्होंने सभी ब्लैक कमांडो को अंदर बुला लिया और बहनों से कहा कि इन भाइयों की कलाइयों पर भी राखी बाँधो। सभी बहनें कमांडो की कलाइयों पर राखी बाँधने लगीं। अपने परिवार और बहनों से दूर रहकर कर्तव्य निभाते इन ब्लैक कमांडो के हाथ पर राखी बाँधी जा रही थी, तब इन कमांडो के वज्र हृदय एकदम कोमल बन गए और वे एक अनोखी संवेदना का अनुभव कर रहे थे। अनेक

कमांडो की आँखों में आँसू झिलमिला रहे थे।

मकर संक्रांति उत्सव में उनका बौद्धिक सुना, तब से उन्हें काम करते हुए देखा है, प्रारंभ में मेरे मन में सतत एक प्रश्न घूमता था कि नरेंद्र मोदी मात्र बातें ही करते हैं, विचार ही सब जगह पेश करते हैं या इन बातों पर अमल भी करते हैं? उन्होंने अपने विचारों को व्यवहारों में भी रखा है क्या? इसका निरीक्षण और संशोधन किया, उनके जीवन-व्यवहार का अध्ययन किया तो प्रतीत हुआ कि नरेंद्र मोदी के आचार-विचार और व्यवहार में कहीं भी कोई भेद या अंतर नहीं है। उनके विचारों को जानने-समझने के प्रयत्न में ही इस पुस्तक का सृजन हुआ।

जगद्गुरु शंकराचार्य वाल्मीकि समाज की एक कन्या का सम्मान करें, यह घटना ही कितनी रोमांचित और क्रांतिकारी है—

आज से २० वर्ष पहले... आरक्षण विरोधी आंदोलन का जोर शांत हुआ। इसके कुछ ही वर्ष पूर्व हुई थी यह घटना, जिस पर हिंदू समाज गर्व कर सकता है। सामाजिक समता, ममता और समरसता को इस लोमहर्षक घटना को प्रेरणा परदे के पीछे रहकर नरेंद्र मोदी ने ही दी थी। वे संघ के प्रचारक थे। संघ द्वारा उन्हें राजनीति के क्षेत्र में भेजे हुए एक ही वर्ष हुआ था और गुजरात की राजनीति में जबरदस्त परिवर्तन आया। उनकी प्रेरणा और मार्गदर्शन में सर्वप्रथम प्रांत में भारतीय जनता पार्टी ने अहमदाबाद म्यूनिसिपल कॉर्पोरेशन में सत्ता सँभाली। उस समय द्वारकापीठ के जगद्गुरु शंकराचार्य स्वामी स्वरूपानंदजी अहमदाबाद में चतुर्मास बिताने के लिए आए थे। अहमदाबाद म्यूनिसिपल कॉर्पोरेशन ने उनका सार्वजनिक सम्मान करने का निर्णय लिया था।

उस समय नरेंद्र मोदी ने परदे के पीछे रहकर सामाजिक क्षेत्र की इस क्रांतिकारी घटना को आकार प्रदान किया। उन्होंने कॉर्पोरेशन में सत्ता में बैठे दल के लोगों से कहा, "आप शंकराचार्यजी का सम्मान कर रहे हैं तो अपने यहाँ गुजरात में वाल्मीकि समाज की एक लड़की ने पहली बार डॉक्टर (पी-एच.डी.) की पदवी प्राप्त की है। अतः इस अवसर पर शंकराचार्यजी के करकमलों से इस बहन का सम्मान हो, ऐसी व्यवस्था का आयोजन करना चाहिए।"

गुजरात की धरती पर पहली बार वाल्मीकि समाज में पैदा हुई शारदा बहन वड़ादरा का सम्मान जगद्गुरु शंकराचार्य स्वामी स्वरूपानंदजी ने किया।

समाज के प्रति समर्पण भावना से उत्पन्न नरेंद्र मोदी के इस विचार ने गुजरात के सामाजिक जीवन में एक क्रांतिकारी घटना का सृजन किया।

नरेंद्र मोदी का समाज की तरफ देखने का एक विशिष्ट दृष्टिकोण है। उनकी चिंतन-प्रक्रिया सामान्य मनुष्य को सुखी देखने तक के व्यवहार में प्रकट होती है। उनका केंद्रबिंदु है—सामान्य मनुष्य को सुखी देखना। उनके जो विचार हैं, उसके ही

दर्शन हमें उनके दैनिक जीवन के व्यवहार में, उनकी कार्य-प्रणाली में दृष्टिगोचर होते रहते हैं। इस कार्य-प्रणाली का स्रोत उनमें बचपन से ही प्रवाहित था और यही कारण है कि बालक नरेंद्र मोदी ने 'अस्पृश्यता एक पाप है', 'परमात्मा के दरबार में सब एक समान हैं'—ऐसा संदेश नाटक द्वारा पाठशाला में पढ़ते अपने साथी विद्यार्थियों को दिया था। संघ प्रचारक युवा नरेंद्र मोदी मच्छू डैम टूटने से हुई जनहानि के समय मोरबी के पीड़ितों के दु:ख-दर्द को हलका करने के लिए कई दिनों तक मोरबी में डटे रहे। १९८६-८७ में गुजरात में पड़े अकाल के समय भूखे लोगों के लिए घर-घर से गोलपापड़ी (सुखड़ी) इकट्ठा करने, कार्यकर्ताओं को प्रेरणा देकर काम पर लगाने और मूक जानवरों के लिए घास-चारा इकट्ठा करने के लिए संगठन को साथ लेकर दिन-रात काम में व्यस्त रहे, तो कच्छ के भयानक भूकंप के समय कच्छ में ही रहकर दु:खी लोगों के बीच दीवाली मनाई और शाम को एक दलित बाला के हाथ से रोटी खाकर तृप्ति का आनंद लिया।

मुख्यमंत्री नरेंद्र मोदी आज भी समता, ममता और समरसता के लिए जूझ रहे हैं। उनके आचार-विचार और जीवन-व्यवहार में तिल भर का भी अंतर नहीं, फिर चाहे नरेंद्र मोदी सन् १९८४ के हों या २००९ के।

नरेंद्र मोदी अपना जन्मदिन दरिद्र-नारायण की सेवा में मनाते हैं। सामान्य रूप से तो राजनेता अपना जन्मदिन बहुत ही रंगीन, भव्य और प्रभावशाली माहौल में मनाते हैं, परंतु नरेंद्र मोदी ने अपना जन्मदिन हमेशा की तरह एकदम सादगी से, सामान्य लोगों के बीच रहकर बिहार के बाढ़ग्रस्त लोगों के लिए ५ करोड़ रुपए की सहायता-सामग्री से भरी ट्रेन भेजकर मनाया।

बिहार के बाढ़-पीड़ितों के लिए दो किश्तों में कुल २० करोड़ की सहायता सामग्री भेजकर उनके दु:ख में सहभागी बननेवाले नरेंद्र मोदी आज से ४३ वर्ष पूर्व मात्र १८ वर्ष की अवस्था में बिहार की बाढ़ में सर्वस्व खोनेवाले पीड़ितों की सेवा में भी लगे रहे थे।

नरेंद्र मोदी तब नौवीं कक्षा में पढ़ते थे। श्रावण का महीना था। देश के अनेक भागों में वर्षा से आई बाढ़ ने भयानक तबाही मचाई थी। लोगों ने अपना सर्वस्व खो दिया था। नरेंद्र मोदी ने इस समाचार को पढ़ा। उन्हें लगा कि बाढ़ से पीड़ितों के लिए कुछ-न-कुछ भेजना चाहिए। पर क्या भेजें? पैसे तो थे नहीं। घर की आर्थिक स्थिति भी ऐसी नहीं थी कि माता-पिता से पैसे लेकर भेज सकें। यहाँ भी उनकी बुद्धि ने करिश्मा किया। श्रावण मास में वड़नगर में गौरीकुंड नामक स्थान पर मेला लगता था। नरेंद्र भाई को उनके पिता ने मेले में खर्च करने के लिए एक रुपया दिया। १३-१४ वर्ष के किसी भी बच्चे में स्वाभाविक इच्छा तो मेले में जाकर मजा करने की ही होती है; परंतु नरेंद्र

मोदी को मेले में आनंद मनाने के स्थान पर इन बाढ़-पीड़ितों की अधिक चिंता थी। उन्हें लगा कि पिताजी द्वारा खर्चे के लिए दिया एक रुपया बाढ़-पीड़ितों के लिए भेजना चाहिए। परंतु एक रुपए का मूल्य ही क्या? उन्होंने अपने सहपाठी बालमित्रों से बात की—हम लोग मेले में आनंद मनाने नहीं जाएँगे, अपितु मेले में चाय का एक ठेला लगाएँगे और उससे प्राप्त धन को बाढ़-पीड़ितों के लिए भेजेंगे। दोस्तों के पास से एक-एक रुपया इकट्ठा कर नरेंद्र मोदी चाय बनाने की सामग्री लाए, बरतन और स्टोव घर से लिया। चाय का ठेला लगाया। अच्छी-खासी रकम इकट्ठी हुई और यह सारी रकम बाढ़-पीड़ितों को भेज दी गई।

बहुत ही कड़क और कठोर शासक की छवि रखनेवाले नरेंद्र मोदी का हृदय वंचितों-पीड़ितों के प्रति हमेशा संवेदना, करुणा और ममता से छलका ही रहता है। पीड़ितों की वेदना का वे अनुभव करते हैं। वैष्णव जन हृदय रखनेवाले नरेंद्र मोदी 'पीर-पराई' को जानते हैं और यह उनका जन्मजात गुण है

नरेंद्र मोदी का भावी विश्व रहा है—'आत्मवत् सर्वभूतेषु' तथा 'परद्रव्येषु लोष्ठवत्।' हमेशा उनके तन-मन में, उनके हृदय में एक ही बात घुमड़ती रहती है कि पीड़ितों, शोषितों, वंचितों के दुःख-दर्द कैसे दूर हो सकते हैं? संघ प्रचारक नरेंद्र मोदी या मुख्यमंत्री नरेंद्र मोदी के अंतःकरण में प्रजा के प्रति सदैव एक जैसी भावगंगा बहती रहती है। इस भावगंगा की धारा को उनके कार्यों, उनके प्रवचनों और उनके लेखों में निरंतर अनुभव किया जा सकता है

आज यही भावगंगा गुजरात की आराधना में प्रबल रूप से प्रवाहित हो रही है। गुजरात की आराधना में रत रहकर—एकदम दीन-हीन और छोटे-छोटे (निम्न) वर्गों को भी न्याय मिले—इसकी चिंता नरेंद्र मोदी ने की है। इसके सैकड़ों उदाहरण हैं, उनमें से एक है—

गांधीनगर सचिवालय ब्लॉक १ के तलघर में स्थित जनसंपर्क इकाई में मुख्यमंत्री कार्यालय की दस बाई दस फीट की एक छोटी सी कोठरी में पाँच-सात अधिकारी सादी सामान्य कुरसियों पर बैठे हैं। एक छोटी सी टेबल पर एक लैपटॉप है और सामने टी.वी. का परदा। टेबल के सामने की कुरसी पर मुख्यमंत्री बैठे हैं और उनके सामने की कुरसियाँ आगंतुकों के लिए रखी हैं। कोठरी के बाहर कई लोग सामान्य कुरसी पर बैठे हैं, उनमें कोई युवक है तो कोई वरिष्ठ वृद्ध। कुछ पढ़े-लिखे हैं तो कुछ अशिक्षित। एकदम गरीब और दीन दिखते चेहरे ही अधिक हैं। उसमें एक श्यामवर्णी दुबले-पतले आदिवासी समाज के रणछोड़ भाई नीचे जमीन पर ही बैठे हैं। वे पाँव से अपंग हैं, चल नहीं सकते।

यह पीड़ित आदमी ३०० किलोमीटर दूर सूरत जिले के बारडोली तहसील के

बढ़वाणिया गाँव से गांधीनगर तक अपने लकवाग्रस्त पैर से घिसटते-घिसटते चलकर राज्य के मुख्यमंत्री के पास न्याय माँगने आया है। इस गरीब, अपंग, लाचार, पीड़ित, शोषित और वंचित वनवासी के शरीर पर फटे हुए, मैले-कुचैले कपड़े, गले में पुराना लाल रंग का गमछा, अस्त-व्यस्त सफेद बाल और हाथ में पोटली जैसा कुछ है।

श्री नरेंद्र मोदी इतनी दूर से जमीन पर घिसटते-घिसटते न्याय माँगने आए इस व्यक्ति की ओर अनुकंपाभरी दृष्टि से एकटक देख रहे हैं। और फिर शुरू हुआ वनवासी और मुख्यमंत्री के बीच संवाद।

स्नेह से नरेंद्र मोदी ने पूछा, "भाई, तुम इतनी दूर से किसलिए आए हो?"

वनवासी कहता है, "साहब, मैं एक अनपढ़ आदमी हूँ। मेरे गाँव में सब लोग कहते थे कि तू अपने मुख्यमंत्री नरेंद्रभाई को मिल। वे सबका न्याय करते हैं, तुझे भी न्याय दिलाएँगे, इसलिए मैं आया हूँ। मैं पहली बार अपने गाँव से बाहर निकला हूँ।"

"बोलो भाई, क्या बात है?" नरेंद्र मोदी ने कहा।

वनवासी—"साहब के ऑफिस से कलेक्टर साहब और तहसीलदार साहब को सूचना होते ही मेरे गाँव के ही धनसुखभाई रमणभाई हलपति को घर बनाने का काम सौंपा गया। उन्होंने काम शुरू भी किया है, परंतु रेती की जगह देखिए! (पोटली खोलकर दिखाता है) ऐसे माल का उपयोग करता है और सीमेंट तो एकदम कम उपयोग में लाता है। मेरे घर के दरवाजे भी तोड़ डाले हैं और मुझ पर दबाव डालकर मुझे दरवाजे लाने के लिए कहता हैं। मैं दरवाजे कहाँ से लाऊँ? मेरे पास पैसे नहीं हैं…और मेरा घर एकदम कच्चा बना रहे हैं। मैं कुछ भी कहता हूँ तो पटवारी मुझे धमकी देता है कि पुलिस को कहकर बहुत मार खिलाऊँगा।"

टी.वी. स्क्रीन के सामने देखकर सूरत के कलेक्टर से नरेंद्र मोदी पूछते हैं, "यह मामला क्या है?"

(सूरत जिला कार्यालय में गैर गुजराती कलेक्टर की ओर से उनके पास बैठा हुआ सहायक अधिकारी जवाब देता है, जिसे मुख्यमंत्री और शिकायतकर्ता सामने रखे टी.वी. स्क्रीन पर देखते और सुनते हैं।)

"सर, इनके पुत्र के नाम पर मकान था, जो हलपति गृह निर्माण बोर्ड द्वारा सन् १९९६-९७ में बनाया गया था। शिकायतकर्ता के पुत्र के मकान के बाजू में खुली जगह है। उनमें आपस में तकरार होने पर शिकायतकर्ता का मकान तोड़ दिया गया था, परंतु बाद में समझौता होने पर पटवारी बाबरभाई डाह्याभाई चौधरी और महिला सरपंच के पति धनसुखभाई रमणभाई हलपति अब इस मकान को नए सिरे से बना रहे हैं। मकान बनाने का काम अच्छी गुणवत्तावाला नहीं है और शिकायतकर्ता दरवाजे-खिड़की की माँग करने के कारण स्वागत कक्ष में उपस्थित हुआ है। हलपति गृह निर्माण द्वारा स्थान

और स्थिति का जायजा लिया गया है। शिकायतकर्ता, पटवारी और मंत्री बाबरभाई रमणभाई चौधरी, दिनेशभाई रणछोड़भाई हलपति एवं शिकायतकर्ता का पुत्र के जवाब भी लिये गए हैं। शिकायतकर्ता की बातों को परखा गया है और उसके पुत्र के मकान को तोड़ डालने का दबाव डाला गया है—यह सूचना सही है।'

नरेंद्र मोदी—"पटवारी के ऊपर सख्त कार्यवाही करें। क्या पटवारी का काम ऐसे गरीब लोगों को परेशान करने का है? और मकान बनाने के लिए जिस प्रकार का सामान (मैटीरियल) ये दिखाने लाए हैं, उससे मकान नहीं बन सकता है। अर्थात् अभी जो यह काम कर रहे हैं, उसमें भी गड़बड़ कर रहे हैं। मकान बनाने का काम सही और अच्छा हो—ऐसी उनसे अपेक्षा है खराब मैटीरियल उपयोग में ला रहे हैं। नमूना लेकर शिकायतकर्ता आया है। नमूना देखकर ऐसा लगता है कि गलत काम हो रहा है। आप स्वयं इसकी जाँच करें कि मकान बनाने का काम जल्दी और संतोषजनक हो।"

शिकायतकर्ता आदिवासी रणछोड़भाई श्री नरेंद्र मोदी का आभार मानता है। उसे न्याय दिलाने के बदले में वह मुख्यमंत्री की गद्‌गद कंठ से प्रशंसा करता है। आसपास में फाइल लेकर बैठे हुए अधिकारी से दुआ करते-करते बदले हुए मन के भाव के साथ वह वहाँ से निकल जाता है।

श्री नरेंद्र मोदी के जीवन-व्यवहार में ऐसे एक नहीं, अनेक प्रसंग हैं, जिसमें उन्होंने गरीब, शोषित, पीड़ित और वंचितों को न्याय दिलाया है। वे हमेशा दुखियों के साथ खड़े रहे हैं।

एक प्रसंग को हुबली शहर (कर्नाटक) में कन्नड़ भाषा में प्रकाशित होनेवाले 'सामयुक्त' दैनिक समाचार-पत्र ने छापा था। मुख्यमंत्री श्री नरेंद्रभाई का कर्नाटक में आगमन होने वाला था। उस समय ७ वर्ष पूर्व की एक गरीब दरजी की घटना प्रकाशित कर श्री नरेंद्र मोदी के प्रति कर्नाटक के लोगों की जिज्ञासा को संतोष प्रदान करने का प्रयास किया गया था। यह घटना नरेंद्र मोदी के लिए कोई प्रसिद्धि की बात नहीं है। यह तो उनका कर्तव्य भाव है।

'सामयुक्त' कन्नड़ अखबार के संवाददाता विश्वनाथ कुलकर्णी ने अपने लेख में लिखा है—

कहाँ हुबली, कहाँ अहमदाबाद? इन दोनों शहरों में युगों से व्यापारिक संबंध हैं। अब तो रेल द्वारा भी संबंध बन गया है। पर यह कथा आपको यहाँ एक अन्य बात ही बताती है। यह मानव संबंधों की बात है। जिस व्यक्ति ने इन मानव संबंधों को संभव बनाया है, वह कोई अन्य नहीं, बल्कि श्री नरेंद्र भाई मोदी स्वयं हैं। उस घटना का स्मरण कर धन्यता की अनुभूति होती है।

जो व्यक्ति इस प्रसंग के साथ जुड़ा हुआ था, उसे नरेंद्र मोदी शायद भूल भी गए

होंगे। उन्होंने इस प्रकार से हजारों लोगों की मदद की है। कन्नाड़ीगासों (कन्नड़ भाषा बोलनेवाले) का कर्तव्य है कि उन्हें सहायता करनेवाले को वे हृदयपूर्वक याद करें और उनकी अभ्यर्थना करें। इस घटना का पात्र है—'श्री चंद्रकांत महेरवड़े'।

उसे किसी ने कहा कि गुजरात में दरजियों की बहुत जरूरत है। गुजरात निवासी अपने किसी संबंधी से जानकारी लेकर चंद्रकांत महेरवड़े रोटी-रोजी की तलाश में अहमदाबाद की ओर निकल पड़ा।

गरीब परिवार का चंद्रकांत महेरवड़े दरजी का काम कर अपना पेट पालता था। नई-नई शादी हुई थी। सुखी दांपत्य जीवन बिताने का स्वप्न देखते हुए चंद्रकांत ने अहमदाबाद में आकर मेहनत की। दरजी का काम उसे मिलने लगा। उसने मणिनगर में मकान किराए पर लिया। इसी बीच पत्नी शोभा गर्भवती हो गई। उसे मणिनगर के एल.जी. अस्पताल में भरती किया और वहाँ उसकी पत्नी ने एक कन्या को जन्म दिया।

चंद्रकांत की पत्नी पाँच दिन अस्पताल में रही; परंतु अस्पताल से छुट्टी देने के समय अस्पतालवालों ने जो बिल दिया, उतनी राशि जमा करना चंद्रकांत के सामर्थ्य के बाहर था। बिल चुकाए बिना पत्नी को घर ले जाने की अनुमति मिलने की संभावना नहीं थी। अनजाना स्थान, कोई मित्र नहीं और संबंधियों ने भी ऐसे समय मुँह फेर लिया। एक तरफ बेटी का पिता बनने का आनंद तो दूसरी ओर बिल चुकाने की चिंता।

अस्पताल में सुरक्षा कर्मचारियों ने चंद्रकांत का उदास व चिंतायुक्त चेहरा देखा तो कारण पूछा और जानकारी ली। चंद्रकांत ने उन्हें अपनी पीड़ा और कठिनाई बतलाई।

"देखो, मुख्यमंत्री नरेंद्रभाई मोदी हमारे इस मणिनगर के विधायक हैं। वे सभी की सहायता करते हैं। तुम गांधीनगर जाओ और अपनी कठिनाई उन्हें बताओ। तुम्हें सहायता मिल जाएगी।" सुरक्षा दल के लोगों ने कहा।

उसी दिन चंद्रकांत गांधीनगर में नरेंद्र मोदी के बँगले पर पहुँचा। वहाँ निवास-स्थान पर तैनात पुलिस कर्मचारी ने उससे आने का कारण पूछा और जानकारी ली। चंद्रकांत ने अस्पताल का बिल दिखाया। पुलिस कर्मचारी ने उसे वहीं प्रतीक्षा करने को कहकर अस्पताल का बिल अंदर नरेंद्र मोदी के पास भेज दिया। कुछ ही क्षणों में नरेंद्र मोदी बाहर आए। उन्होंने चंद्रकांत की बात सुनी। चंद्रकांत ने अपनी हुबली (कर्नाटक) से अहमदाबाद की शुरू की यात्रा से लेकर अपने विवाह, अपनी पुत्री के जन्म और अंत में अस्पताल के बिल की बात कही। नरेंद्र मोदी ने तुरंत ही अपना लेटर पैड मँगाया, उस पर थोड़ी जानकारी लिखी, हस्ताक्षर कर पत्र को एक लिफाफे में बंद कर चंद्रकांत को दिया और कहा, "अस्पताल जाकर वहाँ के अधिकारी को यह पत्र दे देना।" फिर उन्होंने उसे धैर्य बँधाते हुए कहा, "चिंता मत करना, सब अच्छी तरह से निपट जाएगा। अपनी पत्नी को मेरी शुभकामना देना।"

चंद्रकांत ने उनका आभार माना और वहाँ से अहमदाबाद के लिए निकल पड़ा। अस्पताल में आकर अधिकारियों को पत्र दिया। उन्होंने बिल की सारी राशि माफ कर दी। चंद्रकांत अपनी पत्नी और नवजात कन्या को लेकर घर आया; परंतु वह आज भी नरेंद्र मोदी को याद करता है। टी.वी पर या समाचार-पत्र में नरेंद्र मोदी को देखते ही अपने साथ घटी घटना को याद कर एक रोमांच का अनुभव करता है। नरेंद्र मोदी को जैसे ही टी.वी. पर देखता है कि तुरंत ही जो उसके आस-पास उपस्थित हों, उनसे अपने साथ हुई घटना का वर्णन करने लगता है।

अस्पृश्यता कलंक है, अपने हृदय में धधकता यह आक्रोश नरेंद्र मोदी ने १४ वर्ष की उम्र में व्यक्त किया था और पीड़ितों की वेदना की पुकार सुन सेवा की अलख जगाई है और वही व्यक्ति आज मुख्यमंत्री के पद पर रहकर वंचितों की वेदना को वाणी देता है।

वैसे भी—हमारी भारतीय संस्कृति में 'कल्याण राज्य' का आदर्श हमेशा से रहा है। किसी भी समय की बात हो प्रजाजनों के कल्याण को हमेशा लक्ष्य में रखा गया है। किसी भी राज्य के सही विकास का मापदंड राज्य के वंचितों-पीड़ितों के विकास (कष्ट निवारण) के आधार पर रहता है। सही, श्रेष्ठ, सर्वांगीण विकास वही है जिसमें अंतिम छोर में निवास करते छोटे-से-छोटे आदमी तक विकास का फल पहुँचे। नरेंद्र मोदी के शासन का अधिष्ठान ऐसा ही 'कल्याणकारी राज्य' रहा है। उनके जीवन-कार्य का केंद्रबिंदु हमेशा समाज का वह निम्न और छोटा आदमी ही है।

यह पुस्तक श्री नरेंद्र मोदी के मुख्यमंत्री बनने से पूर्व लिखे गए कितने ही लेखों और मुख्यमंत्री बनने के बाद व्यक्त किए गए विचारों का संकलन है। संकलन में कहीं कोई कमी रह गई हो तो वह केवल मेरी मर्यादा में हुई भूल के कारण ही होगी।

सामाजिक समरसता के लिए समर्पित राष्ट्रीय स्वयंसेवक संघ के पूजनीय सरसंघचालक श्री कुप्.सी. सुदर्शन ने इस पुस्तक की प्रस्तावना लिखी, इसे मैं अपना सौभाग्य मानता हूँ।

अंत में इस संकलन को संपादित करते समय श्री नरेंद्र मोदी का प्रजा के प्रति ममत्व भाव, उनके सुख-दुःख में सहभागी तथा उनके विचार चिंतन की श्रेष्ठता और समाज के प्रति संवेदना का मैंने निरंतर अनुभव किया है। इस पुस्तक को पढ़ते समय प्रत्येक गुजराती को भी इसकी अनुभूति अवश्य होगी—ऐसा मेरा विश्वास है।

इस पुस्तक को देश की अन्य भाषाओं में उपलब्ध कराने की बार-बार माँग आ रही है। अतः हिंदी भाषा में अनुवाद आपके समक्ष है। हिंदी भाषी प्रबुद्ध पाठकों को भी श्री नरेंद्र मोदी की समाज के प्रति प्रतिबद्धता की अनुभूति होगी, ऐसा मेरा विश्वास है।

—किशोर मकवाना

दो शब्द

अनुवाद का कार्य लेखक के मूल भावों को आत्मसात् कर उन्हें कलेवर देना है। अर्थात् यह परकाया प्रवेश जैसा है। आ. श्री नरेंद्र मोदीजी से हमारा निकट संबंध रहा है। उनके चिंतन से हम परिचित हैं। उनकी संघर्षमय प्रवृत्ति और प्रकृति असीम है।

भावों को तारतम्य में बाँधने के प्रयास में कहीं कुछ अपरिपक्वता रही हो तो दोष हमारा है।

पुस्तक का पुनरावलोकन और संशोधन श्रीमती अमिता भट्ट 'क्षमा' ने किया है।

—प्रेमशंकर भट्ट

अनुक्रमणिका

१

डॉ. बाबा साहब अंबेडकर : क्रांतिकारी समाज-सुधारक

*

राष्ट्र और समाज के विषय में हम लोग भाग्यशाली हैं। हमारे पास हजारों वर्षों का इतिहास, संस्कृति और मानव सभ्यता की विरासत है। बीते वर्षों का प्रत्येक पल हमारे लिए प्रेरणा का अविरल स्रोत प्रवाहित करता रहा है। हमारी इस महान् विरासत को समझने की, देखने की हममें कितनी क्षमता और योग्यता है—उस पर परिणाम का आधार रहता है। एक बात स्वीकारनी चाहिए कि प्रत्येक युग में मानवीय विकास की अवस्था में समाज के अनेक स्तरों का अस्तित्व था। विकास के लिए सबको समान अवसर प्राप्त होने के बावजूद सुखद परिणाम नहीं मिलने के उदाहरण भी हैं। ऐसी विविधता और विरोधाभास के मध्य भी मानव जाति को प्रेरणा दे, ऐसी घटनाओं की शृंखला आज भी समाज में नई शक्ति का संचार कर सकती है। हम अपने पुराणों, अपने इतिहास और अपने महापुरुषों की ओर दृष्टि करें तो एक बात स्पष्ट रूप से दिखाई देती है कि उस युग की सिद्धि के मूल में उस समय के युगपुरुषों ने समाज के छोटे-से-छोटे आदमी को साथ लेने के लिए जाग्रत् प्रयास किया था, उसके बाद ही सफलता मिली थी।

प्रभु राम को सरयू पार कर चित्रकूट में पहुँचना था तो केवट को साथ लिये बिना वे वहाँ कैसे पहुँचते? अवतारी प्रभु राम के लिए लंका पहुँचना कोई कठिन काम था—ऐसा मानने का कोई कारण नहीं है; परंतु लंका जाने के लिए सेतु बाँधने के लिए अपने चौदह वर्ष के वनवास के समय उन्होंने वानरों को अपना साथी बनाया था। रामजी ने शबरी को माता कौशल्या से जरा भी कम स्थान नहीं दिया था।

महाभारत की विजय में यदि कोई शक्ति-स्तंभ थे तो वह भगवान् श्रीकृष्ण ही थे। बचपन में अपने मुख में माता यशोदा को समस्त ब्रह्मांड के दर्शन करानेवाले श्रीकृष्ण

की विशेषता यह थी कि जब उन्हें गोवर्धन पर्वत को उठाना पड़ा, तब उन्होंने सभी ग्वालबालों की लकड़ी की टेक ली थी। कृष्ण जैसे पूर्णावतार को भी ग्वालों पर आश्रित रहना पड़ा था। इतिहास में चाहे वे छत्रपति शिवाजी हों या महाराणा प्रताप हों, गुरु गोविंद सिंह हों—प्रत्येक महापुरुष के जीवन की सफलता के साथ समाज के उस छोटे-से-छोटे आदमी का नाता अवश्य देखने को मिलता है। सत्य को समझने के लिए इतिहास से बड़ा कोई दृष्टांत नहीं है। हम इतिहास से पूरा बोध लें—यह आवश्यक है।

'दलित' मात्र गांधीजी के द्वारा दिया गया 'हरिजन' शब्द का पर्याय नहीं है। दलित ऐसा मानव समाज है, जो सामाजिक दृष्टि से दुतकारे हुए, अछूत, गरीब, कंगालों का वर्ग माना जाता है। इस समाज की अपनी जीवन-शैली और संस्कार हैं, अपनी अलग सभ्यता और अस्मिता है। उनके पास उनकी अपनी पसंद-नापसंद, लगाव, प्रेम, संवेदना और जीवन-मूल्य हैं। इस समाज के दु:ख-दर्द शेष समाज की अपेक्षा अलग प्रकार के हैं। मैं इतिहास और समाजशास्त्र पढ़ता था, तब सुनने में आता था कि इस देश में ऐसी परिस्थितियाँ थीं कि गाँव में से किसी वाल्मीकि परिवार के आदमी को जाना होता था तो उसे अपनी पीठ के पीछे झाड़ू बाँधकर चलना पड़ता था, जिससे उसके पाँव की छाप उस रास्ते में न रह जाए। ऐसे अत्याचार मेरे पूर्वजों ने इन भाइयों के पूर्वजों पर किए हैं। इन दलित, पीड़ित और शोषित लोगों की संवेदनाएँ आहत हुईं और उनमें से विद्रोह की अग्नि प्रकट हुई है। समाज की रूढ़िवादी मान्यताओं, परंपराओं और वर्षों से समाज में विषमता व विसंवादिता फैलानेवाले लोगों की तरफ इस समाज का भारी आक्रोश है। बहुत से महापुरुषों ने दलित समाज की भावना और उसके आक्रोश को अभिव्यक्त करने का प्रयत्न किया है। अर्वाचीन युग में भी आधुनिक भारत के निर्माण में इस समाज ने कितने ही समाज-सुधारक दिए हैं। इन क्रांतिकारी समाज-सुधारकों में डॉ. बाबा साहब अंबेडकर का नाम सर्वोपरि है।

आज अपने समाज की स्थिति को देखें तो कितनी पीड़ा होती है। हमें सभी के अंतर्मन को झकझोरने की आवश्यकता है।

सामाजिक क्रांति

हमारे समाज में 'जो मजदूरी करता है, वह निम्न प्रवृत्ति का है'—ऐसी मनोवैज्ञानिक बुराई घर कर गई है। इस बुराई को जब तक जड़-मूल से उखाड़कर फेंक नहीं देंगे, तब तक स्थिति बदलने वाली नहीं है। हमारे समाज-सुधारकों ने इस विषय में निरंतर चिंता की है। डॉ. बाबा साहब ऐसे ही एक महापुरुष थे, जिन्होंने अछूत और निम्न वर्ग के मानव की समता के लिए समाज में एक चिनगारी प्रकट की।

बाबा साहब अंबेडकर से पहले भी दलित समाज में अनेक समाज-सुधारक हुए

हैं। इस शृंखला में सामाजिक क्रांति के एक प्रेरणा-पुरुष वीर मेघमाया भी थे। वीर मेघमाया ने समाज में जागरूकता फैलाने और लोगों की चेतना को जगाने का कार्य किया। वीर मेघमाया के व्यक्तित्व से सारी राज्य व्यवस्था प्रभावित हुई थी। वे मात्र दलित समाज में श्रद्धा का केंद्र बने, ऐसा नहीं था। उन्होंने उस समय की, उस युग की राज्य-व्यवस्था को भी प्रभावित किया था। वीर मेघमाया ने समाज के कल्याण के लिए अपने प्राणों की आहुति दे दी थी। इस बत्तीस लक्षणा महापुरुष ने समाज में नवचेतना जगाई थी। अपने समाज में अस्पृश्यता के कलंक की तीव्रता कितनी थी, यह मेघमाया की दीर्घदृष्टि से जाना जा सकता है। उन्होंने राजसत्ता से माँग की, "हमें तुलसी और पीपल की पूजा करने का अवसर मिले। (बारोट, वहींवंचा, गरोड़ा)···की व्यवस्था मिले।" वीर मेघमाया की इस छोटी सी माँग में एक लंबे युग की दिशा थी, दर्शन था। नहीं तो ऐसा विचार किसे आता है? हमें तो इतना ही विचार आता है कि दो एकड़ जमीन दो, जिससे बच्चे सुखी होंगे। वीर मेघमाया ने ऐसे भौतिक सुख या व्यक्तिगत स्वार्थ की कोई माँग नहीं की। उन्होंने समस्त समाज के सुख की कल्पना की। इस समाज में कैसे-कैसे रत्न हैं, इसका यह एक दृष्टांत है। संपूर्ण हिंदू समाज को समरस करने की उनकी हार्दिक इच्छा थी। जो विचार डॉ. बाबा साहब अंबेडकर को उन्नीसवीं सदी में सूझा, वही विचार वर्षों पूर्व मेघमाया ने सुझाया था कि मेरा समाज इस सांस्कृतिक प्रवाह से कहीं दूर न चला जाए।

सारे संसार को यह पता चले कि महात्मा गांधी या डॉ. बाबा साहब अंबेडकर से सामाजिक क्रांति का इतिहास संपूर्ण नहीं हो जाता है। क्रांति के इतिहास में एक स्वर्णिम पृष्ठ हमारे वीर मेघमाया का भी है। इस क्रांति के विचार को पहुँचाने के लिए समाज के अंदर चेतना जगाने की आवश्यकता है।

निर्भय समाज का मंथन

डॉ. बाबा साहब अंबेडकर निर्भय क्रांतिवीर थे। उनकी व्यथा अपार थी। सवर्ण समाज के अत्याचारों से उन्हें दलित समाज को ऊपर उठाना था, परंतु किसी बदले की भावना से नहीं। उन्होंने दूसरों को मार-काटकर बड़ा होने की बात कभी नहीं की। "अपने सत्य को, अपने अस्तित्व को पूरी शक्ति से समाज के सामने रखने की मैं प्रेरणा दूँगा।" ऐसा भाव उनके समग्र चिंतन में रहा था।

डॉ. बाबा साहब अंबेडकर एक ऐसे व्यक्तित्व थे, जो वंचितों के लिए लड़ते थे। वे दलितों के अधिकारों के लिए लड़ते थे, उनके स्वाभिमान और स्वमान के लिए जूझते थे। दलितों के बीच बैठ उन्हें कड़वी-से-कड़वी, कठोर-से-कठोर बात कोई कह सकता था तो वे थे डॉ. बाबा साहब अंबेडकर! जिसके लिए बहुत बड़ी हिम्मत चाहिए, वह हिम्मत

उनमें थी। जिन्होंने भी डॉ. बाबा साहब अंबेडकर के बारे में अध्ययन किया होगा, उन्हें इस बात का ज्ञान अवश्य होगा। दलित माता-बहनों के मन में ऐसा विचार आता होगा कि सवर्ण लोग अच्छे जेवर पहनकर बाहर निकलते हैं, इसलिए बड़े लगते हैं। हम भी जेवर पहनें तो इन जैसे लगेंगे। आज से डेढ़-दो सौ साल पूर्व दलित समाज में सोना न हो तो चाँदी, चाँदी न हो तो कोई अन्य धातु पर पॉलिश से चमकाए हुए बनावटी गहने पहनकर बड़े ठाठ से निकलते थे। बाबा साहब अंबेडकर ने कहा, "यह सब बंद करो।" बाबा साहब के शब्द थे, "कोई जरूरत नहीं है दिखावा करने की। अरे, तुम जैसे हो वैसे ही बाहर निकलो। हृदय में आत्मविश्वास भरकर आँख से आँख मिलाकर खड़े रहो। तुम भी महान् बनोगे।" यह बात कहने की ताकत बाबा साहब में थी। बाबा साहब दलितों से कहते थे—"ये सब बातें बाद में, पहले तुम पढ़ो और संघर्ष करो।"

समाज परिवर्तन में नारी कितना योगदान दे सकती है, यह भी बाबा साहब अच्छी तरह से जानते थे। इसलिए उन्होंने सन् १९४२ में शिड्यूल्ड कास्ट फेडरेशन—(अनुसूचित जाति संघ) के अधिवेशन में २० हजार अस्पृश्य महिलाओं का आह्वान किया था—"आप स्वच्छ रहिए, दुर्गुणों से दूर रहिए, अपनी संतानों को अच्छी तरह पढ़ाइए और शिक्षित कीजिए। उनकी लघु ग्रंथि को दूर कीजिए। मेरी इस सलाह को मानकर आप सब अपनी भी उन्नति करेंगी और समाज को प्रगति के मार्ग पर भी ले जा सकेंगी।" डॉ. बाबा साहब मात्र इतना कहकर रुक नहीं गए। वे आगे कहते हैं—"आप तो घर की लक्ष्मी हैं, घर में कोई भी अमंगल बात न हो जाए, उसकी सावधानी भी आपको ही बरतनी है।"

मुझे लगता है, घर-परिवार को सुखी बनाना है तो डॉ. अंबेडकर की यह बात केवल दलित माता-बहनों को ही नहीं, बल्कि भारतवर्ष की समस्त माता-बहनों को स्वीकार करनी चाहिए।

उन्होंने दलित भाइयों को शिक्षा के साथ-साथ सद्गुण और शील की भी प्रेरणा दी है। उन्होंने एक प्रसंग में कहा है, "अपना मन पवित्र बनाना चाहिए। सद्गुणों के प्रति हमें आकर्षित होना चाहिए। हम पढ़े तो सबकुछ हो गया, ऐसा नहीं है। शिक्षा के साथ मनुष्य के शील में भी सुधार होना चाहिए। शील के बिना शिक्षा का मूल्य शून्य होता है। चरित्र धर्म का एक महत्त्वपूर्ण अंग है।"

तत्कालीन परिस्थितियों में दलितों पर हो रहे अत्याचारों ने बाबा साहब के जीवन का लक्ष्य ही बदल दिया। वे ज्ञानमार्गी विद्रोही बन गए। ऊँची जाति के लोग विशेष अधिकारों का भोग व उपयोग करें तथा नीची जाति के लोग जीवन भर गरीबी के अभिशाप से गंदगी में सड़ते रहें, पशु से भी बदतर स्थिति में अपमानित जीवन गुजारें, ऐसी यथार्थ परिस्थिति देख वे काँप उठे थे। उन्होंने इस परिस्थिति को बदलने के लिए

कानून और राजनीति का मार्ग अपनाया। दलितों, पीड़ितों और शोषितों के सामाजिक व आर्थिक जीवन में परिवर्तन लाने के लिए उन्होंने संघर्ष किया। यह संघर्ष था समाज में व्याप्त असमानताओं और विषमताओं के विरुद्ध। उनके संघर्ष में समाज के वंचित वर्गों की पीड़ा थी, दर्द था। डॉ. अंबेडकर के जीवन का लक्ष्य सामाजिक क्रांति बनते ही वे एक व्यक्ति न रहकर समष्टि बन गए।

समभाव में ममभाव

दलित समाज के विकास की दिशा क्या—समता या समरसता? यह प्रश्न बहुत ही महत्त्वपूर्ण है। मुझे लगता है कि इस देश के अंदर मजबूती तभी आएगी, जब समरसता के वातावरण का निर्माण होगा। मात्र समता ही काफी नहीं है। समरसता के बिना समता असंभव है। एक दलित का पुत्र डॉक्टर बन जाए, इतने से समस्या हल नहीं हो जाती है। जब तक दलित डॉक्टर को सवर्ण डॉक्टर के समान प्रेम व आदर नहीं मिलेगा तब तक परिस्थिति में कोई बदलाव नहीं होगा। नौकरी और शिक्षा ही काफी नहीं है। इससे आगे जाना है और यही बात डॉ. बाबा साहब ने कही है। उन्होंने कहा, "अच्छी पढ़ाई करना, अच्छे विचार रखना, समाज की उन्नति के लिए रात-दिन स्वयं परिश्रम करोगे तो ही लोगों का भला होगा।"

उन्होंने यह भी कहा है, "सौ-डेढ़ सौ करोड़ रुपए तुम सबको धंधा-रोजगार दिला देंगे। इतने ही रुपए शायद तुम्हारे मकान बनाने के लिए भी मिल जाएँ, परंतु हमारे समाज में जातिभेद का जो रोग फैला गया है, इसमें चाहे मकान बन गया हो, धंधा बहुत ही अच्छा चलता हो, कपड़े भी साफ-सफेद पहने हों और अंग्रेजी भी फर्राटे से बोलते हों। तो भी समाज की मानसिकता नहीं बदल जाएगी। सामाजिक विषमताओं से देश टूटता जा रहा है और इससे बचाव का एक ही उपाय है—समभाव के साथ ममभाव। जब तक मैं तुम्हें अपना भाई नहीं मानूँ और जब तक तुम्हारे मन और जीवन में समानता न आए, तब तक अंतिम लक्ष्य की पूर्ति नहीं होगी। इसके लिए आवश्यकता है समभाव के साथ ममभाव की; क्योंकि इनमें से ही समरसता का अमृत निकलता है। यही अमृत समाज की संजीवनी बनता है।

"केवल समभाव काफी नहीं है। समभाव में ममभाव को जोड़ना चाहिए—समभाव + ममभाव = समरसता। ऐसी समरसता ही समाज के रोग की रामबाण दवाई बन सकती है। सभी इनकम टैक्स ऑफिसर बन जाएँ, सभी शिक्षक बन जाएँ, सब व्यापारी बन जाएँ तो शायद इतने से समता आए; परंतु एक सवर्ण की लड़की नर्स हो और एक दलित की लड़की भी नर्स हो, एक सवर्ण का लड़का शिक्षक हो और एक दलित का लड़का भी शिक्षक हो तो समभाव आए; परंतु जब तक ममभाव नहीं आएगा

तब तक समरसता नहीं आएगी और इस ममभाव का दायित्व इस देश के समरसता-धारकों पर है।''

हिंदू समाज की ताकत

दुनिया के किसी भी धर्म में जितने भी धर्म-सुधारक पैदा हुए होंगे, उससे कई गुना धर्म-सुधारक हिंदू धर्म में पैदा हुए हैं। इन धर्म-सुधारकों ने अपने धर्म में फैली विकृतियों को सुधारा। समाज के ही बनाए नियमों व परंपराओं का विरोध करके कोई राजा राममोहन राय खड़ा हो जाए और कहे कि विधवा विवाह इस समाज में अनिवार्य है। दो सौ वर्ष पूर्व इस प्रकार की बात करना कोई कम साहस की बात नहीं थी। सती प्रथा समग्र क्षत्रिय समाज में गौरव की बात मानी जाती थी। क्षत्रिय समाज इसमें गौरव का अनुभव करता था। कोई जौहर करे या कोई सती हो जाए, ऐसे समाज में परिवर्तन लाने की हिंदू समाज की सामर्थ्य को देखो कि इसी समाज ने ऐसे व्यक्ति को जन्म दिया, जिसने स्वयं कहा कि किसी समय में शायद चिता पर कोई विधवा चढ़ जाती होगी तो यह गौरव की बात होगी, परंतु आज के युग में सती प्रथा ठीक नहीं है। सती प्रथा का पोषण नहीं हो सकता है। विधवाओं का दहन इस समाज पर कलंक है। इस प्रकार की लड़ाई किसी विधर्मी ने नहीं लड़ी, वरन् इसी समाज में जनमे, हिंदुत्व का जयनाद करनेवाले, हिंदुत्व को माननेवाले, हिंदू के स्वरूप में जनमे इस समाज के लोगों ने ही लड़ी।

गुलामी के कालखंड में छुआछूत और ऊँच-नीच के भेदभाव ने इस समाज में भयंकर विकृति पैदा कर दी। दुर्भाग्य से इसे धार्मिक अनुमोदन भी मिल गया। इसे संतों-महात्माओं का आशीर्वाद मिलने लगा। समाज की यह कितनी विकृत अवस्था रही होगी! जब समाज में ऐसी विकृति पराकाष्ठा पर थी, ऐसे वातावरण में नागर परिवार में कोई नरसैया, गांधी परिवार में कोई मोहनदास, कोई ठक्करबापा, हिंदुस्तान के किसी कोने में दयानंद सरस्वती, स्वामी विवेकानंद व स्वामी श्रद्धानंद जैसे कितने ही महापुरुष जनमे, जिन्होंने तीन सौ-चार सौ बरसों के अंदर सामाजिक जीवन में व्याप्त अस्पृश्यता के कलंक को मिटाने में अपना सबकुछ न्योछावर कर दिया, अपने आपको इस काम में झोंक दिया। सामाजिक जीवन के घोर विरोधों से जूझते रहे और इस सामाजिक विकृति से लड़ते रहे। यह हिंदू समाज की ही विशेषता है कि वह गांधी, विवेकानंद, नरसैया जैसे सपूतों को जन्म दे सकता है। जिस समय अस्पृश्यता अपने चरम पर थी, तब एक नागर का बेटा नरसैया जूनागढ़ के अंत्यजवास में भजन गाकर अस्पृश्यता का खंडन करता था। गुजरात की यह एक बड़ी देन है। नागर उच्च श्रेणी के ब्राह्मण माने जाते हैं, ऐसे कुल में जन्म लेनेवाले नरसैया ने समाज की विकृत सामाजिक व्यवस्था को तोड़-फोड़ डाला और नरसैया समाज से अस्पृश्यता का कलंक मिटाने का

संकल्प लेकर निकल पड़ा। एक वैश्य समाज के लड़के मोहनदास ने स्वयं को हरिजन कहलाने में गौरव का अनुभव किया। भीमराम हों या नरसैया, महात्मा गांधी हों या सरदार पटेल, स्वामी विवेकानंद हों या स्वामी दयानंद सरस्वती—सभी एक ही माला के मोती थे। समाज के अंदर उन्होंने एक ऐसा वातावरण बनाने का प्रयास किया था, जो आनेवाले कल के समाज की चिंता करे। समाज की चिंता करने का उत्तरदायित्व हम सब लोगों पर समान रूप से है, जो आनेवाली सदियों तक इस राष्ट्र को मार्गदर्शन करने वाली है। संविधान के निर्माता ने समाज के लिए बहुत कुछ न्योछावर करने का दायित्व अनेक लोगों को सौंपा है।

सबके तारणहार

समाज में जागृति का वातावरण कितना व्यापक बन गया है, कितनी गहराई तक पहुँच गया है—यह इस बात को दर्शाता है कि सामान्य जीवन में एक परिवर्तन आकार ले रहा है। दुर्भाग्य से हमारे देश में एक ऐसी विकृति पैदा हुई है, जिसके कारण समाज के सर्वांगीण विकास और चिंतन के बदले समाज को टुकड़ों में बाँटने की परंपरा प्रचलित हो गई। इस विकृति ने समाज को अलग-अलग खंडों में बाँट दिया है। जब कोई समाज महापुरुषों को, अपनी विरासत को, अस्मिता को खंडों में बाँट दे तो समझ लेना चाहिए कि वह समाज आत्मघात की ओर आगे बढ़ रहा है। समय की माँग है कि विचारधारा या मान्यता चाहे जो भी हो, परंतु जो कोई भी देशहित में आगे आते हैं तो उन्हें प्रोत्साहित करना चाहिए। दुर्भाग्य से आजादी के पश्चात् समाज में अनेक प्रकार की विकृतियाँ आ गई हैं। समाज की महान् परंपरा मानो मर गई है। इस देश में एक बड़ा वर्ग ऐसा है, जिसे भगतसिंह, सुखदेव, राजगुरु, श्यामजी कृष्ण वर्मा, वीर सावरकर आदि का नाम लेने में शर्मिंदगी महसूस होती है। ऐसी विकृतियों में से समाज को बाहर लाने की आवश्यकता है। देश के लिए जीने-मरनेवाले सब महापुरुष हमारे अपने हैं।

डॉ. अंबेडकर ने देश के लिए काम किया इस कारण वे पूजनीय हैं। परंतु बाबा साहब को मात्र दलितों का तारणहार मानकर उन्हें एक सीमा में बाँध दिया गया है। बाबा साहब तो सभी पिछड़े व उपेक्षित लोगों के तारणहार थे। उन्हें मात्र दलितों का तारणहार बनाकर उनको छोटा करने का पाप भूल से भी नहीं होना चाहिए। इस विश्वमानव को एक छोटे से वृत्त में बंद न करें।

लघुता ग्रंथि को छोड़ें

हमें हमेशा सबकुछ खराब ही लगता है। यह हमारा स्वभाव बन गया है। हमें तुलसीदास का परिचय देना हो तो कहते हैं कि वे मेरे हिंदुस्तान के शेक्सपीयर हैं। हममें

यह लघुता ग्रंथि गुलामी के कारण आई है। हमें तुलसीदास याद आएँ, इसके पूर्व शेक्सपीयर याद आते हैं। इसी लघुता ग्रंथि के कारण बाबा साहब जैसे विरल व्यक्तित्व को हमने एक छोटे से दायरे में रख दिया है। उनको विश्व मानव के रूप में, वंचितों के लिए जूझनेवाले महामानव के रूप में आत्मविश्वास के साथ पहचाना जाना चाहिए।

यदि यह भाव सभी लोग अपने अंदर विकसित करें तो समाज को हम कहाँ-से-कहाँ ले जा सकते हैं। महापुरुषों के नामवाले भवनों ने भी हमें पीढ़ी-दर-पीढ़ी प्रेरणा प्रदान की है। हम अपने महापुरुषों को भूल न जाएँ, इसी को याद दिलाना है।

बाबा साहब को 'भारत रत्न' पुरस्कार मिले, इसके लिए हमें आंदोलन करना पड़ा, इससे बड़ा भी कोई दुर्भाग्य हो सकता है। दलितों को अखंडधारा के रूप में समाज में स्थान मिलना चाहिए। इन सब को सतत अपनी गौरवशाली विरासत के साथ जोड़ने की आवश्यकता है। हमारा संविधान बाबा साहब अंबेडकर ने बनाया, नई आचार-संहिता दी, इस कारण से उनका योगदान समग्र देश को स्वीकार करना ही चाहिए।

देशहित सर्वोपरि

विश्व के कोने-कोने में मानव जाति के बीच भेदभाव देखने को मिलता है। इस भेदभाव से जूझनेवाले वर्ग भी दिखाई देते हैं। विश्व में अश्वेतों के लिए लड़नेवालों का नाम आज भी दुनिया की जुबान पर है, परंतु भारत का कोई सपूत दबे-कुचले लोगों के लिए लड़ता है तो विश्व में उनको कोई पहचानता नहीं है। दुनिया के किसी देश के कवि या लेखक ने वहाँ के समाज की बुराइयों के विरोध में आवाज उठाई है तो वह विश्वमानव बनकर पूजा जाता है। हमारे यहाँ विश्व के किसी भी समाज की तुलना में कमतर ही ऐसे कार्य हुए हैं तो भी ऐसे जननायक विश्व इतिहास के झरोखे में दिखाई नहीं देते हैं। एक समाज के रूप में हम सभी के लिए यह पीड़ा देनेवाली बात है। हम सबका यह सामूहिक उत्तरदायित्व है कि हमारे ये जननायक विश्व के अन्य समाजों के लिए भी प्रेरणाबिंदु बनें।

वंचितों के लिए लड़ते विगत सदी के दो महामानव इसके उदाहरण हैं। अमेरिका में मार्टिन लूथर किंग और भारत में डॉ. बाबा साहब अंबेडकर। इन दोनों ने अपना जीवन दबे-कुचले हुए समाज को न्याय दिलवाने में खपा दिया था। मार्टिन लूथर किंग ने अमेरिका में अश्वेत लोगों के अधिकार के लिए जीवन भर संघर्ष किया। बाबा साहब अंबेडकर और मार्टिन लूथर किंग के पालन-पोषण में अद्भुत साम्य है। दोनों अभावों के बीच जनमे और पले। दोनों अपने लिए नहीं, बल्कि वंचितों के लिए लड़ते रहे। सामाजिक असमानता और विषमता की खाई भरने के लिए जीवन भर जूझते रहे। दोनों ने अधिकार की लड़ाई लड़ते-लड़ते शिक्षित होने पर जोर दिया। मार्टिन लूथर किंग और

बाबा साहब एक ही दिशा में, एक ही मार्ग पर चलते रहे, ऐसा लगता है। दीपक के समान यह सत्य होने पर भी बाबा साहब विश्व के फलक पर दृष्टिगोचर नहीं होते हैं? इसके लिए हमें मंथन करने की आवश्यकता है।

समय की माँग है कि अपने समाज के ऐसे महामानवों को हमें विश्व-फलक पर लाना है। विश्व जो भाषा समझे, उस भाषा में इन महामानवों का परिचय विश्व को कराने का उत्तरदायित्व एक राष्ट्र के रूप में, एक समाज के रूप में हमारा है। और यह तभी संभव होगा, जब हम मानसिक गुलामी से बाहर आएँगे। हमारा जो भी श्रेष्ठ है, उस पर गौरव करने का अभ्यास विकसित करना पड़ेगा। हमारी जो भी कमजोरी है, उससे बाहर आकर सशक्त बनने के लिए सतत प्रयत्न करना पड़ेगा। डॉ. बाबा साहब की 'संगठित बनो, संघर्ष करो और शिक्षित बनो…' सीख को आचरण में लाना पड़ेगा।

आज भी हमारे अंदर गुलामी की मानसिकता इतनी मजबूत है कि हमारी श्रेष्ठ बातों के बजाय अमेरिका एवं पश्चिमी देशों से आए उसके शब्द ही हमें उत्तम और श्रेष्ठ लगते हैं। स्वामी विवेकानंद को हमने अमेरिका के माध्यम से ही (पहचाना) स्वीकार किया। हमारी योग-साधना की महामूल्य विरासत धूल खा रही थी, परंतु पश्चिम द्वारा योग भारत में फिर से आया तो हम देर से ही सही, उसे अपनाने लगे। एक समाज के रूप में श्रेष्ठत्व को लेकर जीने के स्वभाव का अभ्यास करेंगे तो विदेशी बुराई को छोड़ने की हमारी वृत्ति अपने आप जागने लगेगी। हमारी इस मानसिक दुर्बलता का कारण है—हमारी स्वीकार की हुई आयातित विचारधारा, गुलामी का मानस। ये सब विकृतियाँ किस सीमा तक फैली हुई थीं? अंग्रेजों ने इस देश को टुकड़ों में विभाजित करने के लिए एक जघन्य विचार ऐसा फैलाया कि भारत कभी भी अखंड राष्ट्र नहीं था। द्रविड़ों और आर्यों के भ्रमपूर्ण सिद्धांत का दुष्प्रचार करके तो कभी आर्य इस देश में बाहर से आए थे ऐसा वितंडवाद, तो कभी भारत की मूल कोई जाति ही नहीं थी, ऐसे भ्रामक वातावरण में डॉ. बाबा साहब हमें समता-ममता का संदेश देते हैं। उनका स्वप्न था—'जाति-विहीन समाज रचना', अर्थात् समग्र समाज एकात्म और समरस बने, कोई ऊँचा नहीं, कोई नीचा नहीं।

बाबा साहब का संदेश

बाबा साहब ने मन में निश्चय किया था कि मैं हिंदू के रूप में जनमा हूँ, परंतु हिंदू रहकर मुझे मरना मंजूर नहीं। उन्होंने जब हिंदू धर्म छोड़ने का निश्चय किया तो दुनिया भर के लोग उन्हें अपनी ओर लेने के लिए कतार बनाकर खड़े हो गए थे। सारी दुनिया के चर्च, समग्र ईसाई जगत् ने बाबा साहब अंबेडकर ईसाई धर्म स्वीकार करें, इसलिए ढेरों धन-दौलत का लालच दिया था। दूसरी ओर समग्र इसलामी जगत् उन्हें मुसलमान

बनाने के लिए उतावला हो रहा था। हैदराबाद के निजाम डॉ. बाबा साहब के चरणों में स्वर्ण-मुहरों का ढेर लगा देने को तैयार थे। समग्र ईसाई और इसलामी आलम सहित तमाम वर्ग के लोग बाबा साहब को अपने पक्ष में लेने के लिए पीछे पड़ गए थे। उस समय उन्होंने जो बात कही, वह बहुत महत्त्वपूर्ण थी। आनेवाले दिनों में हिंदुस्तान की एकता और अखंडता के लिए बाबा साहब के इन शब्दों को स्वर्णाक्षरों में लिखा जाना है। आज इसका कोई मूल्यांकन करे या न करे, परंतु बाबा साहब का उस समय का किया गया निर्णय और उस निर्णय के पीछे निहित भावना बहुत ही श्रेष्ठ थी। उन्होंने कहा, "मैं हिंदू धर्म छोड़ दूँगा। हिंदू समाज में जो विकृतियाँ आ गई हैं, उन विकृतियों के लिए ही मेरा विरोध है; परंतु मैं हिंदुस्तान से प्रेम करता हूँ। मैं जीऊँगा तो हिंदुस्तान के लिए और मरूँगा तो हिंदुस्तान के लिए। मेरे शरीर का प्रत्येक कण, मेरे जीवन का प्रत्येक क्षण हिंदुस्तान के लिए काम आए, इसीलिए मैं जनमा हूँ। मैं हिंदू धर्म छोड़ दूँगा, परंतु मैं ऐसे धर्म को अंगीकार करूँगा, जो हिंदुस्तान की धरती पर ही जनमा हो। मुझे ऐसा ही धर्म स्वीकार है, जो विदेशों से आयात किया हुआ नहीं हो। इसी कारण मैं बौद्ध धर्म अंगीकार करता हूँ।"

इसके बाद उन्होंने बौद्ध धर्म स्वीकार किया। देशभक्ति की यह कितनी उच्च पराकाष्ठा है। समाज की विकृतियों के सामने लड़ना था, परंतु समाज के सम्मुख हमेशा के लिए ऐसी परिस्थिति पैदा नहीं करनी थी, जिसके कारण उनके बाद दलित समाज ठोकर खाता फिरे। कितना गहन चिंतन था! कल्पना कीजिए, उनकी कैसी दिव्य दृष्टि थी। जो लोग धर्मांतरण की प्रक्रिया से जुड़े हैं, उन्हें तो बाबा साहब अंबेडकर का यह संदेश अहर्निश स्वीकार करने जैसा है। डॉ. बाबा साहब ने दलितों को अस्पृश्यता की यातनाओं से मुक्ति दिलवाने के लिए जिस प्रकार से राष्ट्रद्रोह नहीं किया, उसी प्रकार धर्मद्रोह भी नहीं किया।

बाबा साहब अंबेडकर द्वारा दलितों के उत्थान के लिए चलाए गए अभियान के अनेक महत्त्वपूर्ण पहलू थे। उनमें से एक था 'व्यक्तित्व का प्रकटीकरण'। दलित माता की कोख से जनमी संतान मन से मजबूत हो, शरीर सक्षम हो, जीवन शिक्षित हो, आत्मविश्वास से भरा हुआ हो और वह सारी दुनिया के सामने आँख से आँख मिलाकर बोलने की शक्ति रखता हो—ऐसा स्वप्न डॉ. बाबा साहब अंबेडकर ने देखा था।

डॉ. बाबा साहब अंबेडकर का नाम स्मरण होते ही समाज में एक चेतना की अनुभूति होती है। वे समस्त विश्व के महामानव थे।

बाबा साहब के जीवन-संघर्ष में गुजरात का महत्त्वपूर्ण योगदान था। वे अत्यंत प्रतिभाशाली थे। वडोदरा के महाराजा द्वारा तेजस्वी युवाओं को विदेश में अध्ययन करने हेतु दी जानेवाली छात्रवृत्ति प्राप्त कर उन्होंने विदेश में अध्ययन किया और वहाँ से आकर वडोदरा में रहे। सामाजिक समता-समरसता में सयाजीराव गायकवाड़ का मूल्य

समझना एक महत्त्वपूर्ण बात है। वडोदरा नगरी में नवरत्नों की आवश्यकता थी। महर्षि अरविंद जैसे नवरत्नों की सेवा लेने का काम सयाजीराव गायकवाड़ द्वारा हुआ। डॉ. बाबा साहब इन नवरत्नों में से एक थे। वे वडोदरा में शासकीय प्रबंधन की सेवा के लिए आए थे, परंतु इसी वडोदरा की धरती पर हुए कड़वे अनुभवों ने ही उनके अंदर समभाव के लिए संघर्ष की चिनगारी उत्पन्न की थी। इस संघर्ष के कारण ही आगे चलकर वे वंचितों के तारणहार बने।

बाबा साहब के मार्ग पर चलो

एक बात तो निश्चित है कि जीवन में प्रगति करनी है तो डॉ. अंबेडकर ने जो रास्ता बताया है, उसी पर चलना पड़ेगा। सारी बौद्ध परंपरा में, बौद्ध धर्म में एक ही बात की गूँज है—'अप्प दिप्पो भव।' दूसरे शब्दों में कहें तो 'आत्मदीपो भवः' अर्थात् स्वयं प्रकाशित हो, अंधकार तुम्हारे पास नहीं आएगा। उन्होंने अपने जीवन में कभी भी अंधकार को अपने पास फटकने नहीं दिया। समाज की प्रगति करनी है तो स्वयं प्रकाशित हुए बिना कोई अन्य मार्ग नहीं है; पर प्रकाशित जिंदगी बहुत ही अल्पजीवी होती है। स्वयं प्रकाशित जिंदगी सदैव प्रकाश-पुंज को जीवित रखती है।

शिक्षा की दिशा में आगे बढ़ने के लिए बाबा साहब से बड़ी कोई प्रेरणा नहीं हो सकती है। एक विद्यार्थी के स्वरूप में उन्होंने जैसा संघर्ष जीवन में किया, ऐसा संघर्ष हम लोगों को नहीं करना पड़ा है। उन्होंने जितने कष्ट उठाए थे, ऐसे कष्ट तो शायद ही दुर्भाग्य से किसी ने उठाए हों। कितनी विपरीत परिस्थितियों में उन्होंने यह ऊँचाई प्राप्त की थी, कितने संघर्ष किए थे। बाबा साहब की एक दूसरी विशिष्टता भी समझने की है। वे कहते थे—शिक्षित बनो; परन्तु जब तक वे स्वयं शिक्षित नहीं हुए तब तक उन्होंने यह उपदेश किसी को नहीं दिया था। शिक्षित होने के बाद ही उन्होंने कहा कि शिक्षित बनो। यही एकमात्र सही मार्ग है। डॉ. बाबा साहब के जीवन को जानने का, पढ़ने का, अभ्यास (अध्ययन) करने का, मनन-चिंतन करने का संकल्प करो। आप देखोगे कि इस महामानव के जीवन में से आपको जीने की एक नई दिशा प्राप्त होगी, जीवन के सामने जूझने की एक नई प्रेरणा मिलेगी। मुझे बाबा साहब को पढ़ने का, अध्ययन करने का सौभाग्य प्राप्त हुआ है। मैं भी तो एक छोटे व पिछड़े परिवार में जन्म लेकर बड़ा हुआ हूँ। इसलिए अनुभव करता हूँ कि यह वेदना क्या होती है। यह पीड़ा क्या है, इसकी मुझे जानकारी है और इस कारण अंतर में एक आग सुलगती है।

बाबा साहब की एक विशिष्टता थी। वे सत्य के लिए लड़ते थे, परंतु उनके जीवन में नफरत का कहीं कोई स्थान नहीं था। वे समाज को तोड़ना नहीं, जोड़ना चाहते थे। उन्होंने समाज को हमेशा टोका है, चेतावनी दी है, पर तोड़ा नहीं। समता-ममता के

लिए जीवन भर उनका मंथन चलता रहा। कालाराम मंदिर में प्रवेश की बात हो या चवदार तालाब का पानी पीने का प्रश्न हो, उनके कार्यक्रमों और आंदोलनों का केंद्र-बिंदु समाज की एकता थी। समाज के प्रति ममता से ही यह आंदोलन उपजा था। सूक्ष्म रूप से डॉ. बाबा साहब के कार्यों का अध्ययन किया जाए तो उसमें समभाव के ही दर्शन होंगे। उनका आक्रोश इस समभाव को प्राप्त करने के लिए ही था।

समर्पित जीवन

चतुर लोग मालामाल हो जाते हैं, जिनमें समाज-हित के कार्य करने का जुनून सवार हो जाता है, वे दीवाने लोग ही समाज को सबकुछ दे सकते हैं। इस देश में बहुत से लोग राष्ट्रपति पद पर आरूढ़ हो गए। पहला कौन था, दूसरा कौन हो गया—यह बहुत कम लोगों को याद होगा; परंतु महात्मा गांधी सबको याद हैं। उन्होंने कभी कोई चुनाव नहीं लड़ा था। वे राष्ट्रपति के पद पर भी आरूढ़ नहीं हुए थे। वह दीवानों का जमाना था। उन पर दीवानापन सवार था। वे भी चाहते तो उस समय की दुनिया में कमाई कर ऐशो-आराम की जिंदगी जी सकते थे, परंतु वे देश के लिए दीवाने हो गए थे। इसी कारण वे दुनिया में अमर हो गए और बहुतों को दीवाना भी बना गए।

सिद्धार्थ के जीवन में क्या कमी थी? राजमहल था, सांसारिक जीवन में राजरानी यशोधरा थी, सुंदर संतान थी। सिद्धार्थ के पास क्या नहीं था? सबकुछ तो था, परंतु उन पर दीवानापन सवार हो गया था। एक रात पत्नी, पुत्र, राजमहल, राजपरिवार को छोड़कर वन में चले गए। इसके पश्चात् सिद्धार्थ भगवान् बुद्ध होकर पूजनीय बन गए।

ठीक इसी प्रकार से बाबा साहब अंबेडकर ने इंग्लैंड की धरती पर रहकर बड़ी-बड़ी डिग्रियाँ प्राप्त कर ली थीं। इन डिग्रियों के आधार पर वे चाहते तो जिंदगी की सर्वश्रेष्ठ सिद्धियाँ प्राप्त कर सकते थे। रुपयों का ढेर लग जाता, परंतु उन्होंने यह सब छोड़ दिया। वे बैरिस्टर बने थे, उसके बाद भी उन्होंने इंग्लैंड के पाउंड को ठोकर मार दी और कहा, ''मैं तो अपने देशवासियों की सेवा में जीवन अर्पित कर दूँगा।'' इसी को दीवानापन कहते हैं। स्व की नहीं, समाज की चिंता थी। यही दीवानापन उनके जीवन में अमृत बन गया। डॉ. बाबा साहब अंबेडकर पं. नेहरू के मंत्रिमंडल में कानून मंत्री थे, परंतु उनके हृदय में तो समाज-हित की अखंड धारा प्रवाहित हो रही थी। इसी कारण वे मंत्री पद का त्याग कर निकल पड़े। यह त्याग और समाज के प्रति समर्पण की भावना तो महामानवों में ही देखने को मिलती है।

आज की पीढ़ी का कर्तव्य

डॉ. बाबा साहब अंबेडकर के समग्र व्यक्तित्व में से समाज को समर्पित करने की

बहुत बड़ी नैतिक शक्ति मिलती है। उस समय पूर्ण रूप से कांग्रेस बाबा साहब अंबेडकर के सामने खड़ी थी। अंबेडकरवादी होना अर्थात् अपराधी होना, ऐसा माना जाता था। कांग्रेस का संपूर्ण संघर्ष अंबेडकरवादी लोगों के सामने था। पूरे देश पर कांग्रेस का ध्वज फहराता था, तब देश में लोग बाबा साहब को कम-से-कम पहचानें, ऐसा कार्यक्रम योजनापूर्वक बनाया गया था। कांग्रेस ने खूब योजनाबद्ध तरीके से दो महामानवों के प्रति अन्याय किया था। एक थे सरदार पटेल और दूसरे बाबा साहब अंबेडकर। पूरे देश से इनका संपूर्ण परिचय ही नहीं होने दिया। वे सामर्थ्यवान्, शक्तिमान और जनता के साथ जुड़े हुए थे। उनके जीवन का मूल इस धरती के साथ जुड़ा हुआ था। यही कारण है कि आज भी समाज के अंदर सरदार पटेल और डॉ. अंबेडकर की कमी महसूस होती है। वे संपूर्ण राष्ट्र के लिए बहुत कुछ कर सकते थे, परंतु तब उन्हें अवसर ही नहीं दिया गया। उनके मार्ग में अवरोध पैदा किए गए। समाज की तासीर को पहचानकर उसके लिए काम करने की शक्ति इन महापुरुषों में थी। मानवता के हित में उस शक्ति का जितना उपयोग किया जाना चाहिए था, उसको उपयोग में न लेकर उनके साथ-साथ, समग्र समाज के प्रति बहुत अन्याय किया गया था। आज जब दुनिया में डंके की चोट पर इस सच्चाई को स्वीकार किया जाता है, तब कैसा चित्र उपस्थित होता है? इसके लिए कौन उत्तरदायी है? इसके लिए हम भारतवासी उत्तरदायी हैं।

मैं हूँ, वही तो तू भी है

हिंदू समाज बहुत ही परिवर्तनशील रहा है और इस परिवर्तनशील समाज में बुराइयों के विरुद्ध लड़ता भी रहा है। छुआछूत बुराई है, अस्पृश्यता बुराई है, ऊँच-नीच एक बुराई है। इनके सामने खड़े होकर सबको लड़ना पड़ेगा: पूरी शक्ति से, निश्चय के साथ, दृढ़ता के साथ लड़ना पड़ेगा। मात्र नौकरियाँ या आर्थिक स्थिति समग्र परिस्थिति को नहीं बदल सकती है। इसके लिए तो 'अपनेपन' का भाव चाहिए। जो ईश्वर तुझमें बैठा है, वही ईश्वर मुझमें भी बैठा है—'तू ही मैं हूँ और मैं ही तू है', यह शास्त्रों ने हमें सिखाया है और इसको ही आज फिर से स्वीकार करने की आवश्यकता है। मैं जब किसी को 'नमस्ते' कहता हूँ, तब नमस्ते का अर्थ होता है—'मैं तेरे अंदर बैठे हुए परमात्मा को नमन करता हूँ। वही परमात्मा मेरे अंदर बैठा है, मैं उसे भी नमन करता हूँ। हमारी विरासत में हमें यह 'नमस्ते' प्राप्त हुआ है, हमारे अंदर यह गहराई तक उतरा हुआ है। अत: समाज के लिए कटुता का भाव, समाज के लिए वैर-वृत्ति का भाव, समाज के लिए किसी को दुत्कारने का भाव—इस प्रकार को जो परंपरा है, उसे बदलना चाहिए। इस कुरीति के खिलाफ हमें लड़ना होगा।

अपनेपन का भाव

आपके यहाँ डाक लेकर डाकिया आता होगा। शायद आपके घर डाक डालता हो या न भी डालता हो, फिर भी आपके घर के आगे से धूप में जाते हुए इस डाकिया से शायद ही किसी ने पूछा हो, 'भाई, धूप में निकले हो, पानी पीते जाओ।' किसी ने नहीं पूछा होगा। डाकिया के सामने आते ही हमने पूछा हो, 'क्यों भाई, दो दिन से दिखे नहीं। तबीयत तो ठीक थी न?' शायद नहीं भी पूछा होगा। कोई कलेक्टर आए हो और दिखाई न दे तो 'ओ हो''''साहब कहाँ गए थे? दो-चार दिनों से आप दिखाई नहीं दे रहे थे? क्यों साहब, क्या कारण था?' समाज में छोटे आदमी के प्रति हमारे इस व्यवहार और आचरण को बदलने की आवश्यकता है। अरे, हमारे इस घर में झाड़ू-पोंछा करनेवाली कोई बहन आती है तो उससे किसी दिन पूछा है कि तुम्हारा बच्चा पढ़ता है क्या? किस कक्षा में पढ़ता है? उसने दसवीं कक्षा की परीक्षा दी, उसका अच्छा परिणाम आया तो क्या हमने मिठाई दी, पेड़े खिलाए? हमारे घर रोज दो घंटे झाड़ू-पोंछा करती है, जूठे बरतन साफ करती है। एक गरीब माता है। लड़के को पढ़ाने के लिए काम करती है। इसका बच्चा जो दसवीं में पास हो गया है तो हमारा मन नहीं होता कि उसे मिठाई खिलाएँ? समाज के दृष्टिकोण को बदलने के लिए हम 14 अप्रैल को एक उत्सव मनाएँगे। समाज के देखने का एक स्वभाव, अपनेपन का भाव, अपने होने की अनुभूति 'जो तू है, वही तो मैं भी हूँ' तुझमें विराजमान परमात्मा मेरे अंदर भी विराजमान है। यह भाव विश्व में उत्पन्न हो तो मुझे विश्वास है कि समाज की बुराइयों को दूर करने में यह अपनी शक्ति बनकर खड़ा हो जाएगा। यही शक्ति समाज में समता, ममता एवं समरसता के एक दिव्य वातावरण का सृजन करेगी।

□

---

* विविध जिलों में अंबेडकर भवन के उद्घाटन पर दिए गए भाषणों के आधार पर।

२

समर नहीं, समरसता

भारत की जीवन-व्यवस्था और चिंतन-प्रक्रिया में एक अद्‌भुत सामर्थ्य रही है। हजारों वर्ष प्राचीन हमारा देश आर्थिक, सामाजिक, राजकीय जैसे अनेक आघात-प्रत्याघातों में से मार्ग खोजकर मानव जाति के कल्याण का मार्ग प्रशस्त करता रहा है। भारत के अंतर में प्रवाहित ऊर्जा का सशक्त प्रवाह हर प्रकार के संकटों को हरता रहा है। भारत की आध्यात्मिक, सांस्कृतिक विकास-यात्रा की विरासत है यह अंतरऊर्जा। भारत में जब-जब भी इस अंतरऊर्जा से अलग होकर प्रश्नों के निराकरण के प्रयास हुए हैं, तब-तब निष्फलता ही मिली है या प्रतिक्रिया पैदा हुई है

भारत के स्वतंत्रता संग्राम का इतिहास इस बात का साक्षी है। १८५७ में स्वतंत्रता संग्राम का प्रतीक कमल और रोटी हो या १९वीं सदी का भक्ति युग, लोकमान्य तिलक का गणेशोत्सव हो या गांधीजी का रामराज्य का संदेश—ये सब भारत की अंतरऊर्जा के प्रकट रूप थे। परिणामस्वरूप ये जन-चेतना जाग्रत् करनेवाले प्रबल माध्यम बन गए थे।

विश्व की महाशक्तियाँ तो अपने स्वयं के भार से टूट रही हैं या छिन्न-भिन्न हो रही हैं। केवल आर्थिक और प्रौद्योगिकी के आधार पर मानव के सुख के मनोमंथन से विकसित विचारधाराओं ने मानव को सुविधाओं का दास बनाने के अलावा विशेष कुछ भी नहीं दिया है। ऐसे समय में भारत को एक बार फिर से विश्व-कल्याण के मार्ग को प्रशस्त करने का उत्तरदायित्व निभाने की अनिवार्यता पैदा हो गई है। ऐसा कोई भी उत्तरदायित्व निभाने से पहले भारत को अपनी अंतरऊर्जा एक बार फिर से जाग्रत् करनी पड़ेगी। भारत को स्वयं एक सामर्थ्यवान् राष्ट्र के रूप में खड़ा होना ही है। जातिवाद, संप्रदायवाद, भाषावाद, प्रांतवाद जैसी अनेक उलझनों में उलझा हुआ यहाँ का सामाजिक जीवन जब तक एकरस-समरस नहीं होगा, तब तक भारत विश्व का तो क्या, अपना कल्याण भी नहीं कर सकता है। ऐसा कोई भी उत्तरदायित्व निभाने से पूर्व भारत को अपनी अंतरऊर्जा एक बार पुनः जाग्रत् करनी ही पड़ेगी। भारत को एक सामर्थ्यवान्

राष्ट्र के रूप में खड़ा होना ही पड़ेगा।

विश्व के अलग-अलग समाजों ने अपने प्रश्नों के निराकरण के लिए अनेक मार्ग अपनाए हैं; परंतु इनमें मुख्य रूप से अधिकारों की लड़ाई, वर्ग-संघर्ष या क्रांति के भ्रमजाल के आसपास ही घूमता रहा है। रूस में समानता के नाम पर हुई सामाजिक क्रांति हो या बंधुत्व के नाम पर, स्वतंत्रता के नाम पर हुई फ्रांस की क्रांति हो अथवा चीन में माओ की क्रांति की बात हो—लक्ष्य की पूर्ति से पूर्व ही ये सब मार्ग स्वयं ही अंतरसंघर्ष में उलझ गए। क्रांति, प्रतिक्रांति या सांस्कृतिक क्रांति के मनोहर, लुभानेवाले नामों के नीचे भ्रमजाल में जीता हुआ यह समाज शनैः-शनैः इनके चंगुल से बाहर निकलने के लिए संघर्ष कर रहा है।

विकृत सामाजिक व्यवस्था से मुक्ति

इक्कीसवीं सदी की देहरी पर खड़े भारत को एकरस, समरस और सशक्त राष्ट्र के रूप में खड़ा होना है तो समाज में घर कर गई समस्त विकृत व्यवस्थाओं, परंपराओं और मान्यताओं से मुक्त होना ही पड़ेगा। इस लक्ष्य की प्राप्ति के लिए हमारे पास कौन सा मार्ग अभीष्ट है? भारत में इसके लिए प्रयत्न नहीं हुए हों, ऐसा भी नहीं है। अंतरऊर्जा से दूर जाकर किए गए प्रयत्नों के परिणाम के बदले प्रश्नों को ही जन्म दिया है। हमारे प्रश्नों के निराकरण के लिए समाज-सुधारकों की एक अखंड शृंखला रही है। यद्यपि इसमें भी कितनों ने खंडनात्मक मार्ग अपनाया! समाज को कोसते रहना, हमारा समाज बेकार और निकम्मा है, तोड़-फोड़कर फेंक दो—ऐसे विचारों के साथ अल्प समय में प्रसिद्धि भी प्राप्त कर ली, परंतु सिद्धि नहीं मिली। कहीं मात्र राजकीय आर्थिक अधिकारों तक की जागृति हितवादी दलों को पकड़ खड़ी होने लगी, जिसने समाज-हित की बात को मात्र व्यक्तिगत सिद्धियों का साधन बनाकर वर्तमान में एक नया प्रवाह शुरू किया है। जातिगत घृणा का वातावरण पैदा कर राजकीय आकांक्षाओं की पूर्ति के लिए जातियों में भेद-विभेद उत्पन्न किया है। अनुभव ने हमें बताया है कि ऐसे सभी प्रयत्न हमारी अंतरऊर्जा के अनुकूल नहीं होने के कारण इन प्रयत्नों से कोई भी आंतरिक शक्ति प्राप्त नहीं हो सकी। दूसरी ओर, समाज की विकृतियों को दूर करने के लिए समाज प्रबोधन को, समाज में एकत्व की अनुभूति को टिकाकर रखने की धीमी परंतु दृढ़ प्रक्रिया चलती रही है और उसमें कुछ आशा की किरणें दिखाई दे रही हैं।

समरस समाज की प्रामाणिक इच्छा होते हुए भी किसी के द्वारा अपनाए हुए मार्ग ने समाज को ही समरभूमि बना दिया। इतिहास साक्षी है कि नकारात्मक अभिगम प्रसिद्धि दिला सकती है, सिद्धि कदापि नहीं।

हमारी सामाजिक समरसता के लिए कौन सा मार्ग उपकारक है? बीसवीं सदी में

सामाजिक समरसता के लिए किए गए सब प्रयत्नों की परीक्षा करें तो स्पष्ट हो जाता है कि '१९वीं सदी के उत्तरार्ध में स्वामी विवेकानंद के द्वारा निर्देशित हुआ मार्ग आज भी उतना ही उपकारक है। विवेकानंद के विचार भारत की अंतरऊर्जा को प्रभावित करनेवाले हैं।'

जाति व्यवस्था के प्रति व्यथा

स्वामी विवेकानंद ने ३ जनवरी, १८९५ को न्यायमूर्ति स. सुब्रह्मण्यम को एक पत्र में लिखा था—"समाज में आमूल-चूल परिवर्तन करने की आवश्यकता है। सुधारकों की खंडनात्मक योजनाएँ निष्फल गई हैं। मेरी योजना के अनुसार भूतकाल में हमने जो कुछ भी किया, वह खराब नहीं है। हमारा समाज खराब नहीं, अपितु अच्छा है। मुझे उसे और अच्छा बनाना है। असत्य में से सत्य नहीं, खराब में से ही अच्छे में नहीं, बल्कि सत्य में से परम सत्य में, अच्छे में से श्रेष्ठ में ले जाना है।" इसी पत्र में विवेकानंद ने जाति व्यवस्था के प्रति दुःख व्यक्त करते हुए कहा है, "आधुनिक वर्ण तो सही जाति नहीं है। यह तो उनकी प्रगति का अवरोधक है। वास्तव में उसने तो जाति, वर्ण और विशिष्टता के स्वतंत्र कार्य को अटका दिया है।"

विवेकानंद का ऐसा दृढ़ मत था कि भारत में उसके अपने प्रश्नों को हल करने की अविरत परंपरा रही है। पहले कुछ भी हुआ नहीं था और अब ही हो रहा है—पहले दलितों, पिछड़े हुए लोगों को दुःखी व पीड़ित रखने में ही सब मशगूल थे और किसी ने कुछ किया ही नहीं, ऐसा भ्रम जानबूझकर फैलाया हुआ झूठ है।

विवेकानंदजी कहते हैं—"वाह! भारत में सुधारकों की कब कमी रही है? आप भारत का इतिहास पढ़ते हो। रामानुज कौन थे? शंकराचार्य कौन थे? नानक कौन थे? चैतन्य कौन थे? कबीर कौन थे? दादू कौन थे? ये सब महान् उपदेशक आकाशगंगा की प्रथम कक्षा के तारों की हारमाला जैसे थे। क्या रामानुज के मन में पिछड़े वर्गों के लिए लगाव नहीं था? क्या उन्होंने जीवन भर शूद्रों को अपने संप्रदाय में लेने का प्रयास नहीं किया था?"

समाज में घर कर गई विकृतियों को, निहित स्वार्थ को पोषते तत्त्वों ने धर्म के नाम पर बढ़ावा दिया है। परिणाम धर्मभीरु समाज उसमें से बाहर नहीं निकल पाता है और दूसरा वर्ग विकृतियों के ऊपर आघात करने के बदले धर्म के ऊपर ही आघात करने का सस्ता मार्ग अपनाकर अपने हितों के जाल को बुनने में डूबा हुआ है। विवेकानंदजी ने इस बात को पहचान लिया था, इसी कारण उन्होंने हमेशा विकृतियों व धर्म को अलग-अलग रखने का तथा सत्य को समझाने का प्रयास किया। विवेकानंदजी कहते हैं, "तुम्हारे सामने एक गहरा गड्ढा है। कितने ही उसमें गिरकर मर जाते हैं। वर्तमान हिंदू धर्म न तो वेद में है, न पुराणों में है, न भक्ति में या मुक्ति में है। धर्म तो घुस गया है

रसोई की हाँड़ी में। इस समय तो हिंदू धर्म न है ज्ञानमार्ग, न ही बुद्धिवाद, बल्कि यह है केवल 'अस्पृश्यतावाद' में। मुझे छूना नहीं, मुझे छूना नहीं⋯इसका सारा स्वरूप इसमें ही समा जाता है। 'आत्मवत् सर्वभूतेषु'—सभी प्राणियों को अपनी आत्मा जैसा ही मानो। यह उपदेश क्या पुस्तक में बंद कर के रखने के लिए है? जो दूसरे के श्वास से भी अस्पृश्य हो जाते हैं, उन लोगों को पवित्र किस प्रकार से बनाना है? अस्पृश्यता एक प्रकार का मानसिक रोग है। सर्व प्रकार का प्रेम अर्थात् विकास। सर्व प्रकार का स्वार्थ अर्थात् संकुचितता, इसलिए प्रेम ही एक शाश्वत जीवन का नियम है।''

भगवान् बुद्ध की करुणा का पूजन करनेवाले विवेकानंदजी बुद्ध का संदर्भ देते हुए कहते हैं—''बुद्धावतार में ईश्वर कहते हैं कि आधिभौतिक अथवा पृथ्वी के अन्य प्राणियों से होते हुए दुःख का मूल कारण जातियों की रचना में है। अन्य प्रकार से कहें तो जन्मलब्ध, गुणलब्ध या संपत्तिलब्ध प्रत्येक वर्गीय भेद इस दुःख का मूल है। आत्मा में लिंग, वर्ग, आश्रम या अन्य कक्षा का भेद नहीं है। जैसे कीचड़ कीचड़ से धोकर साफ नहीं हो सकता है, उसी प्रकार भिन्नता के विचारों से आत्मैक्य प्राप्त नहीं हो सकता है।''

स्वामीजी का विशिष्ट दृष्टिकोण

एक बार स्वामी विवेकानंद ने अद्वैत की चर्चा करते समय शिष्यों से कहा, ''मैं इन सबका हूँ। हम सनातनी हिंदू हैं। 'छूना नहीं, छूना नहीं, छूना नहीं' जैसी मर्यादा के साथ हमारा कुछ भी लेना-देना नहीं है। हिंदू धर्म में तो यह है ही नहीं। हमारे किसी भी धर्मग्रंथ में अस्पृश्यता नहीं है। यह एक धर्म-विरोधी कार्य है। समस्त प्रजाजनों की कार्य-साधकता में यह शुरू से ही हस्तक्षेप करता रहा है।''

विवेकानंदजी धर्म के आधार पर, तर्क के आधार पर, भक्ति के आधार पर समाज को झिंझोड़ने का एक भी अवसर नहीं छोड़ते थे। समाज में घर कर गई रूढ़ियाँ और जड़ता का भी वे तर्क से खंडन करते थे। विवेकानंदजी कहते हैं—''पीढ़ियों से चले आ रहे नियमों और रीति-रिवाजों का कड़ाई से पालन करने पर ही यदि सद्गुण समा जाता हो तो उत्तर दीजिए कि वृक्ष से अधिक गुणवान कौन है? पत्थर के टुकड़े को कभी कुदरती कानून का उल्लंघन करते देखा है क्या? पशुओं को कभी कोई पाप करते किसी ने देखा है?''

समाज में दबे हुए, कुचले हुए वर्ग की ओर देखने का उनका एक विशेष दृष्टिकोण था। किसी के लिए भी उपकार की भूमिका को वे कभी भी स्वीकार नहीं करते थे। वे एकत्व के मार्ग को ही उचित मानते थे। तथाकथित शूद्र के प्रति उनकी भूमिका की ऊँचाई कितनी अधिक थी, यह उनके ही कथन से स्पष्ट होता है—

"ये लोग मुझे शूद्र कहें तो भी मुझे बुरा नहीं लगेगा। यह तो मेरे पिछले पूर्वजों द्वारा गरीबों के ऊपर किए हुए जुल्मों, अत्याचारों का थोड़े अंशों में प्रायश्चित्त ही होगा। यदि मैं शूद्र होता तो उलटा मैं तो बहुत ही प्रसन्न होता। मैं एक ऐसे मनुष्य का शिष्य हूँ, जो ब्राह्मणों में श्रेष्ठ ब्राह्मण होने के उपरांत भी एक शूद्र के घर में सफाई का काम करने को तैयार हो गए थे। शूद्र ऐसा करने ही नहीं देते थे। वे उस ब्राह्मण संन्यासी को अपना घर साफ करने की आज्ञा कैसे दें! इस कारण यह आदमी आधी रात को उठकर उस शूद्र के घर चुपचाप जाकर उसका शौचालय साफ करके आ गया और अपने लंबे बालों से उस स्थान को पोंछ भी आया। मैं इस पुरुष के चरणों में मस्तक झुकाता हूँ। इसी प्रकार से सेवा करके हिंदुओं को सामान्य जनता को ऊँचा उठाना चाहिए। हमारे सुधारकों में एक भी ऐसा है जो शूद्र की सेवा करने को तैयार हो, तो मैं उसके चरणों में बैठकर उससे सीखूँगा। असामान्य आचरण की कीमत सिद्धांतों से कई गुना ज्यादा होती है।"

आज समाज के दबे-कुचले वर्ग के उत्थान के लिए होनेवाले प्रयास अधिकतर राजकीय उठा-पटक के खेल बन गए हैं। दूसरी ओर जातिवाद का अभियान राजनीतिक और आर्थिक शोषण का हथियार बन गया है। उच्च वर्ग के जातिवादी अभियान के सामने विवेकानंदजी ने १०० वर्ष पहले समाज के सर्वांगीण विकास की चिंता करते हुए कहा था, "ओ ब्राह्मणो! वंश-परंपरा की दलील वाली भूमिका के ऊपर से यदि तुम कहना चाहते हो कि ब्राह्मणों में विद्या के प्रति झुकाव दलितों की अपेक्षा अधिक मात्रा में है तो फिर ब्राह्मणों की शिक्षा के लिए अधिक पैसों का व्यय बंद कर दो। सारा पैसा (धन) दलितों की शिक्षा के लिए खर्चो, कमजोरों को सहायता दो। वास्तव में सहायता की आवश्यकता तो वहाँ है। ब्राह्मण, जो जन्म से होशियार हो, तो वह बिना मदद के भी अध्ययन कर सकेगा। दूसरे, जो जन्म से ही होशियार नहीं हैं, उनकी शिक्षा के लिए या शिक्षकों को जो भी चाहिए, वह सबकुछ दो। मेरी समझ के अनुसार तो यही बात न्याय और तर्कसंगत कही जाएगी। भारत के इन पददलित समाज को वास्तव में किस चीज की जरूरत है, यह समझने की आवश्यकता है। अरे, प्रत्येक स्त्री, पुरुष और बालक को किसी भी जाति या वंश की सबलता या निर्बलता की गणना न कर उन्हें सुनाने व सिखाने की सबल और निर्बल के पीछे, ऊँच और नीच के पीछे...प्रत्येक के पीछे सब किसी को अच्छा और महान् बनने की अनंत संभावना एवं अनंत शक्ति का विश्वास दिलानेवाली वही सनातन आत्मा विराजमान है। उठो, जागो, इस निर्बलता को झटककर फेंक दो। वास्तव में कोई भी दुर्बल नहीं है। आत्मा सनातन, सर्वशक्तिमान और सर्वज्ञ है।"

राज-व्यवस्था का समरस दृष्टिकोण

विवेकानंदजी ने धर्मतत्त्व के आधार पर प्रेम, संवेदना और करुणा के मार्ग द्वारा ही

समाज की विकृतियों के निराकरण का मार्ग बताया है। इतना ही नहीं, उन्होंने समाज के सर्वांगीण विकास के लिए समरस दृष्टिकोण वाली राज-व्यवस्था के बारे में भी सूचना दी थी। आजादी के पचास वर्ष की राजनीति की ओर देखें तो ध्यान में आता है कि पहले समाज के अग्रणियों में से खड़े हुए शासक अलग-अलग खेमे (वर्ग) में खड़े होकर जातियों का शोषण कर राजसत्ता भोगते रहे। अब एक छोटा सा अंतर आ रहा है कि जिस जाति में से खड़ा हुआ नया अग्रवर्ग अपने व्यक्तिगत राजनीतिक हितों के लिए अपनी-अपनी जातियों को जातिवाद के जड़-बंधनों में डालकर स्वयं ही उनका शोषण करने के लिए आगे बढ़ रहा है। जातिवाद निर्मूल नहीं होता है। मात्र शोषक बदल रहे हैं। सही अर्थों में यह परिस्थिति का निराकरण नहीं है। ऐसा विवेकानंद ने कहा था, सूचित किया था।

ब्राह्मण, क्षत्रिय, वैश्य—इन तीनों वर्गों में राजनीतिक कार्यों का क्रियान्वयन हो चुका है। अब शूद्र वर्ग का जमाना आया है। उनकी राजनीति का कार्यक्रम बनेगा ही। उसका कोई विरोध नहीं कर सकेगा। विवेकानंदजी यही कहकर रुकते नहीं हैं। वे परिस्थिति के निराकरण की सही दिशा और राज्य-चरित्र के संबंध में कहते हैं—"यदि एक ऐसे राज्य की रचना की जा सके, जिसमें ब्राह्मण द्वारा समय का ज्ञान, क्षत्रिय द्वारा समय की संस्कारिता, वैश्य द्वारा समय को व्यावहारिक उपयोग में लाने की भावना और शूद्रों को समानता का आदर्श इन सबका यदि एक सामंजस्य किया जा सके और प्रत्येक समय के दूषण को एक साथ दूर किया जा सके तो ऐसा राज्य एक आदर्श राज्य बनेगा।"

गुलामी की जंजीरों में जकड़ा हुआ हमारा देश मानसिक रूप से भी गुलाम बन गया था, मानो आत्मगौरव की भावना ही समाप्त हो गई थी। बड़े-बड़े समाज-सुधारक, विद्वान् समाज की विकृतियों की चिंता करते हैं, तब हमारे मूल चिंतन में ही कहीं कोई दोष है। ऐसा स्वीकार कर चलते हैं—हमारी व्यवस्थाओं, हमारी परंपराओं, हमारी संस्कृति, हमारा धर्म—यह सब का सब ही मानो रोग का मूल है। पश्चिम का सबकुछ श्रेष्ठ है, ऐसे भ्रम में हम लोग जीते हैं। हम जब तक परंपरागत संस्कृति में से बाहर नहीं आएँगे, उससे दूर नहीं होंगे, तब तक भारत का कभी भी उद्धार नहीं होगा—ऐसी निराशा का विचार उनका जीवन-मंत्र बन गया था। गुलामी की ऐसी विकृत मानसिकता रखने वाले तत्त्व आज भी कहाँ कम हैं? समाज में व्याप्त ऐसी मानसिक कमजोरी के संबंध में विवेकानंदजी कहते हैं—"मेरे देश के बंधुओं! मेरे मित्रों! मेरे बच्चों! हमारी राष्ट्रीय नाव जीवन के असीम समुद्र-जल में से असंख्य आत्माओं को पार उतार रही है। प्रकाशमय अनेक सदियों से इस संसार-सागर के जल में तैरकर लाखों-करोड़ों जीवों को उस पार उतारकर वह धन्यता की पात्र बनी है। आज शायद तुम्हारे ही दोष के

कारण इस नाव को कुछ नुकसान पहुँचा है। इसमें एक नन्हा छेद हो गया है। क्या इस कारण से इस नाव को दोषी माना जाएगा? जिस नौका ने संसार में किसी भी अन्य नाव की तुलना में बहुत अधिक सेवा की हो, ऐसी इस राष्ट्रीय नाव को तुम दोष दो तो क्या यह तुम्हें शोभा देगा? हमारी राष्ट्रीय नाव में, हमारे समाज में जो छेद हो गए हैं, तब भी हम उसी में बैठे हुए हैं। हम खड़े होकर उस छेद को बंद कर दें। अपनी स्वेच्छा से अपना रक्त सींचकर यह काम करें और इससे भी पार नहीं हो सके तो मर जाएँगे; परंतु एक भी शब्द इस समाज के विरुद्ध नहीं बोलेंगे। भाइयो! हमारी नाव डूब रही है। हम सब डूब रहे हैं। मैं तो आपके बीच बैठने के लिए आया हूँ। यदि हमें डूबना ही पड़ेगा तो सब एक साथ ही डूबेंगे, परंतु शाप या गाली हमारे मुख से नहीं निकलेगी।''

कुचले हुए वर्ग के विकास की चिंता

विवेकानंदजी मात्र आध्यात्मिक उन्नति की बात करनेवाले एकमार्गी संन्यासी नहीं थे। विवेकानंदजी की प्रत्येक बात दबे-कुचले, दलितों, पीड़ितों, पिछड़े वर्ग के विकास की चिंता व्यक्त किए बिना पूरी नहीं होती थी। उनके जीवन की चिंतनधारा की यही विशेषता थी कि उन्होंने दरिद्रनारायण की एक नई कल्पना समाज के सामने रखी थी। आज जैसे दलितों-पीड़ितों के नाम पर वचन और बातें करनेवाले वे मत के भूखे राजनेता नहीं थे। वे भव्य भारत के भविष्य के लिए श्रेष्ठ मार्ग का दर्शन करानेवाले मनीषी थे। वे सही अर्थों में अंत्योदय के पुरस्कर्ता थे। समाज के छोटे-से-छोटे मानव की चिंता करते हुए विवेकानंदजी ने कहा था, ''हमारी प्रतिज्ञा इस प्रकार से है—निम्न-से-निम्न मनुष्य के लिए जगत् का उच्च-से-उच्च हित करना और ऐसा करते-करते मुक्ति मिले या नरक, उसका स्वागत करना।'' विवेकानंद के लिए मुक्ति या मोक्ष की अपेक्षा दलितों, पीड़ितों का उद्धार अत्यंत महत्त्वपूर्ण था।

वेदांत को माननेवाले विवेकानंद सामाजिक विकृतियों से बहुत व्यथित थे, समाज को विकृतियों से मुक्त करने को दृढ़ संकल्पित थे। संपूर्ण मानव जाति के कल्याण के लिए समरस समाज हो—ऐसा वे दृढ़ रूप से मानते थे।

विवेकानंदजी ने श्रेष्ठ लक्ष्य की पूर्ति के लिए 'एकत्व' की अनुभूति कराने का मार्ग पसंद किया था। उनका संघर्ष समाज के छोटे-से-छोटे मानव तक संवेदनाओं का सेतु बाँधने का था। उनके मतानुसार जब तक संपूर्ण समाज के साथ सही अर्थों में हृदय का मिलाप न हो, तब तक सभी प्रयत्न बेकार थे। इन सब समस्याओं के निराकरण हेतु समरसता समाज का निर्माण करने का श्रेष्ठतम मार्ग अर्थात् अपनेपन की भावना, समाज के लिए संवेदना, समाज के प्रत्येक व्यक्ति के साथ एकत्व की अनुभूति। सामाजिक समरसता के श्रेष्ठ मार्ग को पाने के लिए वे भारत की अंतरऊर्जा को जाग्रत् करते हुए कहते थे, ''तू

भूलना नहीं कि भारत का निचला वर्ग अज्ञानी, भारतवासी, भारत का चमार, भारत का 'झाड़ू लगानेवाला दलित'—ये सभी रक्त संबंध से जुड़े सगे-संबंधी हैं, तुम्हारे भाई हैं। हे वीर! तू बहादुर बन, साहसी बन और गर्व से कह कि तू भारतवासी है और गर्वपूर्वक गर्जना करके कह कि 'मैं भारतवासी हूँ।' प्रत्येक भारतवासी मेरा भाई है। तू पुकारकर कह कि अज्ञानी भारतवासी, गरीब भारतवासी, कंगाल भारतवासी, ब्राह्मण भारतवासी, अंत्यज भारतवासी—प्रत्येक भारतवासी मेरा भाई है। तेरे पास पहनने के लिए चाहे एक लँगोटी ही हो तो भी तू गर्वपूर्वक उच्च स्वर में घोषणा कर कि भारतवासी मेरा भाई है, भारतवासी ही मेरा जीवन है, भारत के देवी-देवता मेरे ईश्वर हैं।''

विकृतियों से मुक्त ऐसे समरस समाज का मार्ग ही राष्ट्र-कल्याण का मार्ग हो सकता है। इस लक्ष्य की पूर्ति के लिए कोई आक्रोश नहीं, बस आत्मीयता चाहिए। व्यक्ति के अधिकार की अपेक्षा समाज के प्रति कर्तव्य का विचार करना पड़ेगा। प्रेम और सद्भावना के आधार पर समरस समाज की रचना संभव है। आज जब स्वार्थी हित रखनेवाले तत्त्व समाज को समरभूमि बना रहे हैं, तब आओ संकल्प करें—

छोड़ समर
समरसता की राह चलें।
समर के सैनिक नहीं
समरसता के सेवक बनें॥

□

* साधना : २२ जनवरी, १९९४

३

रक्षाबंधन : अटूट बंधन

उत्सव सामाजिक जीवन की ऊर्जा होते हैं। प्रत्येक मनुष्य के जीवन में उत्सव का एक विशेष स्थान है। भारतभूमि में उत्सव व्यक्ति के आनंद, सुख या मनोरंजन तक ही सीमित नहीं हैं। कितने ही उत्सव व्यक्ति व समष्टि और समाज की भेद रेखाओं को पार कर परम तत्त्व के मार्ग को निर्धारित करनेवाले भी हैं। कोई उत्सव व्यक्ति की विकास-यात्रा का रेखांकन करता है, किसी को नर से नारायण बनने का मार्ग बताता है। कोई उत्सव ऐहिक सुख की पराकाष्ठा तक ले जाता है तो कोई पारलौकिक जीवन के स्वप्न सँजोता है। कोई उत्सव व्यावहारिक जीवन की दिशा का संकेत करता है तो कोई दिव्यता का दर्शन कराता है। कोई उत्सव नियति की ओर जाने की प्रेरणा देता है तो कोई भूतकाल की चिरंजीव स्मृतियों की परत भी खोलता है।

यहाँ के प्रत्येक उत्सव में एक विशेष समाज-विज्ञान है। यह जड़ नहीं है। दूसरों में उत्साह, उमंग और गति का निरूपण करनेवाला उत्सव स्वयं चैतन्य रूप है। वह नित्य है। यहाँ उत्सव केवल कर्मकांड नहीं है। यह तो सामाजिक जीवन का प्राणतत्त्व है। इसी कारण तो समय-समय पर उत्सवों का समाज की धारणा के लिए विशेष उपयोग होता रहा है। समय के साथ उसमें आवश्यक परिवर्तन भी आया है।

रक्षाबंधन : कल और आज

भाई-बहन के निर्मल स्नेह को अखंड रखने और प्रेरक बल प्रदान करनेवाला रक्षाबंधन उत्सव भूतकाल में आज के स्वरूप जैसा नहीं था। रक्षाबंधन का जो स्वरूप आज है, वह कालक्रम में हुए अनेक बदलावों के बाद का स्वरूप है। यह रूप भी निरंतर परिवर्तनशील रहा है।

प्राचीनकाल में युद्धभूमि में धर्मयुद्ध करनेवाले वीरों की माता, पत्नी, बहन या अन्य कोई रक्षा सूत्र बाँधकर व्यक्ति के लिए शुभेच्छा व्यक्त करती थी। उदाहरणार्थ

इंद्र को इंद्राणी ने, अभिमन्यु को कुंती ने, बलि राजा को लक्ष्मी ने रक्षा सूत्र बाँधा था।

मध्य युग में जब विदेशी आक्रमणों से भारतवासियों को जीवन का भय हो गया था, विशेषकर जब स्त्रियों के शील की रक्षा का प्रश्न खड़ा हुआ, उस समय रक्षाबंधन ने एकदम अलग ही रूप धारण कर लिया था। उस काल में रक्षा बाँधनेवाली बहनों के जीवन की रक्षा के लिए आहुति देनेवाले सैकड़ों वीरों के बलिदान इतिहास के पन्नों में अंकित हैं।

समय के साथ भारत के एक बड़े भाग में रक्षाबंधन उत्सव प्रत्येक परिवार का उत्सव बन गया। बहन-भाई के पवित्र संबंधों की भावनापूर्ण अभिव्यक्ति ने एक संस्कारलक्षी उत्सव का रूप धारण कर लिया, मानो रक्षाबंधन से भावना की बाढ़ आ जाती है। भावना का सागर हिलोरें लेने लगता है। निर्मल स्नेह की सुगंध चारों ओर फैल जाती है। इन क्षणों में अर्थ-केंद्रित जीवन की ओर आगे बढ़ता मानव रक्षाबंधन को एक अनोखे ढंग से मनाते हुए दिखाई देता है। किसी व्यापारी ने अपनी तराजू को रक्षा बाँधी है तो कोई स्कूटरवाला अपने स्कूटर पर रक्षा बाँधकर सुरक्षा की याचना करते देखा जाता है। कोई विद्यार्थी अपनी पुस्तक में राखी रखता है तो कोई कारकून अपनी कलम पर।

स्नेह धारा

रक्षाबंधन उत्सव में समय-समय पर अनेक परिवर्तन होने के बाद भी स्नेह की मूल धारा को क्या हम लोग अक्षुण्ण रखने में सफल रहे हैं? क्या आज के समाज की धारणा के कार्य में यह पूरक है? स्नेह की ऐसी उत्कृष्ट भावना को चरितार्थ कर जीनेवाले समाज में दिन-प्रतिदिन नारी के विनय भंग, अत्याचार, बलात्कार की घटनाएँ घटती हों, तब समाज की संवेदना भी प्रकट नहीं हो तो किस काम की? 'माताभूमिः पुत्रोऽहं पृथिव्याः' का उद्घोष करनेवाले हम भारतमाता की संतान आंतरिक संघर्ष की आँधी में क्यों फँस गए हैं? तत्त्वमसि की बात कहनेवाला अपने ही समाज के बंधुओं के लिए मानवताहीन व्यवहार करने को क्यों प्रेरित होता है? 'अहं ब्रह्मास्मि' कहनेवाले हम जातिवाद के जाल में फँसकर स्नेह की सरिता को द्वेष के फंदों में क्यों बदल रहे हैं? अद्वैत के विचार से जगत् को अचंभित कर देनेवाले हम द्वैत के भोग क्यों बने हैं? 'आत्मवत् सर्वभूतेषु' की उदार दृष्टि अपनानेवाले हम सामाजिक धरातल पर डग भरते हुए क्यों डगमगा जाते हैं?

इन प्रश्नों का निराकरण तो हमें ही ढूँढ़ना पड़ेगा। यहाँ के चिंतन में कहीं कोई कमी नहीं है। काल की कसौटी पर यह चिंतन सत्य सिद्ध हुआ है, परंतु आचरण की इस घड़ी में इस चिंतन को चरितार्थ करनेवाले हम क्यों वामन बन जाते हैं? इस घड़ी

आधारभूत माध्यमों द्वारा ही यहाँ के विचारों की शक्ति और सुगंध से समाज में नवचैतन्य भरने का पूर्ण प्रयास करने की आवश्यकता खड़ी हो गई है।

किलेबंदी

समाज की एकता, राष्ट्र की अखंडता, स्पृश्यास्पृश्य की भेद रेखाओं, मठ और संप्रदाय के वर्गों की किलेबंदी—ये सब विकराल रूप धारण किए हुए हैं। राष्ट्र-जीवन में एक अग्रिम प्रश्न खड़ा हुआ है। तब रक्षाबंधन का स्नेह-सूत्र समाज के अलग-अलग वर्गों के बीच सेतु निर्माण करने में समर्थ बने, यह समय की माँग है। स्नेह-सूत्र से जुड़ते रक्षाबंधन पर्व का संदेश भी 'बलं उपास्वनो' ही है। इस युग में व्यक्ति की शक्ति, राज्य की शक्ति या धन की शक्ति से बढ़कर संगठन की शक्ति को माना गया है। 'संघे शक्तिः कलौयुगे'—अतः बल की उपासना करने के लिए समरसता जरूरी है।

दानवों को चुनौती देनेवाले इंद्र को इंद्राणी ने रक्षा-सूत्र बाँधकर सुरक्षा की कामना की थी। आज के सामाजिक जीवन को डसने को तत्पर राक्षसी शक्तियों को पराजित करने के लिए इंद्राणी रूपी कोटि-कोटि माताएँ समाज-पुरुष की रक्षा के लिए कामना करें।

अर्जुन की अनुपस्थिति में चक्रव्यूह को भेदते हुए अभिमन्यु की रक्षा के लिए कुंती माता ने कामना की थी। स्वामी दयानंद, महात्मा गांधी, स्वामी विवेकानंद, डॉ. हेडगेवार, डॉ. अंबेडकर की अनुपस्थिति में समाज को छिन्न-विच्छिन्न करती मान्यताओं के चक्रव्यूह को भेदने के लिए जूझते सहस्रों अभिमन्युओं को रक्षासूत्र बाँधने घर-घर से माता कुंती आगे आएँ।

बलि राजा के बंधन से बँधे विष्णु की मुक्ति के लिए लक्ष्मी के स्नेह-सूत्र ने विजय प्राप्त की। इसी प्रकार ऊँच-नीच के मोहजाल में फँसे हुए सहस्र हाथ, सहस्र पैर, सहस्र मस्तकवाले समाज रूपी विष्णु की मुक्ति के लिए गृहलक्ष्मी कामना करें और विश्वास से कहें—

येन बद्धो बलिः राजा दानवेन्द्रो महाबलः।
तेन त्वामनुबध्नामि रक्षे मा चल मा चलम्॥

फैलता हुआ रोग

पहले भी कई वर्षों तक समाज में समरसता का निर्माण करने के लिए छोटे-बड़े अनेक प्रयास हुए हैं। कभी-कभी लगता है, जैसे-जैसे दवा देते गए, वैसे-वैसे रोग बढ़ता गया। कभी लगता है, स्वेच्छा से किए गए प्रयासों में भी नकारात्मक अभिगम

होने से परिणाम विपरीत ही देखने को मिला है। बहुत से लोग 'जाति तोड़ो' का सूत्र लेकर काम करते हैं। ऐसे लोगों की एक नई जाति का निर्माण हो गया है। कहीं सुधारवाद के नाम से राजकीय कार्य को पूरा करने हेतु छिछले प्रयास होते भी दिखाई देते हैं तो कहीं स्थापित हितों की व्यापक पकड़ देखने को मिलती है। अलगाव और पिछड़ेपन के अस्तित्व को टिकाकर रखने में ऐसे लोगों को बहुत ही रुचि होती है, मानो ये परिबल भी कम हैं, जो पंथवाद के जुनून से प्रेरित होकर इस खाई को और चौड़ी कर स्वार्थ साधने के षड्यंत्र रचते हैं।

भारतीय समाजशास्त्र के निर्माता याज्ञवल्क्य, पराशर, वसिष्ठ आदि महान् स्मृतिकारों की समाज के विषय की कल्पना का विचार करें तो हमारे समाज के प्रश्नों का निराकरण का उचित उपाय मिल सकता है। समाज का अस्तित्व, उसकी मनोवृत्ति, उसकी आकांक्षाएँ, उसकी प्रभावशीलता आदि सबके अंत में उसके महत्त्व की इकाई व्यक्ति में ही तो है।

धर्माधिष्ठित समाज

हमारे यहाँ व्यक्ति और समाज के स्वार्थ भिन्न-भिन्न होने की बात को नहीं स्वीकारा गया। व्यक्ति और समाज का हित कभी अलग नहीं हो सकता है। इसी कारण हमारे ऋषियों ने उसका एक उपाय बहुत पहले से ही खोज रखा है। उन्होंने व्यक्ति और समाज को अधिकार के बंधन से न बाँधकर धर्म के बंधन से बाँधा है। तभी वे सामाजिक बन सकेंगे। इसीलिए तो 'मातृधर्म', 'स्त्रीधर्म' आदि शब्दों का प्रयोग हमारे यहाँ प्रारंभ हुआ। लौकिक जीवन को अलौकिक आयाम प्रदान कर देनेवाली शक्ति को समझकर प्राचीन ऋषियों ने कहा था—'धर्मो विश्वस्य जगतः प्रतिष्ठा।' व्यक्ति को केंद्र मानकर उसका धर्म के साथ अभिन्न बंधन द्वारा सामाजिक कर्तव्यों का निर्धारण हुआ। मात्र स्वार्थ पर आधारित व्यावहारिक संबंधों के आधार पर समाज स्थिर नहीं हो सकता है। ठीक उसी प्रकार व्यक्ति की स्वतंत्रता को ही केंद्र में रखने से समाज स्थिर नहीं रह सकता है। समाज व्यक्तियों के वास्तविक हित का पोषक बने और व्यक्ति अपनी कर्तव्य-बुद्धि को समाज के साथ जोड़े, तभी समाज और व्यक्ति परस्पर सहायक बन सकते हैं। यह मूल तत्त्व जब लुप्त हो जाता है, तब समाज-हित और व्यक्ति का स्वार्थ आपस में टकराते हैं। परिणामस्वरूप समाज की एकता पर छोटे-बड़े आघात होते हुए दिखाई देते हैं और इसी कारण सामाजिक एकता के मूलभूत प्रयासों को व्यापक बनाने की आवश्यकता उपस्थित हुई है। इस प्रश्न के स्थायी निराकरण के लिए चुनाव लक्ष्य नहीं, परंतु राष्ट्र-निर्माण की दृष्टि से, दूरदर्शिता के दृष्टिकोण से कार्य करने की आवश्यकता है। निश्चित ध्येय को सिद्ध करना अति

आवश्यक है। व्यक्ति निर्माण की इस प्रक्रिया में हम सब एक हैं—यह भावना राष्ट्र को बलवान बनाएगी। व्यवहार जगत् में एकता के स्वाभाविक दर्शन होंगे। निश्चित उद्देश्य पूरा हो और समाज में लेशमात्र भी कड़वाहट पैदा न हो, ऐसे प्रयास करने पड़ेंगे। 'उपायं चिन्तयन् प्राज्ञः अपायमपि चिन्तयेत्'—समाज में सौहार्द, सामंजस्य और आपसी सहयोग के वातावरण के निर्माण करने के लिए स्नेह सरिता की अविरत धारा प्रवाहित करनी होगी। रक्षाबंधन जैसे पर्व पर ऐसे सामाजिक संदर्भ का मूल्य समझकर समाज में सौहार्द का निर्माण किया जा सकता है।

प्रबल आत्मविश्वास

समाज को तोड़नेवाले अनेक परिबलों के बीच में असीम आत्मविश्वास और अपार धैर्य से आगे बढ़ना पड़ेगा। इस राष्ट्र में एक प्रबल अंतःशक्ति भरी पड़ी है, जो तमाम विघटनकारी ताकतों को परास्त कर राष्ट्र और समाज की एकता प्रस्थापित करके ही रहेगी, ऐसा विश्वास जगाने की आवश्यकता है। हमारी संस्कृति पर छा जाने को तत्पर पश्चिमी सभ्यता के विद्वानों को अब 'Decline of the West' (पश्चिम का पतन) जैसे ग्रंथ को लिखने का समय आ गया है।

हमारी संस्कृति ने अनेक चढ़ाव-उतार देखे हैं और आगे चलकर भी ऐसे अनुभवों के लिए सहज समर्थ है। विलियम जोन्स नामक पश्चिम के तत्त्वज्ञानी की भारतीय संस्कृति की इन विशेषताओं को मार्मिक रूप से प्रस्तुत करती एक संस्कृत कविता है, जिसका आशय है—"प्रखर सूर्य किरणों के प्रभाव से पूर्णरूपेण सूखती हरियाली को जिसने देखा है, वह कदाचित् ऐसी शंका भी करे कि अब पृथ्वी पर क्या ऐसी हरियाली फिर से दृष्टिगोचर होगी? परंतु वर्षा ऋतु के आगमन के साथ ही जल के प्रथम स्पर्श से चारों तरफ फैले हुए वीरान विस्तार हरे-भरे वन बन जाते हैं।" यहाँ की संस्कृति भी ऐसी ही शस्य-श्यामला जीवन-शक्ति का प्रतीक है। इसकी अंतःशक्ति का स्रोत अनंत है।

भेद-रहित समाज

हमारे व्यावहारिक जीवन में अनेक दोष पैदा हो जाते हैं। सामाजिक जीवन की धारणा के सिद्धांत, हमारी चिंतन-दिशा या हमारे शास्त्रों के वचन आदि में कुछ दोष हैं, ऐसे भ्रमजाल में फँसकर अपने आपको कोसकर बैठे रहना हमारे लिए उचित नहीं है। वेद, उपनिषद्, श्रुतियाँ, स्मृतियाँ, पुराण आदि तत्कालीन परिस्थिति में समाज के मार्गदर्शक हैं।

डॉ. अंबेडकर ने प्रतिपादित किया है कि वेद काल में, उपनिषद् काल में या

मनुस्मृति के काल में भी अस्पृश्यता नहीं थी। वेद की ऋचाओं की रचना करने में ब्राह्मण, क्षत्रिय, वैश्य और शूद्र—इन सबका योगदान रहा है। अरे, श्रेष्ठतम गायत्री मंत्र की रचना भी एक अब्राह्मण ने की है। उन्होंने लिखा है कि 'मनुस्मृति' के काल में सामाजिक अपराध करनेवाले किसी भी मनुष्य को समाज से बाहर कर दिया जाता था और इसमें ब्राह्मण भी अपवाद नहीं था।

हमारे यहाँ कहा जाता है कि 'जातिर्ब्राह्मण इति चेत् न' जन्म से ही ब्राह्मण होता है, यह कहना ठीक नहीं है।

वात्स्यायन ने लिखा है कि जिसने भी यथा विदित धर्म की अनुभूति की है, वह म्लेच्छ होने के बाद भी ऋषि है। शास्त्रों में कहा गया है कि आचारहीन ब्राह्मणों के बजाय राजा को शूद्र से कर्म करवाना पसंद करना चाहिए। 'महाभारत' के शांतिपर्व में भीष्म पितामह की मंत्रिपरिषद् की रचना का वर्णन है। उसमें ३७ सदस्यीय मंत्रिमंडल में ४ ब्राह्मण, ४ शूद्र, ८ क्षत्रिय और २१ वैश्यों का समावेश करने को कहा गया है। महत्त्व की बात तो यह है कि ब्राह्मण और शूद्र की संख्या एक समान है। अगर राष्ट्र-रक्षा में और धर्म-रक्षा में क्षत्रिय व ब्राह्मण असमर्थ होते हैं तो वैश्य या शूद्र को राज्य की बागडोर सौंपने की बात युधिष्ठिर ने कही है।

स्वामी विवेकानंद ने कहा है, ''चाहे हिमालय के अरण्यों को स्तब्ध कर देनेवाली अद्वैत केसरी की गंभीरता को सुनो, नदी के गंभीर स्वर में मिश्रित मेघ-गर्जन ध्वनि में 'अस्ति, भाति प्रिय' की घोषणा सुनो अथवा वृंदावन के मनोहर कुंजों में प्रिया-प्रियतम का कूजन सुनो, चाहे काशीपुरी के मठों में साधुओं के साथ गहरे ध्यान में मग्न हो जाओ अथवा श्री गौरांग महाप्रभु के भक्तों के उन्मादपूर्ण नृत्य में सहभागी बनो, वडकेल और तेनकेले आदि अनेक आशायुक्त विशिष्टाद्वैत सिद्धांत के आचार्यों के चरणों में आश्रय लो अथवा मध्व संप्रदाय के आचार्यों के उपदेश का श्रद्धापूर्वक स्मरण करो, सिख गुरुओं के 'वाहे गुरु की फतह' का समर नाद सुनो अथवा उदासी या निर्मला लोगों के ग्रंथ साहब का उपदेश सुनो, चाहे कबीरदास के संन्यासी शिष्यों को 'सत् साहेब' कहकर प्रणाम करो और साखी के श्रवण का आनंद उठाओ, चाहे राजपूताना के सुधारक दादू के अद्‌भुत ज्ञान भंडार को पढ़ो अथवा उनके राजशिष्य सुंदरदास से लेकर इस विचारमग्न प्रख्यात लेखक निश्चलदास के ग्रंथों को पढ़ो या उत्तर भारत के किसी शूद्र के पास से लाल गुरु के उपदेशों का वर्णन सुनो—इन सभी में से श्रुति और गीता, वेद और उपनिषद् के ही सुर निकलेंगे।'' जिसे मध्य युग के संतों ने सरल भाषा में बताया है—''जाति-पाँति पूछे नहिं कोई, हरि को भजै सो हरि का होई।''

जो काल-बाह्य है, ऐसी रूढ़ियों के मुखों को उठाकर चलनेवालों में हम नहीं

हैं। हम सदा ही परिवर्तनशील रहे हैं और इसीलिए हमारे यहाँ कहा जाता है कि 'पुराणमित्येव न साधु सर्वम्।' पुराना है, इसलिए वह अच्छा है, ऐसा नहीं। हमारे पास जो श्रेष्ठ है, उसे ही धारण कर श्रद्धा और विश्वास के साथ हमें आगे बढ़ना है।

समरसता का प्रयास

सामाजिक जीवन में समरसता के निर्माण का प्रयास करते समय जो दबे हुए हैं, कुचले हुए हैं, पीड़ित हैं—जिनका धैर्य समाप्त हो गया है, ऐसा अनुभव होता है। कभी उनके मुँह से निराशा के सुर निकलते हैं। उनका विश्वास डगमगा गया है, ऐसा लगता है। यह स्वाभाविक भी है; परंतु तथ्यों के आधार पर उनके धैर्य को बनाए रखना पड़ेगा, उनका विश्वास बढ़ाना पड़ेगा।

शायद अपेक्षित परिणाम नहीं आया हो, परंतु यही एक समाज है, जो अपने दोषों को दूर करने के लिए खुले मन से प्रयास करता है। यही वर्ग विकास-यात्रा में सदैव आवश्यक परिवर्तन स्वीकार करनेवाला रहा है। वेद-ज्ञाताओं को पता होगा कि इंद्र, वरुण और अग्नि यहाँ के मुख्य देवता थे। उनका स्थान शिव, राम, कृष्ण, हनुमान आदि ने लिया है। शिव और विष्णु की मान्यता स्थापित हुई, उस समय उनकी भिन्नता और तत्संबंधी विवाद भी चले। शंकराचार्य ने पंचायतन पूजा में उनका समावेश कर इस विवाद का अंत किया था। ऐसा कहा जाता है कि मयूर, मूषक, वृषभ, नाग, हंस, गरुड़ आदि इस देश के वनवासी समूहों के देवता थे। अन्य हिंदुओं ने उनके इन पशु देवताओं का अपमान नहीं किया, परंतु उन सबको अपने भगवान् का सहयोगी बना दिया। मयूर कार्तिकेय का, मूषक गणेशजी का, वृषभ शिवजी का, गरुड़ विष्णुजी का, हंस सरस्वती का वाहन बन गया। इस समन्वय के साथ ही इन देवताओं को माननेवाले हिंदुत्व में समरस हो गए।

अन्य जाति में जन्म पाए हुए ऋषि शृंगी, विश्वामित्र, अगस्त्य जैसे लोग धर्माचरण के कारण ब्राह्मण कहलाए। शूद्र स्त्री का लड़का महीदास गुणों के कारण ब्राह्मण हुआ और उसने 'ऐतरेय ब्राह्मण' की रचना की। जिसके पिता का कोई पता नहीं था, ऐसी स्त्री जाबाला के पुत्र जाबाल (सत्यकाम) का उपनयन संस्कार कर उसके गुरु ने उसे ब्राह्मण बनाया। महाराज दशरथ के विश्वासपात्र मंत्री और प्रिय सखा सुमंत शूद्र ही थे। राम के सब साथी वनवासी थे। पांडव वारणावर्त नगर में सम्मान प्रकट करने चारों वर्णों के वरिष्ठ लोगों के यहाँ गए थे। महान् क्षत्रिय वंश की कुलवधू मीराबाई ने पिछड़े समाज के संत रैदास के चरणों में बैठकर ज्ञान प्राप्त किया था। गुरु गोविंद सिंह ने जान हथेली पर रखकर आए पाँच शूद्र शिष्यों को लेकर महान् खालसा पंथ की स्थापना की थी। मध्यकालीन युग, जिसे भक्तियुग भी कहा जाता है, सारा देश विदेशी

आक्रमणकारी मुसलिम कट्टरपंथियों से त्रस्त था, उस समय संतों और भक्तों ने समाज की रक्षा की थी। इन संतों में ८० प्रतिशत संत ब्राह्मण नहीं थे, परंतु सबके लिए श्रद्धेय थे।

श्रीमद् आदिशंकराचार्य ने चंडाल को प्रभु के रूप में देखा था। श्रीमद् रामानुजाचार्य ने अपने गुरु के कोप को सहन करके भी पिछड़ी जाति के बंधुओं को मुक्ति का संदेश दिया था। श्री बसवेश्वर ने आध्यात्मिक एकता की ज्योति प्रकट की थी। स्वामी दयानंद ने अस्पृश्यता को वेदों के आधार पर निरर्थक सिद्ध किया था। स्वामी विवेकानंद ने दरिद्र नारायण की सेवा की बात कही और अस्पृश्यता को पागलपन कहा था। रामकृष्ण परमहंस ने साधना के भाग रूप से ही अछूतों का संडास साफ करना स्वीकार किया था। स्वामी सहजानंद ने सेवा-कार्य के लिए अपना सारा जीवन न्योछावर कर दिया था। ऐजवा नाम की पिछड़ी हुई जाति में जनमे केरल के नारायण गुरु आज सबके लिए अध्यात्म के प्रतीक रूप में विराजमान हैं। महाराष्ट्र के चोखमेल, कर्नाटक के कनकदास, वाराणसी के रैदास, केरल के पकनार, तमिलनाडु के नंदानर, गुजरात के नरसैया जैसे संतों के अभंग भक्ति गीत राष्ट्र के करोड़ों हृदयों को समानता व बंधुत्व का संदेश दे रहे हैं।

परिवर्तन के प्रयास

तिलक, गांधी, राजा राममोहन राय, वीर सावरकर, ठक्कर बापा, महात्मा फुले, अगरकर, डॉ. हेडगेवार, श्रीगुरुजी जैसे सैकड़ों महापुरुष उच्च वर्ग में जन्म लेकर भी सामजिक दोषों के निवारण के लिए जीवन भर प्रयत्न करते रहे।

सन् १९६९ के दिसंबर से उडपि में आयोजित विश्व हिंदू परिषद् की धर्माचार्यों की परिषद् में जगद्गुरु की उपस्थिति में अस्पृश्यता को सामाजिक कलंक मानकर उससे मुक्त होने की ऐतिहासिक घोषणा हमारे संतों ने ही की थी।

सन् १९७९ के जनवरी मास में प्रयाग के विश्व हिंदू सम्मेलन में देश के कोने-कोने से आए हुए संतों ने छुआछूत को अधार्मिक कृत्य कहकर उसे जड़ से समाप्त करने की घोषणा की थी। जगद्गुरु शंकराचार्य ने कहा था, "न हिंदू पतितो भवेत्!"

हमारे समाज ने परिवर्तन के लिए जो अथक प्रयास किया है, उसका अपेक्षित परिणाम देखने को नहीं मिला है तो उसके भी कुछ ऐतिहासिक कारण हैं, यह हमें भूलना नहीं चाहिए। १२०० वर्ष के परतंत्र काल में हम सतत संघर्ष और आतंक के बीच घिरे हुए थे। ऐसे विपरीत संयोगों में भी समाज के नवनिर्माण का कार्य अखंड रूप से चलता रहा।

कमरे में अंधकार हो तो सदा 'अंधकार-अंधकार' कहकर रोते रहने से वह दूर

नहीं होगा। प्रकाश को अंदर लाएँगे तो ही अंधकार दूर होगा। हमें यह समझ लेना चाहिए कि जो अभावात्मक है, विघ्टनकारी है और केवल दोष देखनेवाला है, उसका तो अंत निश्चित है। जो भावात्मक और रचनात्मक है, वही चिरजीवी है।

अपेक्षित परिणाम नहीं मिलने से हमारे पीड़ित बंधुओं के हृदय में जो संताप होता है, वह समझ में आता है; परंतु उन्हें भी यह नहीं भूलना चाहिए कि यह समाज के सब वर्गों की समझ में आ गया है कि यह स्थिति बदलनी चाहिए। इस दिशा के प्रयासों में सबको संयमपूर्वक और कार्य को बल मिले, ऐसे व्यवहार व भाषा का उपयोग करना चाहिए।

मुसलिम और ईसाई समाज

"'दलित-मुसलिम भाई-भाई' का सूत्र इस समस्या के समाधान मार्ग बन सकता है क्या? सब इसका थोड़ी गहराई से विचार करें। जो समाज समानता के नाम पर धर्मांतरण का षड्यंत्र रचता है, उसकी अपनी स्वयं की स्थिति कैसी है? इसलाम का जन्म अरबस्तान में हुआ, इस कारण अरबी मुसलमान अपने को सबसे ऊँचा मानते हैं। शिया मुसलिमों का देश इजिप्त है। वे स्वयं को श्रेष्ठ और अन्य को तुच्छ मानते हैं। समाज से विभक्त आगा खान के इस्माइली समाज को अपने ही देश में जान बचाने के लिए छुपकर रहना पड़ता है। पाकिस्तान में अहमदियों को गैर-मुसलिम जाहिर कर अधिकारों से वंचित रखा जाता है। याह्या खान के सैनिक शासन के समय बँगलादेश की लड़ाई में एक ही पंथ की ८ लाख महिलाओं के बलात्कार की शिकार बन गर्भवती होने का समाचार सबको पता है। ईरान में भी स्थिति बहुत अच्छी नहीं है। शरीयत का कानून, बहुपत्नीत्व, तलाक की व्यवस्था आदि से त्रस्त मुसलिम बहनों की बात सुनने को मौलवी लोग तैयार नहीं हैं।"

डॉ. बाबा साहब अंबेडकर ने अपनी प्रसिद्ध रचना 'पाकिस्तान अथवा भारत का विभाजन' में लिखा है—

"इसलाम बंधुत्व की बात करता है; परंतु उसमें भी ऊँच-नीच की तीन श्रेणियाँ हैं—अशरफ अथवा शराफ, अजलफ और अरजाल। 'अशरफ' का अर्थ है कुलीन। उसमें उच्च वर्ग के सैयद, शेख, पठान, मुगल, मलिक आदि का समावेश होता है। अजलफ का अर्थ होता है कनिष्ठ लोग, जिसमें पीराणी, ठखराई, जुलाहा, फकीर, रंगरेज, नालिया आदि जातियों का समावेश होता है। 'अरजाल' श्रेणी के लोगों के साथ मुसलमान संबंध नहीं रखते हैं और उन्हें मसजिद के अंदर प्रवेश भी नहीं करने देते हैं। उनमें भानारा, हलाल, खोट, जिजरा आदि का समावेश होता है।

ईसाइयों में भी ऐसी ही स्थिति है। उनमें कैथोलिक और प्रोटेस्टेंट के बीच का

खून-खराबा जग-प्रसिद्ध है। अपना संबंध सेंट थॉमस के साथ जोड़नेवाले अपने को ऊँचा मानते हैं। दक्षिण भारत में नंबूदरी ब्राह्मणों में से धर्मांतरित ईसाइयों को भारत के अन्य ईसाई छोटा मानते हैं। चर्च के चुनाव में जातिवाद का जोर देखने में आता है। ईसाइयों में दहेज प्रथा का दूषण भी बहुत व्याप्त है।

दुनिया के समस्त देशों में यह समस्या किसी-न-किसी रूप में अस्तित्व में है। अमेरिका में नीग्रो समाज या रेड इंडियन की क्या हालत है? समानता का झंडा लेकर घूमनेवाले रशिया में भी स्लेव जाति के लोगों की विशेष प्रतिष्ठा है।

कहने का तात्पर्य यह है कि ऊँच-नीच का भेदभाव और कमजोरों को दबाने की प्रवृत्ति पूरी मानव जाति में अहंकार का ही एक विकृत रूप है। कहीं धर्म के नाम पर, कहीं जाति के नाम पर, कभी रंग-रूप, धन या विद्या के नाम पर प्रचलित है। ऐसी स्थिति में हमारे प्रश्नों के उत्तर बाहर ढूँढ़ने के प्रयास बुद्धिमानी तो नहीं कही जा सकती है। हैदराबाद के निजाम ने डॉ. अंबेडकर इसलाम स्वीकार करें तो उन्हें मुँहमाँगी दौलत देने की पेशकश की थी। फिर भी बाबा साहब ने उस पेशकश को ठुकरा दिया था। वे जानते थे कि ऐसा सुख, ऐसी संपत्ति समाज या राष्ट्र के हित में नहीं है।

भारत का श्रेष्ठ चिंतन

इस विकट समस्या को हल करने के लिए जूझते हम सबको शास्त्रों ने उचित मार्ग बताया है। वेदों ने निर्वैर की शिक्षा दी है—

मित्रस्य मा चक्षुषा सर्वाणि भूतानि समीक्षन्ताम्।
मित्रस्याहं चक्षुषा सर्वाणि भूतानि समीक्षे॥

मैं इच्छा करता हूँ कि सारा संसार मेरी ओर मित्रता की नजरों से देखे तो मुझे भी संसार की तरफ मित्र की नजर से देखना चाहिए।

हमारे ऐसे श्रेष्ठ चिंतन को आचरण में लाने के लिए हमें ही प्रयास करना पड़ेगा। राष्ट्रीय स्वयंसेवक संघ ने अपनी विशिष्ट प्रणाली से इस प्रश्न के निराकरण के लिए बहुत बड़ी आशा जगाई है। एकात्मता की अनुभूति के भावात्मक अभिगम के कारण ही यह संभव हुआ है। युवा और वृद्ध सभी भारतमाता की प्रेमपूर्ण संतान के रूप में एकत्र हों और एक स्वर में ललकारें—

शुद्ध सात्विक प्रेम अपने कार्य का आधार है।
प्रेम जो केवल समर्पणभाव को ही जानता है॥

ऐसा नित्य का व्यवहार उनके अटूट सामाजिक भाईचारे को अधिक-से-अधिक

दृढ़ बनाता है। वाणी और आचरण की एकरूपता हृदय के बंधनों को दृढ़ करती है। उसमें से विषमता, कटुता से मुक्ति निर्वैर ऐसे एकरस समाज की नन्ही प्रेरक प्रतिकृति का निर्माण होता है।

कारतूस पर गाय की चरबी की बात क्रांति का शंखनाद फूँक सकती है। यदि तिलक गणेशोत्सव को सफलतापूर्वक आजादी के युद्धपर्व में बदल सकते हैं, यदि गांधी एक छोटी सी तकली द्वारा करोड़ों हृदयों में स्वतंत्रता की ज्योति जगा सकते हैं, यदि गंगा मैया–भारत मैया का रथ तीस दिनों के अल्प समय में भारत का मंथन कर सकता है तो रक्षाबंधन पर्व सामाजिक समरसता का प्रेरक बल क्यों नहीं बन सकता है?

एक बार फिर 'अमृतस्य पुत्र:' की वैदिक घोषणा को चरितार्थ करने के लिए हम सब पुरुषार्थ करें। हमारे जीवन को सामाजिक सद्‌भावना अमृत से प्राणवान् बनाकर समानता एवं बंधुत्व का निर्माण करके एक चैतन्य रूप अमृत राष्ट्र का निर्माण करें। □

---

* साधना : २४ अगस्त, १९८५

४

नवक्रांति का जयघोष

आध्यात्मिक तत्त्व में कोई वर्णभेद नहीं होता है। ऊँचे-से-ऊँचा और नीचे-से नीचे स्तर का आदमी भारत में साधु हो सकता है। शाक्य मुनि स्वयं साधु थे। उन्होंने वेदों के तत्त्वों को प्रकाश में लाकर जगत् में उनका प्रचार किया। उसमें उनके हृदय की परम उदारता दिखाई देती है। देश-विदेश में धर्म-प्रचार का कार्य करनेवाले वे प्रथम व्यक्ति थे। इतना ही नहीं अन्य धर्मों को अपने धर्म में लाने का विचार भी सर्वप्रथम उनके ध्यान में आया।

हजारों वर्षों की गुलामी की मानसिकता ने अपने सामाजिक जीवन में कालक्रम के अनुसार हो रहे सुधारों की सहज प्रक्रिया को रोक दिया था। हजारों वर्षों की महान् संस्कृति की विरासत रखनेवाला हमारा समाज कालक्रम से आई हुई कमजोरी दूर करने के लिए जूझता और सफल भी होता रहा है। समाज में यह प्रक्रिया गुलामी के काल में खो गई। इतना ही नहीं, दुर्बलताएँ और अधिक व्यापक होने लगीं। परिणामस्वरूप समाज छोटे-छोटे दायरों में बँट गया। ऊँच-नीच, छुआछूत घर कर गई। दुर्भाग्य से हमारी इन विकृतियों को कई तत्त्व धार्मिक आधार देने में सफल हो गए। परिणामस्वरूप सदियों तक 'यह सामाजिक पाप धर्म पर आधारित है', ऐसी परंपरा चलती रही।

सदियों से घर कर गई इन विकृतियों को समाप्त करना है और उसका मार्ग यदि धार्मिक है तो निश्चित ही स्थिति को सुधारा जा सकता है। धार्मिक क्षेत्रों में ही विकृतियों को समाप्त करने का संकल्प उपयोगी हो सकता है।

स्वतंत्र भारत के इतिहास में दो महत्त्वपूर्ण घटनाएँ हुईं, जिनका महत्त्व इतिहास के गर्भ में बंद है। आज चाहे इन घटनाओं का सामाजिक परीक्षण करने का स्वस्थ वातावरण नहीं है, परंतु कभी-न-कभी इस सत्य को स्वीकार करना ही होगा।

'७० के दशक में प्रयागराज के कुंभ मेले की प्रथम घटना की ओर ध्यान दें।

हिंदू जीवन में कुंभ के मेले का महत्त्व अतुल्य है। धार्मिक, आध्यात्मिक जीवन के

साथ जुड़ा हुआ कोई संत-महापुरुष कुंभ मेले के साथ सम्मिलित नहीं हो, ऐसा नहीं हो सकता है। एक प्रकार से सारा हिंदुस्तान ही कुंभ के समय मेलामय हो जाता है। '७० के दशक में आयोजित कुंभ मेले में विश्व हिंदू परिषद् के मंच पर शंकराचार्य की उपस्थिति में सभी पंथों के आचार्य महंत—एक प्रकार से धार्मिक जीवन के सर्वश्रेष्ठों की उपस्थिति थी। गंगा का पवित्र किनारा, हिंदू धर्म का महत्त्वपूर्ण प्रसंग—'कुंभ मेला' और धार्मिक जीवन के सर्वश्रेष्ठ पुरुषों ने मिलकर हजारों वर्षों के पाप को धोने का दृढ़ निश्चय किया। हिंदू समाज में घर कर गई ऊँच-नीच और छुआछूत की भावना का कोई धार्मिक अधिष्ठान नहीं है—यह जयघोष संतों ने किया। 'न हिंदू पतितो भवेत्' का जयघोष किया। यह सिद्धि कोई छोटी नहीं थी। उसके पीछे का प्रेरक बल था राष्ट्रीय स्वयंसेवक संघ के परम पूज्य गुरुजी श्री गोलवलकरजी का दूरदर्शितापूर्ण भगीरथ प्रयास। यह असंभव को संभव करने का सफल प्रयास रहा।

ऐसी ही दूसरी घटना घटी थी ९ नवंबर, १९८९ को अयोध्या की पवित्र धरती पर सरयू नदी के किनारे। प्रभु श्रीरामचंद्र के जन्म-स्थान पर यह गौरवपूर्ण घटना घटी थी। अस्पृश्यता निवारण में महात्मा गांधी का योगदान कभी भी भुलाया नहीं जा सकता है। सामाजिक क्षेत्र में अस्पृश्यता के निवारण में महात्मा गांधी बहुत कुछ सफल हुए थे, परंतु सांस्कृतिक क्षेत्र में अस्पृश्यता एक बड़ी चुनौती बन गई थी। अनेक अवरोध कार्य को पूरा होने ही नहीं देते थे। ऐसे वातावरण के बीच विश्व हिंदू परिषद् ने एक क्रांतिकारी कदम उठाया।

अयोध्या में प्रभु राम के जन्म-स्थान पर भव्य मंदिर बने, इसके लिए सारे देश में एक स्वर से आंदोलन हुआ था। धार्मिक भावनाएँ प्रबल थीं। देश के गण्यमान्य संत-महंत समग्र आंदोलन का नेतृत्व कर रहे थे। ऐसी पार्श्वभूमि के बीच जब ९ नवंबर, १९८९ को भव्य राम मंदिर के शिलान्यास का प्रसंग आया, तब किसी मठाधीश आचार्य, संत या महंत के हाथों शिलान्यास करवाने के बदले बिहार के रामभक्त एक दलित के हाथों शिलान्यास संपन्न हुआ। भारत के सांस्कृतिक इतिहास में इस घटना का मूल्य अनोखा है। दलित के हाथों राम मंदिर का शिलान्यास यह मात्र राम मंदिर के शिलान्यास की नींव डाले, ऐसा नहीं, वरन् यह घटना समरस समाज की नींव डालने वाली थी। भविष्य का इतिहास ही इस घटना का सही मूल्यांकन कर सकेगा। हिंदुस्तान के करोड़ों नागरिकों के श्रद्धा-स्वरूप राम मंदिर का शिलान्यास एक दलित रामभक्त के हाथों से करवाने का यह कदम नूतन सांस्कृतिक क्रांति का दिशा-संकेत है। अस्पृश्यता-निवारण और सामाजिक समरसता के प्रयासों को धार्मिक श्रेष्ठियों का सार्वजनिक आशीर्वाद मिला है। यह नवक्रांति का जयघोष है। □

* साधना : १८ नवंबर, १९८९

५

वन-बंधु : वचन नहीं, व्यवहार

सन् २०१० में गुजरात पचास वर्षों की विकास यात्रा पूरी करेगा। अनेक सरकारें आईं, अनेक योजनाएँ बनीं, इसके बाद भी सर्वांगीण विकास के लिए आज भी बहुत कुछ करने की आवश्यकता है। किन सरकारों ने किया और किन सरकारों ने नहीं किया, इस वाद-विवाद के स्थान पर महात्मा गांधी के स्वप्न को साकार करने का हेतु सफल हो और विकास की धारा छोटे-से-छोटे आदमी तक पहुँचे, उसकी अधिक आवश्यकता है।

समाज के अनेक वर्ग हैं, जिन पर विशेष ध्यान केंद्रित कर उन्हें विकसित समाज की श्रेणी में लाना है। सरकार का ऐसे जन समुदाय पर ध्यान केंद्रित करने का अभिगम है।

उमरगाँव से अंबाजी तक की पूर्व पट्टी का आदिवासी विस्तार, जिसमें ८३ तहसीलें अनुसूचित जनजाति का क्षेत्र है। राज्य की कुल जनसंख्या में अनुसूचित जनजाति की संख्या लगभग ७५ लाख है, जो लगभग पूरी जनसंख्या का १५ प्रतिशत है। सदियों से हमारी संस्कृति को सँभालकर रखनेवाला, आजादी की लड़ाई में बलिदान देनेवाला, राज्य की प्रगति में पसीना बहानेवाले आदिवासी समाज विकास की दौड़ में सम्मिलित होने के लिए अब सजग हो गया है। पिछले ६० वर्षों के अनुभवों से हमारे आदिवासी भाई-बंधुओं ने बहुत कुछ सीखा है।

विगत ६० वर्षों की योजनाओं और वचनों के परिणाम देखने के बाद हमें मानना पड़ेगा कि मात्र संविधान के अनुसार अनुसूचित जनजाति के उत्कर्ष के लिए उत्तरदायित्वों को पूरा करने से इच्छित परिणाम नहीं मिले हैं। इस यथार्थ सत्य को स्वीकार कर गुजरात की विकास-यात्रा में आदिवासी बंधु सक्रिय सहयोगी बनें, विकास के हकदार बनें और उज्ज्वल परिणाम प्राप्त करें, ऐसा स्वप्न साकार करने का हमारा संकल्प है। राज्य की १५ प्रतिशत जनसंख्या का यह आदिवासी समाज सशक्तीकरण के लिए,

क्षमता की वृद्धि के लिए और अपने लिए विकास के नए अवसरों का अधिक-से-अधिक लाभ ले, इसलिए योजनाबद्ध और नीतिगत नई योजना अपनाने की आवश्यकता है। आदिवासियों की शिक्षा और आर्थिक उत्थान के कार्यक्रमों से गुणात्मक सुधार और परिणाम के लक्ष्य, वर्तमान सरकार की प्राप्त कार्य-सिद्धियों से सब परिचित हैं।

सन् १९७४ से आदि जाति की पेटा (उप) योजना से आदिवासियों की विकास योजना का प्रारंभ हुआ। तब से सन् २००१ अर्थात् २७ वर्षों में लगभग ६,५०० करोड़ रुपए व्यय हुए, जबकि २००२ से २००७ के मध्य अर्थात् पिछले ५ वर्ष में सरकार ने लगभग ६,००० करोड़ रुपए व्यय किए हैं। २७ वर्षों में ६,५०० करोड़ रुपए और ५ वर्ष में ६,००० करोड़ रुपए! यह अंबर किसी का भी ध्यान आकर्षित करेगा। इतना ही नहीं, वरन् गुजरात के पैटर्न के माध्यम से आदि जाति कल्याण मॉडल को कार्यान्वित करने में गुजरात को उल्लेखनीय सफलता मिली है। आदिवासी किसानों की जमीन का पट्टा देने में गुजरात देश में प्रथम पंक्ति में रहा है। दूसरा ३,३४४ परिवारों के लिए २,२३६ हेक्टेयर जमीन उपलब्ध करवाकर इस विषय का प्रार्थना-पत्र स्वीकृति के लिए केंद्र सरकार को भेजा है। उसकी स्वीकृति की राह देख रहे हैं। एक राज्य सरकार के लिए यह बात संतोषजनक और गौरव की हो सकती है, परंतु हमारा संकल्प राज्य के विकास का तो है। उसी प्रकार से आदिवासी कल्याण के लिए और बड़ी छलाँग लगाना चाहते हैं। राज्य सरकार स्पष्ट रूप से मानती है कि विकास सर्वपोषक हो, सर्वसमावेशक हो और सर्वदेशी हो। इस अभिगम को चरितार्थ करने के लिए आगामी ११वीं पंचवर्षीय योजना में आदि जाति के सर्वांगीण कल्याण कार्यक्रम को सिद्ध करने के लिए १५,००० करोड़ रुपए का पैकेज कार्यान्वित करने का संकल्प किया है। सन् १९७४ से अब तक ३२ वर्षों में हुए कुल व्यय से भी अधिक व्यय पाँच वर्ष के अंदर १५,००० करोड़ रुपए का पैकेज एक ऐतिहासिक घटना ही कही जाएगी।

मुझे यह बताते हुए गौरव का अनुभव हो रहा है कि 'वन-बंधु कल्याण योजना' विकास का स्वप्न साकार करेगी।

आदि जाति का विजय के लिए दृष्टिकोण

१५,००० करोड़ रुपए वन-बंधु कल्याण योजना के पैकेज से हम एक निश्चित दृष्टिकोण के साथ विकास-यात्रा को आगे बढ़ाना चाहते हैं। इसमें आदिवासी परिवारों की आमदनी को दुगुना करना, समस्त आदिम वर्ग के परिवारों का अनुसूचित जनजाति के मुख्य प्रवाह के साथ जोड़ना, समस्त योग्य आदिवासी बालकों को शिक्षा की सुविधा पहुँचाना, आधुनिक युग के अनुरूप शिक्षा की गुणवत्ता बढ़ाना और उच्च शिक्षा का भार उठाना, आदिवासी परिवारों के लिए अपना स्वयं का घर होना, आदिवासी परिवारों के

नीरोगी जीवन के लिए आवश्यक सुविधाएँ उपलब्ध कराना, आदिवासी परिवारों तक पीने का शुद्ध पानी पहुँचाना, पाइप लाइन की सुविधा उपलब्ध कराना, आधुनिक खेती के लिए सिंचाई के अवसर उपलब्ध कराना, आधुनिक खेती द्वारा उत्पादन कैसे बढ़े, इसलिए वाड़ी योजना जैसी सफल योजना का विस्तार करना और आदि जाति गाँवों में मूलभूत सुविधाएँ, जैसे—रास्ते, बस स्टैंड, ऊर्जा का नेटवर्क स्थापित करना, आदिवासी विस्तार में आए नगरों का योजनाबद्ध विकास करना, जिससे आसपास के अनेक गाँवों के लिए ये नगर विकास के सारथी बनें। शहरों में आजीविका के लिए स्थानांतरण करनेवाले आदि जाति परिवारों के लिए कौशल्य विकास और नागरिक सुविधाएँ उपलब्ध कराने का प्रावधान हो।

इस महत्त्वाकांक्षी योजना को पूरा करना कितना बड़ा कार्य है, इसकी महत्ता से सरकार परिचित है और इसलिए १५,००० करोड़ रुपए का 'वन-बंधु योजना' का पैकेज सफल करने के लिए १० मुद्दों के कार्यक्रम की मैं घोषणा करता हूँ—

१. **५ लाख परिवारों के लिए रोजगार लक्ष्य कार्यक्रम का शुभारंभ**—कृषि की उत्पादन क्षमता बढ़ाकर रोजगार के ज्यादा अवसर पैदा करना, पशुपालन और डेयरी उद्योग एवं कृषि आधारित औद्योगिक प्रवृत्तियों को बढ़ाना, आदिवासी युवाओं को गुणात्मक प्रशिक्षण उपलब्ध कराना, आधुनिक वैज्ञानिक व तकनीकी कुशलता बढ़ाने के लिए नई योजना में आदिवासी युवकों को जोड़ना, ऐसे आदिवासी परिवार, जिनकी मुखिया महिला हो तो ऐसे परिवारों को आदिवासी कल्याण योजना में प्राथमिकता देना।

२. **शिक्षा की गुणवत्ता और उच्च शिक्षा पर भार**—तहसीलों में विज्ञान प्रवाह के उच्चतर माध्यमिक स्कूल खोलना, चुने हुए १,००० आदिवासी विद्यार्थियों को उत्तम श्रेणी के आवासीय विद्यालय में प्रवेश मिले और वे सर्वश्रेष्ठ शिक्षण प्राप्त करें, उसके लिए व्यवस्था करना। आदि जाति के विद्यार्थियों के लिए 'टैलेंट पुल' (बुद्धि क्षेत्र) का निर्माण करना। आदि जाति तहसीलों में नवोदय अथवा एकलव्य जैसी शालाएँ खोलना और उन्हें शहरों की श्रेष्ठ शालाओं जैसी गुणवत्तापूर्ण बनाना। कॉलेज के विद्यार्थियों के लिए और अधिक १०० छात्रालयों की स्थापना करना, मेडिकल कॉलेज, इंजीनियरिंग कॉलेज, पॉलटेक्निक कॉलेज, नर्सिंग कॉलेज और आई.टी.आई. सहित श्रेष्ठ शैक्षणिक इकाइयाँ आदिवासी क्षेत्रों में स्थापित करना, परंपरागत कला (आर्ट्स), कॉमर्स और साइंस जैसे कॉलेजों की इकाइयाँ तहसीलों में शुरू करना।

३. **आदिवासी क्षेत्रों में आर्थिक विकास गतिशील हो**—उत्पादित चीजों को योग्य बाजार मिले और परंपरागत कौशल्य को आर्थिक आधार मिले—इस बात

को ध्यान में रखकर क्षेत्र के अनुसार परंपरागत आर्थिक प्रवृत्तियों को पहचानकर उसका समूह बनाकर संकलित आर्थिक विकास का अभिगम अपनाना है। प्रत्येक तहसील को प्रतिवर्ष १ करोड़ रुपए का आवंटन करना, निकट के ही विकसित आर्थिक तंत्रों के साथ आंतरिक विस्तार ताकि आदिवासी सहयोगी बन सके, इस हेतु आंतरिक तंत्र की सुविधाओं का विकास कर और उसमें रुचि रखनेवालों को ऐसी प्रवृत्ति के साथ जोड़ना। आदिवासी क्षेत्रों में जो परंपरागत साधन हैं, उनकी क्षमता बढ़े और जो उपलब्ध कच्चा माल है, उसके मूल्य में वृद्धि हो, जिसका सीधा लाभ आदिवासियों तक पहुँचे, ऐसी व्यवस्था भी उपलब्ध करवाना है।

४. **सब के लिए आरोग्य**—सुरक्षित मातृत्व के लिए आदिवासी परिवारों को चिरंजीवी योजना का पूरा-पूरा लाभ मिले, उसके लिए सब प्रकार से प्रयत्न करना, आदिवासी परिवारों की गर्भवती स्त्रियों, धात्री माताओं और छह वर्ष तक के शिशुओं की कुपोषण से मुक्ति हेतु योजनाओं को घनिष्ठ और अधिक असरकारक बनाया जाएगा। आदिवासी परिवारों की प्रत्येक वर्ष आरोग्य का परोक्ष अभियान, गरीबी की रेखा के नीचे जीनेवाले आदिवासी परिवार के हृदय के ऑपरेशन के लिए आर्थिक सहायता, सीकलसेल एनीमिया, लेप्टोस्पायरोसिस जैसे रोगों के प्रति जागृति अभियान और रोग-प्रतिकारक एवं उपचार के लिए विशेष प्रकार की व्यवस्था करना।

५. **सबके लिए घर**—आगामी पंचवर्षीय योजना के दौरान पाँच वर्ष में घर-विहीन तमाम आदिवासी परिवारों को अपना स्वयं का घर मिले, ऐसी व्यवस्था करना।

६. **पीने का पानी**—आनेवाले पाँच वर्षों में तमाम आदिवासी परिवारों को सुरक्षित और स्वच्छ पेयजल की सुविधा, कम-से-कम २५ प्रतिशत परिवारों को पाइप लाइन द्वारा पीने का पानी मिले, ऐसी व्यवस्था करना।

७. **सिंचाई**—जूथ योजना के ऊपर विशेष जोर दिया जाएगा। चेक डैम का निर्माण किया जाएगा। वाटर शेड आधारित जल-संग्रह का निर्माण किया जाएगा। गरीब परिवारों की व्यक्ति-लक्ष्य सुविधाओं के लिए इंजन ऑयल आदि की सहायता, टपक सिंचाई (Drip Irrigation) पद्धति के लिए धन उपलब्ध कराना और टेक्निकल सुविधाएँ मिलती रहें, इसकी व्यवस्था करना।

८. **बारहमासी रास्ते**—आदिवासी क्षेत्रों में बनते हुए रास्तों की क्षमता में सुधार किया जाएगा। वर्तमान रास्तों की मरम्मत के लिए विशेष व्यवस्था। २५० से कम जनसंख्यावाले तमाम मुहल्लों को मुख्य रास्ते से जोड़ा जाएगा।

९. **सबके लिए बिजली की उपलब्धता**—गरीबी रेखा से नीचे जीनेवाले तमाम आदिवासी परिवारों के घरों का बिना मूल्य बिजलीकरण, शेष तमाम छोटे क्षेत्रों

में बिजलीकरण, आंतरक्षेत्रों और बिखरे हुए इलाकों में वैकल्पिक व्यवस्था के रूप में सौर-ऊर्जा का आयोजन।

१०. **शहरी विकास**—१३ आदिवासी जनसंख्यावाले शहरों का आर्थिक व सांस्कृतिक केंद्र के रूप में विकास, आगामी पाँच वर्षों में तमाम तहसीलों के मुख्य केंद्र को ब्रॉडबैंड से जोड़ देना।

आदिवासी विकास के लिए व्यूहात्मक बदलाव, पूरी तरह से धन की व्यवस्था, मिशन मोड़ से मुख्यमंत्री के कार्यक्रम के रूप में प्राथमिकता, निपुण और व्यावसायिक क्षमता का उपयोग, निष्पक्ष और स्वतंत्र निरीक्षण, जिला स्तर पर प्रायोजन प्रबंधन का सशक्तीकरण, आदिवासी क्षेत्र के प्रत्येक गाँव को 'विलेज डेवलपमेंट एक्शन प्लान' (ग्रामीण विकास परियोजना) के अंतर्गत निपुण और स्थानीय भागीदारी में तैयार कर उसका कार्यान्वयन अधिक असरदार बनाया जाएगा। समग्र देश में गुजरात आदि जाति के लिए व्यापार केंद्र बन रहे हैं और समग्र देश के लिए एक 'एजेंडा सेट' (कार्यक्रम पट) कर रहे हैं। गुजरात सरकार समाज के पिछड़े आदमी तक सब सुविधाएँ पहुँचाने का कार्य कर रही है।

मुख्यमंत्री के १० मुद्दे कार्यक्रम के अनुसार १५,००० करोड़ रुपयों का 'वन-बंधु कल्याण योजना' का पैकेज मात्र सरकार का नहीं, वरन् ५ करोड़ गुजरातियों का एजेंडा (कार्यक्रम) बन जाए, यह हम सबका सामूहिक उत्तरदायित्व है।

□

---

* वन-बंधु कल्याण योजना : पैकेज की घोषणा के अवसर पर विधानसभा में श्री नरेंद्र मोदी का निवेदन, २७ फरवरी, २००७

६

शबरी के वंशजों की सेवा

डाँग में स्थित शबरी धाम आनेवाले समय में समग्र देश में वन-बंधुओं के लिए तीर्थस्थान बन जाएगा। उत्तर से दक्षिण और पूर्व से पश्चिम तक के प्रत्येक हिंदू के मन में जैसे एक बार गंगा-स्नान करने की इच्छा रहती है, ठीक उसी प्रकार देश भर के वन-बंधुओं को जीवन में एक बार शबरी धाम आने की इच्छा जाग्रत् होगी। इस शबरी कुंभ का देश भर में ऐसा संदेश जाएगा। डाँग में विकास के नए-नए आयाम खुलेंगे। यहाँ के वन-बंधुओं को रोजी-रोटी कमाने के अधिक अवसर प्राप्त होंगे। उनकी कला, उनकी प्रतिभा, उनका पराक्रम दुनिया के सामने आएगा। शबरी कुंभ में मुझे विकास के नूतन दर्शन हो रहे हैं।

भारतीय समाज में धार्मिक समारोह, मेले, पवित्र मेले आदि की कोई कमी नहीं है। प्रत्येक तीसरे दिन हिंदुस्तान के किसी-न-किसी कोने में इस प्रकार का जागरण चलता ही रहता है। अनुभव ने बताया है कि समाज के मध्य वर्ग, उच्च-मध्यम वर्ग के पास तो शक्ति है, संपन्नता है, राजा के दरबार में उसकी पहुँच भी है—इस कारण उनकी इच्छा के अनुसार और अनुकूल समारोह आयोजित होते रहते हैं। इसमें एक अपवाद हैं देश के वन-बंधु। उनकी ओर तो अंत में दृष्टिपात किया जाता है, परंतु आज उन्हें प्रथम दृष्टि में देखा गया है। उनकी भावनाओं का आदर कर माता शबरी का स्मरण किया गया है। प्रभु राम को याद करना, प्रभु कृष्ण को याद करने की परंपरा हिंदू समाज में रही है। यद्यपि धन्यता तो जंगल में फटे व गंदे कपड़ों में रहने और प्रभु राम की जीवन भर प्रतीक्षा करती माता शबरी को याद करने में है। रामभक्ति की और राम की जीवन भर प्रतीक्षा करने की जो शक्ति माता शबरी में थी, वही शक्ति आज भी वन-बंधुओं में है। यह प्रतीक्षा की शक्ति भारत के उज्ज्वल भविष्य की प्रतीक्षा कर रही है। भारत के उज्ज्वल भविष्य की प्रतीक्षा अर्थात् रामराज्य की प्रतीक्षा। आज शबरी कुंभ में भारत की भव्यता के दर्शन हो रहे हैं। भारत के उज्ज्वल भविष्य के लिए शबरी कुंभ का

प्रारंभ एक निमित्त बन सकता है।

कभी-कभी मैं विचार करता हूँ कि भारत के संविधान की भावना को यदि प्रकट किया जाए तो कई लोगों की दृष्टि में हम अपराधी ठहरेंगे। मैं पूर्ण जवाबदेही के साथ कह सकता हूँ कि भारत के संविधान की भावना को भारत के संविधान के शब्दों में यदि मैं पेश करूँ तो इस देश के कितने ही लोग मुझे अपराधी घोषित कर देंगे। कितनी विकृति छाई हुई है। भारत का संविधान समाज के विषय में कहता है कि लोभ, लालच या भय से धर्मांतरण नहीं होना चाहिए। मैं यदि यह बात कहूँ तो मैं पापी गिना जाऊँगा, अपराधी माना जाऊँगा। यह किस प्रकार की मानसिकता है? भारत के संविधान की भावनाओं का आदर करना राज्य सरकार का कार्य है? हम यह काम कर रहे हैं। महात्मा गांधी ने जीवन भर जिस बात को बार-बार दुहराया था, आज उसी बात को उन्हीं शब्दों में, उसी भावना के साथ दोहराएँ तो देश के दंभी लोग उन्हें नोच डालेंगे। गांधीजी ने धर्मांतरण का विरोध किया, जीवनपर्यंत कहते रहे कि किसी भी सभ्य समाज के लिए यह उचित नहीं है। इस समस्या का मूल कहाँ है? कितने ही लोगों के पेट में इसलिए दर्द हो रहा है कि शबरी राम के साथ जुड़ी हैं। वन-बंधु शबरी के साथ जुड़े होने से उन्हें चिंता हो रही है कि वन-बंधु राम के साथ जुड़ जाएँगे। लाख प्रयत्न करें तो भी इस देश के वन-बंधुओं को राम से अलग नहीं किया जा सकता है। राम उनके प्राण हैं। चाहे समाज के लिए राम मंत्र हों, पर वन-बंधुओं के लिए तो प्राण हैं। जिस दिन वन-बंधुओं के प्राण उनके शरीर से अलग हो जाएँगे, उसी दिन वे राम से अलग हो सकते हैं।

यह इस देश का दुर्भाग्य है कि लॉर्ड मैकाले के मानसपुत्र अंग्रेजी में शिक्षा पाए बड़े लोग पूछ रहे हैं कि क्या शबरी का पुन: अवतरण हो रहा है? ओ मूर्खो! तुम्हें यह पता है कि इस देश में तुम्हारी प्रत्येक पीढ़ी के पूर्वज शबरी को जानते थे। पता नहीं इन लोगों को क्या हो गया है? भारत की सांस्कृतिक विरासत और भारत के गौरवमय इतिहास पर गर्व हम नहीं करेंगे तो कौन करेगा? इस देश की संतान इस देश के इतिहास पर गौरव नहीं करेगी तो कोई पड़ोसी करेगा? झूठ की भी कोई सीमा होती है। विश्व इतिहास कहता है कि हिंदू समाज मन से सहिष्णु है। विश्व में यह एकमात्र समाज है, जो कहता है कि 'ईश्वर एक है' और उसे प्राप्त करने के रास्ते अलग-अलग हो सकते हैं। जो रास्ता आपको पसंद हो, उस रास्ते पर ईमानदारी के साथ चलो, तुम्हें तुम्हारा ईश्वर मिल जाएगा—ऐसा कहनेवाले मात्र हिंदू ही हैं। शेष सब तो यह कहने वाले हैं कि जब तक तुम हमारे रास्ते पर नहीं चलोगे, तब तक तुम्हें ईश्वर नहीं मिलेगा। वहाँ तो ट्रैफिक जाम है, यहीं खुला हुआ है। मुझे यू.एन. में जाने का एक अवसर मिला था। श्रीश्री रविशंकरजी भी वहाँ आए हुए थे। कोफी अन्नान भी उस समय वहाँ उपस्थित

थे। लंबी चर्चा के पश्चात् प्रस्ताव स्वीकार हुआ कि विश्व के सभी पंथ समान हैं और सभी को इन सबका आदर करना चाहिए। आपको आश्चर्य होगा कि इस प्रस्ताव पर सर्व सम्मति के बाद तीसरे दिन ३५ पन्नों का एक निवेदन ईसाई समाज के वरिष्ठों द्वारा आया कि 'नहीं, हमें यह बात स्वीकार नहीं है। सब समान नहीं हैं, हम लोग अन्य पंथों से थोड़े श्रेष्ठ हैं।' जो अपने आपको दूसरे से बड़ा या ऊँचा मानते हैं, वही तो विनाश को आमंत्रण देते हैं। जो सबको समान मानते हैं, वे कभी भी कोई संकट पैदा नहीं करते हैं। सबके प्रति सद्भाव, सबके प्रति स्नेह, यह हमारे ऋषि-मुनियों, संतों और आचार्यों द्वारा दी गई परंपरा है। स्नेह की यही धारा हमारी संस्कृति की विरासत है। मैं विश्व को प्रेम तभी कर सकता हूँ, जब मैं अपनी विरासत और धरोहर को प्रेम करता हूँ। मैं समस्त मानवों के कल्याण का विचार तभी कर सकता हूँ, जब मैं मानव समूह को प्रेम करना शुरू करूँ। इसीलिए माता शबरी के चरणों में बैठकर हम सब प्रतीज्ञा करें। माता शबरी को श्रीराम की प्रतीक्षा करने में जो आनंद आता था, ऐसे ही रामराज्य की प्रतीक्षा करने का आनंद मनाने के लिए हम सब मिलकर कदम उठाएँ।

यहाँ की आर्थिक अवस्था में बहुत बदलाव आने वाला है। मुझे याद है कि आज से पहले भी मैं इस क्षेत्र में आया था। वर्षा ऋतु में यहाँ पानी बहुत होता है, परंतु बरसात के बाद यहाँ पानी की तंगी शुरू हो जाती है। आजकल यहाँ जो चेक डैम बना है, जल-संचय का जो काम हुआ है, इस जल-संग्रह के कारण इस समग्र क्षेत्र के लोगों के जीवन में एक बड़ा बदलाव आनेवाला है। देश भर से आए हुए मेरे वन-बंधुओ! आपको जानकर आनंद होगा कि आज हिंदुस्तान के बड़े-बड़े शहरों में भी चौबीस घंटे बिजली उपलब्ध नहीं है। कोलकाता, मुंबई, चेन्नई, दिल्ली—कोई भी शहर ले लो; परंतु हमारे इस डाँग जिले के प्रत्येक गाँव में चौबीस घंटे मुफ्त में बिजली मिलती है। यह गुजरात का सबसे पहला 'ज्योति ग्राम' जिला बना है।

गुजरात देश का एक ऐसा राज्य है, जिसने 'गुजरात पैटर्न' नाम की पिछड़े लोगों के विकास के लिए एक योजना बनाई। गुजरात सरकार वंचितों के हाथ में पैसा देती है। वन-बंधु स्वयं ही निश्चय करें कि उन्हें अपने क्षेत्र में कौन सा काम करना है? किसी को कुएँ की जरूरत है, किसी को लगता है कि गाँव में रस्ता बनाने की जरूरत है। किसी को लगे कि पाठशाला में कमरे की जरूरत है। ६००-७०० करोड़ रुपए सरकार ने इन वन-बंधुओं के हाथ में दिए हैं। हमारा अनुभव है कि हमने यहाँ ईमानदारी के दर्शन किए हैं। वन-बंधुओं ने पाई-पाई का उपयोग वनवासियों के विकास के लिए किया है। ५० हजार से अधिक छोटे-बड़े काम हुए हैं। लगभग ८०० करोड़ रुपए में पचास हजार से अधिक छोटे-बड़े काम केवल वन-बंधुओं ने स्वयं निर्णय करके किए हैं। मैं आज गौरवपूर्वक कहता हूँ कि महात्मा गांधी जिस ट्रस्टीशिप के सिद्धांत की बात

कहते थे, उस ट्रस्टीशिप के सिद्धांत को साकार होते हुए देखना है तो आओ! मेरे गुजरात के वन-बंधुओं को देखो। मेरे आदिवासी भाइयों को देखो। उनके हाथ में जितना रुपया दिया, उसकी एक-एक पाई का उन्होंने उपयोग किया है, विकास के लिए उपयोग किया है। ऐसी क्षमता, पवित्रता जिस समाज के अंदर है, उस समाज के विकास के लिए हम प्रतिबद्ध हैं। गुजरात सरकार ने पहली बार एक ऐसी योजना बनाई है, जिसमें मूलभूत सुविधाओं के माध्यम से मेरे गुजरात के वनवासी क्षेत्र के विकास के लिए एक नई दिशा खुलने वाली है।

माता शबरी ने श्रीराम के प्रति जो भक्ति दिखाई थी, उस ऋण को चुकाने के लिए हम वन-बंधुओं की सेवा कर रहे हैं। राम के आगमन की, जिसने इतनी लंबी प्रतीक्षा की, उस शबरी के वंशजों की सेवा के लिए हमारी सरकार ने प्रतिज्ञा ली है और हम वन-बंधुओं की सेवा में लगे हुए हैं।

□

---

* शबरी कुंभ महोत्सव में दिया हुआ प्रवचन, जिला डांग, तहसील आहवा, सुबीर, ११ जनवरी, २००६

७

वन-विस्तार की सेवा में

—————*—————

दाहोद जिला मुख्य रूप से पंचमहाल के समाज का क्षेत्र है। यह क्षेत्र मेरे लिए नया नहीं है। बस में, स्कूटर पर और मोटर साइकिल पर मैंने अपनी युवा अवस्था यहीं खपाई है और मुझे पता है कि इन क्षेत्र की समस्याएँ क्या हैं। उनकी अड़चनें क्या हैं। उनसे परिचित हूँ और इसी कारण हमारी अग्रिमता है कि छोटे-से-छोटे आदमी को सुखी कैसे करना है, छोटे-छोटे लोगों के क्षेत्रों को प्राथमिकता कैसे देनी है और रुचि के अंतर्गत ही राज्य सरकार ने सारी विकासधारा स्थापित की है। उसका आयोजन किया है। आदिवासियों के विकास की योजना पहले भी बनती थी और आज भी बनती है। आदिवासियों के विकास के लिए पहले भी पैसे खर्च किए जाते थे और आज भी खर्च किए जाते हैं। भूतकाल के लोगों ने कोई योजना नहीं बनाई थी, पैसे खर्च नहीं किए थे—ऐसा आरोप मैं लगाऊँ, इतना मूर्ख मैं नहीं हूँ। अंतर बस इतना है कि उस वक्त पैसा कहाँ खर्च होता था और आज कहाँ खर्च किया जाता है, उसे ही समझने की आवश्यकता है।

पहले आदिवासियों के विकास के लिए सरकार की ओर से सहायता मिले, बड़े-बड़े समारोह हों और करना क्या है? आदिवासियों के विकास के लिए पाँच मुरगे के पैसे दे दो। उससे वह उन मुरगों की संख्या बढ़ाएगा, उनका पालन-पोषण करेगा, अंडों को बेचेगा और अपनी जिंदगी व्यतीत करेगा। फिर एक अच्छा सा मजेदार चित्र भी बनाएँगे कि पाँच मुरगे हैं तो ऐसा होगा और फिर उसमें से इतने मुरगे और बनेंगे इससे, ओहो-हो···आपके पास तो सोने के कवेलु हो जाएँगे। ऐसा तो हमारे इन आदिवासी भाइयों ने बहुत कुछ सुना होगा। वह पाँच मुरगे लेकर घर जाता है और शाम को मेहमान आ जाते हैं तो पाँच मुरगों में से दो तो उसी दिन पूरे हो जाते हैं और वह सारी जिंदगी कर्ज भरता रहता है, पैसे चुकाता रहता है। मेरे कहने का तात्पर्य बस इतना ही है कि विकास के लिए पैसे उस समय भी व्यय किए गए थे, परंतु उनका दुर्व्यय हुआ। क्या आदिवासी अब भी मुरगे पालता रहेगा, मेहमानों के लिए मुरगों को ही काटता रहेगा? हमने निश्चय

किया है कि आदिवासियों के विकास के लिए अगर कर्ज ही देना है तो उसे ट्रैक्टर के लिए कर्ज क्यों नहीं मिले? उसके पढ़ने के लिए पैसों की व्यवस्था क्यों नहीं हो? गुजरात के आदिवासी समाज ने एक लड़के को पढ़ने के लिए कनाडा भेजा है। उसे पढ़ाने के लिए सरकार ने ५ लाख रुपए व्यय किए हैं। घटना छोटी सी ही होगी, परंतु इससे संकेत मिलता है कि विकास की हमारी दिशा क्या है? हम विकास को कौन से मार्ग पर ले जाना चाहते हैं? आज देश के अन्य राज्यों, जहाँ पर आदिवासी क्षेत्र हैं, उस राज्य के सरकारी अधिकारीगण गुजरात शैली का अभ्यास करने के लिए आते हैं। आदिवासियों के विकास के लिए गुजरात पैटर्न क्या है, उसका अभ्यास करने के लिए महाराष्ट्र, मध्य प्रदेश और राजस्थान की सरकारों के प्रतिनिधि गुजरात में आ कर अभ्यास कर गए हैं। उनके आदिवासी क्षेत्रों में सेवा करने का उन्हें एक आदर्श उदाहरण चाहिए था।

व्यवस्था की ताकत

एक जमाना था, जब गांधीनगर में बैठकर गाँवों के लिए पैसे को व्यय करने का आयोजन होता था। गाँव में कुएँ की आवश्यकता हो तो वे लोग निश्चित करें कुंडी। अरे, कुआँ ही नहीं हो तो कुंडी बनाकर क्या करना है, भाई? गाँव में रास्ता पहले से ही बना हुआ हो, पर दूसरा रास्ता बनाने का निश्चय कर देते हैं। गांधीनगर के वातानुकूलित कमरे में बैठकर योजनाएँ बनें तो वे सामान्य मानव के लिए उपयोगी हों, इसकी गारंटी नहीं है। इस कारण गुजरात शैली के अंतर्गत आदिवासी क्षेत्रों में समितियाँ बनाकर रुपए उनके हाथ में रख दिए और उन्हें कहा कि आप ही निश्चित करो कि आपके गाँव में किस प्रकार के विकास का काम करना है? इस राज्य सरकार ने अति अल्प समय में १,५४,५०८ करोड़ रुपए जैसी बड़ी रकम मात्र आदिवासी क्षेत्रों में आदिवासियों को सौंपकर ६१,६६६ से भी ज्यादा विकास के कार्यों को साकार किया है। मैं मानता हूँ कि आदिवासियों की विकास यात्रा का इतना बड़ा आँकड़ा लक्ष्यांक भूतकाल में कभी भी किसी ने प्राप्त नहीं किया है। हिंदुस्तान का कोई भी राज्य इसे प्राप्त नहीं कर सका है। इसका कारण है आदिवासी समाज को विश्वास में लेकर, गाँवों में बैठे नागरिकों को विश्वास में लेकर उनके भरोसे इसकी योजना, इसकी कल्पना, इसकी आवश्यकता, इसी के आधार पर आयोजन कर लोक-हित के कार्यों को प्राथमिकता प्रदान करने का प्रयास हमने किया है। उसके कारण एक व्यवस्था स्थापित हो रही है। इस व्यवस्था के कारण ही आयोजन महत्त्वपूर्ण और शक्तिशाली बनेगा।

गाँवों में लोक सहयोग

'ग्रामसभा' विकास की सही दिशा का प्रथम चरण है। ग्रामसभा के अंदर सरकारी

अधिकारी से गाँव का आदमी पूछता है कि साहब, आपने जो पहले वो बात कही थी, उसका क्या हुआ? पचास-सौ जितने लोग गाँव के ग्रामसभा में बैठें, ग्रामसभा में हिसाब-किताब हो। ग्रामसभा में लोग अब खुलेआम कहने लगे हैं—गाँव में पटवारी आता है या नहीं आता है, पटवारी काम करता है या नहीं करता है। रास्ते का काम निश्चित हुआ था, परंतु अब हमें इस काम में गड़बड़ नजर आती है। गाँव के अंदर पाठशाला है, परंतु शिक्षक नियमित नहीं आते हैं। ऐसे सार्वजनिक कार्यों में अनेक अड़चनें आती रहती हैं। इसका प्रभावशाली निराकरण करने का माध्यम ग्रामसभा है। गाँव के अंदर ग्रामसभा के कारण जागृति आई है। इसके साथ-साथ ग्रामसभा के अंदर गाँव के विकास के लिए अब गाँव में ही सहयोग का वातावरण बना है। ग्राम पंचायतों द्वारा मिलती ग्रामसभा में ग्राम सेवक, पटवारी, सरपंच और शिक्षक मिलकर गाँव की शक्ल बदलने में महत्त्वपूर्ण योगदान दे सकते हैं।

सामूहिक प्रयासों द्वारा सार्वजनिक विकास के कार्य का तत्परता से क्रियान्वयन करने में इस नवीन अभिगम को बहुत अच्छी सफलता मिली है। अधिकांश प्रश्नों का निराकरण उसी स्थल पर ही कर दिया जाता है। ऐसे आयोजन से छोटे-से-छोटा आदमी भी अपने प्रश्नों को खुले मन से पेश करने लगा है। अपनी बात कहने का उसमें आत्मविश्वास जागा है।

□

---

* दाहोद जिला, धानपुरा तहसील पंचायत उद्घाटन, दाहोद, ६ जून, २००३

८

वनवासियों की शौर्य गाथा

उस समय तक महात्मा गांधी का उदय पूरी तरह से नहीं हुआ था। सन् १९१९ में पंजाब में जलियाँवाला बाग हत्याकांड हो चुका था। पाल चितरिया में भी हजार-ग्यारह सौ लोगों को, आजादी के दीवानों को मौत के घाट उतार दिया गया था। जलियाँवाला बाग में एक सभा हो रही थी। सभा में आजादी के आंदोलन की बातें हो रही थीं और जनरल डायर ने उस सँकरी गली से छोटी सी जगह पर आकर लोगों को मौत के घाट उतार दिया। सन् १९१९ की इस घटना के कारण पूरे विश्व में अंग्रेजों को नीचा देखना पड़ा था। इससे भी अधिक क्रूर घटना तीन वर्ष बाद सन् १९२२ में साबरकाँठा के जंगल में हुई थी। हमारे १२०० आदिवासी पूर्वजों को मार डाला गया था। अत्याचार करनेवाली अंग्रेज सरकार हतप्रभ हो गई थी। इस बात की चर्चा कहीं किसी पुस्तक या पत्रिका में नहीं हुई। इतिहास के वैभव पर भी आँच नहीं आई। किसी को पता नहीं चले, इस हेतु अंग्रेज सरकार ने भरपूर प्रयत्न किया था। दूसरा दुर्भाग्य यह रहा कि इस देश में कितने ही लोग आए हैं, जिनकी मान्यता थी कि सारे देश का ठेका उन्होंने ही ले रखा है, बलिदान उन्होंने ही दिया है, उनके परिवार ने ही देश को आजादी दिलाई है और इसी मानसिकता के कारण आजादी के बाद ५० वर्षों तक उन्हें यह बात स्वीकार नहीं थी।

आपको जानकर आश्चर्य होगा। अंदमान-निकोबार में काला-पानी की सजा होती थी। बैरिस्टरी तक के पढ़े-लिखे इस देश के महान् वीर सपूतों को काले-पानी की सजा में अंदमान-निकोबार की सेल्यूलर जेल में डाल दिया जाता था। एक खटिया भी नहीं रखी जा सके, ऐसी कोठरी में बीस-बीस वर्ष तक बंद करके रख दिया गया था। उस सेल्यूलर जेल के अंदर पाँव रखते ही रोंगटे खड़े हो जाते हैं और आँख से आँसू निकल पड़ते हैं, परंतु इन शासकों ने देश से कहा कि सेल्यूलर जेल को भूल जाइए। अंदमान-निकोबार में जो यातना उन्होंने भोगी, उसे भूल जाइए। देश के आजाद होने के बाद भी अंदमान-निकोबार में काले-पानी की सजा पानेवाले, आजादी के यज्ञ में आहुति देनेवाले

लोगों को श्रद्धांजलि देने की स्मृति के रूप भी इस देश के शासकों ने अंदमान-निकोबार को कभी राष्ट्रीय स्मारक घोषित नहीं किया। देश में पहली बार जनता पार्टी की सरकार बनी, तब श्री लालकृष्ण आडवाणी सूचना एवं प्रसारण मंत्री थे। अटल बिहारी वाजपेयी विदेश मंत्री थे। मोरारजी देसाई प्रधानमंत्री थे। उस समय पहली बार अंदमान-निकोबार को देश की आजादी के स्मारक के रूप में स्वीकार किया गया। स्वतंत्रता के २५ वर्ष बाद स्वीकार किया गया। भारत को आजादी के लिए जिनके सारे परिवार ने बलिदान दिया था, उस वीर सावरकर का चित्र थोड़े समय पहले ही संसद् में लगाया गया। वीर सावरकर देश के लिए मर-खप गए, वे बैरिस्टर थे। अंग्रेजी सल्तनत के सामने लड़ाई लड़ी थी। भारत की सशस्त्र क्रांति का बीज रोपा था उस वीर ने। अंदमान-निकोबार की जेल के अंदर अपनी सारी युवा अवस्था खपा दी थी। एक ही परिवार के दो भाई एक ही जेल में बीस-बीस वर्ष से रहते रहे, परंतु दोनों ने एक-दूसरे के चेहरे नहीं देखे थे। जेल जाने के बाद अपने परिवार से कभी नहीं मिले थे। उनका तीसरा भाई नारायण साबरमती जेल में पड़ा-पड़ा सड़ रहा था। घर में मात्र महिलाएँ थीं। अंग्रेजी हुकूमत उन्हें भी यातनाएँ देती थी। घर में चूल्हा नहीं जले, रसोई बने नहीं—ऐसी स्थिति थी। देश के लिए इतना बड़ा बलिदान देनेवाले वीर सावरकर का चित्र भारत के संसद् भवन में लगाने का अवसर था। जिन ठेकेदार लोगों का दावा है कि आजादी तो मात्र उन्होंने ही दिलाई है! इन लोगों ने वीर सावरकर को स्मरणांजलि देने से भी मना कर दिया था। कार्यक्रम का बहिष्कार किया। गुजरात की सरकार ने डंके की चोट पर कहा कि देश के महान् पुरुषों का अपमान होता है तो इस अपमान का बदला उनका सम्मान करके देंगे और इसलिए इस सरकार ने गुजरात विधानसभा भवन में वीर सावरकर का चित्र लगाकर उस महान् पुरुष को श्रद्धांजलि देने का प्रयास किया। दुर्भाग्य है कि उस समय भी आजादी की लड़ाई के ठेकेदारों ने इस कार्यक्रम का बहिष्कार किया था।

आजादी के बाद इस देश की दुर्दशा क्यों हुई, इसका कारण यही है। हमारे गरीब आदिवासी पूर्वजों ने इस धरती पर आजादी के लिए ही खून बहाया था। आजादी दिलाने की लड़ाई का ठेका लेनेवाले हमारे पूर्व शासकों को क्या इन आदिवासी वनवासियों का बलिदान मंजूर नहीं था? आजादी के पचास-पचास वर्ष तक इस सत्य को छुपाने की, दबाने की नीति हमारे इन पूर्व शासकों ने लागू की थी, परंतु अब हमने देश और दुनिया में शहीद स्मारकों के कीर्तिमान को जीवित रखने की प्रतिज्ञा ली है। यह कार्यक्रम हमें जन-सहयोग से हाथ में लेना है। इन शहीद स्मारकों से, हमारे इन वीर पूर्वजों के बलिदान की यशोगाथा से प्रेरणा ले सके, ऐसे कार्यक्रमों का आयोजन किया जाएगा।

यहाँ इस क्षेत्र के यशस्वी नर-नारियों के गौरव का उल्लेख करने की मैं स्वीकृति आपसे लेता हूँ। यहाँ विजयनगर क्षेत्र में महाराणा प्रताप गुप्त वेश में रहते थे। एक दिन

दोपहर को वे विश्राम कर रहे थे, उस समय बंजारा जाति का एक युगल वहाँ आ पहुँचा। उसे बहुत प्यास लगी थी। महाराणा प्रताप को उन्होंने विश्राम करते हुए देखा। वह युगल उनके पास गया और पानी माँगा। महाराणा प्रताप ने पानी देते-देते हुए प्रश्न पूछा, 'आप लोग अकेले ही हो? बाल-बच्चे साथ नहीं लाए?' उस बंजारा युगल ने जवाब दिया कि हम दोनों अकेले ही हैं। जवाब में महाराणा प्रताप ने कहा, 'अकेले ही क्यों हो?' उस युगल को पता नहीं था कि ये तो स्वयं महाराणा प्रताप हैं। युगल ने जवाब दिया कि मेवाड़ के महाराणा प्रताप को जब तक मेवाड़ वापस नहीं मिलेगा, तब तक हम दोनों ने संतान प्राप्त न करने का निर्णय लिया है।

यह इस विजयनगर की धरती का प्रताप है। जुल्मी अंग्रेज शासकों के चंगुल से मुक्ति प्राप्त करने का एक जबरदस्त प्रयास इस भूमि के लोगों ने किया था। हमने यहाँ इस पाल चितरिया गाँव के इन आदिवासी शहीदों की गौरवगाथा के लिए स्मारक बनाकर आजादी की लड़ाई के शहीदों का ऋण स्वीकार किया है। यह स्मृति स्मारक एक ऐसा जीता जागता धाम बनना चाहिए कि यह हमारे राष्ट्र की ऊर्जा की चेतना का केंद्र बन जाए।

□

---

* आदिवासी शहीद स्मारक अनावरण स्थल : पाल चितरिया, तहसील विजयनगर जिला साबरकाँठा, २२ जून, २००३

१

समरस गाँव : ममभाव और समृद्धि की ओर यात्रा

—✻—

देश की माटी, देश का जल, हवा देश की,
सरस बने, प्रभु सरस बने!
देश के घर और देश के घाट,
देश के वन और देश की वाट।
सरस बने, प्रभु सरस बने!
देश का तन और देश का मन,
देश के घर के सब भाई-बहन।
विमल बने, प्रभु विमल बने।

(—कविवर रवींद्रनाथ टैगोर)

पिछले पाँच वर्षों में गुजरात में पंचायती राज व्यवस्था में आए परिवर्तन ने समग्र देश को राह बतानेवाले 'समरस ग्राम' की अनोखी योजना को हजारों गाँवों से व्यापक प्रतिभाव मिल रहा है।

आदर्श समाज के बारे में कविवर रवींद्रनाथ टैगोर ने जो विभावना व्यक्त की है, उसके मूल में जाएँ तो पूज्य आचार्य विनोबा भावे की पदयात्रा का स्मरण हो आता है। उस समय के भाषण में उन्होंने जो चिंता व्यक्त की थी, उसका मुझे स्मरण हुआ और विचार आया कि गाँवों में सर्वसम्मति का वातावरण हो, यह वर्तमान समय में अत्यंत आवश्यक हो गया है।

विनोबाजी ने एक बार कहा था कि गाँवों में चुनाव के वैर की जहरीली भावना नहीं पहुँचे, उसकी चिंता करो। गाँवों में सर्वसम्मति का वातावरण बनाओ।

लोकनायक श्री जयप्रकाश नारायण ने भी लोगों की सक्रियता पर आधारित

पंचायती राज की कल्पना की थी। इन दोनों महानुभावों के ग्राम्य जीवन को समरस बनाने के सँजोए हुए स्वप्नों को मूर्तिमंत करने के प्रयास और मंथन में से ही 'समरस ग्राम योजना' का जन्म हुआ है। मेरे सार्वजनिक जीवन के अनुभव के ऊपर से ऐसा लगता था कि लोकसभा का चुनाव आए तो भी गाँवों में बहुत मतभेद नहीं होता है, विधानसभा का चुनाव आए तो भी गाँवों में बहुत मतभेद नहीं होता है; परंतु ग्राम पंचायत के चुनाव हों तो जैसे लड़की ससुराल से घर वापस आ गई हो, ऐसी एक बड़ी दरार पड़ जाती है और सारा गाँव बिखर जाता है।

राज्य और राष्ट्रीय स्तर पर चुनावों में कार्यकर्ताओं के अपने-अपने दृष्टिकोण, नीति, विचारधारा या लक्ष्य सिद्ध करने के लिए भिन्न-भिन्न कार्यक्रम हो सकते हैं। राज्य स्तर के राजनीतिक दल उस समय की धारणा को समक्ष रख चुनाव लड़ें, उसमें कोई विरोध या आपत्ति नहीं है, परंतु पंचायतें अर्थात् हमारे देश की पुरानी संस्था, जहाँ से हमारी संस्कृति का प्रवाह बहता है, उस गाँव को राजकीय बुराइयों और पूर्वग्रहों से मुक्त रखना चाहिए। हम गाँवों को स्थानीय सुविधाएँ देने के लिए विकास कार्यक्रम हाथ में लेने वाले हैं। इसके लिए जन-सहयोग अनिवार्य है। ऐसा करने के लिए गाँवों को राजनीति से मुक्त रखना उनके ही व्यापक हित में आवश्यक है। ग्रामरक्षा ने राजकीय पक्षों को अपने उम्मीदवारों से वंचित रखने के कदम की रिखबदास शाह समिति ने भी अनुमोदन किया है। पंचायती राज की भावना को आत्मसात् करने के लिए गाँवों को राजनीति से अलग रखने हेतु संभव और व्यावहारिक उपाय सूचित करने चाहिए, ऐसा इस समिति ने कहा है।

समरस ग्राम योजना के विचार को कितने ही लोग जनतंत्र की भावना के विरुद्ध मानते हैं, परंतु समरस ग्राम योजना के विचार को यदि तटस्थ और वास्तविक आचरण की रीति से समझें तो यह योजना समाज में प्रेरणादायी और उत्साह-प्रेरक बनेगी।

विवाद नहीं, अपितु संवाद

जनतंत्र में बहुमत के आधार पर निर्णय होता है। समरस योजना में सर्वानुमति से विचार-विमर्श करने के बाद निर्णय किया जाता है। इस कारण निर्णय की यथार्थता गंभीर और सक्षम बनती है; परंतु बहुमत के विचार से तो सर्वानुमत का विचार उत्तम और सुखद है।

समरस बने हुए गाँवों के गाँववासी आपस में मिलकर अपने में से ही सर्वसम्मति से ग्राम पंचायत के प्रबंधन और कार्य करने के लिए प्रतिनिधि निश्चित करते हैं, जिसमें अनेक योग्य व्यक्ति अपने अधिकार को छोड़कर समाज के लिए प्रेरणारूप आचरण कर गाँव का भला करने हेतु एक श्रेष्ठ अभिगम अपनाते हैं। अर्थात् वर्तमान के सांप्रत

वातावरण से कुछ प्राप्त करने के बदले त्याग की भावना का उद्भव होता है। वाद नहीं, विवाद नहीं, अपितु संवाद द्वारा सामूहिक सर्वसम्मत निर्णय किया जाता है।

अतः गुजरात के जिन-जिन गाँवों ने सरपंच के चुनने में समरसता की राह ली है, उन गाँवों का मुझे अभिनंदन करना है। जिन गाँवों के भाइयों ने समरस गाँव बनाने का निर्णय कर सरपंच बनाए हैं, उन सभी गाँवों के भाई-बहनों को मेरा अंतःकरण से प्रणाम। इसके उपरांत जो पंचायत सदस्य बने हैं, वे तो अभिनंदन के अधिकारी हैं ही, परंतु जो अपने अधिकार का त्याग कर सदस्य नहीं बने, वे भी अभिनंदन के उतने ही अधिकारी हैं। 'समरस गाँव' का विचार जब मैंने रखा था, मेरे मन में गुजरात के समस्त गाँवों की भलाई करने की इच्छा थी। इस निर्णय के पीछे मेरी एक भावना है कि हमारे गाँव सब साथ में मिलकर निर्णय करें, फिर भी इसमें कुछ लोगों का विरोध हुआ। गुजरात में एक टोली है, वह तो सुबह-शाम मेरे नाम की माला नहीं जपे, तब तक उनका सूरज उदय नहीं होता है। ये सब तो पीछे पड़ गए हैं कि समरस गाँव की बात के साथ जनतंत्र से जुड़ी हुई नहीं है और यह तो संविधान का खून करने जैसी बात है। मोदी जनतंत्र का हत्यारा है। वह चुनाव नहीं करने देता है। मैंने ऐसा कब कहा है? मैंने तो कहा कि सरपंच के चुनाव का निर्णय गाँव के लोग साथ मिलकर करें। आप मुझे कहें ६० प्रतिशत और ४० प्रतिशत हो तो जनतंत्र या ७५ प्रतिशत और २५ प्रतिशत हो या ८० प्रतिशत और २० प्रतिशत हो तो भी जनतंत्र और ९० प्रतिशत और १० प्रतिशत हो तो भी जनतंत्र ही कहलाएगा? अरे ९९ प्रतिशत एक तरफ और १ प्रतिशत दूसरी तरफ हो तो इसे भी जनतंत्र ही कहेंगे और १०० प्रतिशत एक तरफ शून्य प्रतिशत दूसरी तरफ तो इसे जनतंत्र-विरोधी किस प्रकार से कह सकते हैं। जब सब लोग मिलकर सम्मति करते हों तो यह जनतंत्र की हत्या नहीं, उसका स्वस्थ रूप है। ये कैसे लोग हैं? तुम चुनाव किए बिना, चुनाव लड़े बिना, बिना कोई खर्च किए, गाँव में किसी भी प्रकार की तू-तू मैं-मैं किए बिना या लड़ाई-झगड़े के बिना चुनाव जीतो तो इनके पेट में दर्द होता है। उन्हें जनतंत्र (लोकशाही) मर गया दिखाई देता है। समझ में नहीं आता है कि गाँव का सरपंच सारा गाँव इकट्ठा होकर निश्चित करे तो उसमें क्या बुराई है? कांग्रेस के हमारे मित्रों ने घोषणा की है कि हम समस्त गुजरात में कहीं भी समरस गाँव नहीं बनने देंगे। मुझे समरसता-विरोधियों से पूछना है कि भारत के राष्ट्रपति 'ए.पी.जे. अब्दुल कलाम' समरस राष्ट्रपति हैं, इसका आपको पता तो है न? सब राजनीतिक दलों ने मिलकर निश्चित किया कि राष्ट्रपति पद के लिए कोई चुनाव नहीं करना। अतः चुनाव नहीं हुआ, मतदान नहीं हुआ। इस देश में राष्ट्रपति समरस बने तो जनतंत्र के पेट में कोई दर्द नहीं होता है; परंतु मेरे गुजरात के गाँव में कोई भाई या बहन समरस सरपंच बने तो आपका लोकतंत्र

खतरे में पड़ जाता है? राष्ट्रपति सर्वसम्मति से बने तो सब अपनी छाती चौड़ी करके घूमते हैं और कहते हैं—देखो, हमारे देश में कितनी एकता है। हमारा देश कितना प्रगतिशील हो गया है। यहाँ राष्ट्रपति सर्वसम्मति से निश्चित होता है और गाँवों में लोग सर्वसम्मति से सरपंच निश्चित करें तो उन्हें तकलीफ होती है। ऐसी नकारात्मक मानसिकतावाले लोगों से गुजरात को बचाने की आवश्यकता है। समरस गाँव के सामने इतने नकारात्मक अभियान के बावजूद गुजरात में २८ प्रतिशत गाँवों में समरस पंचायतें, सभा बोर्ड में समरस पंचायत सदस्य चुने गए हैं। यह कोई छोटी बात या छोटी घटना नहीं है। इसका अर्थ यह भी है कि लोगों में विकास के प्रति झुकाव है।

विकास की गंगा गाँवों तक

यही सही लोकतंत्र है। गुजरात का आम आदमी गुजरात के विकास की इच्छा कर रहा है। गुजरात आगे बढ़े, इसमें सबकी रुचि है। मुझे गुजरात का विकास एकांगी नहीं करना है। दो-चार स्थानों पर गुजरात विकसित हो, यह स्थिति मुझे स्वीकार नहीं है। मुझे तो गुजरात के प्रत्येक गाँव का विकास करना है, छोटे-से-छोटे मानव का विकास करना है। इस विकास की गंगा गाँव-गाँव में पहुँचे, यही मेरी प्रतिज्ञा है। जैसे गुजरात को जीवंत किया है, वाईब्रंट गुजरात सारे विश्व में पहचाना जाने लगा है। अब इसके बाद की मेरी कोशिश है कि प्रत्येक गाँव का जीवन जाग्रत् बने, मुझे विश्वास है कि सरपंचों के नेतृत्व में इन सबके पुरुषार्थ और परिश्रम से गुजरात का एक-एक गाँव जीवंत बनकर धड़कता रहेगा। अपने गाँवों को देखकर मुझे पीड़ा होती है। मुझे याद है कि जब मैंने ज्योति ग्राम की योजना शुरू की, तब विधानसभा में उस समय विरोधी पक्ष के नेता अमरसिंह चौधरी थे। तब अमरसिंह भाई मुझसे मिलने आए थे। मुझे कहने लगे—"नरेंद्रभाई, आप नए-नए मुख्यमंत्री बने हैं। आपको प्रशासन का अनुभव नहीं है। किसी ने यह जलती हुई लकड़ी आपको पकड़ा दी है। २४ घंटे गाँवों को बिजली मिले, यह संभव नहीं है। आप फँस जाएँगे। मैं मित्र के नाते से कहता हूँ। विधानसभा में तो बोला नहीं, परंतु अकेले में आपसे कहता हूँ नरेंद्रभाई! आप फँस जाएँगे। यह काम हो, ऐसा संभव ही नहीं है। तुम ऐसा वचन देकर फँस जाओगे।" मैंने मजाक में कहा, "अमरसिंहभाई! यह काम सहज-सरल होता तो लोगों ने आपको मुख्यमंत्री की कुरसी पर नहीं बिठाया होता? कठिन है, इसीलिए तो मुझे बिठाया है।" काम वास्तव में अति कठिन था, परंतु दिल में दर्द था कि शहर में बिजली हो सकती है तो गाँव में क्यों नहीं हो सकती? आज हिंदुस्तान में दिल्ली हो, मुंबई हो, कोलकाता हो, चेन्नई हो, बंगलोर हो, हैदराबाद हो—हिंदुस्तान का कोई भी गाँव, कोई भी बड़ा शहर ले लो—देश के एक भी शहर में चौबीस घंटे बिजली नहीं

मिलती है। लेकिन गुजरात ही एक ऐसा प्रदेश है, जहाँ आज गाँवों में भी २४ घंटे थ्री फेज बिजली का भरपूर प्रवाह पहुँचता है।

यह एक बड़ा क्रांतिकारी काम गुजरात में हुआ है। ज्योति ग्राम के कारण गुजरात की वाह-वाह होने लगी, २४ घंटे बिजली गाँव में आने लगी और इसका झटका दिल्ली में लगा। उन्हें लगा कि इस मोदी ने यह क्या कर दिया। इसे कुछ ठीक करो। आपको आश्चर्य होगा कि इस दिल्ली की सरकार ने पिछले दरवाजे से कुछ कहे बिना ही चुपचाप २०० मेगावाट बिजली झटक ली। गुजरात का अपराध क्या है? हमारी ६०० करोड़ रुपए की बिजली ये लोग छीनकर ले गए। आपका मोदी के साथ विरोध है तो उसे फाँसी पर चढ़ा दो, परंतु मेहरबानी करके मेरे गुजरात के किसानों के पेट पर लात मत मारो। यह बिजली छीनकर आप मेरे गुजरात के किसानों को हैरान-परेशान कर रहे हो। मैं दिल्ली में बैठे हुए उन लोगों से कहता हूँ कि गुजरात में आप इन गाँवों के मनुष्यों के ऊपर जुल्म करते रहेंगे तो आपको लेने के देने पड़ जाएँगे। यह गुजरात है। इस गुजरात का मिजाज अलग है। गुजरात के मिजाज को पहचानो। कृपया मेहरबानी कर हमारे गुजरात के किसानों को, गुजरात की सूखी धरती को आप इस प्रकार से हैरान-परेशान करना बंद करो।

तीर्थ गाँव : पावन गाँव

गुजरात के गाँव प्रगति करें, यह हमारी प्रतिज्ञा है। इसके लिए राज्य सरकार ने गाँवों को सहायता देने के लिए अनेक योजनाएँ बनाई हैं। आप किसी से पूछो कि क्या आपको मुख्यमंत्री बनना है तो एक ही योजना के अंतर्गत हमारे गाँव के अंदर एक व्यवस्था का विकास करना है। एक ग्रामीण सचिवालय का विकास करना है। इसके लिए हमारी सरकार पाँच ग्राम मित्रों की भरती करने वाली है। प्रत्येक पंचायत में सरपंच और पटवारी को मजबूत करने के लिए पाँच साथीदार हम इन्हें देंगे। पाँच ग्राम मित्रों में कोई ग्राम मित्र कृषि, कोई ग्राम मित्र आरोग्य, कोई ग्राम मित्र जन कल्याण—ऐसे पाँच अलग-अलग ग्राममित्र इस पंचायत की सेवा में रहेंगे। सरकार की सारी योजनाओं को संपूर्ण करने में ये लोग सरपंच के साथ खड़े पाँव काम करने को तैयार रहेंगे। इससे पंचायत में ७० हजार से भी ज्यादा युवकों को रोजगार प्राप्त होगा। गाँवों का जीवन व्यवस्था का एक ऐसा मूलभूत आधार बने कि ये ग्रामीण सचिवालय गाँवों के प्रश्नों का चुटकी बजाते ही समाधान करने में सक्षम हो जाएँ।

अपने राज्य में एक तीर्थ गाँव योजना चलती है। यह तीर्थगाँव योजना ऐसी है कि यदि पाँच वर्ष तक किसी गाँव में किसी सभी प्रकार के झगड़े-टंटे न हुए हों, कोर्ट-कचहरी नहीं हुई हो, शिकायत नहीं हुई हो तो ऐसे गाँव को हम 'तीर्थ गाँव'

कहते हैं। ऐसे तीर्थ गाँव को हम एक लाख रुपए देते हैं। परंतु कई मित्रों ने मेरा ध्यान खींचा और कहा—साहब, पाँच वर्ष तो बहुत ज्यादा हैं। कोई प्रोत्साहन योजना लाइए। तो फिर इस नई योजना को वहीं गाँव में रखा और एक नई योजना मेरे मन में आई है। इस योजना का नाम है 'पावन गाँव'। पहले गाँव पावन हो और बाद में तीर्थ गाँव बने। यह योजना ऐसी है कि तीन वर्ष तक यदि कोई कोर्ट-कचहरी नहीं हुई हो तो ऐसे गाँव को 'पावन गाँव' का दर्जा देकर उसके विकास के लिए ५० हजार रुपए दिए जाएँगे। दो वर्ष बाद यह पावन गाँव तीर्थ गाँव बनेगा। दुगुना लाभ गाँव को मिले, इसलिए यह नई योजना बनाई है। यह जमाना आधुनिक विज्ञान का है। आधुनिक विज्ञान मनुष्य जीवन का हिस्सा बन गया है। कंप्यूटर, इंफॉर्मेशन टेक्नोलॉजी आदि विषय आज के विज्ञान के हिस्से बन गए हैं। गांधीनगर का सचिवालय आधुनिक टेक्नोलॉजी से चलने लगा है। मुझे अपने गाँव के सचिवालय को भी आधुनिक टेक्नोलॉजी से चलते हुए देखना है। इससे इस नए वर्ष के निमित्त से ही प्रत्येक गाँव में कंप्यूटर, प्रत्येक गाँव में आई.टी. के लिए कनेक्टिविटी, इतना ही नहीं, आज राज्य के मुख्यमंत्री जिला स्तर पर वीडियो कॉन्फ्रेंस करते हैं। तहसील स्तर पर विडियो कॉन्फ्रेंस करते हैं। यह नई टेक्नोलॉजी गुजरात की पंचायतों में पहुँचे और विडियो कॉन्फ्रेंस सीधी गाँवों के साथ हो जाए। मैं ऐसी टेक्नोलॉजी का उपयोग गुजरात के गाँवों में करने के निर्णय की घोषणा करता हूँ।

सरपंच का संकल्प

हमने २००७ वर्ष को 'निर्मल गुजरात वर्ष' के रूप में मनाने का निश्चय किया था। आजकल तो गाँवों से भी लोग विदेश जाते हैं। हम विदेश न भी गए हों तो टी.वी. पर सारी दुनिया हमारे घर में आ जाती है। सारी दुनिया देखें, तब ऐसा लगता है कि ओहो! दुनिया के शहर कितने स्वच्छ हैं, गाँव कितने स्वच्छ हैं और हमारे यहाँ इतनी गंदगी, कूड़े के ढेर! यह सुधार कौन लाएगा? यह सुधार तो हमें ही लाना पड़ेगा। हम यदि निश्चय करें तो एक दिन के अंदर गुजरात स्वच्छ हो जाए। अगर गुजरात की ५ करोड़ जनता संकल्प करे कि अपने गुजरात को गंदा नहीं होने देंगे तो चाहे जैसी गंदी सरकार आए, तो भी गुजरात को गंदा नहीं कर सकेगी। सारी दुनिया के समक्ष खड़ा होना हो तो गुजरात में से गंदगी दूर करनी पड़ेगी, स्वच्छता का आग्रह रखना पड़ेगा। गंदगी के सामने नफरत पैदा हो, गंदगी को सामने देख गुस्सा आए, हम यहाँ कुछ भी गंदा नहीं रहने देंगे—ऐसा वातावरण बनाना पड़ेगा। कई बार हमारे मंदिरों के पास ही कितना कचरा पड़ा होता है। मुझे तो सारे गुजरात को स्वच्छ बनाना है, सारे गुजरात को गंदगी से मुक्त बनाना है, इस काम में मुझे सरपंच मित्रों की मदद

चाहिए। गाँव के, तहसील के, जिले के अग्रगण्य, सामाजिक अग्रगण्य, राजकीय अग्रगण्य, कर्मचारी, महंत, शिक्षक आचार्य या भाई व बहनें, युवा, वरिष्ठ नागरिक, सबका सहयोग चाहिए। यदि सबका सहयोग मिले तो हमारे गुजरात के गाँव दुनिया के समकक्ष हो जाएँ। ऐसा हो तो स्वच्छ गुजरात बनाया जा सकता है।

मुझे दु:ख के साथ कहना पड़ता है कि १५ अगस्त को आजादी के ६० वर्ष पूरे हो जाएँगे। सन् २०१० में गुजरात को गुजरात राज्य बने ५० वर्ष पूरे हो जाएँगे। आज भी गाँवों में मेरी माताओं बहनों, हमारी बेटियों को शौच क्रिया के लिए खुले स्थानों में जाना पड़ता है। बेचारी बहनें कब अँधेरा हो, इसके लिए सारे दिन प्रतीक्षा करती हैं। कितनी पीड़ा होती होगी? आज के युग में शौच क्रिया के लिए इतना अधिक मानसिक तनाव झेलना पड़े, यह कलंक की बात है। इन माताओं-बहनों की लज्जा रखने के लिए हम अपने गाँवों में ऐसी स्थिति क्यों न पैदा करें कि हमारी किसी भी बहन-बेटी को खुले में शौच के लिए न जाना पड़े। हम चाहें तो यह कर सकते हैं। प्रत्येक गाँव करोड़ों का खर्च कर देवालय बनाते हैं। मैं कहता हूँ—पहले शौचालय फिर देवालय। इस कार्य का उत्तरदायित्व लेकर गाँवों को स्वच्छ रखें, बहनों-बेटियों की चिंता हम स्वयं ही करें।

इस राज्य सरकार की ओर से सन् २००७ के नववर्ष के प्रारंभ में गाँवों को मैं एक उपहार देना चाहता हूँ, जिसके कारण आज तक जो काम सरपंच मित्र नहीं कर सके, यह काम करने के लिए उनको एक नई ताकत मिलेगी। मुझे गुजरात के गाँवों का भला करना है, इसके लिए राज्य का खजाना लुटा देने को मैं तैयार हूँ। गाँवों की भलाई के लिए मुझे यह काम करना है।

गाँव : एक प्रबंधक इकाई

एक दूसरा अभियान भी शुरू किया है। मैं जब मुख्यमंत्री बना तब मेरे ऊपर बड़े-से-बड़ा आरोप लगाया गया था कि इस भाई को कुछ आता-जाता नहीं है। यह भाई कभी भी नगरपालिका का सदस्य नहीं बना, नगरपालिका का प्रमुख कभी नहीं बना। इस भाई ने विधानसभा कभी नहीं देखी और रातोरात मुख्यमंत्री बन गया है। यह गुजरात का क्या भला करेगा? तब मैंने सार्वजनिक रूप से कहा था कि मुझ पर लगाया गया यह आरोप सच है। मैंने कहा था कि नगरपालिका सदस्य को जाने दो, मैं तो जब स्कूल में पढ़ता था तब कक्षा का मॉनिटर भी कभी नहीं बना था। उस रास्ते पर जाने का विचार ही नहीं आया था। परंतु अब मुख्यमंत्री का अचानक उत्तरदायित्व आ गया है। इसी प्रकार से सरपंच बनने वाले भी बहुत होंगे। जिसके ऊपर पहली बार जवाबदेही आई होगी, परंतु यह नई जवाबदेही आई, इससे निराश

मत होना। मैं आपके सामने जीता-जागता उदाहरण हूँ।

गाँवों की प्रशासनिक इकाई बने और गाँवों की सारी सुविधाओं के काम के लिए एक नई योजना अमल में लाई जाएगी। हिंदुस्तान में गुजरात शायद प्रथम राज्य बनेगा, जहाँ गुजरात ग्राम सचिवालय के कंसेप्ट के साथ राज्य के गाँवों की व्यवस्थाओं को विकसित करना चाहते हैं। मुझे एक जबरदस्त परिवर्तन लाना है। परिवर्तन लाने के लिए प्रशासन के विषयों का अध्ययन भी जरूरी होता है। कई बार योजनाएँ होती हैं, बजट होता है, परंतु योग्य साथी, सलाहकार नहीं होते, इस कारण से योजनाएँ धरी रह जाती हैं। अरजी (प्रार्थना) करनी हो, तब अरजी नहीं कर सके, तब बहुत सी अड़चनें पड़ती हैं। मैं जब मुख्यमंत्री बना तब नया-नया था। हमने निश्चय किया था कि अच्छी और सही सरकार चलानी है तो हमें बहुत कुछ सीखना पड़ेगा। अगर हम यह मानकर चलते कि हमें तो सब कुछ आता है तो यह नहीं चलता। गुजरात को भूतकाल में सभी लोगों ने बिगाड़ा ही है, हम थोड़ा ज्यादा बिगाड़ेंगे? हमने निश्चय किया कि हमको सही व अच्छे प्रशासन के संचालन के लिए पढ़ना चाहिए। मुख्यमंत्री, सब मंत्रीगण, सब सचिव—ये सब मिलाकर हमारा २००-२५० लोगों का दल है। हम सब स्कूल के बच्चों जैसे आई.आई.एम., अहमदाबाद में पढ़ने गए। तीन दिन बेंच पर बैठकर हम पढ़े थे। मैं भी पढ़ा था। गुजरात में क्या कमी है? क्या करें, जो इस कमी से बाहर आ सकें? कौन-कौन से रास्ते अपनाएँ? यह सब समझाने के लिए हमने आई.आई.एम. से कहा। हम लोगों ने तीन दिन तक पढ़ाई की। आँखें खोलनेवाली अनेक बातों का ज्ञान हुआ, हमारे ध्यान में आईं। हमने भूलों को सुधारने का संकल्प लिया। आज भी हम प्रतिवर्ष तीन दिन साथ रहकर पढ़ते हैं। पढ़ाने के लिए अच्छे-अच्छे विद्वानों को बुलाते हैं। दुनिया की नई-नई बातें जानने को मिलती हैं। समग्र गुजरात में उन्हें लागू करने की इच्छा जागती है। हमें पढ़ने से जो लाभ हुआ, अब वह लाभ सारे गुजरात को मिलना चाहिए। आगामी वर्ष में ग्राम पंचायत के सदस्य, सरपंच—इन सब लोगों के लिए प्रशासन कैसे करना, चलाना, विकास की कौन-कौन सी योजनाएँ हैं, किसी योजना को गाँव में लाने के लिए क्या कर सकते हैं, कैसे-कैसे किस प्रकार से अच्छी योजनाएँ चलती हैं, उसका प्रत्यक्ष निदर्शन इन सबको समझाने का एक भगीरथ काम-समग्र राज्य के १.५ लाख से भी अधिक चुने हुए सदस्यों को प्रशिक्षित करने का काम करना है। राज्य सरकार उसके लिए बजट की व्यवस्था करेगी। गाँव के विकास के लिए आवश्यक नई दिशा की आवश्यकता है। उसके लिए एक अभियान चलाया जाएगा। ये सब बातें इसलिए कह रही हूँ कि सरपंच व पंचायत एक डग आगे चले तो हम सवा डग चलने को तैयार हैं। मुझे विकास को छोटे-से-छोटे आदमी तक ले जाना है। मेरा प्रयास गुजरात के सरपंचों के सहयोग

से सबको साथ लेकर इस परिस्थिति तक पहुँचने का है।

गाँवों ने अपना कौशल्य बताया

हमारे राज्य में बहुत से गाँवों ने कौशल्य बताया है। सारी दुनिया में 'भूजोड़ी' गाँव का नाम गूँजने लगा है। उन्होंने हस्तकला के क्षेत्र में क्रांति कर दिखाई है। प्रत्येक सरपंच को क्यों ऐसा स्वप्न नहीं आता कि मेरा गाँव किसी एक विषय में कीर्ति पताका फहराए? गाँवों में बड़ी शक्ति है। खेड़ा, आणंद के पास के धर्मज गाँव के लोगों ने गौचर का विकास किया है। गुजरात में गौचर अर्थात् 'जिसने जमीन दबा ली हो', इसके ही झगड़े चलते रहते हैं। इन लोगों ने गौचर के अंदर घासचारा पैदा किया है। यह घासचारा जिनके घर में हैं, उनके घर तक पहुँचाने का एक सुंदर तंत्र ही खड़ा कर दिया है। इस गौचर से आमदनी होती है। इस आमदनी से जैसे बड़े-बड़े शहर में नहीं बने हैं, ऐसे बड़े सभाखंड बना दिए गए हैं। गौचर एकदम हरा-भरा रहता है, गाँव के किसी के भी जानवरों को दूसरे के खेतों में जाकर घुसपैठ नहीं करनी पड़ती है।

अपने यहाँ सुरेंद्रनगर जिले में नवलगढ़ नाम का एक गाँव है। उन्होंने यहाँ गोबर बैंक का नया विचार दिया है। इस गाँव की डेरी का दूध जहाँ इकट्ठा होता है, वहाँ जितने भी पशु हैं, १०००, १५००, १२०० इन सब सदस्यों की सूची बनाई गई है। सूचित किए गए पशुओं का गोबर एक स्थान पर इकट्ठा कर गोबर गैस का प्लांट बनाया गया है। स्वराज दल की बहनें वहाँ काम सँभालती हैं। गैस का उत्पादन लगभग १० घरों में आमदनी पैदा कर दी है। रास्तों पर गैस से रोशनी करते हैं और आय पैदा करते हैं। इस गोबर गैस से खाद भी तैयार होती है। जिसने जितना गोबर जमा कराया है, उसे उतनी ही खाद वापस की जाती है। अतिरिक्त खाद बेचकर उन रुपयों को गाँव के विकास के लिए व्यय किया जाता है। सभी सरपंच मित्रो! विचार करो, प्रत्येक गाँव में गोबर गैस (प्लांट) क्यों नहीं बने? क्यों नहीं गाँव-गाँव में एक आर्थिक विकास केंद्र स्थापित हो? गाँव के लोग सोचें और निश्चय करें तो एक नई क्रांति, एक नया इतिहास रच सकते हैं। इसीलिए ग्राम पंचायत के तमाम भाई-बहन एक लीडर हैं। उन्हें राजकीय उठा-पटक से दूर रहकर राज्य का विकास, अपने गाँव का विकास, अपने गाँव की भलाई के लिए एक मंत्र लेकर चलना है। ऐसा होगा तो हमारे गाँव भी विकास-पथ पर आगे बढ़ेंगे।

महिला सरपंच : एक नई आशा

महिला सरपंच बने, तब बैठक में कई बार तकलीफ होती है। मैं हरियाणा में

काम करता था, उस समय का एक प्रसंग है। एक बैठक (मीटिंग) थी। उस बैठक में सबका परिचय हुआ। एक भाई वहाँ खड़े हुए और मुझसे कहा कि—मैं एस.पी. हूँ। मैंने कहा कि ठीक है, भले ही आप एस.पी. हो, पर यह तो भाजपा की बैठक है। यह सरकारी बैठक नहीं है। हमारी पार्टी की बैठक है। आप तो एस.पी. हैं। आपको इस पार्टी की बैठक में नहीं आना चाहिए। उन्होंने कहा—'मैं एस.पी. हूँ और प्रत्येक बैठक में आता हूँ। मैंने कहा—भाई, एस.पी. के लिए यह मीटिंग नहीं है, भाजपा के भाइयों की बैठक है। आपको पता होना चाहिए कि आपको ऐसी पार्टी में नहीं जाना है। फिर मुझे बताया गया कि साहब, एस.पी. अर्थात् सरपंच का पति। यह सुपरिंटेंडेंट ऑफ पुलिस नहीं—यह तो सरपंच पति है। सरपंच बहनों से विनती है कि डोर सरपंच पति के हाथ में नहीं, अपने हाथ में रखना। मुझे याद है, पाँच वर्ष पहले मुझसे उमरेठ तहसील के एक गाँव की महिलाएँ मिलने आई थीं। लगभग ७० बहनें थीं। तब मेरे मन में आश्चर्य हुआ कि ये सब बहनें किसलिए आई हैं। उन्होंने मुझसे कहा कि हमारे सारे गाँव ने निश्चय किया है कि इस वक्त हम एक भी पुरुष भाई को पंचायत का सदस्य नहीं बनाएँगी। पूरा गाँव उन्होंने हम बहनों को सौंप दिया है। मेरे लिए तो यह आनंद का विषय था। मैंने सब बहनों को बैठाकर पूछा—गाँव का क्या करोगी? आज भी मेरे लिए उन बहनों के साथ जो बात हुई थी, वह प्रेरक है। उन बहनों ने मुझसे कहा कि साहब, हमें गाँव में कुछ ऐसा करना है, जिससे हमारे गाँव में कोई गरीब नहीं रहे। रास्ता बनाने या पाठशाला बनाने या सरकार के पास से अनुदान माँगने, कागजों को, पत्रों को भेजने का काम ऐसा तो हम बरसों से करते आ रहे हैं। ये बहनें ऐसी थीं, जिन्होंने कहा, ''हमें तो कुछ ऐसा करना है, जिससे हमारे गाँव में कोई गरीब नहीं रहे।'' जिला विकास अधिकारी से कहा और लगभग पाँच वर्ष तक उन्हें मदद मिलती रही। पाँच वर्ष तक उनका संघर्ष चलता रहा था कि उनके गाँव में ऐसा कुछ हो, जिसके होने से छोटे-गरीब आदमी को रोटी-रोजी मिले। चुनी हुई बहनों को यह विचार आया। इस देश में अभी भी सबको यह विचार नहीं आता है। पुरुष चाहे सब शक्तिशाली लगते हों, दस बहनें खड़ी हों और एक पुरुष से कहें कि जाओ, बात करके आओ, तो जा नहीं सकेगा। दस पुरुष खड़े हों और एक बहन से कहो कि जाओ, इतना कहकर आओ उन्हें, तो वह बहन हिम्मत से वहाँ जाकर दसों को अपनी बात कहकर वापस आ जाएगी। इतनी हिम्मत होती है बहनों के मन में! पहला भाव यह चाहिए कि मुझे मेरे गाँव में कुछ सुधार करना है। मुझे कुछ भी गलत नहीं होने देना है। मैं बहनों को विश्वास दिलाता हूँ कि तुम सफल हो, इसलिए राज्य सरकार को जो भी करना पड़ेगा, वह सब करेगी। मैं वहाँ के टी.डी.ओ., डी.डी.ओ. को कहूँगा कि ये बहनें सफल हों, यह आप देखें। आप दूसरों

को पाँच की सहायता करते हो जो इन्हें छह की सहायता करे। उनकी सक्षमता एक नया संदेश देनेवाला प्रेरक तत्त्व बने।

किसान : प्रगति के पथ पर

पाकिस्तान की सीमा पर गोरेवाड़ी नामक एक गाँव है। इस गाँव के लोग आज भी हिंदुस्तान का कोई पंचतारा होटल बनना हो या कोई बड़ा महल जैसा मकान बनना हो, यदि वहाँ माटीकाम करना हो तो इस गोरेवाड़ी के लोग वहाँ पहुँच जाते हैं। बड़ी-बड़ी कंपनियों में उन्हें काम मिल जाता है। हमारे यहाँ दक्षिण गुजरात में लोचकड़ी नाम का एक गाँव है। वहाँ के आदिवासी भाई एक वर्ष में २०० लाख रुपए का काजू और आम दुनिया में निर्यात करने लगे हैं। गाँवों के आदिवासी भाइयों ने आर्थिक प्रगति कर एक नई चेतना का वातावरण बनाया है। पंचायत के भाइयों-बहनों से मेरी एक विनती है कि गाँवों में आर्थिक चेतना का वातावरण बनाएँ, जिससे गाँव के सब युवकों को रोटी-रोजी मिलती रहे। यह सब संभव है। दीर्घदृष्टि से काम करो तो परिणाम मिलता ही है। गुजरात ने जल-संचय का कार्य किया। प्रत्येक गाँव यह निश्चय करे कि गाँव का पानी बहकर कहीं भी व्यर्थ नहीं जाए, इसके लिए बोरी बंध बनाओ। चेक डैम बनाओ। खेत में खेत-तालाब बनाएँगे तो क्रांति आएगी। एक जमाना था कि गुजरात में अच्छे-से-अच्छी वर्षा हो तो ९ हजार करोड़ रुपए की आवक होती थी। वर्ष २००७ में खेती की वार्षिक आवक ३४ हजार करोड़ रुपए हुई है। आंध्र प्रदेश के किसान आत्महत्या करते हैं, महाराष्ट्र के किसान आत्महत्या करते हैं; परंतु गुजरात का किसान सुख से धीरे-धीरे आगे बढ़ रहा है। गुजरात की खेती में यह प्रगति हुई है तो दिल्ली के नेताओं को तकलीफ होने लगी। कठोर मजदूरी करनेवाले किसान को उसके खेत में समय पर यूरिया नहीं मिले तो उसको फसल को कितना नुकसान होता है। गुजरात के किसान को जो नुकसान होता है, उससे दिल्लीवालों का कुछ लेना-देना नहीं है। दिल्ली के लोगों से कहता हूँ कि आप को कोई आपत्ति है तो मेरे साथ जो भी करना है करो, परंतु मेहरबानी करके मेरे किसानों के पेट पर लात मत मारो, गुजरात के किसानों को बरबाद मत करो। अरे, सत्ता तो आती है, जाती है। राजनीति का खेल तो चलता ही रहेगा, परंतु मेरे गुजरात के किसानों के भविष्य का भोग लेकर इस प्रकार की राजनीति के खेल बंद करो। मेरे किसानों के खेतों में यूरिया क्यों नहीं पहुँचे? २.७५ लाख मीट्रिक टन यूरिया का पैसा गुजरात देने को तैयार है, फिर भी १.९८ लाख टन यूरिया ही दिया है। गुजरात के किसानों को कितनी तकलीफ उठानी पड़ती होगी, इसका अनुमान मुझे है।

नया इतिहास रचें

गुजरात का विकास ही मेरे जीवन का ध्येय है। गुजरात के विकास में गुजरात की समृद्धि के इस महायज्ञ में सरपंच भाई-बहनें भी योगदान करें। मुझे विश्वास है कि उनके कार्यकाल के बीच उनका गाँव उन्हें हमेशा याद करेगा कि अमुक भाई या बहन सरपंच…पंचायत के सदस्य थें, तब अपने गाँव में कुछ नया हुआ था, कुछ अच्छा हुआ था, ऐसी कीर्ति-पताका फहराएँ। गाँव के अंदर एक नया इतिहास रचा जाएगा, इसका मुझे पूरा विश्वास है।

□

---

* दक्षिण गुजरात के कामरेज (३० दिसंबर, २००६), सौराष्ट्र-कच्छ विभाग राजकोट, (२९ दिसंबर, २००६) और उत्तर गुजरात-मेहसाणा (३० दिसंबर, २००६) सरपंच सम्मेलन में दिया गया भाषण।

समरस गाँव

१. आज तक ७,८६,९३४ आवास-गृह दिए गए हैं।
२. सन् २००१ तक ६,८८५.९४ लाख रुपए का अनुदान वितरित किया गया है।
३. आज तक ८,०४४ समरस ग्राम पंचायतों, ४० महिला समरस ग्राम पंचायतों को अस्तित्व मिला है और २,५५,५९८ ग्राम सभाएँ की गई हैं।
४. स्वर्ण जयंती ग्राम स्वरोजगार योजना द्वारा व्यक्तिगत रूप से ४४ करोड़ रुपए की सहायता दी गई है।
५. ३,१०० व्यक्तियों को स्वरोजगार के लिए ३० करोड़ रुपए की सहायता और ५७ करोड़ रुपए का आवंटन किया गया है।
६. आज तक स्वरोजगार में १,३०,७४१ महिला शिक्षार्थियों के लिए स्वरोजगार का निर्माण हुआ है।
७. मिट्टी के बहाव के रुकाव और बरसात के जल संग्रह व जल संसाधनों का रिचार्ज करने, वाटरशेड योजना द्वारा १०७ करोड़ रुपए का व्यय किया गया है।
८. सन् २००१-०२ से २०१०-११ के समय में २,३६,५१५.८३ लाख रुपए इंदिरा आवास योजना द्वारा व्यय किए गए हैं।

गुजरात ग्राम सचिवालय

अक्तूबर २००१ में श्री नरेंद्र मोदी ने राज्यशासन का उत्तरदायित्व सँभाला। उसके बाद समरस गाँव की महत्त्वाकांक्षी योजना की घोषणा की और उसकी व्यापक प्रतिक्रिया मिलने से प्रत्येक समरस ग्राम पंचायत को प्रोत्साहन रूप में विकास के कामों के लिए और

अधिक प्रोत्साहक अनुदान की रकम देने का निश्चय किया। अभी तक बने ऐसे समरस गाँवों को दो भागों में बाँटकर प्रोत्साहक अनुदान दिया जाता है। इनमें ५,००० जनसंख्यावाले और ५,००० से अधिक जनसंख्यावाले गाँव हैं। इस प्रकार दो विभाग किए गए हैं।

पहली बार में जिन गाँवों नें चुनाव किए बिना सभी उम्मीदवारों ने सर्वसम्मति को शिरोधार्य किया, ऐसे ५,००० की जनसंख्यावाले 'समरस' गाँवों को १.५ लाख रुपए का प्रोत्साहन अनुदान विकास के कामों के लिए देने का निर्णय किया गया। इस योजना की अच्छी प्रतिक्रिया देखकर दूसरी बार चुनाव में ऐसे समरस गाँव को प्रोत्साहक रकम में २५ प्रतिशत अधिक धन दिया जाता है। अभी तक ऐसी ३,९६५ समरस ग्राम पंचायतों को २,३०६,४० करोड़ रुपए की रकम विकास प्रोत्साहन अनुदान के रूप में मिली है। अप्रैल २००७ में योजित १,६४२ ग्राम पंचायतों के चुनाव में समरस बने ५४५ ग्राम पंचायतों को भी ऐसी ही प्रोत्साहन राशि मिलेगी। इस प्रकार अब तक ३,८०० से अधिक समरस गाँवों में ऐसी प्रोत्साहन अनुदान की राशि द्वारा विकास कार्यों को गति प्रदान की जा रही है।

१०

मेरा भी एक घर हो

गुजरात की विकास-यात्रा बहुत ही तेज गति से चल रही है। गुजरात ने प्रगति में अनेक नए-नए लक्ष्यों को प्राप्त किया है। जहाँ औद्योगिक धन निवेश होता है, शीघ्र गति से विकास होता है, वहाँ रोजी-रोटी के लिए मनुष्य दौड़े, यह स्वाभाविक है। शहर में उद्योग लगते हैं तो गाँव के आदमी का मन शहर की ओर जाने का होता है; अन्य राज्यों के लोगों का मन भी गुजरात में आने को होता है। जहाँ रोटी-रोजी की संभावना हो, वहाँ भाग्य आजमाने के लिए मन होता है, यह एक स्वाभाविक बात है। शहर के अंदर सुखी जीवन जीनेवाले लोगों के पास रुपए-पैसे के उपरांत सब प्रकार की भौतिक सुविधाएँ हैं, परंतु गरीब आदमी का सहयोग नहीं मिले तो उनकी जो हालत होती है, उसका हमें पता है। रामा चार दिन के लिए बाहर गया हो और घर में बहन की तबीयत खराब हो जाए, ड्राइवर नहीं हो तो सेठ कारखाने पर नहीं जाता है, दो मजदूर काम पर नहीं आएँ तो कारखाने का काम बंद हो जाता है। बहुत बार पान का ठेला लेकर बैठा हुआ आदमी या पकौड़ी बेचनेवाला अथवा चाय की लॉरी लगानेवाला, ऑटोरिक्शा चलानेवाला आदि के बिना हमारा सामाजिक जीवन किस प्रकार बिखर सा जाता है, इसकी हम सबको अच्छी तरह से जानकारी है। चाहे हमारे पास रुपया हो, घर हो, गाड़ी हो, बँगला हो—सबकुछ हो, परंतु हमें सहायता करनेवाला समाज का यह वर्ग नहीं है, हमारी बगल में खड़े रहनेवाला यह मेहनती गरीब आदमी नहीं है तो हमारे सारे रुपए, हमारी सब सुख-शांति धूसरित हो जाती है। यदि यह सत्य है तो एक समाज के इन गरीबों का कल्याण करना हम सबकी जवाबदेही बनती है, गरीबों की भलाई के लिए विचार करना अपना कर्तव्य बनता है। गरीब की भलाई का काम कोई उपकार नहीं है। समाज के इस छोटे से आदमी का हमारे ऊपर पूरा-पूरा अधिकार है। उसके अधिकार की पूर्ति के लिए, उनके कल्याण के लिए राज्य सरकार ने एक सुविचारी सुविधा योजना बनाई है। छुटपुट योजनाएँ बनाने से और करने से परिवर्तन नहीं आता है। एक सामूहिक

प्रयास हो, परिवर्तन के लिए संगठित प्रयास हो, प्रत्येक योजना एक दिशा में जाती हो और समाज के कल्याण के लिए सभी योजनाएँ काम करती हों तो अपेक्षित परिणाम मिल सकता है। राज्य सरकार ने गरीबों के कल्याण के लिए एक सर्वांगीण योजना का अभिगम लेकर १३,००० करोड़ रुपए की 'गरीब समृद्धि योजना' का एक भगीरथ काम हाथ में लिया है।

गरीब परिश्रमी होता है

गरीब आदमी मेहनत से रोटी-रोजी कमा सकता है, मेहनत करने के लिए तैयार रहता है; परंतु उसे हमेशा एक चिंता होती है—ओटला (चबूतरा) कहाँ? मेहनत करके वह रोटी तो कमा लेता है; परंतु जब तक ओटला (चबूतरा) नहीं होता है, तब तक उसके जीवन में परिवर्तन शुरू नहीं होता है। इस कारण वह घर में हाथ-पाँव लंबे-चौड़े कर आराम कर सके, ऐसा मकान मिले तो वह एकदम विचारने लगेगा कि भाई, घर है तो बैठने के लिए एक चटाई या शतरंजी लाऊँ। बच्चों को पढ़ने के लिए एक छोटी सी व्यवस्था करूँ, वर्षा की ऋतु है तो दरवाजे के पास एक पाँव-पोंछ रखूँ। धीरे-धीरे घर बनने के साथ ही उसके जीवन का आर्थिक आयोजन बदलने लगता है। वह फुटपाथ पर या टूटे-फूटे झोंपड़े में रहकर जीता है, तब तक उसे रोज का लाना और रोज का खाना और दूसरे दिन सुबह व्यय करना है, इसकी चिंता नहीं होती है। जैसे ही उसे घर मिला, उसकी जिंदगी का स्वरूप बदलने लगता है, अड़ोसी-पड़ोसी के साथ संबंध बनाने लगता है। समाज में सम्माननीय उत्तरदायित्वपूर्ण वाला जीवन जीने का विचार करने लगता है। गाँव में से अपने सगे-संबंधियों को अपने घर में बुलाने की उसमें हिम्मत आती है। झोंपड़े में रहता है, तब तक वह संकोची होता है कि गाँव से मेरे परिवार के लोग आएँगे और देखेंगे तो मेरी इज्जत की धज्जियाँ उड़ जाएँगी। यह आदमी गाँव से रोजी-रोटी कमाने के लिए आया है, ऐसे संयोग में उसे घर मिले, रहने की कोई अच्छी व्यवस्था मिले तो अपने आप ही उसकी जिंदगी में परिवर्तन आ जाता है। ऐसे आदमियों के सपनों को साकार करने का हमने एक संकल्प किया है। हमारा संकल्प है—"प्रत्येक का अपना एक घर हो। सामान्य मजदूर का एक घर हो, यह उसका सपना है। उस मजदूर का सपना मेरा सपना है। उसका स्वप्न सारे गुजरात का स्वप्न है। ऐसे लोगों के स्वप्न को साकार करने के लिए गरीब समृद्धि योजना के साथ एक भगीरथ काम का दायित्व लिया है। पहले गरीबों के कल्याण के लिए मकानों की योजना थी, परंतु उसमें एक ही कमरे का मकान मिलता था। हमारी सरकार ने महत्त्वपूर्ण निर्णय लिया है कि मकान का आकार बड़ा किया जाएगा। अब दो कमरे व रसोईघर का मकान दिया जाएगा। पहले मकान के अनुपात में पौने दो गुना बढ़ाकर बड़ा घर देने का निर्णय

किया है। इसके कारण खर्च बढ़ जाए, पर घर ऐसे बनाना है कि उसे कभी ऐसा नहीं लगे कि इस घर में मेरी जिंदगी कैसे कटेगी? दूसरा महत्त्वपूर्ण परिवर्तन किया उसकी गुणवत्ता में। कैनेडियन टेक्नोलॉजी द्वारा कर्णावती में आठ ही महीने में ४,००० मकान खड़े हो गए हैं। मकान आप देख सकते हैं। उनकी दीवारें मजबूत और चमकदार हैं। इतना अच्छा काम हुआ है। इसी टेक्नोलॉजी से एक ही वर्ष में १ लाख मकान बनाने का स्वप्न है। यह सपना देखने की सामर्थ्य मुझमें है। इन सपनों को पूरा करने के लिए अपने आप को खपा देनेवाली गुजरात सरकार की पूरी टीम तैयार, मेरी पीछे मेरी शक्ति बनकर खड़ी है। छोटे-बड़े ५.५ लाख मेरे कर्मयोगी पुरुषार्थ कर रहे हैं। इसी कारण इस स्वप्न को साकार करने के विश्वास के साथ हम आगे बढ़ रहे हैं।

आजादी के साठ वर्ष में मात्र ७५,००० मकान बने। यह सरकार १६१ नगर-पालिकाओं और ७ महानगर-पालिकाओं की १६८ इकाइयों में १ लाख मकान के संकल्प के साथ आगे बढ़ रही है। मेरा यह एक विराट् स्वप्न है।

पहला अधिकार गरीब का

मेरा एक दूसरा भी स्वप्न है। एक वर्ष में १ लाख मकान बनाना और सन् २०१० में जब स्वर्णिम गुजरात का स्वप्न पूरा करेंगे, तब तक ३ लाख मकान बन जाएँगे। मुझसे कई बार लोग पूछते हैं कि मोदी साहब, इतने सारे रुपए कहाँ से लाएँगे? मेरा एक ही जवाब है—ये रुपए गुजरात की जनता के हैं। कर राशि की पाई-पाई पर गुजरात की जनता का अधिकार है। इसमें सबसे पहला किसी का अधिकार है तो मेरे गरीब भाई-बहनों का है। ये लोग पसीना बहा-बहाकर इस राज्य के कल्याण के लिए मिट जाते हैं। इस कारण राज्य के कर के रुपए को सँभालने के लिए मैं चौकीदार बनकर बैठा हूँ। इस पर किसी की भी दृष्टि नहीं पड़ने दूँगा, यह मेरा निश्चय है। इन रुपयों पर गुजरात की प्रजा का अधिकार है। इस कारण रुपए गरीबों के कल्याण के लिए व्यय किए जा रहे हैं। इन्हीं रुपयों में से ऐसे मकानों को बनाने की संभावना सोची गई है।

गरीब-से-गरीब आदमी भी सम्मान के साथ जी सके, इसके लिए हम एक दूसरा अभियान शुरू करना चाहते हैं। अपने समाज का एक दुर्भाग्य है कि आजादी के इतने वर्षों के बाद भी शौचालय जैसी एक छोटी सी सुविधा भी हम तैयार नहीं कर सके हैं। मुझे इस कलंक को मिटाना है। आगामी पाँच वर्ष में घर का और उसके साथ जुड़ा हुआ शौचालय बनाने का एक अभियान शुरू किया है। गरीब के घर में शौचालय बने और उनके आरोग्य को कोई हानि न हो, इस की चिंता राज्य सरकार करती है। गरीबों के कल्याण हेतु मैंने जीवन का एक मंत्र बनाया है—'पहले शौचालय, फिर देवालय।' गरीब के घर में शौचालय बनेगा तो घर भी मंदिर जैसा बन जाएगा। मुझे एक अन्य काम

भी करना है—सार्वजनिक शौचालय। बहुतों को आश्चर्य होगा कि मोदी ने ऐसे काम क्यों हाथ में लिये? परंतु क्या करूँ? पूर्ववर्ती शासक बहुत सारे काम मेरे लिए छोड़ गए हैं, अतः मुझे ही करने पड़ेंगे। शहरों में सार्वजनिक शौचालय कितने जरूरी हैं? कोई आदमी गाँव से शहर में किसी काम से आया हो और उसे शौच-क्रिया करनी हो तो कहाँ जाए? हमने निश्चय किया है कि १६१ नगरपालिकाओं, ७ महानगर पालिकाओं में ५,००० से भी ज्यादा पे ऐंड यूज वाले (पैसे दो और उपयोग करो) आधुनिक ढंग के सार्वजनिक सुलभ शौचालय बनाने हैं।

सामान्य मनुष्य के काम में आए, इसलिए इस प्रकार की योजना का यह काम हाथ में लिया है। हिम्मत नगर नगरपालिका का प्रमुख वाल्मीकि समाज का युवक है। सारे हिंदुस्तान में यह नगरपालिका आई.एस.ओ. ९००१-२००८ के सर्टिफिकेट से सम्मानित है। उनकी सेवा करने की धारणा अनुसार हिंदुस्तान में पहली नगरपालिका आई.एस.ओ. ९००० सर्टिफिकेट के साथ काम में लगी है। ऐसी नगरपालिका का नेतृत्व एक वाल्मीकि परिवार की संतान करती है। समाज का छोटे-से-छोटा आदमी भी कल्याण के विषय में कितना ऊँचाई तक जा सकता है—इसका यह जीता-जागता उदाहरण है।

हर नौजवान की उम्मीद

हम मूलभूत सुविधाओं को बढ़ाना चाहते हैं। हमने निश्चय किया है कि घर में उपयोग के लिए पूरे समय बिजली उपलब्ध हो, इसका प्रबंध करना। इसके आलावा घर तक जाने के लिए वाहन की व्यवस्था रहे और घर के पास ही कहीं रोजगार के लिए जाते हों तो साइकिल के लिए अलग से ट्रैक बने। सारी मूलभूत सुविधाएँ, विश्व में जो बदलाव आया है, उसी बदलाव को ध्यान में रखकर उपलब्ध कराने की हमारी योजना है। गरीब-से-गरीब आदमी को भी ईश्वर ने शक्ति प्रदान की है। भले उसे अच्छे कॉलेज में पढ़ने का अवसर नहीं मिला हो, परंतु ईश्वर ने उसे बहुत क्षमता प्रदान की हुई होती है। ऐसे लोगों को अवसर मिलना चाहिए। उसके हृदय में भी अरमान भरे हुए होते हैं। उन अरमानों को पूरा करने का काम हाथ में लिया है। प्रत्येक दिल में उम्मीद जगाने का काम हाथ में लिया है। योजना को भी नाम देंगे 'उम्मीद'। हर नौजवान के दिल में उम्मीद होती है। युवक-युवतियों के दिल में उम्मीद होती है। इस उम्मीद की पूर्ति करने, उसमें सामर्थ्य भरने का काम हमने हाथ में लिया है। मेरा स्वप्न है कि शहर के गरीबों में जो युवा हैं, भले ही वह लड़का हो या लड़की, परंतु जिसमें कुछ करने की क्षमता है, कुछ करने की इच्छा है, मगर निपुणता होने पर भी अवसर नहीं मिला, इसी हेतु 'उम्मीद' कार्यक्रम के अंतर्गत राज्य के अंदर १ लाख युवकों को उनके विकास के लिए, उन्हें नए-नए (उद्योग) उद्यम सिखाने के लिए पूरे राज्य में एक मूलभूत तंत्र खड़ा

किया है। अब तक ७७ हजार युवक इस प्रकार का शिक्षण प्राप्त करने हेतु आगे आए हैं। उन्हें यथाक्रम शिक्षण देने का काम शुरू कर दिया है। अभ्यास पूरा करने के बाद उन्हें प्रमाणपत्र भी दिया जाता है। आजकल शहरों में बड़ी संख्या में मॉल बन रहे हैं। इन मॉलों में सेल्सबॉय की आवश्यकता होती है। रिसेप्शन में युवकों की जरूरत होती है। हवाई अड्डे बन रहे हैं। हवाई अड्डों पर काम करनेवालों की आवश्यकता होती है। अनेक प्रकार के नए-नए काम, नए-नए क्षेत्रों में शिक्षित युवक-युवतियों की जरूरत होती है। उनमें विशेष कौशल्य का विकास नहीं होने के कारण लोग इन्हें काम पर नहीं रखते हैं। पूछते हैं कि पहले किस मॉल में काम किया है? पहले कहाँ कंप्यूटर चलाते थे? पहले रिसेप्शन का काम कहाँ करते थे। वह गरीब जवान कहता है, जो पहले काम मिला होता तो यहाँ किसलिए आता? मिला नहीं, इसीलिए तो आपके यहाँ आया हूँ। यह जो संकोच या परेशानी है, इससे बाहर आए, इसलिए सरकार दो माह और तीन माह का अभ्यास क्रम का प्रशिक्षण करवाती है, उनके कौशल्य के विकास के साथ रोजगार के अवसर भी प्रदान करती है। जवान गरीब परिवार में जनमा होगा, झोंपड़े में जिंदगी गुजारता होगा। तुम्हारे मन के सपनों को सजाने के लिए हम तुम्हारे साथ खड़े हैं। इन गरीब लड़के-लड़कियों के लिए, १ लाख जवान लड़के-लड़कियों के लिए 'उम्मीद' योजना के अंतर्गत गरीब परिवारों की संतानों को एक वर्ष में रोजगार देना चाहते हैं। राज्य के अर्थतंत्र में कितना बदलाव आएगा, उनके जीवन में कितना बदलाव आएगा, इसकी कल्पना आप कर सकते हैं।

गरीबों के नन्हे बच्चों की चिंता

जैसे गरीबों के कल्याण के लिए बात की है, ऐसी मेरी एक दूसरी इच्छा भी है। शहर के गरीब परिवार के बालकों को अपर्याप्त मात्रा में आहार तथा पोषण के अभाव के कारण उनके शरीर का जो विकास होना चाहिए, वह नहीं होता है। उनके लिए पोषणयुक्त आहार की समस्या रहती है। गरीब का बच्चा और उसमें यदि आठ-दस दिन तक लगातार बरसात हो जाए तथा रोग फैल जाए तो गरीबों के बच्चे जल्दी बीमारी की चपेट में आ जाते हैं। यह बात ही करुणा उपजाने वाली है। गरीबों के नन्हे-नन्हे बच्चों की चिंता कौन करेगा? इसकी चिंता हम करते हैं। 'गरीब समृद्धि योजना' के अंतर्गत शहर के अंदर जो नन्हे-नन्हे बच्चे हैं, उनके लिए आँगनवाड़ी नेटवर्क खड़ा करना है। आँगनवाड़ी में आनेवाले बालकों के शरीर के विकास के लिए, उनके शरीर में लौह तत्त्व-रक्तकण सहित आवश्यक तत्त्व होना चाहिए। उनमें शक्ति होनी चाहिए। उनको पहले से शक्तिशाली बनाकर, तैयार कर एक मजबूत नींव रखनी है। उनकी जिंदगी को स्वस्थ बनाने हेतु आँगनवाड़ी पर ध्यान केंद्रित करने का निश्चय किया है।

हमारे समाज में पूजा कर प्रसाद चढ़ाने की प्रथा है। गरीब आदमी मूँगफली के दानों का प्रसाद चढ़ाता है, परंतु गुड़ की एक छोटी डली भी भगवान् को चढ़ाया जा सकता है और कुछ नहीं हो तो फूल को ही प्रसाद के रूप में चढ़ाता है। प्रत्येक के मन में इच्छा जरूर होती है कि वह भगवान् को प्रसाद चढ़ाया जा सकता। अमीर आदमी तो भगवान् को राजभोग का प्रसाद चढ़ाता है और उसे लगता है कि हजारों-लाखों रुपए खर्च कर भगवान् को राजभोग चढ़ा दे तो ईश्वर मेरा कल्याण करेंगे। उनके लिए ईश्वर-प्राप्ति हेतु राजभोग का महत्त्व होगा, परंतु मेरे लिए तो बाल कन्हैया जैसा आँगनवाड़ी का नन्हा बालक ही परमात्मा का रूप है। इसलिए राजभोग नहीं 'बालभोग' की योजना बनानी है। इस योजना के अंतर्गत आँगनवाड़ी के बालकों को न्यूट्रिशन वाली चॉकलेट, न्यूट्रिशन वाले बिस्किट तथा ऐसी बहुत सी चीजें मिलती हैं। वह हँसता-खेलता जाए तथा खाता जाए और उसके शरीर में तत्त्व जुड़ते जाएँ। गरीब के छोटे-छोटे बच्चों को कभी भी कोई तकलीफ नहीं हो। अपने यहाँ कोई बालक बोरवेल में गिर जाए तो सारे देश के टी.वी. वाले पहुँच जाते हैं कि इस बोरवेल में ६० फीट अंदर गिरा बालक जीवित बचेगा या नहीं। सारा देश टी.वी. के सामने बैठकर (भगवान् के पाँव छूता है) विचार करता रहता है कि इस बालक को कैसे बचाया जाए? यह बालक यदि जीवित निकल आए तो सारा देश संतोष की साँस लेता है। हम सबको लगता है कि यदि बालक सकुशल बाहर आए और बालक यदि बोरवेल में मर जाए तो प्रत्येक की आँख से आँसू निकल पड़ते हैं, संवेदनाएँ जग जाती हैं। यह तो बोरवेल में एक बालक गिर गया और उसे मौत खा जाए तो हम सबके दिल हिल जाते हैं; परंतु हमारी कितनी ही गरीब माताओं की प्रसूति के समय मृत्यु हो जाती है, इस बारे में कभी विचार किया है? प्रसूति के समय कितने ही सद्यःजात बच्चों की मृत्यु हो जाती है। यह सारे देश में चिंताजनक स्थिति है। पर अपने गुजरात में मेरी गरीब माता को प्रसूति में नहीं मरने देना है। मेरी गरीब माता प्रसूति में मरती है तो मेरा हृदय हिला देती है। छोटे बच्चे की प्रसूति में मृत्यु हो जाती है। यह शब्द कितना अच्छा है, सुवावड़, 'सु' वावड़ अच्छे वावड़ के बुरे समाचार सुनना। मुझे इन नवजात बच्चों को बचाना है, प्रसूति में मरती माताओं को बचाना है। तीस-पैंतीस-चालीस वर्ष की बहन हो सकती है। इस मृत्यु का निवारण करने के लिए हमने एक 'चिरंजीवी' योजना शुरू की है। इस चिरंजीवी योजना के अंतर्गत गरीबी रेखा के नीचे जीनेवाली माताओं की प्रसूति के लिए डॉक्टरों के साथ सरकार ने जो करार किए हैं, उसके अनुसार प्रसूति के लिए कोई बहन खानगी (प्राइवेट) डॉक्टर के पास जाएगी तो भी उसे जाने के लिए भाड़े के रुपए दिए जाएँगे। इतना ही नहीं, अस्पताल का सारा बिल चुकाने की जवाबदेही हमारी रहेगी। पहली बार एक सरकार गरीब माताओं को बचाना चाहती है। गरीब माता की कोख से जनमे नन्हे-नन्हे बच्चों को बचाना चाहती

है। १३,००० करोड़ रुपए गरीब समृद्धि योजना के साथ सर्वांगीण विकास को लेकर, गरीबों के कल्याण को लेकर, एक ऐसा प्रयास लेकर हम चल रहे हैं कि जिसके कारण मुझे सन् २०१० में गरीब के घर में समृद्धि के दर्शन करने हैं। २०१० में गुजरात अपनी स्वर्णिम जयंती मनाता हो, तब गरीब के घर के अंदर आनंद और उत्सव का माहौल हो, इस दिशा में आगे बढ़ना है।

दुखियों का सहारा : सरकार

ईश्वर कभी दुखियों की सेवा करने का अवसर देता है। राज्य सरकार ने यह अवसर पैदा किया है। मेरे मन में इच्छा है, मेरे मन की भावना है, मुझे राज्य के गरीबों का कल्याण करना है। रुपए के लिए कोई काम रुकेगा नहीं। दिन में दो-चार गरीबों का काम करूँगा तो उस रात की नींद सुख की नींद होगी। जीवन में प्रत्येक को परिवर्तन लाना चाहिए। इसीलिए मैं कहता हूँ—"सार्वजनिक जीवन जीनेवाले लोगों! आओ, एक अवसर मिला है। इस अवसर का उपयोग करें गरीबों के कल्याण के लिए। 'गरीब समृद्धि योजना' के साथ हम भी जुड़ जाएँ और कोई नया मील का पत्थर स्थापित करें।"

□

---

* १३ हजार करोड़ की गरीब समृद्धि योजना के संदर्भ में सभा प्रवचन स्थल—पंचदेव मंदिर के पास, अर्बुदानगर, ओढ़व, अहमदाबाद, ३ जून, २००७

११

बहन से भाई की आरजू

रक्षाबंधन।

चौराहों और चौक में लगे हुए हैं हाट। (चोरे ने चौटे लागी छे हाटड़ीओ)

भ्रातृ-भावना के प्रतीक के समान।

राखियों के तोरण लटक रहे हैं।

देखते-ही-देखते ये हाट खाली हो जाएँगे।

ये राखी के तोरण भाइयों की कलाइयों की शोभा बन जाएँगे।

प्रत्येक बहन आज संपूर्ण रूप से बहन बन जाएगी।

परंतु कितने पुरुष आज 'स्पूर्ण भाई' बने होंगे!

सदैव डरी हुई सी रहती नरी आज रक्षा-आश्वासन, सुरक्षा की साँस लेती होगी, परंतु इस सांत्वना की साँस की आयुष्य ही कितनी है?

विधि की यह कैसी विडंबना है!

एक ओर तो समाचार-पत्र भ्रातृ-भावना के संदेशों को देती राखियों के विज्ञापन से भरे पड़े हैं तो दूसरी ओर इन्हीं स्माचार-पत्रों में भ्रातृत्व की इस भावना को रौंदती निर्मम कथाएँ भरी पड़ी हैं।

कोई भी दिन ऐसा उदय नहीं होता, जब नारी के आत्मदहन की घटना हमें भी जलाती नहीं है। सारा विश्व एक आवाज से कहता है, किसी भी देश की संस्कृति की श्रेष्ठता वहाँ के समाज में नारी का क्या स्थान है, उससे निश्चित की जा सकती है।

यदि यह सत्य है तो!

आज की अपनी जीवन-व्यवस्था विश्व को हमारी कैसी पहचान बताएगी?

आज हमने नारी को किस स्थान पर पहुँचा दिया है?

'नारी, तू नारायणी' कहनेवाले, परमात्मा में भी अर्धनारीश्वर के रूप का दर्शन करनेवाले जहाँ नारी की पूजा होती है, वहाँ देवताओं का वास होता है—ऐसा जयकारा,

जयघोष करनेवाला समाज आज कहाँ खड़ा है?

भ्रूण-हत्याओं की स्पर्धा होती है। जहाँ सभ्य समाज गर्भपात में गौरव का अनुभव करता है। ये कोई कल्पना जगत् की डरावनी बातें नहीं हैं। बीसवीं सदी के उत्तरार्ध में स्वतंत्र भारत में स्वतंत्र कही जाने वाली नारी की इस दुर्दशा का यह तो स्मारक है।

इस सत्य को समझने के लिए अब किसी दिव्य प्रकाश की आवश्यकता है क्या?

हाथ में रक्षा-सूत्र लेकर खड़ी प्रत्येक बहन या कलाई आगे कर खड़े प्रत्येक भाई के हृदय में इस स्थिति से कोई व्यथा होती भी है क्या? या फिर राखी के मूल्य जैसा अल्प ही, इस भ्रातृ-भाव का आयुष्य भी हमें स्वीकार है?

हमारी आदत परिस्थिति के साथ जी लेने की है या परिस्थिति को चुनौती देकर समष्टि हेतु स्व को समर्पित होने के लिए अग्रसर होना है?

विचार-विहीन विश्व!

शून्यता की अवस्था में से परिवर्तन क्रांति, पेरेस्त्राइका के बीच झूल रहे हैं, तब कायाकल्प की कामना को लेकर विश्व को स्वस्थ-मस्त बनाना। इक्कीसवीं सदी की दहलीज पर ले जाने का सत्-संकल्प करना है?

रक्षाबंधन—याचना का पर्व नहीं है।

रक्षाबंधन—व्यक्तिगत भाव-अभिव्यक्ति का पर्व नहीं है।

रक्षाबंधन—ऋण-मुक्ति का कर्मकांड भी नहीं है।

रक्षाबंधन—एक सत्-संकल्प का पर्व है।

रक्षाबंधन—प्रेम का पर्व है, जो निर्व्याज, निर्दोष प्रेम के झरने को अधिक तीव्र गति से प्रवाहित करता है। इक्कीसवीं सदी की दहलीज पर खड़ी नारी के हाथ की राखी में से माता कुंती के प्रेम और अमरत्व के सामर्थ्य प्रकट हो, इस तरह के संकल्प लेने का समय है। प्रत्येक सौभाग्यवती का यह रक्षा-सूत्र इंद्राणी के सूत्र की सामर्थ्य प्राप्त करे।

जो व्यक्ति-व्यक्ति के हृदय को इंद्र की तरह महानता का साक्षात्कार कराए, जो समाजद्रोही के सामने रक्षाकवच बनकर रहे।

हुमायूँ के चरित्र को बदलकर आक्रमण की जगह रक्षक बनानेवाली राजपूतानी कर्मावती की राखी के धागे जैसी प्राण-शक्ति आज के संकल्प की फलश्रुति क्यों नहीं बने?

भारतीय नारी को अबला बनकर रहने की जरूरत क्या है?

हाँ, तो भी वास्तविकता इससे जरा भी दूर नहीं है।

ऐसा क्यों?

क्या पश्चिम में समानता के नाम से चलता मिथ्या आडंबरी आंदोलन की क्रिया-प्रक्रिया में जाने-अनजाने भारतीय नारी भी फँस गई है या भारतीय नारी भी विश्व की स्त्रियों

के समान ही सामान्य स्त्री बन गई है, जो मात्र पुरुष और पुरुष को ही जन्म देती है?

प्रत्येक नारी के अंदर जीवित मातृत्व के लिए क्या आज की यह स्थिति चुनौती रूप नहीं है? ऐसा क्या हो गया कि नारी की कोख से जनमता प्रत्येक पुरुष प्रत्येक भगिनी का भाई बनकर रहने, माता का सुपुत्र बनकर रहने, सौभाग्यवती का प्रेमी पति बनकर रहने, बालकों का वात्सल्यमय पिता बनकर रहने, समाज की अपेक्षा के अनुरूप उत्तरदायित्व वहन करनेवाला मानव क्यों नहीं बनता है?

क्या बाहर के परिबलों की टीका-टिप्पणी करके वर्तमान को बदला जा सकता है? नहीं।

आज के रक्षापर्व को आवश्यकता है पश्चिम की आँधी से मुक्त होने की, आधुनिकता के आँचल के नीचे पोषित स्वेच्छाचार से मुक्त होने की और गौरवपूर्ण भूतकाल को आत्मसात् करने की।

सामूहिक शक्ति को सत्-संकल्प द्वारा एक बार फिर जगाना है, नारी हृदय में विराजमान मातृ-शक्ति को, जो मानव जीवन का कायाकल्प करके सही अर्थों में मानव को मानव बनाकर रहे।

इसके लिए ही तो बहनो, माताओ! तुम्हारे अंदर विराजमान मातृ-शक्ति का आह्वान है। आनेवाले कल के मानव जीवन की श्रेष्ठता हेतु एक भाई की याचना भी है, ललकार भी है।

प्रत्येक भगिनी, प्रत्येक माँ यह आह्वान करे, सत्-संकल्प करे…।

बहनो, माताओ! तुम अपने स्व को, अपने आपको पहचानो।

तुझे पता है, शास्त्रों में कहा है—

विद्या समस्तास्तव देवि भेदाः स्त्रियः समस्तास्तव देवि भेदाः।
त्वयैक्या पूरितयन्त्येनत काते स्तुति स्तव्यपरा परोक्तिः॥

अर्थात् सारी स्त्रियाँ देवी के विविध रूप हैं। हाँ, यही शक्ति तुम्हारे अंदर भी है।

बहन, पश्चिमी हवा में बहकर प्रतिक्रिया की नहीं, आत्म-मूल्यांकन की आवश्यकता है। प्रतिक्रियावादी बनने के पहले हम देख लें कि कल हम कहाँ थे, आज कहाँ हैं, कल कहाँ पहुँचना है। यही तो मानव जाति के कायाकल्प का आधार है। बहन, तुमने अपने आपको, स्वयं को दुर्भाग्य से अबला के रूप में स्वीकार कर लिया है। तुझे पता है, यहाँ की नारी की ललकार कैसी थी?

यो मे जयति संग्रामे यो मे दर्प व्यपोहिति।
यो मे अतिबलोलोके स मे भर्ता भविष्यति॥

अर्थात् जो मुझे संग्राम में जीत लेगा, जो मेरे दर्प को दूर कर देगा और जो संसार में मुझसे अधिक बलवान होगा, वही मेरा पति होगा।

बहन, आदर्श माता मदालसा को तुम कैसे भूल गई हो? मदालसा की लोरी में भी कैसा प्राणतत्त्व था—

शुद्धोऽसि रे तात न तेऽस्तिनाम कृतं हिते कल्पनयाधुनैव।
पञ्चात्मकं देहमिदं न तेऽस्ति नैवाल्यं त्वं रोदिशि कल्प हेतोः॥

अरे बहन, माता विदुला की बातें आज भी प्रेरणा देती हैं।

'मुहूर्त ज्वलितं श्रेयः न च धूमाचितं चिरम्।' अर्थात् जीवन भर धुएँ फेंकने के स्थान पर ज्वाला बन प्रज्वलित होने के लिए एक ही अवसर बहुत है।

माँ, बहनो! पश्चिम की स्त्री-समानता के आंदोलन की बातें तुम्हारे कानों को अच्छी लगती हैं न? इससे पहले तुम अपने जीवन-सत्य को नहीं जानोगी?

ऋग्वेद में सूर्य सावित्री का वर्णन है। प्रभात का सूर्य आए, तब प्रभात की रोशनी उसका स्वागत करे, उसके हाथ में वेद मंत्र हो, आँखों में ज्ञान का काजल हो और संसार के विद्वज्जन उसके पुरोहित हों।

सूर्य और रोशनी स्वतंत्रता के बिछौने पर सो रहे हों। स्त्री-पुरुष स्वतंत्रता का कितना उत्कृष्ट उदाहरण है! दुनिया का कोई कानून आज तक जहाँ नहीं पहुँचा, वहाँ भारत का चिंतन पहुँचा था।

क्या आज के संदर्भ में इस चिंतन के अधिष्ठान के ऊपर समाज के कायाकल्प का संकल्प बहन, तू नहीं कर सकती?

रक्षाबंधन के इस अवसर पर तेरे हाथ में रहनेवाली 'गीता' तुझे याद दिलाती है। गीता में दैवी संपदा का वर्णन करते समय जिस सद्गुण को प्रथम स्थान दिया है, वह है 'अभयम्'।

बहन, गीता के कर्म-संदेश को वरण करती हुई भारत की नारी अभयम को धारण करे, यही आज के समय की माँग है।

हमारे यहाँ स्त्री को शक्ति के रूप में सम्मानित किया गया है। यह शक्ति की देवी, कभी दुर्गा, कभी सीता तो कभी द्रौपदी बनकर भले ही आती है, परंतु तुम्हारे अंदर भी उसी शक्ति का निवास है।

वेद से विवेकानंद तक, पराधीनता से स्वाधीनता तक के प्रत्येक काल में यह शक्ति ही समाज-धारणा का आधार बनी है। संस्कृत व्याकरण की रचना करनेवाले महान् पाणिनि की जीवनसंगिनी के आत्मोत्सर्ग को तू नहीं जानती? क्या लक्ष्मण के वनवास की संवेदना का अनुभव करती 'रामायण' की उर्मिला के आत्मोत्सर्ग की भी

तुझे याद दिलानी पड़ेगी?

बहन, तू इसी नारी-परंपरा की शक्तिवाहिनी है, जिस भूमि में सदियों पहले दुष्काल से व्यथित कश्मीर का राजा अग्नि-स्नान करने के लिए तैयार हुआ, तब कश्मीर की प्रसिद्ध नारी वाक्पुष्टा ने परमात्मा से प्रार्थना कर भोज्य पदार्थों की बरसात करवाकर राजा और प्रजा की रक्षा की थी।

बहन, अपनी शक्ति को तू ध्यान देकर सुन!

तुझे सुनाई देगी—सिंध के महाराज दाहिर की महारानी रानी बाई की तलवार की आवाज, जिसने पति की मृत्यु के बाद बहनों की एक छोटी सी सेना तैयार कर मुसलमान आक्रमणकारियों से रणक्षेत्र में युद्ध किया था। झाँसी की रानी लक्ष्मीबाई या गढ़मंडला की रानी दुर्गावती की लोक-संग्रह शक्ति और वीरता ये सब तेरे ही रूप हैं। बहन, इसका साक्षात्कार कर। दुनिया की प्रत्येक नारी माता का रूप भले ही हो, परंतु अंदर तो शिवाजी को प्रेरणा देनेवाली माता जीजाबाई का ही वास है। क्रांति का शंख फूँकनेवाले चापेकर बंधुओं की माता, शहीद रामप्रसाद बिस्मिल की माता और शहीद भगतसिंह की माता तेरे अंदर की जाग्रत् मातृशक्ति का आह्वान करती है।

स्त्री-स्वातंत्र्य के लिए आंदोलन करनेवाली बहनें तो विश्व में सब जगह होंगी, परंतु व्यक्ति-स्वातंत्र्य के लिए जूझनेवाली नारी तेरे ही देश की प्रेरणामूर्ति है।

क्रांतिकारियों के साथ कंधे-से-कंधा मिलाकर काम करनेवाली प्रीतिलता वाद्दार, दुर्गा भाभी, सुशीला दीदी जैसे असंख्य नारी-रत्न ही तो तेरी प्रेरणा हैं।

इस भूमि में स्वत्व ही कुछ अलग है।

बहन! विदेश में जन्मी, परंतु इस देश को अपना मान लेनेवाली भगिनी निवेदिता, श्रीमती एनी बेसेंट, पांडिचेरी की श्रीमाँ। बहन, तू तो इस भूमि की संतान है, तेरे अंदर भी भगिनी निवेदिता का जागरण अवश्यंभावी है।

बहन, तू पढ़ी-लिखी है या अनपढ़—उसका संकोच मत कर। तू गौरव से स्मरण कर। एकदम अनपढ़ वनवासी भीलबाला कालीबाई का। वह आजादी के संघर्ष की शहीद वीरांगना थी, जिसने डूँगरपुर के जंगलों में देश प्रेम को वरण किए हुए दो शिक्षकों को बचाने के लिए अपनी आहुति दे दी थी।

सन् १९४७ के भारत विभाजन की घटनाएँ आज भी चीत्कार कर रही हैं, परंतु इसी पंजाब में अमर धौल गूजरी नाम की महिला ने आततायी आक्रांताओं के छक्के छुड़ाकर अनेक बहनों के जीवन की रक्षा की थी।

दिल्ली के चोपड़ा बालकों की आत्माहुति भी शील की रक्षा हेतु ही तो थी!

५ सितंबर, १९८६ का दिन तुम्हें याद होगा ही। कराची के हवाईअड्डे पर यान एम विमान में भारत-विरोधी आतंकवादियों के सामने अकेले संघर्ष करनेवाली एयर

होस्टेस नीरजा ने अनेक प्राणों को बचाया था और अपने जीवन की आहुति दे दी थी।

अरे, अभी-अभी ही तो २ अप्रैल को गुजरात की भूमि पर भरुच के पास पालेज गाँव ने 'कश्मीर बचाओ' की दिल्ली रैली पर हमला किया, तब मुंबई में रहनेवाली गुर्जर नारी बहन सावित्री ने अकेले सशस्त्र आक्रमणकारियों के सामने जंग छेड़ी थी।

श्री शक्तिरूप कहाँ-कहाँ नहीं प्रगटा?

तो फिर आज तू अबला क्यों बनी है?

देर हो जाए, उससे पहले ही उठ जा बहन!

जाग बहन, तू जाग! समाज के कायाकल्प के लिए तू सत्-संकल्प की वाहक बन। अपने अंदर के मातृत्व को प्रकट कर और समाज की शरण में पुरुषों को नहीं', मानव-रत्नों को रख।

बहन, अपनी संकल्प-शक्ति द्वारा प्रेम के पहाड़ खड़े कर दे, जहाँ से मातृभावना की प्रेमसरिता निरंतर बहती रहे।

बहन, अबला के आवरण को आग में जलाकर तू वीरमति को धारण कर। महिषासुर मर्दिनी भी तुझे ही बनना है। २१वीं सदी की दहलीज पर पहुँचने से पहले बहन, ऐसे समाज का सृजन कर, जहाँ नारी का गौरव हो। तू, तू और तू ही इस सत्य संकल्प की वाहक बन नवचेतना प्रकट करेगी और तब ही रक्षाबंधन का पर्व स्नेहपर्व के रूप में मनाया जा सकेगा।

□

---

* साधना : ४ अगस्त, १९९०

१२

माँ, इस जगत् में मुझे आने दो

प्रगति की अंधी दौड़ में मनुष्य कई बार भविष्य में खड़ी होनेवाली समस्या के बारे में गंभीरता से विचार नहीं कर सकता है। समय पर चेत जाएँ तो शायद बच सकते हैं, परंतु आँख बंद कर क्षणिक सुख के लिए दौड़ते हैं तो पता नहीं चलता कि कहाँ जाकर रुकेंगे। २१वीं सदी ज्ञान की सदी मानी जाती है। आज शिक्षा के क्षेत्र में बहुत अभिवृद्धि हुई है और आर्थिक स्थिति में भी सुधार हुआ है; परंतु गुजरात के दुर्भाग्य को देखो!

आपको यह जानकर आश्चर्य होगा कि गुजरात में आज १,००० लड़कों के सामने ८४० लड़कियों का जन्म होता है। अर्थात् १६० लड़कियाँ कम पैदा होती हैं। आप विचार करें कि यदि ऐसा ही चलता रहा तो आगे चलकर परिस्थिति कैसी होगी? १,००० पर १५० लोग कुँआरे घूमते फिरेंगे, तब इस समाज का जीवन कितना बड़ा युद्धक्षेत्र बन जाएगा, इसका अनुमान करो? इस प्रकार का असंतुलन पैदा होगा तो सामाजिक जीवन का चक्र किस प्रकार से चलेगा? समाज में कुटुंब के दो पहिये के रूप में स्त्री और पुरुष के समान सहयोग की बात सदियों से हमने स्वीकारी है। समाज में पुरुषों की संख्या अधिक हो और नारी की संख्या कम हो तो, कैसी स्थिति पैदा होगी, इसका हम अंदाज लगा सकते हैं। भ्रूण-हत्या का पाप केवल गुजरात में ही नहीं, हिंदुस्तान के कोने-कोने में फैला हुआ है। अन्य राज्यों को अन्य लोगों को इसकी कितनी चिंता है। वे चिंता करें या न करें, परंतु जहाँ तक गुजरात का प्रश्न है, यह परिस्थिति मुझे बेचैन करती है। मुझे इस करण बहुत वेदना होती है। पीड़ा की बात तो यह है कि उमरगाँव से अंबाजी तक के पट्टे में आदिवासी रहते हैं, ये आपके या मेरे जैसे शिक्षित नहीं हैं। मेरे और आपके जैसे दुनिया के जानकार नहीं हैं। जंगल में जीवन जीते हैं तो वहाँ हमारे यहाँ से परिस्थिति बिलकुल अलग है। आज भी इस पट्टे के परिवार में लड़कों और लड़कियों की समान स्थिति है। वहाँ लड़के ज्यादा पैदा हों और लड़कियाँ कम पैदा हों, ऐसी स्थिति नहीं है। जंगल में रहनेवाले मेरे भाई इस पाप के

भागीदार नहीं बनते हैं; परंतु हम पढ़े-लिखे शिक्षित लोग माँ के पेट में ही लड़की को मौत के घाट उतार देते हैं। किसी भी समाज के लिए इससे बड़ा कोई और कलंक नहीं हो सकता है।

एक भी भ्रूण-हत्या न हो

मैं ऐसी स्थिति देखना चाहता हूँ कि गुजरात के एक भी घर में भ्रूण-हत्या न हो। जिस किसी कुटुंब में भूतकाल में भ्रूण-हत्या हुई हो, वह कुटुंब उसका पश्चात्ताप करे। १८वीं सदी में लड़की को 'दूध पीती' करने का रिवाज था। हम लोग २१वीं सदी में जी रहे हैं। कई बार विचार आता है कि २१वीं सदी में प्रगति हुई है या अधोगति! समाज की यह दुर्दशा देखता हूँ, तब ऐसा लगता है कि १८वीं सदी में लोग जो पाप करते थे, उससे भी बड़ा पाप हम आज कर रहे हैं। १८वीं सदी की तुलना में २१वीं सदी का पाप अधिक जघन्य है। उस वक्त लड़की को 'दूध पीती' करने का रिवाज था। लड़की का जन्म हो, तब एक बड़े पतीले में दूध भरा जाता था। उसके बाद सारा कुटुंब इकट्ठा होकर लड़की को उस दूध के पतीले में डुबोकर मौत के घाट उतार देता था। यह भयंकर पाप था तो भी कम-से-कम लड़की को जन्म लेने का अवसर तो मिलता था। जिस माता ने नौ महीने तक अपने गर्भ में रखा था, उस माँ के दर्शन वह लड़की कर तो सकती थी। माता को भी लड़की का मुँह देखने का मौका मिल जाता था। परिवारजनों को परिवार में आई इस संपदा का पूजन करने का मौका तो मिलता था, फिर समाज में कलंक रूपी रिवाज के कारण उसे मार डालते; परंतु उस लड़की को पल-दो पल के लिए यह जगत् देखने को तो मिलता था। परंतु २१वीं सदी में जीनेवाले हम? हम तो उन लोगों से भी अधम हैं। लड़की को माँ के पेट में ही मौत के घाट उतार देते हैं। ऐसा घोर पाप करने के बाद भी हमें इसका कोई पश्चात्ताप नहीं होता है, मानो एक भयानक आफत से छूट गए हों। ऐसी राहत का अनुभव करते हैं। इससे अधिक निकृष्ट कृत्य कोई नहीं हो सकता, जहाँ परमात्मा के प्रसाद रूपी लड़की का माँ के पेट में ही हत्या करते हुए हमारा हृदय जरा भी नहीं काँपता है।

मुझे भाइयों से विशेष रूप से कहना है कि बेटे और बेटी में कब तक भेद रखोगे? कब तक हम लड़की के साथ अन्यायपूर्ण व्यवहार करने में भागीदार बनेंगे? माताओं और बहनों की पीड़ा को समझने का उत्तरदायित्व क्या हमारा नहीं है?

बेटा-बेटी एक समान

इस समग्र पाप के अंदर जितनी भागीदारी पुरुष की है, उतनी ही स्त्री की भी है। इससे अधिक पीड़ादायक कोई दूसरी बात नहीं हो सकती है। कोई यदि ऐसा कहे कि

ऐसा पाप करने के लिए नारी मजबूर है; कोई ऐसा कहे कि घर के अंदर बेचारी के ऊपर पति व सास-ससुर द्वारा दबाव दिया जाता है, इस कारण उसे इस पाप के रास्ते पर जाना पड़ता है। कोई भी माँ अपने पेट में पलती संतान को मारने के लिए तैयार हो, यह बात मानने के लिए मैं तैयार नहीं हूँ। उसे पता चले कि उसके पेट में जो संतान है, वह अपंग के रूप में जन्म लेगी तो भी वह माना कहेगी कि मेरे भाग्य में जो होगा, भले हो, परंतु मैं तो उस संतान का पालन-पोषण कर उसे बड़ा करूँगी। यह हिंदुस्तान की माता का स्वभाव और संस्कार है। समस्त गुजरात की माताओं से मेरी विनती है कि आपके ऊपर जबरदस्ती से परिवार के लोग दबाव डालते हों; आपकी सास, आपके पति गर्भपात के लिए आपके ऊपर जोर-जुल्म या दबाव डालते हों तो एक पोस्टकार्ड लिखकर मुझे भेजना। आपका एक पोस्टकार्ड एक लड़की का जीवन बचाने का बड़ा शस्त्र बन जाएगा। एक लड़की को बचाने में अपनी पूरी सरकार आपकी सेवा में लगाएँगे। किसी भी स्थिति में यह पाप रुकना चाहिए।

इस पाप में डॉक्टर भी उतने ही भागीदार हैं। रुपयों के लालच में वे ऐसा अधम कृत्य करते हुए जरा भी संकोच नहीं करते हैं। हत्या का खेल खेलनेवाले डॉक्टरों को मेरी चेतावनी है कि ऐसे धंधों को बंद करें। मेरे राज्य में एक भी भ्रूण-हत्या नहीं होनी चाहिए। समाज में लड़की हो या लड़का, हमारे यहाँ दोनों ही समान हैं।

लड़की घर का काम करती है, छोटे भाइयों को खेल खिलाती है, माँ नहीं हो तो रसोई बनाती है, मेहमान आ जाएँ तो उन्हें भी सँभाल लेती है और सब स्थान पर आगे-ही-आगे रहती है। लड़के से वह कहीं भी पीछे नहीं होती है।

यद्यपि ऐसी भी बातें होती हैं कि लड़की तो पराए घर चली जाने वाली है। लड़का होगा तो सेवा करेगा, बहुत से लोग इस प्रकार की दलील देते हैं। यह दलील एकदम बेसिर-पैर की है। मैं आपको अनेक ऐसे घर बताता हूँ, जहाँ चार-चार लड़के होने के बाद भी पिता वृद्धाश्रम में धक्के खा रहा है। दूसरी ओर, ऐसे भी उदाहरण हैं कि जहाँ घर में अकेली एक ही लड़की ने माँ-बाप के सुख-चैन के लिए अपना सुख छोड़ दिया। ऐसे तो सैकड़ों परिवार होते हैं तो फिर लड़की और लड़के में भेद क्यों? अब तो बहनें प्रत्येक क्षेत्र में आगे निकल रही हैं। दसवीं कक्षा और बारहवीं के परिणामों को देख लो। दस में छह से भी ज्यादा लड़कियाँ अग्रिम पंक्ति में आती हैं।

प्रगति का आधार

गुजरात में खेलों में जितने स्वर्ण पदक लड़के लाए हैं, उतने ही स्वर्ण पदक लड़कियाँ भी लाई हैं। जीवन के प्रत्येक क्षेत्र में लड़कियों की भागीदारी बन रही है। भारत को विश्व में प्रगति करनी है तो ५० प्रतिशत समाज को अलग रखकर नहीं कर

सकता है। हमारी माता-बहनों की शक्ति को राष्ट्र के विकास के लिए साथ में जोड़ना अनिवार्य है। जीवन के प्रत्येक क्षेत्र में बहनें समाज की शक्ति बन रही हैं। लड़की आनेवाले कल की हमारी भाग्य-विधाता है। लड़की हमारी प्रगति का आधार बनने वाली है। लड़की-लड़के के बीच भेदभाव हो, यह किसी भी सुसंस्कृत समाज का लक्षण नहीं है।

समाज असंतुलित बने तो कैसी स्थिति पैदा होगी, यह यूरोप के देशों ने अनुभव किया है। यूरोप में दूसरे विश्व युद्ध के बाद समाज में एक बहुत बड़ा असंतुलन पैदा हो गया था। पहले और दूसरे विश्व युद्ध में लगातार लड़ाइयाँ लड़ते हुए देशों के युवक युद्ध में मर-खप गए। इस कारण वहाँ पुरुषों की संख्या घट गई। परिणामस्वरूप इन देशों में स्त्री एक बाजारू चीज बन गई थी। असंतुलन पैदा होता है, तब समाज में कैसी विकृति पैदा होती है, इसका यह जीता-जागता उदाहरण है। अमेरिका एक प्रगतिशील देश है। धन, दौलत, प्रसिद्धि सब उसके पास है, उसके बाद भी एक बात पर आजकल वहाँ चर्चा चल रही है।…'फादरलेस सोसाइटी' यानी 'पिता-विहीन समाज'। वहाँ के समाज में अनेक परिवारों में पिता नहीं है। कारण? बड़े जोश में आकर शादी करते हैं। संतान का जन्म हो, तब तक दोनों में तलाक हो जाता है। पिता नहीं, अतः माता को जनमे हुए बालक की अकेले देखभाल करनी पड़ती है। ऐसी स्थिति से पिता-विहीन सोसाइटी, फादरलेस…सिंगल मदर सोसाइटी का निर्माण हुआ है। आज अमेरिकी समाज में यह स्थिति चिंता का विषय बनी हुई है। इस पर अनेक ग्रंथ लिखे जा रहे हैं, सामाजिक अध्ययन हो रहे हैं।

सामाजिक जीवन एक ईश्वर-प्रदत्त व्यवस्था है। इस अवस्था को जब भी तोड़ा-फोड़ा जाता है, तब समाज अपनी सारी शक्ति को गँवा देता है। इस कारण भ्रूण-हत्या के सामने लोक-जागृति आनी चाहिए। भ्रूण-हत्या के सामने जन-आक्रोश प्रचंड बनाना चाहिए। 'बेटी बचाओ' आंदोलन में सब लोग सहयोगी बनें।

समाज के अंदर का असंतुलन समाज में अनेक विकृतियों को जन्म देगा। लड़कियों की संख्या घट रही है—इससे बहुत से प्रश्न खड़े होंगे। इस बारे में ऊँचा क्षेत्र तहसील सबसे असंतुलित है। उस तहसील की स्थिति कैसी है? उन्हें आदिवासी क्षेत्रों से घर में बहू लानी पड़ती है। अब उनकी आँखें खुलने लगी हैं। कम-ज्यादा ही सही, सब स्थानों पर यही स्थिति आकार लेने लगेगी।

आओ, संकल्प करें

हृदय में संवेदना हो, समाज के लिए भक्ति हो तो ईश्वर ऐसे कार्य करने के लिए प्रेरणा देता है। ईश्वर की प्रेरणा से ही मैं मातृ-भक्ति का कार्य करता हूँ। परमात्मा मुझसे

काम करवाता है और उनके प्रसाद-स्वरूप ही मैं आपकी सेवा में रत हूँ। माताओं-बहनों को उनका अधिकार मिले, सुरक्षा मिले, विकास करने के लिए अवसर मिले, उनकी शक्तियाँ राष्ट्र के काम में आएँ, इस इच्छा-शक्ति के साथ यह अभियान शुरू किया है। राज्य के गाँव-गाँव में मुझे यह संदेश लेकर जाना है। सामाजिक संगठनों को मेरा आह्वान है कि इस पवित्र काम में मेरी मदद करें। मीडिया के मित्रों से मेरी विनती है कि स्त्री भ्रूण-हत्या के लिए समाज में एक रोष का वातावरण पैदा करे। बेटी को बचाने के लिए एक आंदोलन खड़ा होना चाहिए। राष्ट्रीय दलों से भी मेरी विनती है कि राजनीतिक दाँव-पेच से दूर रह समाज की चिंता और सेवा कंधे से कंधा मिलाकर करें। समाज के इस कलंक को मिटाने के लिए मुझे माताओं की मदद चाहिए। कोई भी माता भ्रूण-हत्या के लिए किसी को भी अपनी सहमति न दे। घर में चाहे कितना भी दबाव हो, अत्याचार होता हो, उस अत्याचारी से लड़ना पड़े तो लड़ जाना। माता भ्रूण-हत्या करने को विवश न हो, ऐसी स्थिति को पैदा करना है। यह असंतुलित व्यवस्था निर्माण हो रही है, उसे संतुलित करने में समय लगेगा। कितने वर्षों का पाप इकट्ठा हो गया है। इस पाप को धोने के लिए मुझे आपकी सहायता चाहिए।

आओ, हम सब संकल्प करें और संकल्प करके सामाजिक जीवन की सेवा के लिए आगे आएँ।

अंत में गर्भ में रही एक बच्ची का पत्र आपको पढ़वाना है—एक लड़की जिसका जन्म नहीं हुआ, जो माँ के गर्भ में है, वह लड़की क्या कल्पना करती होगी।

वह पुत्री अपनी माँ को क्या और कैसी विनती करती होगी। अभी जनमी नहीं, ऐसी पुत्री अपनी माँ, जो भ्रूण-हत्या का विचार करती है, तब गर्भ में स्थित जाग्रत् बनी पुत्री पेट में से माँ से कहती है—

माँ, अपनी उँगली पकड़कर मुझे चलने दे।
माँ, तू मुझे इस जगत् में आने दे।
माँ, अपनी उँगली पकड़कर मुझे चलने दे।
माँ, मुझे इस जगत् में आने दे।
वंश का अपना बीज अंकुरित होने दे।
गौरी माँ की छाँव में मुझे हरियाली बोने दे।
तू परीक्षण भ्रूण का किसलिए करती है?
अपनी आकृति को फिर आकार लेने दे।
माँ, तेरे जैसी ही तो मैं पैदा होने वाली हूँ।
अपनी आकृति का पुनः सृजन होने दे।
मुझे बचपन की वह गुड़िया, वह घाघरा-चोली,

वह मेहँदी, यह सब...
बचपन का दीप मुझे तू प्रगटाने दे।
माँ, मैं तुझे विश्वास दिलाती हूँ
कि यदि मैं तेरी गोद में अवतरी
तो स्नेह की बेल बनकर तेरे द्वार पर झूलूँगी।
आँगन में संवेदना की महक को फैलने दे।
मेरी उपस्थिति ही संवेदना का सेतु बाँधती है
इसलिए आँगन में संवेदना को महकने दे।
साँप का भारा नहीं माँ! मैं साँप का भारा नहीं हूँ
मैं तो तेरा ही अंश हूँ, तेरा ही तो अंश हूँ।
यदि तू माँ है तो मुझमें भी तो माता का अंश पड़ा है।
लगाव के बंधन को बाँधने दे।
माँ, इस जगत् में मुझे आने दे।
माँ, इस जगत् में मुझे आने दे।
माँ, इस जगत् में मुझे आने दे।

'बेटी बचाओ' की पुकार एक संवेदना भरा प्रतिभाव पैदा करे। इस जागृति में पूरा समाज जुड़े। अनेक डॉक्टर मित्र आगे आए हैं और व्रत लिया है कि हम यह पाप नहीं करेंगे। यह एक आनंद और अभिनंदन की बात है। वास्तव में 'बेटी बचाओ' एक जनांदोलन बनना चाहिए, बेटी बचाने का एक आंदोलन खड़ा होना चाहिए। मेरी राष्ट्रीय दलों से विनती है कि राजनीतिक दाँव-पेच से दूर रहकर समाज की चिंता और सेवा कंधे-से-कंधा मिलाकर करें। समाज से इस कलंक को मिटाने के लिए मुझे माताओं की मदद चाहिए। बेटी परिवार का गौरव होनी चाहिए और विश्वास रखना, लड़का किसी दिन आपका नाम डुबो सकता है, पर बेटी कभी नाम नहीं डुबोएगी। संस्कार में इतना विश्वास है तो बेटी के साथ अन्याय क्यों? यह मात्र सरकार या दल का कार्यक्रम नहीं है, बल्कि पूर्णतया समाज की वेदना का प्रतिबिंब है। तुम्हारा दर्द हम सबका दर्द बने, तुम्हारी पीड़ा हम सबकी पीड़ा बने और हमारा आनेवाला कल बेटियों से शोभायमान हो, बेटी घर का दीपक बनकर प्रकाश फैलाए—यह संकल्प करें।

□

---

* मातृवंदना यात्रा—स्त्री, भ्रूण-हत्या रोको...'बेटी बचाओ'—मवड़ी रोड, राजकोट, २९ दिसंबर, २००६

१३

नारी-शक्ति : सामाजिक जीवन की संजीवनी

कुछ समय पहले राज्य में महिलाओं द्वारा स्व-शक्तिमंडल और इसके विकास के लिए किए गए प्रयासों को अद्भुत सफलता मिली है। सरकार की योजना में कोई 'मसाला' शब्द लिखा हुआ नहीं है। परंतु साबरकाँठ की महिलाओं को लगा कि हम लोग घर का मसाला बनाते हैं तो गाँव के लिए क्यों नहीं बनाएँ? यदि गाँव के लिए मसाले बना सकते हैं तो जिले की आवश्यकतानुसार मसाला हम ही क्यों न बनाएँ? हम लोग टी.वी. पर लिज्जत पापड़ का विज्ञापन देखते हैं। सारे भारत में बड़े-से-बड़ा होटल हो तो वह भी लिखता है कि हमारे भोजन में लिज्जत पापड़ परोसा जाता है। पता है, यह लिज्जत पापड़ किसने तैयार किए हैं? दक्षिण गुजरात की सहकारी मंडली में लिज्जत पापड़ बनाने की शुरुआत हुई। उसमें अधिक-से-अधिक आदिवासी बहनें काम करती हैं। उन बहनों के बनाए हुए पापड़ सारे हिंदुस्तान में पहुँच गए हैं। इसका अर्थ यह हुआ कि बहनें निश्चय कर लें तो कितना विराट् काम खड़ा कर सकती हैं। इसका यह जीता-जागता उदाहरण है। हमारे यहाँ अमूल का नाम सभी ने सुना है। इस अमूल की संपूर्ण सफलता के मूल में गाँवों में बैठी हमारी बहनें हैं। ये बहनें पशुपालन करती हैं और प्रातःकाल उठकर सिर पर दूध के भरे बरतन लेकर डेयरी पर दूध पहुँचाती हैं, हिसाब-किताब रखती हैं। इन बहनों की कुशलता का परिणाम है कि आज हिंदुस्तान में अमूल का नाम जगमगा रहा है। छोटी इकाई हो या बड़ी, बहनों के द्वारा संगठित प्रयास किया जाए तो समाज को उसके गुणात्मक लाभ मिलते रहते हैं। इसीलिए हमारा आग्रह स्वशक्ति संस्थाओं के लिए गाँव की बहनों को इकट्ठा कर काम करने का है। इस व्यक्तिगत शक्ति को सामाजिक शक्ति में परिवर्तित करने का एक प्रामाणिक प्रयास है।

दुनिया के देशों में ऐसी हवा फैलाई जा रही है कि पश्चिमी देशों में तो महिलाएँ

बहुत आगे हैं। वहाँ तो महिलाएँ जो भी चाहे करती हैं। कई बार हमारे लोग, जिन्हें इस धरती की सुगंध का पता नहीं है, जिन्हें इस देश की सही शक्ति का परिचय नहीं है, वे लोग इस प्रवाह में बहकर ऐसा मानते हैं कि भारत में नारी का स्थान बहुत नीचे है। अमेरिका में आज तक कोई महिला प्रमुख नहीं बन सकी है। उनके यहाँ तो बहुत समय के बाद महिलाओं को मताधिकार मिला। हमारे यहाँ बहनें सरपंच बन सकती हैं, जिला पंचायत प्रमुख बन सकती हैं। एक-तिहाई बहनें ग्राम पंचायत में जाकर, जिला पंचायत में जाकर, तहसील पंचायत में जाकर प्रशासन में सहयोगी बन सकती हैं। ३३ प्रतिशत महिला आरक्षण दुनिया के किसी भी देश में नहीं मिला है। मात्र और मात्र हिंदुस्तान में मिला है। कितने ही लोग ऐसा मानते हैं कि यह सब तो अभी-अभी शुरू हुआ है, परंतु वास्तव में ऐसा नहीं है। हमारे देश में आज भी आर्थिक विकास के अंदर भागीदारी में किसी का भी सबसे अधिक हाथ है तो इस देश की मातृ-शक्ति का है। कई बार लगता है कि बहनें कारखाने में जाकर कुरसी नहीं सँभाल सकती हैं। अत: उनका कोई आर्थिक योगदान नहीं है। यह तो पश्चिम की कल्पना है। भारत में आज भी पशुपालन उद्योग में बड़े-से-बड़ा योगदान बहनों का है और सारा-का-सारा पशुपालन उद्योग इस देश की मात्र गाँवों की बहनें सँभालती हैं। क्या यह देश के विकास में सहयोग नहीं है? गाँव के किसी पुरुष को आपने देखा है कभी पशुओं को सँभालते हुए, गाय की चिंता करते हुए, भैंस की चिंता करते हुए या दूध दूहने के लिए बैठे हुए? भाग्य से ही कभी ऐसा देखने को मिलता है। हमारी बहनें तो अपने बच्चे को रोता हुआ छोड़कर पशु को शांत रखने के लिए दौड़ पड़ती हैं। क्या यह महिलाओं का सहयोग नहीं है? क्या यह सहयोग देश आजाद हुआ, उसके बाद आया है? नहीं! हजारों वर्षों से आर्थिक विकास के अंदर हमारे यहाँ बहनों का सहयोग सुनिश्चित ही था। हिंदुस्तान में समस्त खेती की रचना ऐसी है कि बहनों के सहयोग के बिना कृषि क्षेत्र में प्रगति संभव ही नहीं है। आज भी बहनें दो घंटे घर का सारा काम करती हैं, रसोई बनाती हैं, शेष सारे समय खेती के काम में पति के साथ कंधे-से-कंधा मिलाकर काम करती हैं। सारे परिवार का भरण-पोषण का काम आज भी हमारे यहाँ बहनें ही करती हैं।

हमारे यहाँ भले नारी समानता के बारे में भाषणबाजी नहीं हुई है, हमारे यहाँ नारीवाद को स्थान नहीं मिलता है, पर हमारे यहाँ नारी को मातृशक्ति के रूप में देखा जाता है। हमारे यहाँ अर्धनारीश्वर के आदर्श की कल्पना है। हमारे यहाँ पुरुष को पूर्ण रूप में समाज ने स्वीकारा नहीं है, नारी को भी पूर्ण रूप में स्वीकारने की कल्पना हुई है और इस कारण कल्पना-शक्ति ने उसे भगवान् का रूप दिया है। अर्धनारीश्वर आधा शरीर पुरुष का और आधा शरीर नारी का और दोनों के मिलने पर परमात्मा रूप के दर्शन होते हैं। यह कल्पना इसी भूमि पर की गई।

सारे विश्व को एक बड़ी चिंता सता रही है कि परिवार प्रथा को कैसे जीवित रखा जाए? आपको यह जानकर आश्चर्य होगा कि अमेरिका में चुनाव होते हैं, तब वहाँ के समस्त राजनीतिक दल अपने-अपने चुनाव भाषण में बोलते हैं कि यदि हम सत्ता में आए तो परिवार प्रथा को पुनः जीवित करेंगे। परिवार को कैसे बचाना है, यह एक मुख्य मुद्दा बन गया है। हजारों वर्ष पुराने इस देश में दृढ़ कुटुंब प्रथा विकसित है और यह कुटुंब प्रथा विकसित रही है, इसका कारण पुरुष नहीं है। सारी-की-सारी कुटुंब प्रथा की सफलता का कारण इस देश की मातृ-शक्ति है, इस देश की नारी-शक्ति है। इन बहनों ने कुटुंब को सँभालकर रखा हुआ है, कुटुंब को बनाए रखा है। नहीं तो परिवारों-के-परिवार कभी के बिखर गए होते। बहनों की सहन शक्ति, बहनों की उदारता, बहनों की कष्ट सहन करने की मनःस्थिति और सबको साथ लेकर चलने की वृत्ति के कारण ही हमारे यहाँ कुटुंब प्रथा सजीव रही है। इस कुटुंब प्रथा ने हमारे समाज के अंदर दूषणों का प्रवेश रोकने के लिए एक बड़ी शक्ति का काम किया है। आज भी हमारे यहाँ लड़का इतने खराब वातावरण में रहने के बाद भी जल्दी बिगड़ नहीं जाता है। इसका कारण एकमात्र कौटुंबिक रचना है। सारे विश्व को भारत की मातृ-शक्ति का अध्ययन करना पड़े, यह इतनी बड़ी ताकत है।

केवल खेतों में ही बहनें काम करती हैं, ऐसा भी नहीं है। आप कुम्हार के घर जाइए, वहाँ बहन केवल रोटी ही नहीं बनाती है, बल्कि पति के काम में, धंधे में सहयोगी होती है। कुम्हार मटका बनाता है तो वह मिट्टी को खूँदती है, आदमी आवाँ तैयार करता हो तो बहन आवें के लिए आग तैयार करती है। कोई मछियारा है तो बहन मछली पकड़ने भले ही नहीं जाती हो, पर मछियारा जो मछली छोड़ जाता है, वह मछलियों को बाजार में बेचने के लिए पहुँचाकर व्यापार का सारा काम करती है और देखती है। आज भी सब्जी बेचने का काम अधिकतर बहनें ही करती हैं।

भारत में नारी-शक्ति सामाजिक जीवन की एक बड़ी ताकत बनी हुई है। आनेवाले दिनों में इस शक्ति को सामाजिक रूप में परिवर्तित करना है। बहनें कुटुंब में शक्ति बनें, यह बहुत अच्छी बात है; पर वे वहीं तक सीमित रहें, यह अच्छी बात नहीं है। आवश्यकता है कि यह बहनों की शक्ति सामाजिक जीवन में उपयोगी हो और उपयोग करना होगा तो बहनों को निर्णय में सहयोगी बनाना पड़ेगा। राज्य सरकार इस स्वशक्ति संस्था द्वारा गाँव-गाँव में एक मातृ-शक्ति का आंदोलन खड़ा करना चाहती है। एक ऐसी जन-चेतना को प्रकट करना चाहती है, जिसके कारण समाज को लाभ, समाज के सुख का लाभ समग्र समाज को मिले—इसकी चिंता करने का एक परिबल बने। इस शक्ति संस्था की बहनों से आग्रह है कि ग्रामसभाओं में आप सक्रिय बनो। ग्रामसभा जहाँ होती है वहाँ जाकर पहले बैठो, गाँव के प्रश्नों की सूची बनाकर प्रश्न पूछो, सरकारी अधिकारी

भी संकोच में पड़ जाएँ, ऐसे प्रश्नों को पूछो और जब तक समाधान नहीं आए तब तक आप उनके पीछे पड़े रहो। मैं आपके साथ हूँ। हम एकदम नीचे से परिवर्तन लाना चाहते हैं, गाँव-गाँव में सारे वातावरण को बदल देना चाहते हैं। यह चेतना और जागृति सबको सीधे रास्ते पर चलने को मजबूर करेगी।

मैं मानता हूँ कि यही एक बड़ी ताकत है। इस ताकत को खड़ी करने की हमारी इच्छा है। हम चाहते हैं कि इस ताकत का निर्माण हो। पग-पग पर सरकार से हिसाब माँगना है। समाज में जागृति आनी ही चाहिए। समाज की आशा-आकांक्षा की पूर्ति करने समाज आगे आता है तो राज्य सरकार भी साथ में दो कदम आगे चलने की तैयारी के साथ काम करे। इस भूमिका से हम कार्य-योजना को सौंपने से पहले परिवर्तन लाने का प्रयास कर रहे हैं।

□

---

* नारी गौरव दिन के मनाने हेतु—हैलिपेड पर दिया वक्तव्य, गांधीनगर, ८ मार्च, २००७

१४

नारी सशक्तीकरण : परिवार की शक्ति

आजकल नारी सशक्तीकरण की खूब चर्चा चल रही है। कई बार मेरे मन में प्रश्न उठता है कि क्या सच में नारी सशक्त नहीं है? मुझे तो लगता है कि नारी सबसे अधिक सशक्त है। मुसीबत यही है कि उसे अनेक लोग बारंबार कहते हैं कि तू अबला है, तू तो अबला है! इस अबला, अबला शब्द के आवरण इतने ज्यादा चढ़े कि वह स्वयं ही भूल गई कि वह सबला है हमारा प्रयत्न इतना ही है कि उसे याद आ जाए—बहन, तू तो सशक्त है, सबला है। उसे इस बात का एहसास होना चाहिए और उसे यदि इस बात का एहसास हो जाए तो सब समस्याओं का निराकरण अपने आप ही हो जाएगा।

नारी सशक्तीकरण का क्या कोई इंजेक्शन आता है कि सब बहनों को इंजेक्शन लगा दो तो वे सब सशक्त हो जाएँ? नारी सशक्त होती ही है। प्रत्येक अध्ययन यही बात कहता है। पुरुष विधुर हो जाए तो अधिकतर वह टिका नहीं रह सकता है। एक नारी विधवा हो जाए, समस्त उत्तरदायित्व उसके सिर पर आ जाएँ, उस पर आसमान ही टूट पड़ा हो, ऐसी स्थिति में भी वह कभी भी परिस्थिति से डरती नहीं है। सभी उत्तरदायित्व जब तक पूर्ण नहीं हो जाते हैं, तब तक मृत्यु को भी रोककर रखने की सामर्थ्य नारी में होती है। परंतु इस शक्ति को स्वीकार करने का स्वभाव लोगों में नहीं है। इसे स्वीकार करने की आवश्यकता है। अनेक परिवार ऐसे होंगे, जो माता के कारण ही प्रकाशमान बने होंगे।

दुनिया के किसी भी महापुरुष की आत्मकथा पढ़ें। ९९ प्रतिशत महापुरुषों की कथा में दो बातों का उल्लेख अवश्य आता है। मेरी प्रगति में मेरी माता का बहुत बड़ा योगदान है। आप विचार करें कि माँ का कितना बड़ा योगदान है! दूसरी बात आती है कि मेरे विकास में मेरे शिक्षक का योगदान है।

संसार में जितने भी लोग महान् हुए हैं, उन्हें महान् बनाने में शिक्षक और माता दोनों का अद्भुत योगदान रहा है। इससे परे कुछ नहीं है। भाग्य से शायद एकाध किस्सा

थोड़ा अलग हो तो भी उसमें आप गहराई से देखोगे तो कहीं-न-कहीं इनका योगदान होगा ही, भले ही वे उसको स्वीकार न करते हों।

सोचने की आवश्यकता है कि नारी की शक्ति परिवार की शक्ति किस प्रकार बने? परिवार की शक्ति समाज की शक्ति किस प्रकार बने? समाज की शक्ति राष्ट्र की शक्ति किस प्रकार बने? इस सारे क्रम का विकास करना है और ये सारे प्रयास इसी हेतु ही हैं। इससे मैं एक ही मंत्र देने के पक्ष में हूँ कि प्रगति करनी है तो 'सशक्त नारी, सशक्त परिवार'। नारी जितनी सशक्त होगी, उतना ही परिवार सशक्त होगा। यह बात सही है कि आसपास के वातावरण का प्रभाव बढ़ता जा रहा है। इसके कारण ही हजारों वर्षों के संस्कार की विरासत हमारे पास है और उसे जाने-अनजाने हम छोड़ते जा रहे हैं...यह है अपनी परिवार संस्था। हिंदुस्तान आज भी इतनी आँधियों के बाद टिका हुआ है, इतने अधिक सांस्कृतिक आक्रमणों के बीच खड़ा हुआ है। अगर इसका कोई एक कारण, महत्त्वपूर्ण कड़ी है तो वह है अपनी परिवार संस्था, कुटुंब व्यवस्था। ये टूटते हुए परिवार, टूटती हुई कुटुंब व्यवस्था—यह एक बड़ा संकट है। इस परिवार संस्था को यदि बचाना है तो इसे नारी शक्ति ही बचा सकती है। पुरुष किसी भी दिन परिवार नहीं बचा सकता है। मैं पुरुषों का विरोधी नहीं हूँ, परंतु इन सब सत्यों को स्वीकारना ही पड़ेगा। परिवार व्यवस्था मूल में नारी संस्कार, नारी की त्याग-भावना है। यह एक बड़ी शक्ति है। शक्ति सामाजिक शक्ति कैसे बने, इसी दिशा में हमारा प्रयास है।

कई बार लोगों को लगता है कि आँगनवाड़ी का क्या काम है? 'आँगनवाड़ी' का काम आनेवाली पूरी सदी का भला करने का है। शिक्षा से शायद एक पीढ़ी सुधारी जा सकती है, परंतु आँगनवाड़ी के काम से एक पूरी सदी सुधार सकते हैं। आँगनवाड़ी का काम कोई छोटा काम नहीं है। केवल बच्चों को बुलाकर ले जाना और उन्हें दो घंटे रोके रखना ही काम नहीं है। दुनिया के सभी संशोधकों, मनोवैज्ञानिकों और विज्ञान ने यह सिद्ध किया है कि व्यक्ति के व्यक्तित्व के विकास की नींव तीन-चार वर्ष की उम्र में बनती है। हमारे यहाँ आदिकाल से ऋषि-मुनि यही बात कहते आए हैं। हम सब ऐसा मानते हैं कि पाठशाला में गया, इस कारण से आगे बढ़ सका; कॉलेज गया, इससे आगे बढ़ा; वे शिक्षक पढ़ाते थे, इस कारण आगे बढ़ा। यह सब संपूर्ण सत्य नहीं है। उसका व्यक्तित्व जैसे भी बनने वाला होगा, उसका आधार तीन-चार वर्ष की आयु तक वह कैसे संस्कार प्राप्त करता है, तीन-चार वर्ष की आयु तक उसे कैसी बातों का परिचय कराया गया है, उस पर आधारित होता है। उसी समय उसका मस्तिष्क इन सब बातों को पकड़ता है, उसके मन में पसंद-नापसंद चार वर्ष की आयु में ही निश्चित हो जाते हैं। यह किस दिशा में जाने वाला है, यह चार वर्ष की आयु में निश्चित हो जाता है। इसके बाद जैसे-जैसे वह बड़ा होता जाता है, वैसे-वैसे संस्कार के आधार पर सब चीजें

पकड़ता जाता है, उसमें जोड़ता जाता है। उसे चार वर्ष की आयु में जो नहीं मिला, ऐसी एक भी चीज वह जिंदगी की किसी भी उम्र में पा नहीं सकता है। यह सब वैज्ञानिकों द्वारा स्वीकार की हुई बातें हैं। हमारे यहाँ आई.क्यू. शब्द है। वह आई.क्यू. क्या है? सरल भाषा में समझाते हुए मैं कहूँगा कि एक बालक को पालने में रख दो और पालने के ऊपर एक झुनझुना बाँध दो, फिर उस झुनझुना इधर-उधर हिला दो, बालक उसे देखेगा। फिर आप देखेंगे कि वह बालक हर प्रकार का प्रयत्न कर हाथ ऊँचा करके, पाँव ऊँचा करके झुनझुना हिलाने का प्रयत्न कर रहा है। यही उसका बुद्धि अंक है। यदि वह झुनझुना जल्दी पकड़ता है तो समझना कि उसका स्तर खूब ऊँचा है। इस समय उसके जीवन में प्रवेश करती है आँगनवाड़ी। इस समय प्रवेश करती हैं आँगनवाड़ी की कार्यकारी बहनें! वे यदि एक भूल करेंगी तो किस प्रकार के समाज की रचना होगी? तब जो समाज-रचना होगी, वह सारी सदी के लिए कितना कुप्रभाव या सुप्रभाव पैदा करेगी, इसका निर्णय होना है। आँगनवाड़ी की बहनें कितनी सजग हैं, वह इस पर आधारित है। उस बहन के हृदय में यह भाव होना चाहिए कि ये नन्हे-नन्हे बच्चे, ये नन्ही-नन्ही कलियाँ मेरे पास हैं। ये पुष्प बनें, इससे पहले मन से स्वस्थ बनें, इनकी ग्रहणशक्ति तीव्र बने। उसे रोज नया-नया देखने का अवसर मिले। इसमें से ईश्वर ने जितना दिया होगा उतना बालक पकड़ेगा। हम उसे सुंदर वातावरण के बीच ले जाएँ, आप देखना, परिस्थिति एकदम पलट जाएगी; पर हम क्या कर रहे हैं? आँगनवाड़ी सुबह १० से १२ बजे के बीच ही चलानी है। तुवर का मौसम हो तो हम तुवर की फलियाँ ले जाते हैं, शाम को घर में कचौरी बनानी है। अतः हम फलियाँ छीलकर दानें निकालेंगे। बच्चे एक तरफ खेलते रहेंगे। इससे तुम्हारे घर में कचौरी बने या नहीं, परंतु बालक की जिंदगी तो कचूमर बन जाती है। हमें इन सबकी चिंता करनी है। पाठशाला में विद्या सहायक बनने के बाद आनंद तो आता है, परंतु चिंता क्या होती है? चाहे जो भी हो, दीवाली के पहले यह स्वेटर पूरा करना है। अरे, उसे स्वेटर दो या नहीं दो, परंतु उस बच्चे की जिंदगी कैसे गूँथी जा रही है, इसकी तो चिंता करो। यहाँ बस यही मुसीबत है। इस उत्तरदायित्व का भाव कैसे आए? ये बालक हमारी आनेवाली पीढ़ी हैं। कोई बहन १५ वर्ष से आँगनवाड़ी का काम करती है और आँगनवाड़ी में रहा हुआ बालक दसवीं कक्षा में ज्यादा-से-ज्यादा प्रतिशत अंक लाकर पेड़े खिलाने क्या वहाँ आया है? दसवीं कक्षा में अधिक अंक प्राप्त करके किसी बालक ने आपको पेड़े देकर कहा है कि बहन, आप मुझे आँगनवाड़ी में खेल खिलाती थीं, तब मुझमें आपने जो संस्कार दिए, इस कारण से दसवीं कक्षा में मुझे अच्छा स्थान प्राप्त हुआ है। लीजिए, ये पेड़े! भाग्य से ही ऐसी कोई बहन होगी, जिसके यहाँ दसवीं या बारहवीं कक्षा का विद्यार्थी आया होगा। यदि नहीं आया है तो हमें विचार करना पड़ेगा कि कहीं कुछ कमी

है। हम ऐसा काम करें कि बालक बड़ा होकर अच्छा काम करे तो भी उसे मेरी याद आए? जब हम कोई मोटरगाड़ी किराए पर ली हो और किसी संभावित दुर्घटना से ड्राइवर हमें बचा ले तो सारी जिंदगी हमें वह ड्राइवर याद आता है। हम शुभ प्रसंग पर उसे बुलाते हैं और कहते हैं—घर में विवाह है, तुम अवश्य आना। उस दिन मोटर गाड़ी किराए पर ली थी और तुम नहीं होते तो हम तो वहीं समाप्त हो गए होते। एक दुर्घटना से बचानेवाला ड्राइवर सारी जिंदगी याद आता है तो चार वर्ष अपने पास समय बितानेवाले हमारे आँगनवाड़ी की कार्यकर्ता बहन उस बालक को क्यों याद नहीं आएगी? यदि याद आए तो यह समझना कि आप सफल रही हैं और बालक भूल गया तो यह मानना कि आपने मुफ्त की ही नौकरी की थी। यह स्थिति भारत का भला नहीं करेगी। जीवन में कुछ काम किया है, उसका संतोष मिलना चाहिए। प्रत्येक माह मिलने वाला वेतन वह संतोष नहीं देगा, परंतु एकाध नन्हा बच्चा तुम्हारे हाथों के नीचे पला-पोसा है और उसकी जिंदगी बन गई है तो आपको जीवन भर संतोष रहेगा। आप कहेंगी कि मैं अमुक भाई को बचपन में खिलाती थी। दिल्ली में मुशर्रफ आए हुए थे। उस समय दो वृद्धाओं के बीच लड़ाई हो रही थी। एक वृद्धा कह रही थी, जब छोटा था तो इसे मैं खिलाती थी। दूसरी ने कहा, नहीं, मैं खिलाती थी। इसके बाद मुशर्रफ ने दोनों को शॉल भेंट में दी और कहा कि मैं तो छोटा था, अतः मुझे कुछ याद नहीं; परंतु मैं आज जो भी हूँ, उसमें आपका कहीं-न-कहीं योगदान है।

आँगनवाड़ी एक संस्कार मंदिर है। इस संस्कार मंदिर में आनेवाला प्रत्येक बालक भगवान् है। हम इनके पुजारी हैं। ऐसे भक्ति-भाव से पूजा करें, जिससे इन बालकों का जीवन पुलकित हो। इसके लिए प्रयास करें तो मैं मानता हूँ कि यह प्रयास एक बड़ी शक्ति बनेगा? इस सशक्तीकरण से प्राप्त होनेवाली नारी की शक्ति परिवार की शक्ति बने, यह इसकी पहली शर्त होनी चाहिए। परिवार की शक्ति नहीं बने तो हजारों वर्ष की दुनिया की इस महान् परंपरा को जंग लग जाएगी। अकल्पनीय आघात लगेगा और उससे बचाने की ताक़त किसी में है तो वह नारी में है।

□

* महिला सशक्तीकरण सम्मेलन, टाउन हॉल, सेक्टर १७, गांधीनगर, २५ दिसंबर, २००३

१५

अंतर्मन का स्पर्श

संस्थाओं में से मुख्य व्यक्ति के जाने के बाद अधिकतर संस्थाएँ डाँवाँडोल हो जाती हैं। बहुत कम लोग ऐसे होते हैं, जिन्होंने अपने कार्यकाल में स्व का लोप कर दिया हो, स्व को समर्पित कर देया हो, स्वयं को समष्टि में विलीन कर दिया हो और स्वयं ऐसी तंत्र-रचना कर जाते हों, जिसके कारण उनके जाने के बाद भी उनके विचार सर्वदा प्रेरणा देते रहते हों। वृत्ति हमेशा प्रवृत्ति का रूप धारण करती रहती है और प्रवृत्ति विशाल व पोषक होती है। यह चक्र हमेशा लोगों से चलता रहता है।

मुनि सेवा आश्रम की प्रेरणामूर्ति अनु बहन के जीवन की यह विशेषता थी। उन्होंने इस आश्रम की स्थापना करके शरीर से पीड़ित सैकड़ों दुखियों की सेवा में अपनी आयु गुजार दी। ऐसी सेवामूर्ति अनु बहन के इतनी जल्दी चले जाने का कोई कारण नहीं था और अनु बहन चली गई हैं, ऐसा लगता भी नहीं है। यहाँ आनेवाले प्रत्येक व्यक्ति को अनु बहन की अनुभूति होती होगी तपस्या उच्च अवस्था में होती है, तभी यह संभव होता है। छोटे से सेवाभाव से, शैक्षणिक भाव से आरंभ किया हुआ काम अब आरोग्य क्षेत्र में पैर जमा रहा है, तब ऐसा लगता है कि सिर्फ करने के लिए ही सेवा नहीं की जाती है। यहाँ सही अर्थों में उच्च स्तर की सेवा हो, इसका भी आग्रह है और निश्चित प्रकार का अनुशासन हो, तभी यह सब संभव होता है। अनु बहन ने जो अनुशासन की विरासत दी है, इसके परिणाम से मात्र सेवा के लिए सेवा नहीं, बल्कि उच्च स्तरीय व्यवस्था के माध्यम से, मानवीय अभिगम से संपूर्ण रूप से संवेदनापूर्ण, आत्मीयतापूर्ण एक उच्च परंपरा निर्मित हुई है। इस कारण प्रत्येक चीज में मानवता की महक है। मानवता की महक और मानवता का दूसरा नाम 'अनु बहन' ने धारण कर लिया है। इस व्यवस्था ने एक सुगंध प्रसारित की है।

हमारे यहाँ सामाजिक काम का ढिंढोरा नहीं पीटा जाता है। सहज भाव से काम किया जाता है, परिणामस्वरूप उसकी जानकारी नहीं होती है। दुनिया में 'मिशनरी'

शब्द बहुत ही जाना-पहचाना है। किसी विशेष प्रकार की व्यवस्था के अंतर्गत मानो सेवा करने का इन लोगों का एकाधिकार (बपौती) है, उस प्रकार से चारों ओर चर्चा होती है। हमारे साधु-संतों या अनु बहन जैसे तपस्वी लोगों के जीवन के बारे में बहुत जल्दी जानकारी नहीं होती है। हम ही अपने साधु-संतों की आलोचना करते रहते हैं। आलोचना करनेवाले को पता नहीं कि वास्तव में ऐसा नहीं है। इस देश में भी सत्त्व का वरण किए हुए लोगों ने समाज-सेवा द्वारा अध्यात्म-सिद्धि प्राप्त की है। संतों के ऐसे लाखों नाम मिल जाएँगे, परंतु उनकी छवि नहीं है। अनु बहन की सेवा कोई छोटी सेवा नहीं है। उनका किया हुआ काम कोई छोटी सी सामान्य घटना नहीं है।

मैं संतराम मंदिर में कुछ दिन रहा हूँ। समाज-सेवा का इससे बड़ा कोई केंद्र नहीं हो सकता है। किसी के यहाँ विवाह में भोजन कम पड़ जाए तो संतराम मंदिर उस स्थिति को सँभाल लेता है। गरीब परिवार है, बेटे और बहू को लेकर आए हैं तो यहाँ सब व्यवस्था हो जाती है। बीमार आदमी वहाँ पहुँचा उसे कहा जाता है—भाई, चिंता मत करना, सब ठीक हो जाएगा। बस, जय महाराज कहने के साथ ही सब काम हो जाता है, परंतु इसकी जानकारी दूसरों को कभी भी नहीं हो पाती है, क्यों? जिन्होंने यह श्रेष्ठ काम किया है, वे सब बहुत आदरणीय हैं। हमारा तो सब बेकार है, बस यही भाव है। इससे बाहर आने के लिए अनु बहन जैसे अनेक सेवाकर्मी सक्रिय हैं। ये शक्तियाँ हमें प्रेरणा दे सकती हैं।

नोबेल पुरस्कार के बारे में बहुत चर्चा होती है। 'नोबेल काज'...उत्तम ध्येय की भी चर्चा होनी चाहिए और अनु बहन चाहे नोबेल पुरस्कार लेने वाली नहीं हैं, परंतु अनु बहन नोबेल...उच्च तो थीं ही। महत्त्व इसी उच्च भाव की है। सूरत में २५,००० लोगों को पंक्ति में खड़े हुए देखा था, किसलिए? रक्तदान के लिए। रक्त लेनेवाली संस्थाएँ कम पड़ गईं, इतनी बड़ी संख्या में लोग पंक्तिबद्ध खड़े थे। विश्व की बड़ी-से-बड़ी घटना सूरत में आकार ले रही थी। एक साथ २५,००० से ज्यादा लोग रक्तदान कर रहे थे। इसका अर्थ है कि हमारी प्रकृति में ही जनसेवा बसी हुई है। 'सेवा परमोधर्म:' यह उक्ति हमारी रगों में दौड़ती है। 'नर कर्म करे तो नारायण हो जाए', इससे बड़ा सिद्धांत और क्या हो सकता है? नर और नारायण के बीच कोई भेद रेखा नहीं है। नर का ऋषि रूप नारायण है। ऐसी श्रेष्ठ कल्पना जगत् में और कहीं भी नहीं है। दूसरी जगह ऐसा लिखा है कि 'हे पापियो! मेरी शरण में आओ।' हमारे यहाँ ऐसा नहीं लिखा है। हमारे यहाँ तो प्रत्येक नर के अंदर नारायण है, प्रत्येक जीवात्मा के अंदर शिवात्मा रहता है। जगत् में ऐसे उच्च विचार आए, वैसा अप्रतिम तत्त्वज्ञान इसी भूमि में उद्‌भव हुआ है और फिर उस पर कोई एकाधिकार या कॉपीराइट नहीं कराया है। यह मानवता का चिंतन है, मानव मात्र का हैं। मानव गोरा हो, काला हो, पूर्व का हो, पश्चिम का हो, इस

युग का हो या गए युग का हो—यह समस्त मानवता को वरण किया हुआ चिंतन है और ऐसे चिंतन में से मानवता और केवल मानवता ही विकसित होती है।

विश्व के अनेक देशों में हॉस्पिटल के सेवा क्षेत्र में एक अच्छा अवसर आ रहा है। अकेले अमेरिका को लगभग १० लाख नर्सों की जरूरत है। दादा वृद्ध हो जाएँ तो वहाँ नाक पोंछने के लिए कोई नहीं है। हमारे यहाँ ऐसा नहीं है। हमारे यहाँ परिवार संस्था बहुत मजबूत है। इसमें से स्वाभाविक सेवाभाव पैदा होता है। इस कारण मुझे विश्वास है कि आनेवाले दिनों में सेवा क्षेत्र की प्रधानता में बहुत वृद्धि होने वाली है। सेवाभाव के कारण गुजरात में मेडिकल प्रवास की बहुत संभावनाएँ हैं। आज भी गुजरात के अच्छे अस्पतालों में अच्छी मात्रा में विदेशी मरीज आते हैं, क्यों? उनके देश में जितने खर्च में उनका उपचार होता है, उससे आधे खर्चे में यहाँ आना, हिंदुस्तान को देखना, ऑपरेशन भी हो जाए और घूम-फिरकर फोटो खिंचवाकर वापस चले जाते हैं तो भी उनका आधा पैसा बच ही जाता है। मेडिकल प्रवास के कारण गुजरात के अंदर आरोग्य सेवा के विकास अर्थात् नर्सिंग का प्रशिक्षण। प्रशिक्षण में मात्र इंजेक्शन कैसे लगाना, डॉक्टर माँगे, तब उपकरण कैसे देना—इतना ही मात्र प्रशिक्षण दिया जाता था। शरीर से कुछ अधिक इस शरीर में बैठी हुई आत्मा को, संवेदनाओं, स्पंदनों की अनुभूति कर सके, ऐसे संस्कार की विरासत भी मुनि सेवा आश्रम में तैयार होती बालिकाओं को मिलती है और इस कारण से इस भूमि में से जो नर्सें तैयार होंगी, उनमें अनु बहन का अंश तो होगा ही।

ऐसा कहा जाता है कि लोहे को पारसमणि का स्पर्श मिले तो वह सोना बन जाता है। पारसमणि की एक मर्यादा है कि लोहे को स्पर्श करे तो सोना बने, परंतु लोहा पारसमणि नहीं बनता है। यह पारसमणि की मौलिक मर्यादा है। अनु बहन के बारे में तो ऐसा है कि अनु बहन का स्पर्श हो जाए तो एक और अनु बहन बन जाती है। अनु बहन ने लोक-सेवा का काम किया, आर्थिक विषयों को जोड़कर समाज के लोग आर्थिक रूप से स्वावलंबी हों, इसके लिए प्रयास किया और इस प्रयास के कारण मानव गौरव के साथ जीवन व्यतीत करने लगे। इस प्रकार से मानव के अंतर्मन को स्पर्श करने का प्रयास किया है।

□

* मुनि सेवा आश्रम में नर्सिंग पाठशाला और अनु बहन ठक्कर एजुकेशन मेडिकल ऐंड रिसर्च फाउंडेशन स्थापना मुहूर्त के प्रसंग पर उद्बोधन, स्थान गोरज, तहसील वाघोड़िया, ५ मार्च, २००५

१६

नारी : समाज व्यवस्था का ऊर्जा तत्त्व

*

विश्व के समाज-शास्त्रियों ने अलग-अलग समाजों की शक्ति का जो मूल्यांकन किया है और दुनिया के सभी लोग एक निर्णय पर पहुँचे हैं कि हिंदुस्तान की यदि कोई बड़ी-से-बड़ी ताकत है तो वह वहाँ की सामाजिक रचना है। अनेक आघात-प्रत्याघात के बीच भी समयानुकूल जीवन जीने की सामर्थ्य बनाए रख सकती है। कालक्रम के अनुसार वह चीजों को छोड़ने की सामर्थ्य भी रखती है। आधुनिकता को स्वीकारने में उसे देर नहीं लगती है, फिर भी उसका मूल उखड़ता नहीं है। इसके मूल में कोई ताकत तो है। सारे विश्व के समाजशास्त्री एक बात पर, एक विचार के साथ सहमत हुए हैं कि भारत की सारी समाज व्यवस्था और उसके हजारों वर्षों के इतिहास की सबसे सशक्त यदि कोई कड़ी है तो वह है उसकी पारिवारिक संस्था—कुटुंब जीवन, कुटुंब व्यवस्था। इस कड़ी के कारण समाज के अंदर सामर्थ्य टिका हुआ है। यह कुटुंब व्यवस्था हिंदुस्तान की अनमोल विरासत है। इसने समग्र समाज व्यवस्था को प्राणवान् बनाया है। विश्व के सभी समाज-शास्त्रियों ने इस बात को स्वीकार किया है, परंतु क्या हमें पता है कि कुटुंब व्यवस्था किस कारण से टिकी हुई है? इसका यदि गंभीरतापूर्वक अध्ययन किया जाए तो एक बात स्पष्ट रूप से उभरकर बाहर आएगी कि हमारी कुटुंब व्यवस्था जीवंत है और इसके मूल में हमारी नारी-शक्ति है, स्त्री-शक्ति है, हमारी बहनों के संस्कार हैं। मायके में जैसा भी पालन-पोषण हुआ हो, परंतु ससुराल पहुँचते ही वह उस परिवार को अपना बना लेती है और सबके लिए समर्पित होने की सामर्थ्य रखती है। यह कोई छोटी बात नहीं है। शक्ति ने हजारों वर्ष से समाज को जीवंत रखा हुआ है, सशक्त रखा हुआ है, चेतनामय रखा हुआ है। आपको आश्चर्य होगा कि कुटुंब व्यवस्था को पुनर्जीवित करने के लिए अमेरिकी जीवन में एक विशेष प्रकार का प्रयास चल रहा है। कुटुंब व्यवस्था का अभाव उनकी चिंता का विषय है।

अभी हाल में एक पुस्तक प्रकाशित हुई है। पुस्तक का नाम है—'फादरलेस

अमेरिकन सोसाइटी'—पिता-विहीन अमेरिकी समाज। इस पुस्तक को लेकर वहाँ विवाद चल रहा है। तलाक की संख्या वहाँ बहुत तीव्र गति से बढ़ रही है। सिंगल पैरेंट सोसाइटी में कहीं या तो अकेली माँ या कहीं अकेला पिता है, परंतु दोनों नहीं हैं। यह बात इन बालकों के पालन-पोषण और समाज के लिए चिंता पैदा करती है। इसी कारण इतनी समृद्धि पर पहुँची हुई अमेरिकन सोसाइटी कुटुंब प्रथा कैसे पुनर्जीवित हो, इसके लिए भरपूर प्रयास कर रही है। हमें तो यह प्रथा विरासत में मिली हुई है। हम लोगों को पीड़ा देती है तो एक बात है कि हमारे यहाँ अब वृद्धाश्रम बढ़ रहे हैं। यह स्वस्थ समाज का लक्षण नहीं है? मनोवैज्ञानिकों और समाज-शास्त्रियों को इस बारे में विचार करना चाहिए। क्या ये हमारी कुटुंब प्रथा पर आघात करनेवाली घटनाएँ नहीं हैं? हँसता-खेलता फूल जैसा बालक सुबह-सुबह आया के हवाले हो जाता है या उसे बालवाड़ी में रख दिया जाता है। ऐसी समाज व्यवस्था हमारी कुटुंब प्रथा को शक्ति देने की संभावना रखेगी या उसे तोड़ डालेगी? इन बदलते युग में हमें ही रास्ता ढूँढ़ना है। विकट-से-विकट परिस्थिति में नई-नई संरचना का शोध कर समाज को बनाए रखने का उत्तरदायित्व हमारा है। वर्तमान समय में इस प्रकार का चिंतन नहीं होगा तो हम ही अपने मूल्यों में से अवनति में गिर जाएँगे। चाहे जैसे इस प्रभाव के सामने टिकना ही होगा। अरे, टिके रहने का तो सवाल ही नहीं, बिना आघात के बचने के लिए प्रश्न खड़े होंगे। ऐसे समय में इस प्रकार के विचार आंदोलन की आवश्यकता होती है। उसका वंदनीय मौसीजी (लक्ष्मीबाई केलकर—राष्ट्र सेविका समिति की संस्थापिका) ने प्रारंभ किया है। ऐसा यह विचार आंदोलन ही आनेवाली पीढ़ियों तक मानव जाति के मूलभूत मूल्यों के रक्षण हेतु शक्ति प्रदान करता है।

हमारे यहाँ स्त्रियों के मन में सतत एक भाव पता नहीं कहाँ से आकर घर कर गया है। उसे पुरुष के समकक्ष होना है। यह दिमाग में कैसे आया? हकीकत तो यह है कि पुरुषों को आंदोलन चलाना चाहिए कि हमें स्त्री के समकक्ष होना है। स्त्रियों का पुरुष के समकक्ष होना अर्थात् उनका अपनी स्थिति से एक पायदान नीचे उतरने जैसी बात है। वह जहाँ है वहाँ से एक पायदान नीचे आ जाए, पुरुष के समकक्ष हो और इसी कारण से समाज को अर्थपूर्ण विचार करने की आवश्यकता है। नारी-शक्ति तो ऊँचाई पर ही विराजमान है।

□

---

* लक्ष्मीबाई केलकर जन्म शताब्दी समारोह के अवसर पर टाउन हॉल, अहमदाबाद, ५ दिसंबर, २००४

१७

सद्गुणों की धरती

---*---

कभी मित्रों के साथ बैठे हों और यदि वे रात देर तक घर नहीं जाने दें तो बहुत से ऐसा कहेंगे—जाने दे यार, घर में वह खून पी जाएगी! जिन्हें खून पीनेवाला कहा जाता है, ऐसे लोग ही खून दे रहे हैं। बहनों ने कितनी बड़ी संख्या में रक्तदान किया है। समाज के सब वर्गों ने भी मिलकर किया क्या? हमारे समाज में गुप्त दान की महिमा बहुत है। इस गुप्त दान का संस्कार हमारे यहाँ तो लोगों को जन्मघुट्टी में मिला है, पर धीरे-धीरे इसमें कमी आ गई है। आज आप गिरनार की सीढ़ियाँ चढ़ें तो प्रत्येक सीढ़ी पर दाता का नाम होता है; पहले ऐसा नहीं था। अब तो प्रत्येक सीढ़ी पर अमुक भाई ने इतने पैसे से वह सीढ़ी बनवाई है, इसके बाद उस पर पाँव रखकर ऊपर जाना होता है। हमारे अंदर धीरे-धीरे इच्छा जगने लगी कि दान का पता सबको लगे तो अच्छा, परंतु रक्तदान ही एक दान ऐसा है, जिसमें नामपट्टी की कोई संभावना नहीं है। वहाँ कोई बोर्ड नहीं लगा सकता कि यह रक्त मेरा है। सार्थक रूप में असली गुप्त दान है—रक्तदान। इससे भी बड़ी बात है कि इसके कारण समाज के तमाम लोगों को सहयोगी बनाने का और मन को संस्कार देने का काम रक्तदान के इस महा-अभियान के द्वारा हुआ है, अन्यथा किसी के कुटुंब में तकलीफ हो और एक-दो शीशी रक्तदान हॉस्पिटल में जाकर कर आएँ तो समाज को उससे संस्कार नहीं मिलता है; परंतु ऐसे प्रयास से समाज संस्कारित होता है, समाज को नई प्रेरणा मिलती है।

कई बार हम ऐसा मानते रहते हैं कि हम तो बहुत तंदुरुस्त हैं—ले लो रक्त, जितना भी चाहिए; परंतु कभी-कभी तो वे रक्त देने के लायक ही नहीं होते हैं। वजन ४५ किलो से कम हो, हीमोग्लोबिन कम हो, कहीं डायबिटीज़ हो, इस अभियान के कारण जितनों ने भी रक्तदान किया होगा, उससे दुगुने व्यक्तियों की जाँच होती है। यह भी एक लाभ की ही बात है। कितनी ही महिलाओं को क्या तकलीफ है, इसका भी अंदाज उनको हो गया होगा। उन्हें इस तकलीफ से कैसे बाहर आने का रास्ता भी

मिलेगा। कई बार तो घर में खाने की कमी के कारण नहीं, बल्कि पता ही नहीं होता है कि यह अमुक आहार मेरे शरीर के लिए जरूरी है। इस जानकारी के अभाव के कारण हम रोग के भोग बनकर जीते रहते हैं। अमुक वस्तु नहीं खानी चाहिए, उसका पता ही नहीं होने से वे खाते रहते हैं। ऐसे प्रसंग में शरीर को क्या तकलीफ है? किस बात की कमी है? इसका भी पता चल जाता है। इससे रक्तदान द्वारा मात्र समाज को लाभ हुआ है ऐसा नहीं, परंतु व्यक्तिगत लाभ भी हुआ है। इससे स्वयं को जो लाभ हुआ, उसके कारण जागृति का जो स्तर बढ़ा है इससे भी लाभ होगा।

कई बार पुरुष ऐसा मानते हैं कि जाने दो न, यह काम महिलाओं का नहीं है। परंतु अब समय बदल गया है। बहनों की शक्ति को स्वीकारा जाने लगा है। महिलाओं की शक्ति का पग-पग पर साक्षात्कार हो रहा है। दसवीं या बारहवीं या यूनिवर्सिटी की परीक्षाओं के परिणामों पर दृष्टि डालो। ८० प्रतिशत बहनें पुरस्कार लेकर आती हैं। खेलों में बहनें पुरस्कार लेकर आती हैं। आश्चर्य है कि क्रिकेट में 'बॉलर' शब्द है, 'फील्डर' शब्द है और तीसरा शब्द है 'बैट्समैन'। क्रिकेट का जन्म हुआ, तब से आज तक 'बैट्समैन' शब्द था, परंतु जब से महिलाओं ने क्रिकेट में प्रवेश किया, तब से अब 'बेटधर' कहलाता है। बहनें क्रिकेट खेलती हैं तब 'बैट्समैन' कैसे कहा जा सकता है?

नारी-शक्ति की अनुभूति करनी है तो एक दृश्य आप देखिए। दुनिया के दो शक्तिशाली प्राणी बाघ और सिंह पर कौन बैठता है? यह कोई छोटी बात नहीं है। हमने कभी विचार ही नहीं किया। यह नारी-शक्ति ही बाघ और सिंह के ऊपर सवारी करती है। यह शक्ति का पुंज है और यह शक्ति समाज की शक्ति है।

हमारा प्रयास इस शक्ति को सहयोगी बनाने का है। निर्णय प्रक्रिया में यह सहयोगी किस प्रकार से बने? समाज राष्ट्र और परिवार के संचालन में वह अग्रिमता किस प्रकार से प्राप्त करे? हमने एक छोटा सा नियम बनाया है। पाठशाला में बालक को जब भरती करें तो नियम नहीं बल्कि रिवाज ऐसा है कि बालक के नाम के पीछे पिता का ही नाम लिखा जाता है। क्यों? क्या उस अकेले का ही यह अधिकार है? माँ का नाम क्यों नहीं? हमने निर्णय किया है कि लड़के-लड़की को पाठशाला में जब भरती करो, तब पिता का नाम भले ही लिखा जाए, परंतु साथ में माता का नाम भी लिखा ही जाएगा। बात चाहे छोटी सी हो, परंतु हमारे सोचने की दिशा कैसी है, यह इसका दर्शन कराती है। भूकंप के समय लोगों के मकान नष्ट हो गए। सरकार ने मकान बनाने का आयोजन किया। इस घर में एक स्त्री शक्ति का नाम भी इस संपत्ति में होना चाहिए। समाज के अंदर इस समानता के व्यवहार से समाज को इस शक्ति का परिचय हो और यह शक्ति समाज-निर्माण से जुड़े।

आज हम देखते हैं कि भारत के प्राथमिक शिक्षण का दायित्व लगभग महिलाओं

के हाथ में है। पुरुष कहीं दिखते ही नहीं हैं। भारत में प्राथमिक आरोग्य सेवा लगभग महिलाओं के हाथ में है। दुनिया के लोगों का एक मत ऐसा भी है कि भारत में स्त्रियों की स्थिति बहुत खराब है। बेचारी सारे दिन घर का काम करती हैं और साँझ होते ही पति के आने की प्रतीक्षा करती हैं और फिर आने पर उसे भोजन करवाती हैं। बस हो गई जिंदगी पूरी। यह इतना बड़ा झूठ दुनिया में चल रहा है, बहुत बड़ा झूठ है। भारत के विकास में भारत को मातृ-शक्ति का जो योगदान है, उसकी दुनिया में कहीं भी तुलना नहीं। हमारे यहाँ कृषि उद्योग में पुरुष की तुलना में स्त्री दो कदम आगे बढ़कर ही काम करती है। आपको देखने का अवसर मिले तो हिंदुस्तान के किसी भी आदिवासी क्षेत्र में जाकर देखना, हमारी आदिवासी महिलाएँ या तो कृषि कार्य करती होंगी या गाय चराती होंगी। सारे घर का पालन-पोषण वही करती हैं और महिलाओं की इसी सूझबूझ के कारण कुटुंब चलते हैं। कृषि और पशुपालन उद्योग बहनों ने ही सँभाल रखे हैं। संपूर्ण पशुपालन उद्योग इस देश में मात्र महिलाएँ ही सँभालती हैं। महिलाओं के कारण ही श्वेत क्रांति संभव हुई है।

हममें कितनी ऊर्जा है, समाज की रचना कैसी है, इसकी ओर कभी हमारा ध्यान नहीं गया है। इसी कारण नारी की ओर देखने का हमारा दृष्टिकोण बदलता नहीं है। क्यों हमें अपना ही गौरव ध्यान नहीं है? हमारे देश में एक महिला १६ वर्ष तक प्रधानमंत्री थी। यहाँ ही नहीं, बँगलादेश में महिला प्रधानमंत्री थी। संपूर्ण एशिया खंड में नारी शक्ति का कैसा दृष्टिकोण है, इसका विचार करो। नारी के प्रति एक अलग ही दृष्टिकोण होने के कारण ही यह संभव हुआ है।

दुनिया में जितने भी संप्रदाय और पंथ हैं, उनमें से एक भी संप्रदाय या पंथ ने स्त्री को भगवान् के रूप में स्वीकार नहीं किया है। उन सबका मत है कि भगवान् तो पुरुष ही होता है। दूसरे किसी को स्थान नहीं है। एकमात्र हिंदुस्तान ऐसा है, जहाँ स्त्री-भगवान् की कल्पना करने में आई है। दुर्गा हो, सरस्वती हो, अंबा हो, बहुचर हो। इसके बाद भी हम सिर पीटते रहते हैं कि हमारे देश में महिलाएँ कुछ नहीं करती हैं, उनका महत्त्व शून्य है। इस विचार से हमें बाहर आना पड़ेगा। आत्मविश्वास के साथ दुनिया के लोगों के साथ आँख-से-आँख मिलाकर खड़े होने की सामर्थ्य के साथ बात करें। जगत् बदलने की सामर्थ्य हममें है।

महिला की शक्ति का क्या है? कई बार तो मापदंड मापनेवाला ही गलत साबित होता है। उसके पास तो मापदंड होता ही नहीं कि महिला की शक्ति को कैसे नापना है? कोई महिला रसोई बनाती हो, एकदम गोल गेंद जैसी रोटी बना रही हो, उसमें से निकलती भाप जरा उँगली को जला देती है, तब वह पंद्रह बार दरवाजे पर जाकर देख आती है और दूर से आता पति दिखाई देता है तो फूँक मारना शुरू कर देती है, मलाई

लगाती है या कुछ और लगाती है। ऐसी आतुरता होती है कि मेरा पति देखे कि आज मैं कितनी जल गई हूँ? पंद्रह बार फूँक मारती है और बताती है। पति गुस्सा करता है—ऐसा भी क्या है? कहाँ बहुत जल गई हो? भोजन परोस, मुझे बहुत भूख लगी है। तब वह फिर कहती है, ''मैं तो सारी जल जाऊँ तो भी आपको क्या फरक पड़ता है!'' आदि–आदि। प्रत्येक घर के सामान्य संवाद हैं। वही महिला बाजार में सब्जियाँ लेने के लिए गई हो और बाजार में समाचार मिले कि मोहल्ले में आग लग गई है। सब घर धूँ-धूँ कर जल रहे हैं। वह महिला शाक-भाजी लेने गई थी, तुरंत थैला वहीं पटककर अपने घर की ओर दौड़ लगा देगी। घर के पास पहुँचकर देखती है तो पता लगता है, कोई पड़ोसी आग में मिट्टी डाल रहा है, कोई पानी फेंक रहा है। सब घर की आग बुझाने का प्रयत्न करते हैं। महिला आकर जोर से चिल्लाती है—अरे, मेरा बच्चा तो अंदर रह गया है। ये मुच्छड़ मर्द कहलानेवाले बाहर मिट्टी डालते रहेंगे, पर एक भी माई का लाल जलते घर में प्रवेश करने का प्रयत्न नहीं करता है और वह महिला एक क्षण का विलंब किए बिना धधकती आग में बच्चे को बचाने के लिए कूद जाती है। बच्चा जीवित या मरा हुआ, जिस किसी भी अवस्था में हो, जब तक उसे बाहर निकालकर नहीं आ जाती है तब तक शांत नहीं होती है। जो माता रोटी की भाप के कारण १५ मिनट तक हाथ पर फूँक मारती रही हो, वही माता असली शक्ति-रूप में आती है तो धूँ-धूँकर जलते घर में कूदकर संतान को जीवित बचाने के लिए अपने आपको आग में होम देने को तैयार हो जाती है। यह है नारी का असली शक्ति-रूप। यह महिला की असली सामर्थ्य है। इस शक्ति को हम वंदन करते हैं। यह राष्ट्र की शक्ति अनेक गुना पोषक है। समाज में सद्गुण आएँगे तो मातृ-शक्ति के द्वारा समाज शक्तिशाली बनेगा तो मातृशक्ति के द्वारा! परिवार में संस्कार बने रहेंगे तो मातृ-शक्ति के कारण। इस मातृ-शक्ति के पुण्य से इस राष्ट्र का कल्याण अनेक सदियों से होता आया है और अनेक सदियों तक होता रहेगा।

□

* युगंधरा प्रतिष्ठान रक्त शक्ति, जामनगर, २५ जनवरी, २००४

१८

बेटा-बेटी सब पढ़ें

मैं लोगों के पास से कुछ माँगता हूँ। गांधीनगर में कितनी ही बातों से मुझे पीड़ा होती है। मेरा यह दुःख लोग दूर कर सकेंगे, ऐसी आशा है। यह मेरी आशा निष्फल तो नहीं जाएगी? मुझे दुःख इस बात का है कि आजादी को ६० वर्ष हो गए और सन् २०१० में गुजरात निर्माण को ५० वर्ष हो जाएँगे। पाठशालाओं में सैकड़ों कमरे बने होंगे। हजारों शिक्षकों की नियुक्ति हुई होगी, इतने सारे शिक्षा सहायक नियुक्त हुए होंगे। उन्हें देखने के लिए साहब लोगों की बड़ी फौज खड़ी कर दी होगी, रुपयों की धुआँधार बरसात होती होगी। यह सब होने के बाद भी गाँव में १०० महिलाओं में से ८० महिलाएँ अशिक्षित हैं तो मुझे दुःख होना स्वाभाविक है। गाँव में १०० में से ५५ पुरुषों ने विद्यालय का दरवाजा भी नहीं देखा है। ऐसी परिस्थिति से दुःख होता है, यह स्वाभाविक है। भूतकाल के मुख्यमंत्रियों को दुःख हुआ था या नहीं, इसका पता मुझे नहीं है।

भूतकाल की सरकार को पीड़ा होती थी या नहीं, इसका मुझे पता नहीं है। भूतकाल में सरकारी तंत्र को इसकी चिंता थी या नहीं थी, यह मेरा विषय नहीं है; परंतु मुझे चिंता होती है। इस चिंता को दूर करने के लिए मुझे लोगों की मदद चाहिए। इसी कारण मैं शाला-प्रवेशोत्सव के अवसर पर गाँव-गाँव घूमता हूँ। आज के युग में भी माता-पिता संतानों को नहीं पढ़ाते हैं, इससे बड़ी दुःख की कोई बात नहीं हो सकती है। कई लोग अपनी संतान को कहते होंगे कि हमारी सारी जिंदगी पूरी हो गई और कुछ भी पढ़े नहीं तो तुझे पढ़कर क्या करना है! पढ़े नहीं तो भी सुख से रोटी खाई है न! ऐसे भाइयों-बहनों से मेरा कहना है—तुम्हारा तो बिगड़ा, सो बिगड़ा, पर इनका भविष्य क्यों बिगाड़ रहे हो? तुम्हें तो अच्छा और बुरा देखने का सौभाग्य नहीं मिला, इस कारण तुम्हें ऐसा लगता है कि हम तो पचहत्तर-अस्सी वर्ष के हो गए, पढ़े नहीं तो भी जीवन बीत ही गया। अतः बच्चों को नहीं पढ़ाएँगे तो उनकी गाडी भी हमारे जैसे निकल ही जाएगी। अब जमाना बदला गया है, अब इस प्रकार से गाडी नहीं चल पाएगी। तुम्हारे

दिन तो बीत गए, तुम्हारे बेटे व बेटे के नहीं बीतेंगे। तुम जिस जमाने में थे, उस जमाने का वातावरण दूसरे प्रकार का था। अब जो जमाना है, इसमें यह परिस्थिति नहीं चलेगी और इसीलिए यह सब देखकर अपनी पीड़ा को दूर करने के लिए गाँव के लोगों के पास गया हूँ। मेरा दुःख दूर करने को इच्छा बस यही है। इस गाँव में शिक्षण कैसे बढ़े, आपका बेटा पढ़े तो आपको आनंद होगा? आपका बच्चा पढ़कर पहला नंबर प्राप्त करे तो आपको आनंद आएगा; परंतु यहाँ तो बात ही दूसरी है। आपका बच्चा पढ़े तो मुझे आनंद आता है। आपका बच्चा पहले नंबर पर आता है तो मुझे आनंद होता है। मैं महिलाओं से पूछता हूँ कि जो अनपढ़ हैं, वे महिला अपना हाथ ऊँचा करें तो कैसा लगेगा? सबको शर्म आएगी। सबका सिर शर्म से नीचा हो जाएगा। आप विचार करो कि आज से पच्चीस वर्ष बाद आपकी संतानों से कोई पूछे कि भाई, आप पढ़े-लिखे हो या नहीं? वह बेचारा तो धरती फटे और उसमें समा जाए, ऐसी स्थिति हो जाएगी। आपको अनपढ़ होने से कितनी शर्म आती है तो आपकी संतानों को आनेवाले कल में कितनी ज्यादा शर्म आएगी, इसका थोड़ा सा हिसाब लगाओ। इसी कारण कहता हूँ, अपनी संतानों को शिक्षा दो।

सारी जिंदगी सुधर जाएगी

अपने बच्चों को पढ़ाएँ, अपनी बच्चियों को पढ़ाएँ। हमारे भाग्य में नहीं था, पर अब इनके भाग्य के लिए तो कुछ करें। कई बार माँ-बाप भूल कहाँ करते हैं? बच्चे को पाठशाला नहीं जाना है तो वह रोता है। माँ कहेगी—रहने दे, कल भेज देंगे। अतः बच्चे को पता चल जाता है कि रोएँ तो स्कूल नहीं जाना पड़ेगा। दूसरे दिन भी वह रोता है और चार-छह दिन सतत रोता है तो फिर माँ को लगता है, पढ़ना है तो ठीक, नहीं पढ़ेगा तो भी कुछ नहीं। हम कहाँ पढ़े थे? हमारा संसार पूरा हो गया, इसका भी पूरा हो ही जाएगा। ऐसी स्थिति हो कि बालक रोता है और माँ भी रो पड़ती है तो समझना कि बालक सारी जिंदगी रोता ही रहेगा और तुम्हें भी रुलाएगा। बालक स्कूल जाते समय रो दिया और माँ घबराई नहीं। माँ-बाप मन को कठोर कर बालक को रोज पाठशाला में भेज दें तो दो-चार दिन—एक सप्ताह ऐसा होगा, परंतु धीरे-धीरे पाठशाला में उसे नए दोस्त मिल जाएँगे और उसे स्कूल जाना अच्छा लगने लगेगा। इसके बाद तो ऐसी स्थिति आ जाएगी कि रविवार हो तो भी बच्चा घर में झगड़ा करेगा कि मुझे तो स्कूल जाना है, परंतु आपने एक दिन का रोना बंद कर उसे सँभाला नहीं तो सारी जिंदगी रोएगा। शुरू-शुरू में रोया तो भी आपने उसे पाठशाला धकेल दिया तो सारी जिंदगी आपका बच्चा हँसता ही रहेगा, मैं इसका आश्वासन आपको देता हूँ।

गाँव के अंदर एक बदनाम लड़का कुछ-न-कुछ गलत काम करता है और सारा

गाँव उसके कारण परेशान होता है, सारे गाँव को दुःख होता है। गाँव में एक लड़का खराब पैदा होने से सारा गाँव दुःखी हो जाता है। ऐसे ही यदि एकाध लड़का अनपढ़ रह गया हो तो उस सारे गाँव को दुःख होना चाहिए। दुनिया के कई देशों में तो ऐसा कहा जाता है कि यदि आप एक पाठशाला खोलते हैं तो एक जेल बंद हो जाती है। हमारे यहाँ यह कहावत लागू नहीं होती है, क्योंकि हमारे यहाँ तो कुटुंब ही एक स्कूल होता है, कुटुंब ही एक शिक्षा का घर होता है। दुनिया के देश इस प्रकार का विचार करें, यह स्वाभाविक है कि यदि एक स्कूल खोला जाए तो एक जेलखाना बंद हो जाता है। विद्यालय में ऐसा नागरिक तैयार होता है, जो कभी भी उसे अपराध की तरफ नहीं धकेलता है और इस कारण से उसे कभी जेल जाने का अवसर नहीं आता है।

जड़ी-बूटी है शिक्षा

जीवन बदल रहा है, युग बदल रहा है। गरीबी के सामने लड़ना है तो साधन क्या है? अकाल पड़े, पानी नहीं मिले, पशु दूध नहीं देते हों, खेत सूखी भट्ठी से पड़े हो, घोर गरीबी आ गई, इससे लड़ना है तो साधन क्या है? घोर परिस्थिति में कुछ काम आए, ऐसा साधन हो तो वह साधन है शिक्षा। शिक्षा एक ऐसी चीज है, जो तुम्हें तार देती है, बचा लेती है, मुश्किलों में से बाहर निकाल लाती है। किसी भी परिस्थिति के सामने लड़ना है तो अकसीर जड़ी-बूटी है शिक्षा! शिक्षा नहीं हो तो जीवन में कुछ नहीं है। आपके घर में कोई बीमार हो जाए, आप डॉक्टर के पास जाते हो, डॉक्टर आपके कुटुंब के बीमार मनुष्य को ठीक कर दे तो डॉक्टर आपको भगवान् जैसा लगता है या नहीं! तुम्हें ऐसा लगेगा कि डॉक्टर भगवान् है। डॉक्टर जब तुम्हें भगवान् जैसा लगे, तब तुम्हारे मन में ऐसा होना चाहिए कि मेरा लड़का डॉक्टर बने तो कितना अच्छा हो!

किसी को तुम्हारा लड़का भगवान् जैसा लगेगा। यदि तुम्हें डॉक्टर में भगवान् दिखाई देता है तो आपके लड़के को किस कारण से डॉक्टर नहीं बनना चाहिए? यह विचार आपको क्यों नहीं आया? गाँव में खाकी कपड़े पहनकर पुलिस इंस्पेक्टर मोटर साइकिल लेकर आए तो सारा गाँव 'साहब आए, साहब आए' कहते हुए इकट्ठा हो जाता है। आपका लड़का पढ़-लिखकर, मोटर साइकिल लेकर, खाकी कपड़े पहनकर रुआब से गाँव में आता हो तो तुम्हें देखने में ही आनंद आएगा; पर यह सब कब और कैसे संभव हो? आप अपनी संतान को पढ़ाएँ तो ही संभव है। संतान को पढ़ाओगे नहीं तो यह संभव नहीं हो सकता है। आपकी संतान पढ़े, इसकी चिंता सारा राज्य, पूरी सरकार कर रही है, राज्य का मुख्यमंत्री कर रहा है।

सभी माता-पिताओं से मुझे भी कहना है कि आप पढ़ नहीं सके तो ठीक, परंतु किसी दिन आते-जाते शाम को स्कूल के मकान में आने का मन नहीं होता है? गाँव के

मंदिर में जाने का समय है, परंतु गाँव के स्कूल में जाने का समय नहीं होता है, इससे खराब बात दूसरी क्या हो सकती है? जितनी उमंग से मंदिर जाते हैं, जितनी उमंग से त्योहार मनाते हैं, उतनी ही उमंग से स्कूल की तरफ जाने की हमारी इच्छा क्यों नहीं होती है? जिस पाठशाला रूपी मंदिर में हमारे नन्हे-नन्हे बच्चों की जिंदगी बनाई जाती है, वह पाठशाला रूपी मंदिर घने वृक्षों वाला क्यों नहीं हो? इस पाठशाला के अंदर जाकर यदि कुछ गंदगी है तो थोड़ी मेहनत करके उसे साफ क्यों नहीं कर दें? उसकी खिड़की थोड़ी टूटी हुई हो तो गाँव के लोग इकट्ठा होकर गाँव के बढ़ई से दो कीलें क्यों न ठुकवाकर उसे ठीक करा देते हैं। गाँव की पाठशाला सबकी पाठशाला है। ऐसी चिंता हम क्यों नहीं करें। यह सब उत्तरदायित्व हम मिलकर उठा लें तो कल को वह पाठशाला कितनी बड़ी हो जाएगी, उसका अंदाज आप कर सकते हैं।

मैं तो गाँव के लोगों से कहता हूँ कि पाठशाला के ऊपर सारे गाँव का ध्यान होना चाहिए। सारा गाँव मंदिर का ध्यान रखता है न। इसी प्रकार से पाठशाला में अध्यापक आते हैं या नहीं, बच्चे पढ़ने में रुचि लेते हैं या नहीं। इसका भी ध्यान रखना चाहिए। मैं तो गाँव के लोगों से कहता हूँ कि शिक्षक यदि नियमित नहीं आते हों, शिक्षक बच्चों को पढ़ाने में टाल-मटोल करते हों तो मुझे एक पोस्टकार्ड लिखो। मैं आपकी सारी परिस्थिति अपने ऊपर लेकर चिंता करूँगा। शिक्षण की चिंता हम सबको करनी पड़ेगी। यदि शिक्षण की चिंता नहीं करेंगे तो हमारी आनेवाली पीढ़ी पिछड़ जाएगी। अब तो हमारे घरों में टी.वी. होता है। टी.वी. देखकर लगता है, दुनिया कितनी आगे निकल गई है। लोगों ने कितनी प्रगति की है और हम वहीं-के-वहीं है तो इस परिस्थिति से बाहर आना पड़ेगा। शिक्षा की ओर ध्यान देंगे, शिक्षण की चिंता करेंगे तो मुझे पूरा विश्वास है कि जो हम चाहेंगे, वही परिणाम मिलेगा।

कन्यादान के पहले विद्यादान

कई बार हम कहते हैं कि बेटी को पढ़ाओ, तो माँ कहती है—अब इसको पढ़ाकर क्या करना है! दूसरे घर भेजनी है, वहाँ जाकर जो भी करना होगा, करेगी। अरे! आपने अपनी बेटी को कितने प्यार से बड़ा किया है, वह कभी बीमार हो जाती है तो माँ को नींद नहीं आती है। यह तुम्हारी लाड़ली बेटी है और आप यह कहकर छोड़ देते हैं कि दूसरों के घर भेजनी है, उसे पढ़ने की कोई जरूरत नहीं है। अरे, बेटी को चाहे जिस घर में भेजें, परंतु बेटी है तो हमारे जिगर का टुकड़ा। उसे ऐसे ही निराधार नहीं रख सकते हैं। दूसरों के घर जाना है तो बस सबकुछ समाप्त हो गया? हमारे यहाँ कन्यादान करने का पुण्य होता है। ऐसा कहते हैं कि कन्यादान करें तो पुण्य मिलता है। कन्यादान का जीवन में बड़ा पुण्य है। आज के जमाने में मुझे लगता है, ऐसा रूखा-सूखा कन्यादान

करो तो पुण्य नहीं मिलेगा। भगवान् भी तो समझदार है। कन्यादान का पुण्य तभी मिलेगा, जब तुमने विद्यादान किया हो, नहीं तो तुम्हारा किया हुआ कन्यादान बेकार ही जाता है। पहले विद्यादान करें। बेटी-पढ़ लिखकर ससुराल जाएगी तो कभी भी किसी मुश्किल में नहीं पड़ेगी। मानो उसका विवाह कर उसे ससुराल भेजा हो, सुखी संसार हो और ईश्वर न करे, कोई मुसीबत आ गई, दुःखों का पहाड़ बेटी पर टूट पड़ा हो तो यदि बेटी पढ़ी-लिखी होगी तो चाहे जैसे दुःखों का पहाड़ टूट पड़ा हो, तो भी वह सारे कुटुंब को सँभाल लेगी। अपने माँ-बाप को आशीर्वाद देगी कि मेरे माँ-बाप ने मुझे पढ़ाया-लिखाया और बाद में विवाह किया तो आज मैं इस मुसीबत का सामना कर सकी, नहीं तो मेरे कुटुंब का क्या होता?

दोष ढूँढ़नेवाले बहुत से लोग आज भी अनपढ़ रह गए लोगों के कारण से मुझे गाली देते हैं। अब गाँव में १०० में से ८० पढ़े-लिखे नहीं हैं, गाँव में आज ५० वर्ष की उम्र के हैं और पढ़े नहीं हैं तो इसमें मेरा क्या अपराध है। मेरे से भी बड़ी उम्र के हैं और पढ़े-लिखे नहीं हैं तो उसमें मेरा क्या गुनाह? गालियाँ मुझे मिलती हैं कि मोदी के राज्य में इतने लोग अनपढ़ हैं। ये गालियाँ खाकर भी मुझे आनेवाली पीढ़ी को पढ़ाना है। गरमी के मौसम में झुलसाती गरमी में गुजरात की सरकार सारे गाँवों में घूम रही है। धूल के गुबारों के बीच, मुख्यमंत्री, मंत्रीगण, सरकार के अधिकारी सभी गुजरात के गाँवों की धूल छान रहे हैं। इसलिए कि गुजरात की आनेवाली पीढ़ियाँ शिक्षित हों, गुजरात का आनेवाला कल समृद्धि से भरा हो, गुजरात का आनेवाला कल सक्षम हो, इसके लिए ही परिश्रम-यज्ञ कर रहे हैं। लड़कियाँ गाँव में पढ़कर आगे पढ़ने के लिए जाएँ, इसलिए सरकार ने बस का किराया माफ कर दिया। लड़की को पढ़ना है तो बस का किराया मुफ्त—जाओ बेटा, पढ़ो। उसे एक रुपए का भी खर्चा नहीं करना पड़े, इसकी चिंता हम करते हैं। इतना सब करने के बाद भी हमारे बच्चे पढ़े नहीं तो गुनहगार कौन? बच्चों को पढ़ाने का उत्तरदायित्व समाज और माँ-बाप उठाएँ तो ही यह परिस्थिति बदली जा सकती है। हमारे यहाँ बैल बीमार होता है तो हम कितना प्रयत्न करते हैं। गाँव-गाँव का चक्कर मारकर अच्छा डॉक्टर ढूँढ़ते हैं और चाहे जितने रुपए खर्च हों, खर्च कर बैल को ठीक कर लेते हैं। एक बैल के लिए इतनी चिंता करते हैं, परंतु अपनी प्यारी संतान की पढ़ाई की चिंता नहीं करें, इससे अधिक खराब बात क्या हो सकती है?

बालक के स्वास्थ्य की चिंता

राज्य सरकार ने इन बालकों के अभ्यास के लिए अनेक योजनाएँ बनाई हैं। यह सरकार सभी बालकों के शरीर के स्वास्थ्य की जाँच करवाती है। तुम्हारे बालक के शरीर में कोई रोग तो नहीं है न, कोई गंभीर बीमारी तो नहीं है न, इसके लिए प्रतिवर्ष

सरकार द्वारा बालकों के स्वास्थ्य की जाँच होती है। उसमें से ३०-४० हजार बालक ऐसे मिल जाते हैं, जिनकी आँखें कमजोर हैं, उन्हें चश्मा देते हैं। हमने यदि यह मेडिकल जाँच नहीं की होती तो उसके माता-पिता को वह बड़ा भी हो जाता, तब भी पता नहीं चलता। ७०० के लगभग बालक ऐसे मिले हैं, जिन्हें हृदय की या गुरदे की बीमारी है। इन बालकों पर पाँच-सात लाख रुपए का खर्च कर ऑपरेशन कराना पड़े, ऐसी तकलीफ हो तो मुख्यमंत्री सहायता कोष में से इन ७०० बालकों का ऑपरेशन होता है। जहाँ अच्छे-से-अच्छे डॉक्टर हैं, वहाँ उन्हें भेजकर ऑपरेशन करवाकर इन बालकों की जिंदगी को बचाने का काम किया है। इस सरकार ने इन बच्चों का बीमा भी किया है। बालक स्कूल में भरती हो, उसी दिन उसका ५०,००० का बीमा कराते हैं। कोई संकट आए, मुसीबत आ जाए, कुछ हो जाए तो उसके कुटुंबी जनों के हाथ में इस बीमे की राशि रख दी जाती है। कॉलेज में पढ़नेवाले प्रत्येक बच्चे का १ लाख रुपए का बीमा किया है। पूरे देश में एकमात्र गुजरात की ही सरकार ऐसी है, जो बालकों के लिए इतनी चिंता करती है। यह सरकार जिस दिन बच्चे स्कूल में भरती होते हैं, उसी दिन उनके हाथ में १,००० रुपए का बॉण्ड रख देती है। ये बालक स्कूल जाते ही रुपए कमाने लग जाते हैं। सातवीं कक्षा तक पढ़ाई चालू रखे तो ब्याज के साथ रुपए उनके हाथ में आएँगे, जिससे ये विद्यार्थी शांति से आठवीं कक्षा में पढ़ने जा सकें। यह विद्यालक्ष्मी बॉण्ड सारे देश में गुजरात सरकार ने ही बाँटने शुरू किए हैं। पहले की सरकार कोई लट्ठा पीकर मर जाए तो उसे एक लाख रुपए देती थी। न करने के सारे काम कर गए और करने जैसे सारे काम मेरे लिए छोड़ गए। मैंने वह बंद करा दिए। मैंने कहा कि रुपए देंगे तो इन नन्हे-नन्हे बच्चों को देंगे, जिसके कारण आनेवाले कल का गुजरात समृद्ध हो। रुपया देंगे तो किसान को देंगे, जिससे उसके खेत में कुछ उपज हो और उसकी जिंदगी सुधरे। यह वर्ष राज्य सरकार ने 'नीरोगी बाल वर्ष' के रूप में मनाने का निश्चय किया है। गुजरात का बालक तंदुरुस्त और मजबूत हो। अब अपने गुजरात का बालक कुपोषण का शिकार हो, यह हमें स्वीकार नहीं। गुजरात अब एक स्वाभिमानी प्रांत लगता है। दीन-हीन बेचारा—बापड़ा गुजरात अब मंजूर नहीं है। मेरा गुजरात मजबूत दमदार गुजरात बने। बच्चा पालने में से निकलकर रोता है, यह नहीं चलेगा। उसकी माँ इधर-उधर हुई कि नहीं और पालने में से बालक बाहर निकला नहीं। मुझे तो ऐसे बालक चपल-स्वस्थ दिखने चाहिए। बालक हृष्ट-पुष्ट हों, ऐसे नीरोगी बालक बनाने हैं। आँगनवाड़ी जाते हुए बच्चों को सरकार की ओर से प्रतिदिन एक विशेष बनाई हुई चॉकलेट दी जाती है। उसमें विशेष प्रकार के तत्त्व मिलाए जाते हैं, जिसकी वज़ह से बालक का शरीर मजबूत बने, इनके लिए सरकार करोड़ों रुपए खर्च कर रही है। रोज एक चॉकलेट और बारह मास में २०० दिन आँगनवाड़ी में जाएँ तो २०० चॉकलेट

उसके पेट में जाएँगी और उसके शरीर में जो भी रोग होगा, दूर हो जाएगा, इसकी चिंता सरकार ने की है। माता-पिता को जाग्रत् रहकर देखना पड़ेगा कि उनका बच्चा आँगनवाड़ी में जाता है या नहीं? जाएगा तो कुछ मिलेगा। नहीं मिलेगा, उसकी चिंता तो मुझे करनी है। सरकार गांधीनगर से भेजती है, परंतु आप जाग्रत् नहीं हैं तो इन योजनाओं का लाभ नहीं मिल सकेगा। बच्चा तो बेचारा क्या करने वाला है? गाँव भी जाग्रत् होना चाहिए, तो ही इस योजना का लाभ मिल सकता है और इसकी चिंता हम सबको करनी है।

नन्हे-नन्हे बच्चे स्कूल में प्रवेश कर रहे हैं। इन नन्हे-नन्हे बच्चों को मैं आशीर्वाद देता हूँ। पहली बार ऐसा हुआ है कि राज्य का मुख्यमंत्री आकर हमारे बालक की उँगली पकड़कर उसे पाठशाला में ले जाता है। आप स्कूल गए होंगे, यह आपको याद नहीं होगा। आज जो नन्हे-नन्हे बच्चे स्कूल जाते हैं, उन्हें जीवन भर याद रहेगा। इन नन्हे-नन्हे बच्चों को पाठशाला भेजते हुए मुझे आनंद मिलता है। मुख्यमंत्री की शपथ लेने से अधिक इसमें आनंद आता है, क्योंकि शिक्षण एक पवित्र काम है।

□

* पाठशाला प्रवेशोत्सव जून २००८ के बीच विविध पाठशाला प्रवेशोत्सव कार्यक्रम में दिया गया भाषण।

११

स्वस्थ बालक : मस्त गुजरात

गुजरात का जन–जन मातृ स्वरूप में काम करे, प्रत्येक व्यक्ति के मन–मस्तिष्क में मातृभाव हो तो मैं नहीं मानता कि राज्य के किसी भी बालक को नीरोगी रखने के लिए विशेष प्रयास करने की आवश्यकता होगी, तो भी इस नीरोगी बाल वर्ष में हमारे प्रत्येक व्यक्ति के अंदर बालक के लिए ममता, माया और भावना की एक बड़ी ललक पैदा हो, ऐसी प्रेरणा का एक सेतु निर्माण करें।

जब बालक की ओर हमारा ध्यान जाएगा, उस समय हमारे अंतर्मन के अंदर संवेदना होगी तो वह हमें बालक के साथ जोड़ देगी। मातृभाव की ताकत गजब की होती है। एक बार एक व्यक्ति अपने गाँव से दूसरे गाँव बस में जा रहा था। उसके साथ एक छोटा बच्चा था। बालक एकाएक रोने लगा। वह भाई बच्चे को खिलाने लगा, प्यार से उसे उठा लिया और तरह–तरह की आवाजें निकालीं। बच्चा रोना बंद कर दे, इसलिए वह भाँति–भाँति के प्रयत्न करता रहा, परंतु बच्चा किसी भी प्रकार से शांत नहीं हो रहा था। पानी पिलाया तो भी बच्चे ने रोना बंद नहीं किया। चौथी या पाँचवीं सीट पर एक वृद्ध महिला बैठी थीं। बालक का रुदन सुनकर उनका मातृत्व जागा। वे खड़ी हुईं और आगे आईं। उन्होंने कहा—भाई, आप खिड़की के पास में बैठे हो, इस कारण बच्चा रो रहा है। पाँचवीं सीट पर बैठी महिला को पता चल गया कि बच्चा क्यों रो रहा है, परंतु उसके पिता को पता नहीं चला। यह मातृत्व की ताकत है। ऐसा कोई भी व्यक्ति नहीं होगा, जो अपने बच्चे को हँसता–खेलता देखने की इच्छा नहीं रखता हो। निष्ठापूर्वक प्रयास करेंगे तो गुजरात का बालक स्वस्थ व तंदुरुस्त बनेगा।

गर्भवती माता की देखभाल

बालक के नीरोगी होने का सीधा संबंध गर्भवती माता के साथ होता है। देश का आनेवाला कल कैसा होगा, उसका सीधा संबंध गर्भवती माता के साथ है। राज्य में एक

साल में १२ लाख प्रसूतियाँ होती हैं। इसका सामान्य अर्थ यह है कि १२ लाख माताओं की सँभाल और देखभाल की जाती है। इसमें से ३.५-४ लाख माताएँ ऐसी होंगी, जिनकी तुम देखभाल करने का विचार भी करो तो उन्हें अच्छा नहीं लगेगा। चिंता करनी पड़े, ऐसी ८ या ९ लाख माताएँ होगीं। इन ८-९ लाख माताओं की देखभाल के लिए 'राज्य नीरोगी बालवर्ष' का अभियान तैयार कर इतना बड़ा आयोजन करना पड़ा है। अपने यहाँ का सर्वेक्षण बताता है कि गर्भवती माता को पूरे आहार की आवश्यकता होती है। यदि कुटुंब समझदार होगा भले ही वह गरीब हो तो भी उसकी देखभाल रखता है कि भाई, अपने यहाँ बहू गर्भवती है, उसे घी ज्यादा देना, ताजा हरी-भरी सब्जी खिलाना। गरीब-से-गरीब परिवार की सास की इच्छा होती है कि उसके घर में स्वस्थ बच्चे का जन्म हो।

माता को गर्भवती अवस्था में पूरा पोषक आहार कैसे मिले, इसकी चिंता करने की आवश्यकता है। हमारे यहाँ अनेक अन्नक्षेत्र चलते हैं, उसमें यदि हम चाहें तो एक छोटा सा विभाग गर्भवती माताओं के लिए अलग से रख सकते हैं। प्रत्येक गाँव सप्ताह में १०० ग्राम गोलपापड़ी (सुखड़ी) पंचायत में जमा कराने का निश्चय करे और ग्राम मित्र मिलकर गाँव में गर्भवती माताओं को यह गोलपापड़ी (सुखड़ी) पहुँचाएँ तो माता अवश्य स्वस्थ रहेगी। माता स्वस्थ होगी तो उसका बच्चा भी स्वस्थ ही जन्म लेगा। मैं 'नीरोगी बालवर्ष अभियान' को जनांदोलन कहता हूँ, क्योंकि मुझे समाज को इसमें जोड़ना है। पहले लोग एक घर में ढोर-जानवर होने के बाद भी अपने घर का दूध बेचने को तैयार नहीं होते थे। इसके बाद ऐसा समय भी मैंने देखा है कि लोग ऐसा मानते थे कि छाछ (मट्ठा) तो कभी बेचा ही नहीं जाएगा। छाछ तो अड़ोसी-पड़ोसी को देनी चाहिए। उसे पता था कि चाहे अल्प मात्रा में ही क्यों न हो, परंतु लोगों तक मैं प्रोटीन पहुँचाता हूँ। समय के साथ यह व्यवस्था टूट गई है। यह सामाजिक उत्तरदायित्व क्या पुनः स्थापित नहीं किया जा सकता है? गाँव निश्चय करे कि गाँव में कोई गर्भवती माता कुपोषण की शिकार नहीं होगी।

आप एक व्यक्ति को भोजन करवाते हैं, उसका जो पुण्य मिलता है, यदि गर्भवती माता को भोजन कराओ तो उससे दुगुना पुण्य मिलेगा। दो प्राणियों की सेवा कर पुण्य कमाना चाहिए। आज हमारे यहाँ दुर्भाग्य है कि बच्चे की देखभाल अर्थात् टीका लगाकर पूरा करना इतना ही नहीं है। मैं बहुत समय से कहता आया हूँ कि प्रत्येक डॉक्टर के यहाँ एक बोर्ड लगा हो कि प्रत्येक माह की ९ तारीख या किसी अन्य तारीख (जो उसने निश्चित की हुई है) को कोई भी गर्भवती माता उसके दवाखाने आएगी तो उसकी मुफ्त में जाँच की जाएगी। महीने में एक ही दिन, बारह माह में बारह दिन। बारह माह में १२० मरीजों से डॉक्टर का कहाँ कुछ कष्ट होने वाला है। डॉक्टर को प्रेरित करने का

काम हम सबका है? यह काम समाज का प्रत्येक व्यक्ति कर सकता है। क्यों, एक भी डॉक्टर इस मातृ-वंदना अभियान का हिस्सा नहीं बन सकता है?

इसी प्रकार नन्हे-नन्हे बच्चे की भी एक स्थिति है। एक बहुत बड़ा भ्रम हम सबके मन में है कि बड़े होकर हम खूब पढ़ाई करें तो ही तेजस्विता आती है और भविष्य अच्छा बनता है। वास्तव में यह जो तेजस्विता है, जो चेतना है, वह ५ वर्ष की उम्र में पैदा होती है और सीधे विरासत में प्राप्त होती है। उसका बुद्धि अंक (आई.क्यू.) शिशु अवस्था में ही विकसित हो जाता है। एक पालने में बच्चा सोया हो और पालने के ऊपर एक छोटा सा झुनझुना लटका हो। उसकी माँ लोरी गाती है तो बच्चे को आनंद आता है। लोरी बंद हो जाए तो बच्चा हाथ-पैर ऊपर-नीचे फेंककर उस झुनझुने को पकड़ने की, उसे हिलाने की कोशिश करता है। यह उसका आई.क्यू. है। बच्चे को पालने से बाहर आना हो तो एक निश्चित पद्धति बालक में विकसित होती है कि हाथ कैसे रखना, पाँव कैसे रखना। ईश्वर ने बच्चे को सबकुछ दिया है, परंतु मुझे बीमार बच्चे को अच्छा करना पड़े, ऐसी स्थिति आने ही क्यों दें? बच्चे का विकास रुके ही नहीं, ऐसी आरोग्य व्यवस्था खड़ी करनी है। बालक का विकास और अनुभूति हमें हो, उसका अभ्यास करना है।

मेरा स्वप्न : बालक का विकास

यह सरकार अर्थात् उत्सवों, वायब्रंट गुजरात, ग्लोबल इंवेस्टमेंट आदि ऐसा प्रचार कई लोग करते हैं, परंतु सत्य कुछ और ही है। मैं ग्लोबल इंवेस्टमेंट सम्मिट के लिए तीन ही दिन देता हूँ। दो वर्ष में तीन दिन, परंतु निर्मल गुजरात के लिए पूरा वर्ष खूब जुटा रहता हूँ। कन्या शिक्षण के लिए १२ महीने जूझता हूँ। ६ लाख करोड़ रुपए के निवेश के लिए करार पर हस्ताक्षर हुए (एम.ओ.यू.)। हिंदुस्तान की एक बहुत बड़ी घटना थी। किसी की भी छाती चौड़ी हो जाए, ऐसी घटना थी; परंतु मेरे जीवन का सत्य क्या है? राज्य के विकास के लिए ६ लाख करोड़ रुपयों का एम.ओ.यू. करता हूँ और १४ जनवरी की सुबह गांधीनगर में मंद-बुद्धि बालकों के बीच मकर संक्रांति मना रहा होता हूँ। मेरे जीवन का यही सत्य है। मंद-बुद्धि बालकों का विकास मेरा स्वप्न है। यह सारा संघर्ष नीरोगी बालक के विकास के लिए है, जो राज्य को सामर्थ्य की दिशा में ले जाता है। यह राष्ट्र समग्र विश्व के सामने एक शक्ति बनकर खड़ा रहे, ऐसी स्थिति का निर्माण करना है। विकास का लाभ गरीबों के घर तक ले जाना है, विकास का फल झोंपड़ियों तक ले जाना है। सरकार प्रजा की अपनी बने, सरकार सक्रिय बने और सरकार संवेदनशील हो, इस हेतु हमेशा मेरा प्रयत्न होता है। विविध संगठन और प्रत्येक व्यक्ति स्वस्थ बालक के लिए अपना योगदान दे सकता है।

एक प्रसंग मुझे याद आता है। आज से ३० वर्ष पूर्व मैं एक आदिवासी क्षेत्र में काम करता था। वहाँ एक ट्रस्ट था। उस ट्रस्ट का एक काम ऐसा है कि प्लास्टिक की थैली में सब्जियों के बीज लेकर आते हैं और गरीबों से विनती करते हैं, सब्जियों के ये बीज आप अपने झोंपड़े के बाहर बो देना और मुँह धोकर जो पानी बचे, वह इसमें डाल देना। सब्जी का कचरा और जो खाना बच जाए, वह भी वहीं डाल देना तो वह खाद बन जाएगी। वहाँ जो भी सब्जी पैदा हो उसे बेचना, वह ट्रस्ट ऐसा एक अभियान चलाता था। बहुत से पोषक तत्त्व उस ताजा सब्जी में से मिल जाते हैं और आमदनी भी हो जाती है। ऐसे कामों के लिए कोई बहुत बड़ा खर्चा नहीं होता है। घर के पास थोड़ी सी जगह ही चाहिए। छोटे-छोटे प्रयोगों द्वारा जन-आंदोलन जन-सहयोगी हो सकता है।

हम सब सहभागी बनें

गर्भवती माता को और उसके बालक को लौह तत्त्व की जरूरत होती है। इस प्रकार से पैदा हुई सब्जी में से यह दे सकते हैं। मन को संतोष मिले, ऐसा नीरोगी बालक होना चाहिए। सहकारी संस्थाओं, राष्ट्रीयकृत बैंकों के पास चैरिटी के लिए अलग से धन होता है। दान देना है तो आप नीरोगी बालक के लिए दो। प्रत्येक गाँव में राज्य सरकार ने पंचवटी बनाई है। कम-से-कम पंचवटी के एक कोने में खेलने के खिलौने रखो तो बालक वहाँ जाएगा, झूला झूलेगा, खेलेगा। बालक के तन-मन के स्वास्थ्य के लिए यह आवश्यक है। हमें गुजरात के भविष्य की चिंता करनी है, गुजरात के आनेवाले कल की चिंता करनी है तो हमारे बालक स्वस्थ-नीरोगी होने चाहिए। बालक स्वस्थ होगा तो गुजरात पुष्ट होगा।

दुनिया में पहली बार गुजरात सरकार चिल्ड्रेन यूनिवर्सिटी का निर्माण करेगी। मैंने अभी देश के शिक्षाविदों को बुलाया था। उनका सुझाव माँगा कि सरकार के मन में यह विचार चल रहा है और वह कितना योग्य है? इस क्षेत्र में किस प्रकार से आगे बढ़ सकते हैं। देश भर के सोलह गण्यमान्य शिक्षाविद् मित्रों ने एक स्वर से कहा था कि मानव-सेवा करने का यह अद्‌भुत कार्य है। परंतु कृपा कर आप यह चिल्ड्रेन यूनिवर्सिटी मात्र गुजरात तक सीमित करके बनाने का विचार न करें। संभव हो तो ग्लोबल यूनिवर्सिटी आरंभ करें। एक जमाने में संयुक्त कुटुंब हुआ करता था। बच्चों को पालने में कुटुंब विश्वविद्यालय (यूनिवर्सिटी) जैसा काम करता था। बालक के कुछ प्रकार के विचार दादी के होते थे, कुछ अमुक प्रकार का विकास दादा द्वारा होता था। कुटुंब के सामाजिक मूल्य होते थे कि बालक को किस दिशा में ले जाना है। उसमें कुटुंब का मिला-जुला प्रयास होता था। सोशल वैल्यू (सामाजिक मूल्य) फैमिली वैल्यू में किसी भी प्रकार

का विरोध नहीं होता था। कोई विवाद नहीं होता था। बदलते युग में कुटुंब छोटा होता जाता है। दो व्यक्तियों का परिवार होता है। एक बालक हो, माता-पिता दोनों ही नौकरी करते हैं, परंतु उनके बालक के विकास का क्या? बालक को कहाँ जाना है, किसके भरोसे छोड़ना है? आज समाज में एक दुविधा भरी परिस्थिति खड़ी हो गई है। मुझे लगता है कि भविष्य देखनेवाले व्यक्तियों को विचार करना चाहिए कि आनेवाले दिनों में इस राज्य का बालक कैसा होगा? ऐसे विचार-विमर्श से ही चिल्ड्रेन यूनिवर्सिटी के विचार का जन्म हुआ है। आज बालकों को खिलौने की दुकान में ले जाओ और उनके सामने २०० खिलौने रख दो, फिर बालक से कहो कि इसमें से तुझे जो खिलौना पसंद है, वह ले ले। ८० प्रतिशत बालक ऐसे होंगे जो सब खिलौने में से दूसरा कुछ नहीं, पिस्तौल का खिलौना उठाएँगे। ऐसी परिस्थिति में बालक का पालन-पोषण कैसा होगा? बालक का नित्यक्रम कैसा होना चाहिए? उसके खेलने का खिलौना कैसा होना चाहिए? उसे कैसे गीत सुनाने चाहिए? उसके कपड़े किस प्रकार के और किस रंग के होने चाहिए? यह सब बदलने का एक अभियान भारत जैसे देश में हो तब ही भारत की विविधताएँ बनी रहेंगी। इस प्रकार विकास की नींव रखी जा सकती है। इसी कारण इस राज्य सरकार ने चिल्ड्रेन यून्विर्सिटी के निर्माण करने का काम शुरू किया है। मेरे अनुभव के आधार पर जितनी जल्दी हो सके, चिल्ड्रेन यूनिवर्सिटी निर्माण करने की योजना है।

आँगनवाड़ी की बहनों के हाथ में ये नन्हे-नन्हे बच्चे राज्य का भविष्य होते हैं, परंतु इन बहनों की शिक्षा ऐसी हुई है कि इन नन्हे-नन्हे बच्चों के बीच तीन घंटे कैसे बिताने हैं? उसका प्रशिक्षण नहीं दिया जाता है। बालक पहली कक्षा में जाए, तब से हमारे बालकों को क्या देना चाहिए, इसकी चिंता इस क्षेत्र के निपुण (आरोग्य क्षेत्र में काम करनेवाले लोग) सामूहिक चिंतन कर नई-नई योजनाओं पर विचार करें, यह आवश्यक है। आप किसी भी गाँव या शहर में जाकर ४० वर्ष से कम उम्र की किसी भी महिला से मुलाकात करें और उससे लोरी के बारे में पूछें। उसमें से दस महिलाएँ ऐसी होंगी कि लोरी क्या है, उन्हें पता ही नहीं होगा। लोरियों की परंपरा लुप्त हो रही है। कवि कहते हैं, लोरी कैसे लिखते हैं। इसके लिए आधुनिक विज्ञान में एक तंत्र खड़ा करने की आवश्यकता है। कौन से खिलौनों से बालक का विकास हो सकता है, इसके लिए वैज्ञानिक संशोधन हमसे नहीं होगा। यह स्थिति ही बदलने के लिए संशोधन हो, प्रशिक्षण मिले, इसके लिए वैज्ञानिक सलाह मिले, यही चिल्ड्रेन यूनिवर्सिटी का उद्देश्य है। शिक्षण यात्रा के साथ जुड़े हुए सभी लोगों से विनती करता हूँ कि इस संकल्प में कोई भी समय देने को तैयार हो तो मैं समय लेने को तैयार हूँ। बालक को कौन सा आहार मिलना चाहिए, इस बारे में कोई संशोधन नहीं हुआ है। एक प्रकार से हमारे

५,००० बालकों की जिंदगी हँसती-खेलती हो, इससे बड़ा और क्या सौभाग्य हो सकता है। कुटुंब के अंदर एक भी बालक बीमार हो, कोई बालक मंद-बुद्धि हो तो आपने देखा होगा कि कुटुंब की सारी गतिविधियों का केंद्र यह कम क्षमतावाला बालक ही बन जाता है। सभी इस कम क्षमता रखनेवाले बालक को प्रसन्न रखने का प्रयत्न करते हैं। कुटुंब में यह भाव, यह लगाव होता है, वैसा ही भाव समाज के जो अस्वस्थ बालक हैं, उनके लिए होगा तो हम सोचा हुआ परिणाम प्राप्त कर सकेंगे। हमारा मंत्र बने—'स्वस्थ बालक : मस्त गुजरात'।

□

* बाल नीरोगी अभियान, त्रिमंदिर, अड़ालज, २ अप्रैल, २००८

२०

विकलांग : करुणा नहीं, कर्तव्य-भाव

कई लोगों को विचार आता है कि किसी विकलांग की सेवा करनी चाहिए। मेरा अनुभव ऐसा है कि विकलांग का स्वभाव ऐसा होता है और ईश्वर ने उसे ऐसी शक्ति दी होती है कि कोई उसका हाथ पकड़कर चलाने का प्रयत्न करे तो वह झटककर अपना हाथ छुड़ा लेता है। उसे ऐसा लगता है कि भाई, तेरा सहारा लेना पड़े, यह मुझे स्वीकार नहीं है। उसका आशय होता है कि जिस बल पर ईश्वर ने जिस अवस्था में मुझे जीने के लिए बाध्य किया है, मैं उसमें भी श्रेष्ठ रीति से जीऊँ और किसी के लिए भी बोझ नहीं बनूँ, किसी की सहायता नहीं लूँ। जहाँ तक संभव हो, जितना भी हो सके, स्वयं ही काम करना। यह एक स्वाभिमान है, शायद हमें ईश्वर ने सबकुछ दिया है, फिर भी इस स्वाभिमान की कमी हमारे अंदर है, ऐसा मुझे लगता है।

कई बार समाज के लोगों को ऐसा लगता है कि विकलांग के प्रति दया भाव से देखना चाहिए। मैं मानता हूँ कि विकलांगों का इससे बड़ा अपमान कोई नहीं हो सकता है। दया और करुणा स्वस्थ समाज के स्वस्थ मन का विचार नहीं है। वास्तव में इन भाइयों की ओर कर्तव्य-भाव से देखना चाहिए। किसी एक परिवार में यदि कोई संतान विकलांग है तो उसका उत्तरदायित्व उस कुटुंब का नहीं, बल्कि समग्र समाज का होना चाहिए; यद्यपि ईश्वर ने किसी एक घर में उसे जन्म दिया हो। इसका समस्त उत्तरदायित्व उस घर का नहीं, बल्कि समस्त समाज, राज्य और देश का है। यह वातावरण हमें बनाना पड़ेगा। हमारे यहाँ इस प्रकार का वातावरण सदियों से था, परंतु कालक्रम में इसमें कमी आ गई है। उसे फिर से जीवित करने की आवश्यकता है। यदि ऐसा नहीं होता है तो मुझे ऐसा लगता है कि वह व्यक्ति विकलांग नहीं, बल्कि समाज विकलांग है। स्वस्थ समाज तो वह है, जो विकलांग को समाज की पूँजी मानता है।

समस्त भारत में हमने प्रयोग किया है। वैसे तो यह प्रयोग है, इस पर ध्यान देना चाहिए। उसकी चर्चा हो और जो संवेदनशीलता बची हो तो इस पर ढेरों लेख लिखे

जाएँ, ऐसा निर्णय गुजरात सरकार ने किया है। देश का दुर्भाग्य है कि संवेदनाओं को लगभग देशनिकाला दे दिया गया है। परिणामस्वरूप ऐसी प्रेरक घटनाओं की जानकारी भी नहीं होती है। इसकी सबको जानकारी हो, ऐसा इस राज्य ने निर्णय लिया है। राज्य में विकलांगों की सेवा के लिए एक आयोग है।

सामान्य रूप से सरकार में एक ऐसी प्रवृत्ति बनी हुई है कि इस आयोग में किसी को नौकरी दो तो उसे सजा के रूप में नियुक्ति माना जाता था। वह भाई कुछ नहीं करते हैं तो उन्हें वहाँ भेज दो। कोई अच्छा आदमी भी वहाँ जाए तो भी लोग उसे इस प्रकार से देखते हैं, मानो उसने कोई गुनाह किया है। इसलिए यह भाई यहाँ आए हुए लगते हैं। सामने से माँगकर भी गए हों तो भी उसे देखने का दृष्टिकोण ऐसा ही बन गया है। ऐसी इसकी छवि है। इस परिस्थिति को मुझे बदलना है। पर मुझे ऐसा लगता था कि शायद एक नया प्रयोग करें तो सफलता मिले और पहली बार इस राज्य के अंदर विकलांगों की सेवा में आयोग के अध्यक्ष के रूप में हमने एक प्रज्ञाचक्षु भाई का साक्षात्कार लेकर उन्हें नियुक्त किया है। वे स्वयं कॉलेज में अध्यापक (प्रोफेसर) थे। मैंने कहा कि आप यह नौकरी छोड़कर यहाँ आ जाएँ। वे आए और इस कारण एक संवेदना खड़ी हुई है, एक अलग दृष्टिकोण खड़ा हुआ है। जो स्वयं दु:खी हो, उसे पता होता है कि शेष लोगों का दु:ख कैसा होगा!

एक दूसरा निर्णय भी लिया है। इस राज्य में विकलांग और मंद-बुद्धि बालक भूतकाल में परीक्षा देता था तो उसे ३५ प्रतिशत अंकों के साथ उत्तीर्ण होना पड़ता था। एक स्वस्थ बालक को पुस्तक लेनी हो तो वह जितनी जल्दी ले सकता है, उतनी जल्दी विकलांग बालक पुस्तक नहीं ले सकता है। यह भेद हमें समझना पड़ेगा। इस कारण इस राज्य सरकार ने समग्र भारत में पहली बार ऐसा निर्णय लिया है कि परीक्षा देनेवाला विकलांग बालक यदि २० अंक भी लाएगा तो उसे उत्तीर्ण माना जाएगा। बात बहुत छोटी हो सकती है, परंतु सामान्य मानव को तकलीफ की अनुभूति होती है तो ईश्वर ऐसा निर्णय करने की प्रेरणा देता है। ईश्वर सुझाता है कि यह करने योग्य काम है और इस प्रकार से ऐसे निर्णय लिये जाते हैं।

राज्य के अंदर बहुत से ऐसे निजी उद्योगपतियों को देखा है, जो आग्रहपूर्वक अपने यहाँ के कुछ विशेष प्रकार के कामों के लिए विकलांगों को ढूँढ़ लाते हैं। उन्हें गौरव होता होगा कि मैं चाहे जितना कमाता हूँ, परंतु मैं किसी के उपयोग में तो आता हूँ। जीवन में एक संतोष होता है। सेवा स्वांत:सुखाय होती है। ऐसे अनेक लोग राज्य में होंगे। वे पुरस्कार लेने के लिए कोई प्रार्थना-पत्र या निवेदन भी सरकार में नहीं करते होंगे। ये सारे काम मात्र सरकारों द्वारा परिपूर्ण हों, ऐसा नहीं है। यह राज्य सरकार पुरस्कार वितरण द्वारा जो लोग ऐसी सेवा कर रहे हैं, उनका सम्मान करने का एक छोटा

सा प्रयास कर रही है। हम सबकुछ करते हैं, ऐसा हमारा दावा नहीं है; परंतु जो श्रेष्ठ हो रहा है, उसका समाज में ध्यान देया जाए—बस हमारा इतना ही प्रयत्न है। □

कुष्ठ रोग : रक्त-पित्त के पीड़ितों की सेवा में

राज्य में बसे समस्त नागरिकों के आरोग्य की परवाह करके स्वस्थ व नीरोगी समाज के ध्येय को साकार करने के लिए सरकार द्वारा आरोग्य सेवाओं को पूरा करने की योजनाओं पर विशेष ध्यान रखा जाता है और राज्य में से कुष्ठ रोग (रक्त-पित्त), पोलियो जैसी बीमारियों को निर्मूल कर दिया गया है।

महात्मा गांधी ने कुष्ठ रोग के पीड़ित/रोगी की देखरेख के लिए अपनाए गए मानवीय दृष्टिकोण के स्वरूप उनके पुनर्वसन के क्षेत्र में सामाजिक संस्थाएँ अनन्य सहयोग दे रही हैं। उसके साथ-साथ राज्य के आरोग्य विभाग द्वारा भी सर्वांगीण देखभाल उपचार-पद्धति द्वारा हाथ में लिये गए प्रयासों के कारण १०-२० हजार की बस्ती में रक्त-पित्त (कुष्ठ रोगियों) का प्रमाण सन् १९८५ में २१.१ प्रतिशत था, यह जनवरी २००७ में घटकर ०.८६ प्रतिशत हो गया है। समय पर और नियमित उपचार मिले, उनकी देखभाल करने के कारण ५,६३९ रोगियों को रोगमुक्त घोषित किया गया है। इस प्रकार के उपचार में बहुत अधिक खर्चा होने से सामान्य रोगी उपचार के लिए बिना संकोच के आ सके, इसलिए कुष्ठ रोग का बहु औषधीय उपचार निःशुल्क देने का अभिगम राज्य सरकार ने अपनाया है। उसी प्रकार उन रोगियों के विकृत अंगों का ऑपरेशन कर उनको विकृति से मुक्त कर एम.आर.सी. बूट (शूज) भी बिना मूल्य दिए जाते हैं।

हिंदू कुष्ठ निवारण संघ की मई २००५ की वार्षिक सभा में राष्ट्रपति श्री ए.पी.जे. अब्दुल कलाम ने गुजरात के आरोग्य विभाग द्वारा कुष्ठ रोग निर्मूल करने और उपचार करने के लिए उठाए गए कदमों को अन्य राज्यों के लिए प्रेरणास्वरूप मान उसके अनुसरण की अपील की थी। यह इस बात को दरशाती है कि गुजरात कुष्ठ रोग को निर्मूल करने के क्षेत्र में अगुआ बना है। इतना ही नहीं, राज्य के ऐसे प्रयासों की अंतरराष्ट्रीय स्तर पर जानकारी ली गई है और जापान की सासाकावा मेमोरियल हेल्थ फाउंडेशन तथा पूना की इंटरनेशनल लेप्रॉसी यूनियन जैसी संस्थाओं द्वारा ३० जनवरी, २००७ के दिन राज्य सरकार का सम्मान भी किया गया था।

२१

सहानुभूति नहीं, संवेदना की अनुभूति

कुष्ठ रोग की सबसे बड़ी समस्या उसके बारे में गलत समझ और गलत जानकारी है। दुर्भाग्य से अनेक प्रचार माध्यम होने के उपरांत भी इस गलत समझ व गलत जानकारी को दूर करने में हमें जितना सफल होना चाहिए उतनी सफलता नहीं मिली है। हम अन्य कुछ न करें, परंतु समाज के रूप में कम-से-कम इस गलत समझ को दूर करने में सहभागी बनें, तो शायद इन पीड़ित बंधुओं की बड़ी सेवा होगी। उन्हें परिवार में जो यातना भोगनी पड़ती है, उसका मूल कारण ही परिवार में इस रोग के बारे में गलत जानकारी है। घर का कोई भी व्यक्ति स्नेह का पात्र और प्यारा न हो, ऐसा नहीं हो सकता; परंतु प्रचार माध्यम यदि निश्चय कर लें तो इस सत्कार्य में सकारात्मक भूमिका निभाकर समाज की बड़ी सेवा कर सकते हैं।

हमारे यहाँ सत्कार्य राज्य-आश्रित नहीं बल्कि समाज-आश्रित रहे हैं। सत्कार्य राज्य द्वारा पुरस्कृत हो और होना भी चाहिए, परंतु सत्कार्य राज्य-आश्रित नहीं होना चाहिए। राज्य का ऐसे कामों में कम-से-कम हस्तक्षेप हो तो संस्था का भला होगा। जैसे ही राज्य ऐसे कामों में सम्मिलित होने लगता है, उसके साथ अनेक उलझनें आने लगती हैं। हमारे पूर्वजों ने समाज की रचना की, वह समाज-रचना राज्य पुरस्कृत और समाज की सामर्थ्य से खड़ी हुई है। जिन्होंने भी ये परंपराएँ निभाईं, उनकी शक्ति बढ़ती गई है।

कोई भी संस्था सामर्थ्य के साथ खड़ी हुई है, उसका यही कारण है कि वह समाज के अनुमोदन से चलनेवाली इकाई ही है। उसकी सामर्थ्य खूब ज्यादा होती है। हमारे यहाँ तो सहज संस्कार है। समाज के प्रति देखने में एक दृष्टिकोण के विषय में यह एक अलग प्रकार की परंपरा खड़ी हुई है। राजा के कर्तव्य और आदर्श की चर्चा करते समय शास्त्र स्वयं कहते हैं—

नत्वहं कामये राज्यं न स्वर्गं न पुनर्भवम्।
कामये दु:खतप्तानां आर्तनाशनम्॥

(न तो मुझे राज्य की कामना है, न स्वर्ग की या पुनर्जन्म की कामना है। मुझे तो दु:खी लोगों के आँसू पोंछने का कर्तव्य करने की कामना है।)

हमारे यहाँ राजा की यही भूमिका रही है। अपने यहाँ संत की परंपरा देखो। स्वामी विवेकानंद ने कहा है कि आप अपने भगवान् को थोड़े समय के लिए पानी में डुबो दो। चाहे वह शंकर हों, पार्वती हों, कृष्ण हों, गणेश हों। हमारे एक ही भगवान् हों 'दरिद्र-नारायण'। उसकी सेवा करो, ईश्वर स्वयं अपने आप आपके दरवाजे पर आकर खड़े हो जाएँगे। सेवा श्रेष्ठ धर्म है। जिस समाज की रग-रग में यह संस्कार पड़े तो वहाँ दु:खी लोगों की सहायता के लिए आना, उनकी चिंता करना समाज की शक्ति है। इस शक्ति को समय-समय पर स्वीकार करने की आवश्यकता है।

□

---

* श्रम मंदिर ट्रस्ट का रजत जयंती महोत्सव, सींधरोट, जि. वडोदरा, १७ जनवरी, २००४

२२

सेवा : ईश्वर का प्रसाद

समग्र देश में राज्य सरकारें विकलांगों के लिए अपने बजट में कुछ धनराशि रखती हैं और विकलांगों के विकास के लिए योजनाएँ बनाती हैं। देश भर में इस क्षेत्र में काम करने में गुजरात के अग्रसर होने के उपरांत भी एक पीड़ा है कि अभी तो बहुत कुछ करना बाकी है।

ईश्वर ने जिसे कुछ नहीं दिया, वह दया का पात्र है—यह बात हमें स्वीकार नहीं है। संभव है, शेष लोगों की संवेदना कुंठित न हो जाए, इस कारण भेद-स्वरूप इस संवेदना को जन्म दिया होगा। इन सब बातों को ईश्वर के प्रसाद के रूप में स्वीकार करना चाहिए। भक्तिभाव से जब देखें तो ही इस समग्र बात का इसके सही परिप्रेक्ष्य में मूल्यांकन कर सकते हैं।

समाज के लिए कुछ करना है, यह भाव प्रत्येक में जागे—बहुत ही आवश्यक है। आजादी के बाद हमारा देश दो शब्दों के जाल में फँस गया है। इन दो शब्दों ने हम सबको उत्तरदायित्वहीन बना दिया है। ये दो शब्द अपने जीवन में पूर्ण रूप से स्थापित हो गए हैं। इन्होंने एक रोग का स्वरूप धारण कर लिया है और इसका हमें अंदाज भी नहीं है। इन्होंने एकदम स्वाभाविक रूप से हमारे जीवन में स्थान बना लिया है। ये दो शब्द हैं—'मुझे क्या?' और 'मेरा क्या?' कुछ भी हो जाए तो बस कह देते हैं—'मुझे क्या?' पत्थर पड़ा होगा, मुझे क्या भाई? भले ही ईश्वर ने इन्हें विकलांग बनाया है। काम तो चलेगा, पर मेरा क्या है?

मुझे क्या? मेरा क्या? इससे बाहर आने के लिए अभिमन्यु की तरह चक्रव्यूह के सात द्वारों की लड़ाई लड़नी पड़ेगी। स्वयं के साथ लड़ना पड़ेगा, परिवार के साथ लड़ना पड़ेगा, मित्रों के साथ लड़ना पड़ेगा। मान-सम्मान, बड़प्पन इन सबके साथ लड़ना पड़ेगा और उसमें से सिर ऊँचा करके बाहर आना पड़ेगा।

मुझे स्मरण है, मोरबी में मच्छू डैम टूटने पर जो बाढ़ आई थी, तब मैं मोरबी में

काम करता था। सैकड़ों लोगों की मृत्यु हो गई थी। बहुत बड़ी अनहोनी हुई थी। अच्छे-अच्छों का कलेजा काँप जाए, यह ऐसी घटना थी। उस समय हम आर.एस.एस. के स्वयंसेवक मोरबी में काम करते थे। काम इतना बड़ा था कि विभिन्न जिलों से कार्यकर्ताओं की टुकड़ियाँ बुलाई गई थीं, जो मोरबी में पाँच-सात दिन तक सफाई का काम करती थीं। मुरदे उठाना, मुरदों का अग्नि-संस्कार करना, लोगों के लिए रोजी-रोटी की व्यवस्था करना, खाने-पीने की व्यवस्था करना, ऐसे बहुत से काम हम लोग करते थे। फिर भी वहाँ छिद्रान्वेषी लोग आ जाते थे। हम जहाँ काम करते वहाँ ये गलती, दोष देखनेवाले लोग आ जाते और हमारे छोटे-छोटे बाल किशोर स्वयंसेवकों को पकड़ते और कितनों के ऊपर आरोप लगाते थे कि तुम मुर्दे के ऊपर के गहने चुराने के लिए आए हो। हमारे देश में ऐसे दिमागों की भरमार है और उनके आरोप भी एकदम मौलिक होते हैं। सुबह से शाम तक ऐसे एकाध दर्जन नमूने आ जाते। मेरे मन में एक विचार आता है कि ऐसे आरोपों का एक शब्दकोश बनाया जाए कि ये कपोल-कल्पना रखनेवाले दिमाग आकर कहाँ-कहाँ से ऐसे आरोपों को पैदा कर सकते हैं!

नाम नहीं बताऊँगा, परंतु एक बहुत ही बड़े व्यक्ति थे। हमारे दो-तीन स्वयंसेवक एक बालक की मृत देह को लेकर जा रहे थे। बालक की मृत देह का वजन बहुत हो गया था। सामान्य रूप से उसे कोई उठा नहीं सके, उसकी देह इतनी भारी हो गई थी। उक्त भाई ने स्वयंसेवकों से पूछा—यह काम मिलिट्रीवाले नहीं करते हैं, पुलिसवाले भी नहीं करते हैं, ग्रामरक्षक दलवाले नहीं करते हैं, इस गाँव के लोग नहीं करते हैं; जिनका बच्चा मर गया है, वे भी नहीं करते हैं, तो तुम किसलिए कर रहे हो? तब उन आठवीं-नवीं कक्षा में पढ़नेवाले विद्यार्थी आर.एस.एस. के स्वयंसेवक उनकी आँख से आँख मिलाते हुए थोड़ी देर उन्हें देखते रहे कि ऐसा सवाल भी क्या कोई कर सकता है? फिर स्वयंसेवकों ने उनसे प्रश्न पूछा—अरे, हम नहीं करेंगे तो कौन करेगा? यह हमारा समाज है! हमारे भाई-बंधु हैं! चाहे हम अमरेली से आए हैं, सूरत से आए हैं, बलसाड़ से आए हैं; परंतु ये अपने समाज के हैं, अपने भाइयों के समान हैं। हम नहीं करेंगे तो कौन करेगा? यह है समाज के लिए एकात्मकता की अनुभूति। उनका दुःख मेरा दुःख, उनका सुख मेरा सुख। यह भावना मनुष्य को सेवा करने के लिए प्रेरित करती है।

कई बार लोग दया की भावना से काम करते हैं। हमें स्कूल में पढ़ाया गया होगा या पढ़ते समय निबंध भी लिखा होगा कि मैंने आज एक अंधे मनुष्य को रास्ता पार करने में मदद की। सेवाकार्य के लिए लिखने को कहा गया हो तो हम सबने लगभग यही बात लिखी होगी, तब मेरे मन में एक प्रश्न उठता है कि हमारे गाँव में इतने अधिक अंधे लोग हैं तो क्या स्कूल के ३०० बालकों ने उनको रास्ता पार कराया होगा? निबंध लिखना है, अतः लिखा, उससे कोई संवेदना नहीं जागेगी। दुःख-दर्द की अनुभूति तो

करनी पड़ती है। अपने आपको उस स्थिति में रखना पड़ता है, उसकी व्यवस्था करनी पड़ती है। सही अर्थों में जिसे ईश्वर ने संकट में रखा है, संकट दिया है, उसके प्रति दयाभाव नहीं, उपकार का भाव नहीं, आत्मीयता का भाव चाहिए। यह दया भाव तो हमारे अपने अहं के पोषण के लिए है। उपकार भाव भी हमारे अहं के पोषण के लिए ही है और इसमें तो सामनेवाले की भावना को कुंठित करने का एक सुंदर, अच्छा, मजेदार, गुलाबी आवरण का छुपा हुआ षड्यंत्र है। यह मेरे समाज का अंग है। इससे दया भाव नहीं, उपकार भाव नहीं, बल्कि आत्मीयता का भाव, अपनेपन का भाव हो, इसकी आवश्यकता है। यह एक समाज का उत्तरदायित्व है। हम सब लोगों की सामाजिक जवाबदेही है। जैसे गाँव में यदि कोई घर आग से जलता है तो सारा गाँव उस आग को बुझाने के लिए दौड़कर आ जाता है। उस घर के साथ किसी के संबंध अच्छे नहीं हों तो भी आ जाता है। उसमें एक सामाजिक उत्तरदायित्व का अनुभव होता है। ठीक इसी प्रकार ये सब हमारे समाज के अंग हैं, उससे सामाजिक उत्तरदायित्व की अनुभूति हो तो कभी भी, किसी कारण से जिनके जीवन में यह स्थिति आ जाती है, उन्हें किसी भी चीज की कमी महसूस न हो। उन्हें समाज की कृपा की प्रतीक्षा नहीं करनी पड़े। उन्हें एक विश्वास हो कि यह समाज तो ईश्वर रूप है। यह समाज मेरी देखभाल अवश्य करेगा और इससे उसके आत्मविश्वास में हजार गुना वृद्धि होगी। इस आत्मविश्वास से भरा हुआ हमारा स्वजन हमारे राष्ट्र के विकास में सहभागी बनने की सामर्थ्य रखता है। □

---

* बंकिम पाठक एसोसिएशन की ओर से विकलांगों को ट्राइसाइकिल वितरण, अहमदाबाद, १२ अक्तूबर, २००३

२३

संवेदना की अनुभूति

अपने समाज में विकलांगों के लिए कैसा भाव होना चाहिए? किसी भी परिवार में एकाध सदस्य विकलांग है तो यह दायित्व उस परिवार का ही नहीं, समग्र समाज का होना चाहिए। समाज यदि परिवार बनकर एक कुटुंब की सहायता और उसका साथ ठीक वैसे ही दे जैसे अपने स्वजनों का देता है तो सारी व्यवस्थाएँ एकदम सहज और हलकी-फुलकी हो जाती हैं, कभी भी भार-रूप नहीं लगती हैं। सारी बात दया भाव और करुणा भाव से नहीं बल्कि कर्तव्य-भावना से जुड़ी हुई होनी चाहिए। अगर यह दयाभाव से या करुणा भाव से जन्मे तो इसे तपस्या नहीं कह सकते हैं। ईश्वर जब हमें यह कार्य सौंपता है, तब उसके प्रति सहानुभूति चाहिए, संवेदना चाहिए। जिस वेदना का वह अनुभव करता है, उसे जो वेदना मिलती है, जो मेरा भाव-विश्व है, ठीक वैसा ही भाव-विश्व उसका है। उसके भाव-विश्व का साक्षात्कार हो, आदर हो और हमें यदि ऐसा भाव नहीं होता है तो निश्चत ही हमें ईश्वर ने विकलांग बनाया है। जो दिखाई देती हुई शरीर की क्षति है, उसे विकलांग मानने की भूल नहीं करनी चाहिए। विकलांग व्यक्ति की किसी कमी से यदि संवेदना का भाव मेरे अंदर नहीं जागता है तो हाथ-पाँव, आँख, नाक सबकुछ सहज होने के बाद भी मैं विकलांग हूँ। मुझमें इन संवेदनाओं का अभाव है और इसलिए प्रत्येक व्यक्ति को अपने अंदर अपना परीक्षण करना चाहिए कि मैं अंदर से कहीं विकलांग तो नहीं हूँ! कोई भी समाज यदि अंदर से विकलांग हो तो कभी भी प्रगति नहीं कर सकता है। उसका मन परत्व की रचना समाज की सर्वांगीण उदारता से यदि जुड़ा हो तो भी मेरा भाई है, ऐसा भाव सरल रूप में प्रकट होता है। परिवार में एक की भी यदि ऐसी स्थिति हो तो उसे सहेजने में, सँभालने में माँ-बाप, भाई-बहन को कितना प्रयत्न करना पड़ता है, जिसके परिवार में कोई विकलांग हो, इसे वही जान सकता है। एक संस्था के रूप में जब ऐसा होता है, तब उसमें काम करनेवाला प्रत्येक व्यक्ति एक साधक है, साधना करता है। मैं नहीं मानता हूँ कि इससे बड़ा कोई

पुण्य का यज्ञ हो सकता है। इसके साथ जुड़ा हुआ प्रत्येक व्यक्ति जो भी छोटा-बड़ा कोई भी योगदान करता है, वह सही अर्थों में साधक है।

पप्पाजी (स्व. प्राणलाल ब्रजलाल दोशी, जो गुजरात प्रांत के राष्ट्रीय स्वयंसेवक संघ के प्रांत संघचालक थे) के जीवन में से एक बात सतत धाराप्रवाह रूप में देखने को मिलती है—'करुणा और कर्तव्य का एक विरल संगम'। राजकोट के जीवन के बारे में जानना चाहें तो बहरे और गूँगे लोगों की पाठशाला का परिचय देना ही पड़ेगा। बहरे और गूँगों की पाठशाला के विषय में विचार करते ही संस्था रूप जीवन—अर्थात् पप्पाजी की करुणा और कर्तव्य की धारा के स्पर्श की अनुभूति। पप्पाजी की बेटी को ईश्वर ने शारीरिक कमी दी थी। व्यक्तिगत और पारिवारिक जीवन की इस कमी को समाज के साथ जोड़कर, समाज के ऐसे सभी बच्चों को अपना मानकर मेरी बेटी को जो कुछ मिलता है, वही सबको मिले, ऐसी करुणा का विस्तार करनेवाले पप्पाजी जैसी करुणा की मूर्ति भाग्य से ही देखने को मिलती है। राजकोट की बहरों-गूँगों की पाठशाला पप्पाजी में प्रकटी करुणा का जीता-जागता स्मारक ही है।

पप्पाजी ने अपने अंतर्मन का व्यापक विस्तार किया था। परिणामस्वरूप राजकोट की बहरों और गूँगों की यह पाठशाला उनके लिए मंदिर से भी अधिक महत्त्वपूर्ण थी। पप्पाजी के पारस रूप व्यक्तित्व का सीधा प्रभाव इस बहरे-गूँगों की पाठशाला में देखने को मिलता है। पप्पाजी की साधना की छाया के कारण इस बहरों-गूँगों की पाठशाला में कार्यरत प्रत्येक व्यक्ति मानो साधक रूप ही लगता है। इसका कारण पप्पाजी का पारस जैसा व्यक्तित्व ही है।

बहरे-गूँगों की इस पाठशाला के लिए पप्पाजी की ममता, उसके लिए प्रवृत्ति का लगाव गजब का था। कभी-कभी ऐसा लगता है कि पप्पाजी को परिवार की अपेक्षा इस पाठशाला का मोह अधिक है। विकलांग की तरफ देखने का पप्पाजी का दृष्टिकोण संघ संस्कार का व्यावहारिक रूप ही लगता है। स्वस्थ समाज परिवार भाव से विकलांगों का दायित्व उठाए तो विकलांग व्यक्ति उसके परिवारजनों और समाज को हलके फूल जैसा ही लगेगा। उनके प्रति मात्र सहानुभूति नहीं, बल्कि संवेदना चाहिए। संवेदना की अनुभूति हो, जिस वेदना को विकलांग अनुभव करता है वैसी ही वेदना समाज भी अनुभव करे।

□

---

* डॉ. पी.बी. दोशी गूँगे-बहरों की माध्यमिक पाठशाला का उद्घाटन, राजकोट

२४

अपनेपन का एहसास

दुर्घटनाएँ नहीं घटनी चाहिए परंतु घट ही जाएँ तो जो इसका भोगी बनता है, वह अकेला पड़ जाता है। उसे ऐसा लगता है—अरे, यह सब ईश्वर मेरे साथ ही करता है, मेरी ही परीक्षा लेता है। जीवंत समाज का लक्षण है कि दुःख एक के घर में आया हो, परंतु इसकी अनुभूति सभी को हो कि हम सब साथ हैं, यह हम सबकी सामूहिक तकलीफ है। शायद इस दुःख को झेलने के लिए ईश्वर ने आपको पसंद किया या निमित्त बनाया है, परंतु यह पीड़ा हम सबकी है। हम कंधे से कंधा मिलाकर आपके साथ खड़े हैं। यह कोई मुआवजा नहीं, यह मौत का मूल्य नहीं है। यह मात्र और एकमात्र अपनेपन का एहसास है और किसी भी समाज में यह अपनेपन की, अपना होने की शक्ति बहुत बड़ी होती है। ऐसे प्रसंग जब घट जाते हैं, बन जाते हैं, तब समाज के लिए कुछ करने की प्रेरणा जागृत होती है। एक अच्छा काम करने की बात ही दूसरा अच्छा काम करने की प्रेरणा देती है। इस शक्ति के भरोसे पर समाज आगे बढ़ सकता है।

घर में भी बालक को सतत ऐसी तकलीफ हो, इस विषय में जो लोग मनोवैज्ञानिक क्षेत्र में काम करते हैं, अपंग बालकों की सेवा करते हैं अथवा बहरे-गूँगे बच्चों की सेवा करते हैं, उन्हें ही सही बात पता होती है। यहाँ आपने देखा कि वह बहन ट्रे में चेक लेकर आ रही थी, वह चेक उस युवक ने ट्रे के साथ ही उठाने का प्रयत्न किया और हम सब हँस पड़े। हमें पता नहीं था कि वह युवक न तो सुन सकता है, न ही बोल सकता है। उसे ईश्वर ने शक्ति नहीं दी, इसके बावजूद वह इस लड़ाई के मैदान में है! अभी उसने एक छोटी सी भूल की और हमारे लिए वह भूल मनोरंजन का साधन बन गई, क्योंकि हमको इसका एहसास नहीं। हमको इस युवक की स्थिति का अंदाज नहीं था और अंदाज हो जाने के बाद आप सबके मन पर जो बीती होगी, उसका मैं अनुमान लगा सकता हूँ। आपके भीतर भी संवेदनाएँ हैं, आपके दिल में अपार प्रेम और स्नेह है। इसी कारण इस अनुभूति का साक्षात्कार हो सका है। अपंग अथवा बहरों-गूँगों की

पाठशाला के जो संचालक होते हैं, उन्हें विशेष प्रशिक्षण मिला होता है। वे एक ऐसा वातावरण पैदा करते हैं कि भाई, उसे कभी भी कमी या कमजोरी का अनुभव मत होने दो कि तुझमें कुछ कमी है। उसे हमेशा उसमें स्थित शक्ति का अनुभव कराएँ तो वह उसकी प्रगति का पूरक बनेगा। सामाजिक जीवन में यह आवश्यक है।

अपनी विचारधारा बदलें

हमारा देश विकसित नहीं, विकासशील है। हम विकासशील हैं। इसका तात्पर्य है कि हममें बहुत कमियाँ हैं, जैसे एक बहरे-गूँगे बालक में होती हैं। एक मानसिक रूप से अपंग बालक में होती हैं। कोई बालक शारीरिक रूप से अपंग होता है। इक्कीसवीं सदी में राष्ट्र को जितनी शक्तियाँ चाहिए, वे सारी शक्तियाँ अपने यहाँ, अपने पास नहीं हैं, परंतु कमियाँ हैं। हम सतत इन कमियों को कोस-कोसकर इस राष्ट्र को निराश करने में गौरव महसूस करते हैं। अपनी कमियाँ हैं, परंतु शक्तियों का विचार कर हम इस राष्ट्र को शक्तिशाली बनाना चाहते हैं? इस विचारधारा को बदलने की आवश्यकता है। जो सही है, उसे लेकर एक बार अच्छेपन का एहसास कर हम परिस्थिति को बदल सकते हैं। हम सब मिलकर मेहनत करें तो ही यह होगा। सभी एक दिशा में मिलकर काम करें तो होगा। आधा अभी और आधा बाद में करें तो नहीं होगा। जहाँ खड़े हैं, वहीं खड़े रहेंगे। सब साथ मिलकर काम करें तो इस देश में आगे बढ़ने की अपार शक्ति है। भूकंप के बाद जो हुआ, उसे देखो। समग्र देश हाथ बढ़ाकर सहायता के लिए गुजरात में पहुँच गया। इस देश का कोई कोना ऐसा नहीं था, जब गुजरात मौत की चादर ओढ़कर सोया हुआ था, जहाँ से मदद करने यहाँ नहीं पहुँचा हो। समाज में इतनी शक्ति होती है। तब उसकी अच्छाई को उजागर करें तो कितना बड़ा परिवर्तन आएगा। □

---

* अक्षरधाम के ऊपर आतंकी हमले से प्रभावितों की सहायता समारोह में
टाउन हॉल, गांधीनगर, ३ अगस्त, २००३

२५

स्वस्थ समाज का निर्माण

हम अपने देश के मूल चिंतन को छोड़कर अन्य स्थानों पर उपाय ढूँढ़ते रहते हैं, इस कारण से समस्याओं में फँस जाते हैं। हमें मर्यादा पुरुषोत्तम राम स्वीकार नहीं, इसका सीधा-सादा अर्थ है कि राम का रास्ता स्वीकार नहीं। चाहे एड्स आ जाए। उसके निवारण के लिए समारोह करने पड़ें। हमारे यहाँ तो प्रत्येक प्राणी में ईश्वर का निवास है। समग्र सृष्टि में जीवमात्र का निवास है। यह हमारा तत्त्वज्ञान है। इससे अलग दूर गए अर्थात् वृक्ष को काट डालें, कारण कि वृक्ष में हम प्राण नहीं देखते हैं। हम मूल विचार और आदर्शों से दूर जा रहे हैं। हजारों वर्षों का जीवन होने के उपरांत पर्यावरण की समस्या आई है। हमने प्राकृतिक जीवन को तिलांजलि दे दी और उसका परिणाम यह रहा कि हमने सारे जीवन को रौंद डाला।

एक समय ऐसा था कि हमारे पूर्वज घर में भोजन करते थे और शौच क्रिया के लिए बाहर जंगल में जाते थे। आज हम भोजन बाहर करते हैं और शौच क्रिया घर के अंदर करते हैं। आप देखिए, कैसे सहज रूप से जीवन को बदल डालते हैं। गणेश बीड़ी, विवेकानंद प्रसूति अस्पताल, हम इसकी कल्पना कर सकते हैं? इसका मूल कारण है कि हम अपने जीवन का मूल्य और अर्थ भूल गए हैं। अर्थ जहाँ भूल गए तो अनर्थ होगा ही। अनर्थ को न्योता देने के लिए हम स्वागत में खड़े हैं। कोई भी समस्या के मूल में जो मूलभूत कारण हैं, उन्हें भूल जाते हैं, तभी अर्थ में से अनर्थ और अनर्थ में से विनाश के मार्ग को न्योता देते हैं।

कई बार लोग कहते हैं कि आज के समय में समाचार माध्यमों का बहुत प्रभाव है। मेरा एक मित्र दिल्ली में रहता है और एक टी.वी. चैनल में काम करता है। मैं जब भी उससे मिलता हूँ तो उसके मुँह में १००-५० ग्राम मसाला भरा ही होता है। मैंने कहा कि तुम टी.वी. में एंकर के रूप में काम करते हो, टी.वी. पत्रकार की तरह काम करते हो। तुम टी.वी. प्रोग्राम का कंपाजिंग (संपादन) करने के लिए जाते होगे; परंतु तुम्हारे

ऊपर टी.वी. का कोई भी प्रभाव दिखाई नहीं देता है। मैं रोज टी.वी. पर देखता हूँ कि तंबाकू खाना हानिकारक है। इसके बाद भी तुम तंबाकू खाना बंद क्यों नहीं करते? टी.वी. पर रोज आता है कि सिगरेट पीना शरीर के लिए बहुत हानिकारक है; समाचार-पत्रों में भी आता है। इसके बावजूद मनुष्य के ऊपर इसका कोई प्रभाव क्यों नहीं पड़ता है? अब इस विषय में चिंतन करने की आवश्यकता है।

कैंसर के मरीज, पीड़ा देनेवाली उनकी तसवीरें, परिवार से स्वजन खोने से पैदा होती वेदना—इस कारण से जिंदगी में छाए ये धुएँ के बादल मानो इस आतंकवाद ने समग्र युवा पीढ़ी को समाप्त करने का बीड़ा उठाया है। सही और अच्छा जीवन जीने वाली युवा शक्ति को तहस-नहस करने का यह एक योजनाबद्ध प्रयास चल रहा है। देश के दुश्मन युवकों में नशे की लत डालते हैं।

पुरुष घर का मुखिया हो और वह शराब या सिगरेट जैसे व्यसनों की लत से ग्रस्त हो तो घर में तबाही आ जाती है। जिनके भरोसे बचे हुए हैं, वही भरोसा टूट जाए तो कितना बड़ा नुकसान होगा। इसके लिए आवश्यकता है प्रतिबद्धता की, जागृति की। मुझे कोई उपदेश देने का अधिकार नहीं है, परंतु हमें आनेवाली पीढ़ी को बचाने का प्रयास करना चाहिए। समाज में सामर्थ्य का जागरण हो। ऐसी शक्ति की संगठित सामर्थ्य ही सदाचार को लाएगी। इससे ही आनेवाले कल में एक स्वस्थ समाज खड़ा होगा और इसका लाभ आनेवाली पीढ़ी को प्राप्त होगा।

□

---

* आरोग्य रक्षा हवन अर्पण विधि, तंबाकू-विरोधी दिवस, बलवंतराय मेहता हॉल काँकरिया, अहमदाबाद, ३१ मई, २००३

२६

महात्मा गांधी का मार्ग

जो सही अर्थों में हिंदुस्तान की आत्मा को पहचानता है और वास्तव में हिंदुस्तान की धरती में पलकर बड़ा हुआ है—सबका ध्यान स्पर्धा के इस युग में गांधीनगर की ओर जाए बिना नहीं रहेगा। गांधी के प्रति श्रद्धा गांधो थे. उससे अधिक दृढ़ अब बनने की संभावनाएँ हैं। महात्मा गांधो का ग्राम अर्थकरण का विचार, महात्मा गांधी का समाज में वर्गभेद को दूर कर एक समरस समाज निर्माण करने का प्रयास, गांधी का स्वावलंबन का विचार इस १०० करोड़ के देश को समृद्ध करने के लिए आज पहले की अपेक्षा अधिक प्रासंगिक है। यह मेरी दृढ़ मान्यता है, मेरी श्रद्धा है। इसी कारण गुजरात ने आर्थिक विकास के क्षेत्र मे ग्राम विकास को प्राथमिकत दी है। राज्य सरकार ने 'ज्योति ग्राम' योजना शुरू की है। अहमदाबाद या गांधीनगर के निवासी जब इच्छा हो तब बिजली-बत्ती जलाकर पुस्तक पढ़ सकते हैं।

क्या कारण है कि गाँव का व्यक्ति बिजली के लिए परेशान होता है। क्या आजादी के इतने वर्षों बाद महात्मा गांधी की एक छोटी सी इच्छा पूरी नहीं हो सकती है कि समाज के प्रत्येक स्तर के बीच का अंतर घटे, शहर और गाँव के बीच का अंतर कम हो! राज्य सरकार ने ज्योति ग्राम योजना द्वारा गाँवों में २४ घंटे थ्री फेस बिजली देने का एक अभियान शुरू किया है। मेरा प्रयत्न है कि १८,००० गाँवों में २४ घंटे थ्री फेस बिजली मिले, गाँव का जीवन स्तर सुधरे, गाँव का अर्थकरण मजबूत बने, गाँव की पैदावार और आमदनी में वृद्धि हो। गाँव में कृषि-आधारित उद्योगों का विकास हो। बालक को अहमदाबाद शहर में जैसी कंप्यूटर की शिक्षा मिलती है, वही कंप्यूटर शिक्षा गाँवों में बिजली आने के बाद गाँव के स्कूल के बालक को भी मिले। अहमदाबाद में बैठा हुआ आदमी इंटरनेट पर शिकागो स्थित अपने साथी से बात कर सकता है। गाँव का आदमी या बालक भी वाशिंगटन में रहते अपने किसी मित्र के साथ इंटरनेट पर बात क्यों नहीं कर सकता है? इस बिजली का लाभ उसे भी मिलना चाहिए। यह गांधीजी के

सपने को साकार करने का प्रयास है।

मैं भ्रष्टाचार पर कुछ भी कहना नहीं चाहता हूँ। इसके बारे में इतना कुछ कहा जा चुका है। इसी कारण मैं इस विषय पर बोलने की हिम्मत नहीं करता हूँ, परंतु मैं एक बात कहना चाहता हूँ कि क्या भ्रष्टाचार का अंत संभव नहीं है? मेरी आत्मा कहती है कि महात्मा गांधी के विचारों में भ्रष्टाचार को समाप्त करने की पूरी-पूरी शक्ति है। महात्मा गांधी का ट्रस्टीशिप का सिद्धांत लीजिए। देश आजाद हुआ, तब से गांधी के मार्ग पर चलना प्रारंभ किया होता तो यह ट्रस्टीशिप का सिद्धांत समग्र समाज-रचना की रीढ़ बन गया होता। आज भ्रष्टाचार समाज को दीमक की तरह खा रहा है, अंदर से खोखला कर रहा है। इससे समाज को बचाया जा सकता था। राज्य सरकार ने इस ट्रस्टीशिप के सिद्धांत पर अमल करने का एक छोटा सा प्रयास किया है और उसका अद्‌भुत परिणाम प्राप्त हुआ है। इस अद्‌भुत परिणाम की ओर मैं सबका ध्यान खींचना चाहता हूँ। भूकंप के बाद पुनर्वास का कार्य चल रहा था। उस समय सरकार के शिक्षा विभाग द्वारा जो कमरे बनाए जाने थे, उसके लिए गाँव-गाँव में स्थानीय लोगों की एक समिति बनाई गई। उन्हें एक नक्शा दिया गया और स्कूल द्वारा कमरे बनाने में सब मिलाकर कितना व्यय होगा, इसका हिसाब बनाया गया। उसी हिसाब के अनुसार उन्हें रुपए दिए गए और कहा गया आप इसके ट्रस्टी हैं। ये स्कूल के कमरे अच्छे बनें, जल्दी बनें, अपने गाँव में से भूकंप का असर शीघ्रातिशीघ्र समाप्त हो जाए और बच्चे पढ़ने लगें, यह उत्तरदायित्व आप सबका है। अब आपको सब सौंप दिया—इतना कहकर वहाँ से सरकार ने अपना हाथ खींच लिया। इस ट्रस्टीशिप के सिद्धांत के आधार पर अनेक गाँवों में ये रुपए गाँव के लोगों के हाथ में दिए गए थे। पाँच-सात लोगों की समिति बना दी गई और रुपया दे दिया गया। आपको यह जानकर आश्चर्य होगा, गौरव होगा कि पहले जो कमरे बनाने थे, उससे अधिक मजबूत कमरे बनें; जिस आकार के बनाने थे, उससे बड़े बनाए गए। कभी जरूरत पड़ी तो गाँव के लोगों ने ही २००,५०० वार अपने खेत की जमीन भेंट में दे दी। कई लोगों ने इसमें अपने श्रम का योगदान दिया। इस प्रकार जो कमरे इन लोगों ने बनाएँ, वे समय से तीन-चार माह पूर्व ही बन गए। इतना ही नहीं, करोड़ों-करोड़ों रुपए जो यह काम करते हुए बचे, उन्हें सरकारी कोष में जमा करवा दिया। हिंदुस्तान की आजादी के इतने वर्षों में सरकार के पास रुपए वापस आए हैं, ऐसी यह पहली घटना थी। इसका कारण महात्मा गांधी का ट्रस्टीशिप का सिद्धांत था। इस सिद्धांत को यदि अमल में लाया जाए तो कितना बड़ा परिणाम आ सकता है, इसका यह जीवंत उदाहरण है।

यह सत्य है कि इस जीवन में शक्ति है—इस विचार में जीनेवाले लोगों का शायद अभाव हो तो भी कम-ज्यादा प्रमाण में दंभ के बिना इस बात को लोगों तक पहुँचाएँ तो

इस सिद्धांत में आज भी परिवर्तन लाने की ताकत है। श्रद्धा रखना बहुत ही आवश्यक है। जो श्रद्धा हो तो सिद्धि चरण धोवो है। इस भूमिका को ध्यान में रखकर जो भी काम करेंगे तो अच्छा परिणाम प्राप्त कर सकते हैं।

सारे विश्व के मानव समुदाय में हमारा पालन-पोषण अलग प्रकार से हुआ है। ऋषि-मुनियों के समय में हमारे पूर्वजों का पालन-पोषण प्रकृति की गोद में हुआ था। उनका जीवन नदी के किनारे पर पल्लवित हुआ था। भारतीय संस्कृति का विकास पूर्णतया नदी के किनारे हुआ था। हमारे पूर्वज उस समय के स्थल, काल और परिस्थिति के अनुसार एक विषय के बारे में विशेष आग्रही थे। यह आग्रह परंपरागत रूप से आज भी जन्मघुट्टी में मिलता है और ये व्यक्तिगत स्वच्छता के संस्कार। स्वच्छता के विषय में शौच से लेकर पेशाब करने जाने तक, फिर आकर स्नान करने से जूते उतार देने तथा हाथ धोने तक की व्यक्तिगत आरोग्यलक्षी शिक्षा अपने परिवार और समाज में स्वाभाविक रूप से विस्तृत है। दुनिया के अन्य देशों में देखने को मिलती यह बात भारत में परंपरागत स्वरूप में आई है। विश्व के अन्य देशों में सामाजिक स्वच्छता के बारे में पूर्ण जागृति है। सामाजिक आरोग्य की उपेक्षा हो तो एक प्रकार की घृणा का वातावरण पैदा होता है। कागज का एक टुकड़ा फाड़ा तो उसे अपनी जेब में रख लेते हैं। जहाँ तक कचरापेटी नहीं मिले, उसे बाहर नहीं फेंकते हैं। ऐसी सामाजिक सजगता का स्वभाव अन्य देशों में विकसित हुआ है। उनका व्यक्तिगत स्वच्छता का विज्ञान कैसा है, उसकी टीका करने का मुझे अधिकार नहीं है; परंतु सामाजिक स्वच्छता के विषय में विश्व के अनेक देशों से हमें सीखना चाहिए। अपने पास में सिंगापुर है, उसने स्वच्छता के बारे में सारे विश्व में एक नया मार्गदर्शन किया है। वहाँ रहनेवालों में समाज का एक बड़ा हिस्सा हिंदुस्तान से गया हुआ है। उन्होंने कानूनी व्यवस्था खड़ी कर सामाजिक आरोग्य के विषय में एक जबरदस्त सजगता खड़ी की है। सिंगापुर ने आर्थिक समृद्धि के क्षेत्र में भी उसकी स्वच्छता के कारण ही एक नई पहचान बनाई है।

आनेवाले दिनों में गुजरात सारे विश्व को प्रभावित करे, ऐसा एक नया मेडिकल प्रवास का क्षेत्र यहाँ खुल रहा है। गुजरात की स्वास्थ्य संस्थाएँ सारे विश्व के मेडिकल प्रवास के लिए गुजरात के आँगन में लाने की सामर्थ्य रखती हैं, परंतु इसमें सफलता प्राप्त करना यह पहली शर्त है—सामाजिक स्वच्छता विज्ञान, सार्वजनिक स्वच्छता, सार्वजनिक सफाई। इस बारे में हमें एक उत्तरदायी समाज के रूप में जवाबदेही उठानी पड़ेगी। यह नहीं चल सकता कि सुबह सफाई कर्मचारी आएगा, तब सफाई करेगा। इससे बात नहीं बनेगी। हमारी अपनी सामाजिक जवाबदेही होनी चाहिए। अपने घर की गंदगी मैं गाँव में नहीं फेंकूँगा, अपने घर की गंदगी मैं मोहल्ले में नहीं डालूँगा। मेरे द्वारा गंदगी करने में कोई भी सहयोग नहीं होगा, बढ़ोतरी नहीं होगी। हम लोग 'भारतमाता

की जय', 'भारतमाता की जय' बोल-बोलकर गला दुखा लेते हैं। 'वंदे मातरम्' कहते-कहते अपना गला फट जाता है, इतने नारे लगाते हैं और एक घंटे के बाद इसी भारतमाता के ऊपर पान की पिचकारी मारते हैं। भारतमाता के ऊपर हम गुटका खाकर अभिषेक करते हैं। इस कृत्य ने माँ की पूजा के ऊपर पानी फेर दिया, ऐसा कहना चाहिए। ऐसे तो हमारी भारतमाता की पूजा अधूरी रह जाती है। इस कारण हमें सामाजिक स्वच्छता विज्ञान के विचार को विकसित करने की आवश्यकता है।

एक दूसरा विचार हमने किया है—समरसता का! महात्मा गांधी ने अस्पृश्यता दूर करने के लिए अलख जगाई थी। वर्गभेद को दूर किए बिना, एकरस समाज का निर्माण किए बिना किसी भी समाज का भला नहीं होगा। समाज की शक्ति समाज की एकता में रहती है। यह ऊँच-नीच का भाव, स्पृश्य-अस्पृश्य का भाव, अच्छी नौकरी के प्रति आकर्षण—इस प्रकार की ग्रंथियों से समाज को बाहर लाना होगा। समरस गुजरात के इस मंत्र के आधार पर हम सबको बहुत प्रयास करना पड़ेगा। इस कार्यक्रम के साथ-साथ लोक मेलों, लोकगीतों की एक शृंखला चलानी है, जो समरसता के सिद्धांत की बात करेंगे। हमारे देश में गांधी-विचार के पूर्णता पर नहीं पहुँचने के कारण हमने समता का सिद्धांत तो स्वीकार किया, परंतु समरसता के सिद्धांत को स्वीकार नहीं कर पाए। समता के सिद्धांत से हमें ऐसा लगा कि समता होगी तो समरसता तो आ ही जाएगी। एक सवर्ण का लड़का बैंक में अधिकारी है और एक दलित का बेटा भी बैंक में अधिकारी है। दोनों को समान वेतन मिलता है। समता तो आ जाएगी, परंतु इस समता के आने से समरसता भी आ जाएगी, इसकी कोई गारंटी नहीं होती। समता के लिए शायद आर्थिक बराबरी हो, जीवन-शैली में बराबरी हो, परंतु समरसता के लिए तो मन को बड़ा करना पड़ता है। मन बड़ा हो तब समरसता आती है। महात्मा गांधी ने मन को बड़ा करने के लिए प्रयास किया था। मन बड़ा कैसे हो? मन की ऊँचाई कैसे बढ़े, इसके लिए हम प्रयत्न करें और राज्य सरकार इस समरसता के सिद्धांत द्वारा मन को बड़ा करने का, मन की ऊँचाई को बड़ा करने का प्रयास कर रही है। 'अहं ब्रह्मास्मि' की बात करने वाले लोग, तुम मेरे घर के अंदर नहीं आ सकते हो, तुम्हें वहीं बैठना पड़ेगा—इस प्रकार की ग्रंथि से ग्रस्त जीवन जीनेवाला समाज किस प्रकार से विश्व की आशा व आकांक्षाओं को पूरा कर सकता है। महात्मा गांधी ने जो प्रयास किए थे, उन प्रयासों को पूर्ण करने के लिए जो भी माध्यम मिले, उस माध्यम के सहारे आगे बढ़ने का प्रयास इस राज्य सरकार ने आरंभ किया है। मुझे विश्वास है कि यह स्वच्छता व समरसता का अभियान राज्य के अंदर एक नई चेतना लाने का पूरक अवश्य बनेगा। राज्य यह सब कर रहा है, ऐसा कोई भी दावा सरकार ने नहीं किया है। राज्य सबकुछ करेगा, ऐसा भी हम कभी नहीं कहते हैं। हमारा तो प्रयत्न है—आओ, साथ मिलकर

कुछ करें और इसी कारण मैं बार-बार कहता हूँ कि विकास के सहभागी बनो, विकास के भागीदार बनो। आपकी जो भी शिकायत होगी, वह समयानुसार दूर हो जाएगी। मात्र एक जगह बैठकर उपदेश भर देने से परिस्थिति नहीं बदलती है। हम सबको कुछ-न-कुछ करना पड़ेगा। हमारा प्रयत्न है कि सब साथ मिलकर प्रयास करें।

राज्य सरकार स्वच्छता आंदोलन में 'स्वच्छ गुजरात-समरस गुजरात' का सूत्र लेकर आगे बढ़ रही है। अपने राज्य को स्वच्छ रखने के लिए कार्य करनेवाले को, जिसे दुनिया सफाई कर्मचारी के रूप में पहचानती है, ऐसे भाई-बहनों की पीड़ा में भागीदार बनने का हमने संकल्प किया है। आपको यह जानकर आश्चर्य होगा कि हमारे यहाँ आम तौर से औसतन आयु स्तर बढ़ता जा रहा है, परंतु सफाई कर्मचारी मित्रों की औसतन आयु मात्र ५० वर्ष की ही है। नगरपालिकाओं में, महानगरपालिकाओं में सफाई के काम के साथ जुड़े हुए कर्मचारियों को आरोग्य की समस्या होगी। उनके काम के कारण उन्हें बड़ी मुश्किलें आनी होंगी। यह एक उत्तरदायित्व हम सबको निभाना है और इसके सहभागी के रूप में मेरे मन में एक विचार आया है। इस विचार के एक भाग में पूज्य बापू को अंजलि देने के एक संकल्प के भाग के रूप में इस राज्य से ज्यादा सफाई कर्मचारी मित्र हैं। इन सब भाई-बहनों का १ लाख रुपए का बीमा राज्य सरकार कराएगी। उनके जीवन में कोई कष्ट आए, उन्हें कोई शारीरिक क्षति हो जाए तो तो उनके परिवारजन असहाय न हो जाएँ, निराश्रित न हो जाएँ, इन दरिद्र-नारायणों की सेवा के भाग-स्वरूप प्रत्येक कर्मचारी के एक लाख रुपए के बीमे की रकम (प्रीमियम) राज्य सरकार भरेगी और इनके जीवन में कोई आपत्ति आए तो इनके परिवार को यह रकम बड़ा संबल देगी। ऐसी योजना का प्रारंभ राज्य सरकार कर रही है। □

* स्वच्छता ज्योत मैराथन दौड़, गांधी आश्रम, साबरमती, अहमदाबाद, २ अक्तूबर, २००४

२७

वृद्ध जन : एक सामाजिक शक्ति

हमारे देश में सही अर्थों में समर्पित स्वैच्छिक संगठन सफल रहे हैं। किसी समय महाजन सेवा क्षेत्र में अग्रगण्य थे। ये महाजन कोई-न-कोई वृत्ति कर सेवा करते थे। गाँव में गौशाला बनानी हो तो महाजन बनाए, गाँव में पाठशाला बनानी हो तो महाजन बनाए। गाँव में धर्मशाला बनानी हो तो महाजन बनाए। गाँव में तालाब बनाना हो तो महाजन बनाए। धीरे-धीरे इसमें से एक प्रवृत्ति का विकास हुआ। दूसरी ओर दुर्भाग्य से एक नई जमात पैदा हो गई है। उसके लिए मैं जो भी शब्द कहूँ, वह छोटा ही होगा। यह शब्द है 'फाइव स्टार एक्टिविस्टो'—पंचतारक सक्रियवादी। सेवा की कोख से ही पैदा हुए ये तत्त्व मेवा खाने के अलावा कोई भी काम नहीं करते हैं। दिन में लंबे-लंबे कुरते पहनते हैं और शाम होते ही पंचतारक होटल में जाते हैं। दुनिया के देशों में घूमना और थोड़ा-बहुत कंप्यूटर चलाना आता हो, अंग्रेजी बोलनी आती हो अर्थात् इस देश की सुरक्षा को ही नीलाम करना। विश्व में से ऐसे ही पैसा नहीं मिलता है। ये लोग एजेंट बनकर काम करते हैं। विकृत मानसिकता रखनेवाले, पंचतारक सक्रियतावादियों का एक बड़ा तंत्र है। हमारा यह प्रयत्न इस देश को इनके चंगुल से बचाने का है।

यह समाज मेरा है। इसका सुख मेरा सुख है। इसका दुःख मेरा दुःख है। ऐसा समझकर जीवन की वृत्ति के साथ-साथ ईश्वर ने जो कुछ भी दिया है, वह मनुष्य के किसी अच्छे और सही उपयोग में आए तो ऐसा अच्छा काम करने का एक संतोष होता है।

वरिष्ठ नागरिकों के पास अनुभव का एक विशाल भंडार होता है। समग्र विश्व में, विशेषकर पश्चिमी देशों में, इसे सामाजिक शक्ति के रूप में प्रतिष्ठित करने के उपयोग में आता है। अपने यहाँ ऐसे वरिष्ठ नागरिक समस्त परिवार के एक मुखिया के रूप में काम करते हैं। यह हमारी एक सामाजिक शक्ति है। दादा-दादी; नाना-नानी ये सब लोग मिलकर नई पीढ़ी को संस्कारित करते हैं। परंतु अब समय बदल गया है। अब परिवार का एक भाई फ्लैट में रहता है तो दूसरा भाई बँगले में रहता है। पहले जमाने में

पाँच भाई आराम से एक घर में साथ में रहते थे। आज पाँचों भाई अलग-अलग पाँच बँगलों में रहते हैं तो भी एक पिता को साथ रखना मुश्किल लगता है और इस कारण बड़े-बूढ़ों के लिए कोई व्यवस्था करना जरूरी है। वृद्धाश्रम तो इस देश की सभ्यता के साथ सुसंगत नहीं है। वृद्ध भी समाज के लिए अंतिम क्षण तक कुछ-न-कुछ करना ही चाहते हैं। यहाँ की मूलभूत प्रकृति और विकास की समग्र यात्रा में इन्हें जोड़ना चाहिए।

आप दुनिया के किसी भी देश में जाओ तो वहाँ आपको वरिष्ठ नागरिक तीन से पाँच घंटे सेवा में लगे हुए दिखाई देंगे। बड़े लोग (वरिष्ठ) देश की प्रवृत्ति को सँभालते हैं और सँभालने को तैयार भी हैं। हम लोगों को भी बड़े-बूढ़ों की जब भी आवश्यकता हो, उनकी सेवा का लाभ लेना चाहिए। पार्किंग की व्यवस्था के लिए १५ से २० वरिष्ठ नागरिकों की सेवा का लाभ लेना चाहिए। २,००० वरिष्ठ नागरिक २ घंटे काम करें तो ४,००० मानव घंटे के स्वामी हों तो आप क्या नहीं कर सकते! कोई पाठशाला हमारे यहाँ ऐसी नहीं है, जिसमें गंदगी न हो। आप इनकी सहायता से स्वच्छता अभियान चलाएँ। कोई मंदिर ऐसा नहीं है, जहाँ स्वच्छता हो। उनकी उपस्थिति भी वहाँ बहुत है। वरिष्ठ नागरिकों द्वारा सामाजिक अभियान चलाना चाहिए और उसमें भाग लेनेवाले वरिष्ठ नागरिकों की संख्या में अभिवृद्धि करनी चाहिए। मैं आपको विश्वास दिलाता हूँ कि समस्त गुजरात में यह एक दृष्टांत मिसाल के समान होगा। यह बात मैं सारे गुजरात में पहुँचाने के लिए तैयार हूँ। समग्र गुजरात के लोगों को कहूँगा कि देखो, वरिष्ठों ने तो हमारे यहाँ की रौनक ही बदल डाली है। महीने में एकाध बार इसके लिए प्रवास हो। इसके लिए रेलवे द्वारा सुविधा भी उन्हें मिलती है।

हमारे यहाँ परिवार में संस्कार सिंचित किए जाते हैं। लोरी हमारे यहाँ समाज का एक बहुत ही महत्त्वपूर्ण अंग है, पर दुर्भाग्य से आज लोरियाँ लुप्त होती जा रही हैं। इसके लिए काम करना चाहिए। आधुनिक समय में महिलाओं की लोरी गाने की प्रतिस्पर्धा होनी चाहिए और उसमें मात्र बहनों को ही प्रवेश देना चाहिए। लोरी गाने के लिए स्पर्धा रख नई-नई मीठी-मीठी लोरियों की रचना की भी स्पर्धा रखनी चाहिए। लोरी सुनाकर माँ बच्चे को सुलाती है। यह लोरी तो एक संस्कार यात्रा है। गुजरात की मातृ-शक्ति को जगाने के लिए लोरी एक बड़ी धरोहर और संपत्ति है। □

* सरगम क्लब—सरगम लेडीज की संपूर्ण सुविधा, विशिष्ट एंबुलेंस वाहन का शुभारंभ, राजकोट, ७ अक्तूबर, २००३

२८

सेवा-भाव : अपनी संस्कार प्रक्रिया

अपने देश में वानप्रस्थ जीवन की कल्पना की गई है। आज तो शायद अपनी सभी व्यवस्थाएँ टूट गई हैं। यह वानप्रस्थ व्यवस्था सामाजिक जीवन के अंदर सेवा करने के एक स्वाभाविक गुण को विकसित करती थी। हर एक को ऐसा लगता था कि भाई, इतने वर्षों तो कमाई की है, परिवार के लिए सबकुछ किया है, अब समाज के लिए भी कुछ-न-कुछ करना चाहिए। अपने यहाँ यह एक स्वाभाविक व्यवस्था थी। अब प्रयत्नपूर्वक इस व्यवस्था को पुन: लाने की आवश्यकता महसूस होने लगी है।

हमारे यहाँ अब वृद्धाश्रमों की संख्या बढ़ने लगी है। कोई मुझे वृद्धाश्रम के उद्‍घाटन के लिए बुलाता है तो मैं मना कर देता हूँ। क्या वृद्धाश्रम एक स्वस्थ समाज का लक्षण है? पश्चिमी देशों की अस्वस्थता ने ही वृद्धाश्रम को जन्म दिया है। वहाँ पुत्र पिता को सहारा देने, उसे साथ रखने को तैयार नहीं है। माता की सेवा करने के लिए बेटा तैयार नहीं। समाज का दुर्भाग्य देखो कि जिन भाइयों के पास पाँच बँगले हों, उनके घर में पिता जनवरी में कहाँ रहेगा, फरवरी में कहाँ रहेगा, इसका झगड़ा होता है। गरीब की झोंपड़ी में पिता जीवनपर्यंत घर की श्रेष्ठ व्यवस्था का उपभोग कर सकता है, यह अपने समाज की मूलभूत प्रकृति रही है। आज भी यह मूलभूत प्रकृति ही अपने समाज को बचा सकती है।

कई बार अमेरिका की अर्थव्यवस्था को आधार मानकर हमारे यहाँ अर्थ-रचना का अभ्यास किया जाता है; परंतु आनेवाले समय में अमेरिका के अर्थतंत्र पर अंदर से एक बड़ा प्रहार होने वाला है। इसकी चिंता अमेरिका के अर्थशास्त्री कर रहे हैं। उनकी चिंता है कि अमेरिका के अर्थतंत्र का एक बड़ा भाग वहाँ के वरिष्ठ नागरिकों की सेवा में खर्च हो रहा है। वरिष्ठ नागरिकों को कैसे रखा जाए, कैसे उनकी परवरिश हो और इस परवरिश के लिए उनको बजट के बड़े हिस्से का उपयोग करना पड़ रहा है। हमारे देश में परिवार के अंदर एक जीवंत एकता होने के कारण आज भी समाज के ऊपर

इसका कोई बोझ नहीं पड़ता है। यह अपनी समाज-रचना है। इस सामाजिक रचना को कैसे परिपक्व बनाएँ, कैसे उसे अधिक प्रतिष्ठित करें, इसे कैसे और अधिक शक्ति प्राप्त हो—इसका विचार करने की आवश्यकता है।

सेवा तो हमारे यहाँ प्रकृति में ही थी। दुनिया की किसी भी संस्कृति में एक चबूतरा देखने में नहीं आता है। अपने यहाँ तो गाँव-गाँव में, मोहल्ले-मोहल्ले में चबूतरा देखने को मिलता है। मनुष्य की प्रकृति में था कि मुझे तो इस निर्द्वंद्व आकाश में उड़ने वाले पक्षियों की भी चिंता करनी है। हमारे यहाँ कई लोग सुबह घर से आटा लेकर रास्ते में चींटियों के घरों में डालने के लिए निकलते हैं। यह मात्र जीव-दया नहीं है, यह तो इन्हें बचपन से मिला हुआ संस्कार है। भारत की सदियों पुरानी वंश परंपरा का यह परिणाम है। कुत्तों के विषय में भी पसंद-नापसंद के अनेक भाव लोगों में हैं। एक कुत्ता ऐसा है, जिसके लिए वातानुकूलित कमरा है। उसके लिए वातानुकूलित मोटर गाड़ी है। दूसरा कुत्ता ऐसा है, जिसे सुबह-शाम भूखा है तो भी लोगों की लात खानी पड़ती है। यह देश ऐसा था कि प्रत्येक मोहल्ले में कुत्ते को खाने के लिए एक कटोरे की व्यवस्था होती थी। घर में सबके खाने के बाद कुत्ते के लिए भी खाने की व्यवस्था थी। सेवा तो हमारा स्वभाव है। इस प्रकृति को सामाजिक प्रतिष्ठा कैसे मिले और इस सेवा-भाव की प्रकृति को समाज के अंदर समाज के निम्न-से-निम्न मानव तक हम कैसे पहुँचा सकते हैं, इसका विचार करना चाहिए।

कई बार हमारे यहाँ एक भ्रम का प्रचार भी किया जाता है कि यह देश तो एकदम निकम्मा और बेकार है। अनेक वर्षों तक गुलाम रहने के कारण हमें गुलामी का ग्रहण लग गया है। हमारी मानसिकता भी ऐसी हो गई है कि हम अच्छे हैं—हमारे यहाँ भी बहुत कुछ अच्छा है, ऐसा कहने की हिम्मत ही नहीं है। जगत् को दिखाने के लिए हमारे पास अनेक श्रेष्ठ वस्तुएँ हैं, परंतु हम डरते रहते हैं। इस कारण वे भी कहते हैं कि उदाहरणस्वरूप, जब तक मिशनरियाँ यहाँ नहीं आई थीं तब तक सेवा जैसा कुछ भी नहीं था और ऐसा हमारे यहाँ सहज रूप में कहा भी जाता है। यथार्थ में तो हमारे यहाँ इस प्रकार की व्यवस्था थी कि कोई गरीब आदमी भूखा नहीं सोए, इसके लिए प्रत्येक २० किलोमीटर पर कहीं-न-कहीं अन्नक्षेत्र आज भी देखने को मिलते हैं। इसका अर्थ है कि कोई परंपरा अवश्य है।

चेन्नई या कोयंबटूर में अस्पताल के बाहर एक अन्नलक्ष्मी की व्यवस्था है। मलेशिया में दक्षिण भारत के एक सन्यासी निवास करते हैं। उन्होंने अस्पताल के पास में यह अन्नलक्ष्मी का प्रकल्प चलाया है। उन्होंने वहाँ जमीन लेकर पाँच-सितारा होटल को भी पीछे छोड़ दे, ऐसा एक भोजनालय बनाया है। वहाँ रोगी के सगे-संबंधियों और रोगी को बहुत ही कम पैसों में भोजन मिलता है। न्यायाधीश, बड़े-बड़े डॉक्टर, बड़े-

बड़े प्रतिष्ठित नागरिक वहाँ भोजन परोसने की सेवा देने आते हैं। हमें परोसने की सेवा करने को मिले, इसलिए लोगों की लंबी-लंबी कतारें लगती हैं। भोजन के बाद थाली उठाने तक का दायित्व यही लोग निभाते हैं, सँभालते हैं। अच्छा-अच्छा परोसा जाने के बाद वहाँ मात्र हाथ बाँधकर खड़े रहते हों, ऐसा भी नहीं। अंत तक की प्रक्रिया यही लोग करते हैं। अनेक लोगों को मुश्किल से वर्ष-दो वर्ष में एकाध बार ही एक घंटे के लिए परोसने का अवसर मिलता है। कितना बड़ा और अच्छा सामाजिक सहयोग है। आनेवाले व्यक्ति को भी संतोष हो कि चलो भाई, मैंने यह एक अच्छा काम किया। कभी चेन्नई या कोयंबटूर जाना पड़े तो यह सभ्यता व संस्कृति देखने योग्य है। अरे, पाँच-सितारा होटल में भी ऐसी कार्य-संस्कृति देखने को नहीं मिलेगी।

कई बार हम प्रवास की चर्चा करते हैं। अपने यहाँ मूलभूत तंत्र सुविधा नहीं है। बत्तीस कमरों का कहीं होटल हो तो सारी दुनिया के समाचार-पत्रों में पहले पृष्ठ पर यह समाचार छपेगा, परंतु अपने इस देश में अनेक ऐसे मठ हैं। इन मठों में सैकड़ों कमरे हैं। आज भी आप काली-कमली वाले के यहाँ जाएँ, हरिद्वार-ऋषिकेश जाएँ। हमारे पूर्वजों ने यात्रियों के लिए कितनी व्यवस्थाएँ खड़ी की थीं, इसका सीधा सा अर्थ है समाज-सेवा के लिए मूलभूत तंत्र सुविधा खड़ी करना, उनकी व्यवस्था बनाना, यह समाज की प्रवृत्ति थी। कालक्रम से गुलामी के कालखंड में हमारा यह सबकुछ लुप्त हो गया। अब फिर से इसे जीवित करना पड़ेगा। सेवा का कार्यक्रम करना पड़ेगा, सेवा की व्यवस्था करनी पड़ेगी, सेवा को एक लक्ष्य बनाना पड़ेगा। यह सब धीरे-धीरे हमें करना है। ऐसा करके हमें अपने पुराने स्वभाव की ओर जाने की आवश्यकता है। कम-से-कम सेवा के क्षेत्र में तो यह करने की आवश्यकता है।

□

---

* अन्नपूर्णा-अन्नक्षेत्र-मानव सेवा मंदिर, लॉयंस क्लब ऑफ दिग्विजयनगर, उद्घाटन स्थल दिग्विजयनगर, लॉयंस फाउंडेशन, सिविल अस्पताल के सामने, अहमदाबाद, १७ अक्तूबर, २००४

२९

कर्मचारी : एक परिवार

वैसे तो सरकार के लिए दिवंगत कर्मचारियों के आश्रितों को नौकरी देने का यह एक छोटा सा प्रसंग है, परंतु एक व्यक्ति के लिए तो बहुत ही बड़ा है। इस विषय को लेकर मेरे मन में हमेशा कुछ-न-कुछ मंथन चलता रहता है। जिन मित्रों को यह उत्तरदायित्व मिला है, उन्हें मेरी शुभेच्छा है कि वे अपने कार्यों से यशस्वी बनें। किसी भी कारण से उन्हें सरकारी सेवा में प्रवेश तो मिला, विरासत का लाभ मिला। विपत्ति में सरकार ने मदद की है। परंतु सरकारी नौकरी में प्रवेश के बाद आगे का जीवन तो अपनी स्वयं की शक्ति से ही आगे बढ़ेगा, नहीं तो कई बार ऐसा होता है कि चलो, सरकारी नौकरी तो मिल गई, अब सब ठीक हो गया, और नहीं तो धक्के मारते-मारते ५८ वर्ष तो पूरे हो ही जाएँगे। ऐसा विचार हो तो आनंद नहीं आएगा। क्यों? इस व्यवस्था में किस कारण रहना?

नौकरी करते-करते परीक्षाएँ पास करें। डिपार्टमेंटल (खाते) की परीक्षाएँ पास करें, नई-नई शक्ति प्राप्त करें। चाहे पिताजी चपरासी थे और हम दया की प्रार्थना अरजी करते रहें। अब काम मिल गया है तो मन में ऐसा क्यों न हो कि चलो, मैं ड्राइविंग सीखूँ। बारहवीं कक्षा की परीक्षा है। भले ही अब मुझे सहारा मिल गया है, परंतु मैं यहीं रुकूँगा नहीं, मैं तो प्रगति करूँगा। आपके पिताजी अथवा माताजी अथवा पिता को जिनकी जिंदगी में से जल्दी जाना पड़ा हो, इस कारण से तुम्हें जो काम मिला है, उसका उन्हें आनंद कैसे आएगा? उन्हें संतोष कब होगा? वे तुम्हें जिस स्थिति में रखकर चले गए, वहीं-के-वहीं, वैसे-का-वैसा ही जीवन जियो, इसका आपको संतोष होगा, परंतु उनको नहीं होगा। उनसे ज्यादा तुम प्रगति करो, उनसे ज्यादा कुछ अच्छा करो तो उस मृतात्मा को संतोष होगा कि चलो, मैं उनके बीच नहीं रह सका, जो मेरे से हुआ उतना किया, पर मेरे जाने के बाद इन्होंने प्रगति की है।

सरकार तो एक सहारे की लकड़ी है, बैसाखी है। इसका बस इतना ही अर्थ लेना

चाहिए। सरकार ने यह सहारा दिया है। अब खड़े होने की, बढ़ने की जिम्मेदारी तो हमारी है। व्यक्ति के जीवन में इसका बड़ा महत्त्व है। दया से प्राप्त नौकरी में प्रगति, स्वप्न, लक्ष्य आदि कुछ नहीं होता है। कई बार मुझे 'दया' शब्द चुभता है; परंतु कोई नया शब्द भी इसके लिए मिलता नहीं। यह दया या रहम शब्द क्या है? इस राज्य के लिए अच्छा शब्द नहीं। यह तो राज्य का कर्तव्य है, यह तो राज्य की जवाबदेही है कि सबकी चिंता करना। मुझे इस सारी योजना में एक चिंता होती है कि बहुत सी बहनों के विषय में तो मैं कुछ समझ सकता हूँ। बहन छोटी उम्र में विधवा हो गई। उसकी पीड़ा तो मेरी समझ में आती है, परंतु मैंने देखा कि पत्थर फोड़कर जो पानी निकाल सके, ऐसे शक्तिशाली युवक अरजी लेकर तीन-तीन वर्ष तक कार्यालयों के चक्कर लगाते रहते हैं, क्यों? दया की, रहम की नौकरी किसी दिन मिलेगी। अरे भाई, जिंदगी इस प्रकार से जी जाती है? सरकार की योजना का लाभ मिलेगा, तब मिलेगा। अभी तो प्रगति की राह पर आगे चलो। परंतु मैंने देखा है कि अधिकांश लोगों ने अन्य सारे दरवाजे बंद कर दिए हैं। मुझे समग्र गुजरात के कर्मचारी वर्ग से विनती करनी है। हम सब ईश्वर से प्रार्थना करें कि किसी के जीवन में भी ऐसी मुसीबत नहीं आए; परंतु इसके साथ-साथ जो ईश्वर ने सोच रखा है, वही होगा। जो वह चाहे, उसके जीवन में वही कुछ घट सकता है। इस पर विचार करने की आवश्यकता है, संपूर्ण मानव परिवर्तन की आवश्यकता है। मैं इस दया प्रार्थना की अरजी लेकर घूमते हुए लोगों को पिछले दो-ढाई वर्षों से मिला हूँ और उनसे कहा भी है कि भाई, तू कुछ अन्य दूसरा तो कर। सरकार निर्णय लेगी, तब लेगी, जल्दी फैसला आए तो वे भी देखेंगे; यद्यपि प्रत्येक सप्ताह या दस दिवस में उसका वह चेहरा मुझे दिखाई दे जाता है। यदि कोई योजना अकर्मण्यता पैदा करे, कुछ करने की वृत्तियों को मार दे तो ऐसी स्थिति में यह योजना सफलता की प्रतीक नहीं है।

सारी योजना में मुझे तीसरी एक कमी दिखाई देती है। जिस परिवार में मुसीबत आई है, उसे तत्काल मदद की आवश्यकता होती है। उसके ऊपर तो मानो आसमान टूट पड़ा होता है। उसने कल्पना ही नहीं की होती है। अब जीवन को कैसे जीना, दिन कैसे काटना? ३५-४० की उम्र में किसी कर्मचारी की मृत्यु हो जाए तो उसकी विधवा पत्नी की आठवीं-दसवीं में पढ़ते बालक की कैसी स्थिति होती है, कल्पना करो! और दया की नौकरी मिलती है ५-६ वर्षों के या ९ वर्षों के बाद। इतने वर्षों तक यह परिवार क्या करे? एक के कारण १५ काम अटक जाते हैं। ये सारी समस्याएँ आती ही रहती हैं। व्यवस्था ऐसी होनी चाहिए कि उसे तत्काल सहायता मिले। सन् १९९५ और १८८६ के केस (प्रश्न) अभी भी लटके हुए हैं। इतने अंतराल में कोई दया करे, इससे पूर्व इतनी शक्ति तो आ जाती है, परंतु यह कमी कैसे दूर हो? कई बार मुझे ऐसा लगता है कि जिस परिवार में ऐसी आफत आ गई हो, उसे सरकार एकमुश्त बड़ी राशि दे दे तो उसके

ब्याज से जो पैसे मिलें और आज ५–६ वर्ष बाद भी जो हाथ में प्रार्थना के कागज लेकर आया हो, उससे ज्यादा तो शक्ति मिल सकती है। उस ब्याज की रकम से बच्चों को पढ़ा–लिखाकर बड़ा करे, तो शायद ज्यादा शक्तिशाली बन सकते हैं। इस पर समस्त कर्मचारी मंडल मित्रों को विचर करना है कि इस योजना में नए प्राण फूँकने की आवश्यकता है। पिताजी गुजर गए हैं। ५–६ वर्ष हो गए। पति को गए ५–७ वर्ष गुजर गए हों और फिर सरकार निर्णय करे तब जाकर कहीं कुछ मिले—यह योजना मुझे पीड़ा देती है। कुछ ऐसा होना चाहिए, जिसके कारण पीड़ित परिवार तुरंत खड़ा हो सके। मैं इच्छा करता हूँ कि ईश्वर हमें इस बारे में विचार करने की शक्ति दे और हम लोग किसी अच्छे निर्णय पर पहुँच सकें। कर्मचारी महामंडल के मित्र भी इसमें थोड़ा दिमाग लगाएँ। ऐसी व्यवस्था तो अत्यंत जरूरी है। ५–६ वर्षों तक विलंब हो, ऐसी व्यवस्था ठीक नहीं।

हम सब मिलकर एक परिवार हैं, एक परिवार की तरह सबके सुख–दुःख के साथी हैं। लगाव, करुणा, आदर, सम्मान, सत्कार आदि सब अन्योन्य हैं। यह अन्योन्य भाव, अपनत्व भाव अपने परिवार में कैसे विकसित हो, यह बहुत ही महत्त्व का है। यह ५ लाख लोगों का अपना परिवार है। दूसरे का दुःख अपना दुःख, दूसरे का सुख अपना आनंद—ऐसा भाव उत्पन्न हो तो मैं मानता हूँ कि हम अवश्य सफलतापूर्वक आगे बढ़ सकेंगे। □

---

* अवसान–प्राप्त कर्मचारियों के आश्रितों को दया की नौकरी के आदेशों पर
टाउन हॉल, गांधीनगर, २७ जुलाई, २००६

३०

जगमगाते हुए गाँव

आज देश में बिजली के संकट की चर्चा होती है। अब तो टी.वी. के कारण आपको घर बैठे जानकारी मिल जाती है कि हिंदुस्तान के किस कोने की क्या हालत है? बिजली की धाँधलियों के कारण चारों ओर अनेक प्रकार की समस्याएँ देखने को मिलती हैं। सामान्य आदमी को बिजली नहीं मिलती है, इस कारण सब जगह अंधकार छाया दिखाई देता है।

उद्योगों के लिए भी बिजली की कठिनाई होने से एक समय में उद्योगों से भरपूर महाराष्ट्र में से उद्योग अब दूसरे स्थानों को स्थानांतरित होने लगे हैं। वर्षों से दिल्ली में घर में टी.वी. के समान ही जनरेटर रखना पड़ता है। देश भर की यही हालत है।

हमारे एक प्रधानमंत्री ने १५ अगस्त को लाल किले से भाषण देते हुए कहा था कि आनेवाले दिनों में बिजली का संकट समग्र भारत की प्रगति को रौंदकर रख देगा। देश को यदि बिजली संकट से बचाया नहीं गया तो देश की प्रगति रुक जाएगी। प्रधानमंत्री की इतनी बड़ी चिंता से गुजरात के अतिरिक्त एक भी राज्य की आँखें नहीं खुलीं। समग्र देश में एकमात्र गुजरात ऐसा राज्य है, जिसने ऊर्जा के क्षेत्र में एक नई क्रांति का निर्माण किया है।

सन् २००१ में मुझे मुख्यमंत्री पद की शपथ लेनी थी। अभी तो मेरी सौगंध विधि संपन्न हुई भी नहीं थी। मुझसे मिलने पत्रकार मित्र आते थे, कार्यकर्ता आते थे। चुनाव जीते हुए नेता भी आते, किसान मिलने आते, व्यापारी मिलने आते। ये सब लोग मेरे कानों में एक बात जरूर डालते थे कि साहब, कुछ भी करो, परंतु शाम को भोज करते हुए बिजली मिले, ऐसा कुछ करो और परिस्थिति भी ऐसी ही थी। बच्चों की परीक्षाएँ हों और रात को पढ़ाई करने के लिए बिजली नहीं हो। शाम को भोजन करते हों और एकदम बिजली चली जाए। सबको वे दिन याद हैं कि गाँवों में सवेरे जल्दी उठकर भैंस या गाय को दुहना हो तो एकदम अँधेरा होता था और इस कारण दुहने का कार्यक्रम देर

से करना पड़ता था। अनेक कुटुंबियों को दो-तीन दिन लगातार खिचड़ी पकाकर खानी पड़ती थी, कारण कि बिजली के अभाव में अनाज पीसने की चक्की बंद होती थी। ऐसी सब तकलीफें सामान्य बन गई थीं।

इन तमाम समस्याओं का निराकरण 'ज्योति ग्राम योजना' से सफल हो सका है। २४ घंटे थ्री फेस अनइंटरप्टेड पावर (थ्री फेस बिजली का सतत प्रवाह) सारे देश में गुजरात ही एक ऐसा राज्य है, जहाँ २४ घंटे बिजली मिलती है। ऐसा आमूल परिवर्तन कर गुजरात को सर्वांगीण विकास के मार्ग पर लाए हैं। इसमें सबसे महत्त्व की सिद्धि 'ज्योति ग्राम योजना' है।

यह ऊर्जा क्रांति हमने समृद्ध समाज और समृद्ध गुजरात के लिए साकार की है। गाँवों को २४ घंटे थ्री फेस पावर सप्लाई कर गाँवों को जगमगाया है, गाँवों में जीनेवाले लाखों लोगों के जीवन में उजाला किया है। इस योजना से आर्थिक व सामाजिक कार्यों में बहुत से फायदे हुए हैं। छोटे-से-छोटे मानव को नियमित बिजली मिलने से उसे खेत और घर दोनों जगह लाभ हुआ है। इस कारण गाँव में रहनेवाले विद्यार्थियों का शिक्षा स्तर ऊँचा होगा। इतना ही नहीं, उनके जीवन-स्तर में सुधार होने से गाँव से शहर की ओर भागने की प्रवृत्ति भी बंद होगी। गाँवों की जीवन-शैली में सुधार हुआ है। २४ घंटे की बिजली ने गाँव और शहर का भेद समाप्त किया है। गाँव में रहनेवाला युवक कंप्यूटर का उपयोग कर सकेगा। गाँव के विद्यार्थी को शहर के समक्ष सुविधाएँ मिलने लगीं। किसान को घर के उपयोग के लिए २४ घंटे नियमित बिजली मिलने से पंप की आयु में वृद्धि हो गई। कृषि उत्पादन अधिक होने से उसके आर्थिक जीवन-स्तर में सुधार हुआ और शहर के लोगों को अपनी बेटी का विवाह गाँव में करने का संकोच दूर हुआ है। गरीब हो या धनवान्, सामाजिक भेदभाव त्यागकर सबको समान रूप से २४ घंटे हम लोग बिजली दे सके हैं।

यह बिजली ऐसे ही सहजता से नहीं आई है, इसकी सबको जानकारी है। गाँव में बिजली का एक खंभा रुकावट पैदा करता हो और उस खंभे को वहाँ से हटाना हो तो इसके लिए अरजी दो। दो-दो वर्ष तक लोगों ने अरजी दी होती थी, महीनों तक धरना दिया होता था—मात्र एक बिजली का खंभा हटाने के लिए, तब कहीं जाकर वह खंभा वहाँ से हटता था। पहले ऐसी स्थिति अपने यहाँ थी। २४ घंटे बिजली पहुँचाने के लिए 'ज्योति ग्राम योजना' सफल है, इसलिए राज्य सरकार ने १,००० दिनों में ३३ लाख खंभे खड़े किए हैं। किसान मित्रों को पता है कि एक ट्रांसफार्मर जल गया तो इसके कारण खड़ी फसल भी जल जाती है। किसान के १२ माह बिगड़ जाते हैं। लड़की के हाथ पीले करने का निश्चय किया होता है, परंतु एक ट्रांसफार्मर जल जाने के कारण लड़की का विवाह टालना पड़ता था और ट्रांसफार्मर बदलने के लिए जमीन गिरवी

रखनी पड़ती थी। ऐसे दिन गुजरात के किसानों ने देखे हैं। आज 'ज्योति ग्राम योजना' के लिए १,००० दिनों में ५६,००० नए ट्रांसफार्मर लगाए हैं। हिसाब लगाएँ, रोज के ५६ ट्रांसफार्मर लगे, क्योंकि हमारी इच्छाशक्ति थी। कृषि का हित हमारे मन में था। हम जानते हैं कि किसानों की पैदावार बचेगी तो उसके घर में उजाला होगा। उसकी बेटी के हाथ पीले होंगे, उसका लड़का पढ़ाई करेगा। मेरी इच्छा थी कि किसी गरीब आदमी की माँ बीमार है और घर में पंखा चलता है तो माँ को आराम मिलेगा। गरीब के घर में बिजली हो और साँझ के समय सारा परिवार मिलकर भोजन करता हो और घर में उजाला हो—हलके-फुलके वातावरण में बातें चलती हों, पंखा चलता हो, इसीलिए ३३ लाख खंभे और ५६,००० ट्रांसफार्मर लगाए गए हैं। भूतकाल में ऐसी हालत थी कि मूसलधार बरसात होती हो और तार जल जाए, तब मात्र बिजली के तार बदलने के लिए लोगों को दो-दो वर्ष तक लटका के रखा जाता था। हमने ७५ हजार कि.मी. लंबे तार गुजरात में १,००० दिनों में लगाए हैं। इतने परिश्रम के बाद ज्योति ग्राम आया है। लाखों-करोड़ों रुपयों का खर्चा हुआ है। हमारे ऊर्जा विभाग के साथियों ने खूब मेहनत की है। मैं मुख्यमंत्री के पद पर आया, इससे पूर्व भी यही लोग काम करते थे। ऊर्जा विभाग के एक-एक छोटे कर्मयोगी ने बड़ा परिश्रम किया है। उसने इस गुजरात का कल्याण करने की मेरी इच्छा की पूर्ति करने के लिए घर में शायद माँ बीमार हो तो भी छुट्टी नहीं ली होगी, तभी तो १,००० दिन में २३ लाख खंभे खड़े हुए हैं। यह परिश्रम ऐसा नहीं है कि एक निवेदन किया, दीपक जलाया, फोटो खिंचवाया, छपवाया और कार्यक्रम पूरा कर दिया। कड़ी मजदूरी करके गुजरात को ऊर्जावान् बनाने के लिए एक यज्ञ प्रारंभ किया है।

सारे देश के प्रांतों में कांग्रेस की सरकारें हैं। तीन वर्ष से दिल्ली में कांग्रेस की सरकार राज करती है। सारे देश में कांग्रेस की सरकार ने एक यूनिट बिजली पैदा नहीं की है। गुजरात सरकार ने तीन वर्ष के अल्प समय में ८०० यूनिट नई बिजली गुजरात के खाते में जमा कराई है और नर्मदा योजना में से जो बिजली पैदा होती है, उसमें से अतिरिक्त बिजली महाराष्ट्र व मध्य प्रदेश को मिलती है। नर्मदा की बिजली से तो गुजरात को बहुत ही कम लाभ मिलता है। ८०० यूनिट बिजली तीन साल के अल्प समय में उत्पादन करने का भगीरथ काम इस गुजरात सरकार ने किया है। इतना काम करके हम बैठ नहीं गए हैं। ऊर्जा की माँग बढ़ती ही जाती है, बिजली की आवश्यकता बढ़ती ही जाती है। गुजरात के औद्योगिक विकास में बिजली की आवश्यकता उत्तरोत्तर बढ़ती ही जा रही है। गरीब-से-गरीब आदमी के घर में बिजली का उपयोग बढ़ता ही जा रहा है। सन् १९६० में गुजरात राज्य का जन्म हुआ, तब से लेकर अब तक का हिसाब समझने योग्य है। ४५ वर्ष में एक दर्जन सरकारें, एक दर्जन मुख्यमंत्री, हजारों-

करोड़ों का बजट, अरबों रुपए का वेतन—यह सबकुछ हुआ और इसमें जितनी बिजली पैदा हुई है, उतनी बिजली आगामी वर्ष २०१० में गुजरात की ५०वीं वर्षगाँठ मनाएँगे, तब तक बिजली पैदा कर देने का संकल्प हमने किया है। ४५ वर्षों का काम १,००० दिनों में पूरा करने की मन में प्रबल इच्छा हो तो ही यह संभव हो सकता है। हमें गुजरात को प्रगति के मार्ग पर ले जाना है। ४०० के.वी. सब-स्टेशन के कारण ही घर में उपयोग के लिए, उद्योग हो, खेती हो, इसमें बिजली की क्षमता में सुधार हो रहा है। अरे, वर्ष में दो बार आपके बिजली के बल्ब फ्यूज हो जाते हैं तो गरीब आदमी को वर्ष में १५ या २० रुपए खर्च करने पड़ते हैं। ४०० के.वी. के स्टेशन में सरकार ने भले ही शायद १२५ या १५० करोड़ रुपए व्यय किए हों, पर इस कारण गरीब का एक छोटा सा बल्ब फ्यूज नहीं होता है और उसके १५ या २० रुपए बच जाते हैं। हमने खेतों में पानी पहुँचाने का संकल्प किया है।

मैंने गुजरात की प्रगति का यज्ञ करने का निश्चय किया है। गुजरात का रंग-रूप बदलने का एक सपना लेकर एक महाअभियान शुरू किया है। मुझे गुजरात के गाँवों का रूप बदलना है, चेहरा बदलना है। गुजरात के जीवन का चेहरा बदलना है और यही लक्ष्य लेकर मैं चल रहा हूँ। हिंदुस्तान का चेहरा बदलने में गुजरात को बड़ा काम करना है। ऐसे स्वप्न के साथ आगे बढ़ना है। ऊर्जा विभाग के सब मित्रगण अभिनंदन के अधिकारी हैं। ये मित्र एक ही वर्ष में २४ पुरस्कार ले आए हैं। इन्होंने सारे देश में गुजरात का नाम रोशन किया है। आनेवाले दिनों में ऊर्जा क्षेत्र में गुजरात के लाखों साथी, जो ऊर्जा विभाग में काम कर रहे हैं, उनकी यह सामर्थ्य, उनका यह समर्पण गुजरात में कभी भी अंधकार नहीं छाने देगा।

□

* गुजरात एनर्जी ट्रांसमिशन कॉर्पोरेशन लि. द्वारा आयोजित ४०० के.वी. सब-स्टेशन, गाँव वड़ावी (रणछोड़पुर), तहसील कड़ी, जि. मेहसाणा, २६ जुलाई, २००७

३१

गाँव सुखी तो देश समृद्ध

बदलते हुए समय में किसान को उसकी मेहनत का मूल्य मिलना चाहिए। किसान कड़ी मजदूरी करके जो भी पैदा करता है, उसकी मजबूरी का लाभ बिचौलिया, दलाल लूट लेता है और कठिनाइयों के दिनों में माल (पैदावार) बेचने को आतुर किसान कम दामों में अपनी पैदावार बेचकर अपनी मेहनत-मजदूरी में लगा रुपया भी नहीं निकाल पाता है। ऐसी दशा में उस किसान का जीवन कितना मुश्किल हो जाता है, उसका हमें अंदाज है।

राज्य सरकार का प्रयास है कि किसान लूटा न जाए, उसके साथ धोखाधड़ी न हो। कोई अन्य किसान की मजबूरी का फायदा न उठा सके और किसान स्वयं ही अपना स्वामी बन सके। किसान को अनेक मुश्किलों का सामना करना पड़ता है। केंद्र सरकार के साथ किसानों के अधिकार के लिए जो लड़ाई हम लड़ रहे थे, वह हम जीत गए हैं। सन् १९८५ से किसानों को पैदावार का पैसा जो नहीं मिलता था, वह अब मिलने लगा है। पहले कभी ऐसा होता था कि गरीबों की सरकार चलाने की बातें की जाती थीं। बहुत से वायदे किए जाते थे, परंतु व्यवहार में कुछ और ही थी। कोई आदमी लट्ठा (शराब) पीए और मर जाए तो सरकार उसके घरवालों को पैसा देती थी। कोई आदमी दंगा-फसाद में मर जाए तो उसके घरवालों को पैसे मिलते थे। परंतु जमीन का मालिक किसान या बिना जमीनवाला किसान कुआँ खोदते-खोदते मिट्टी गिरने से उसमें दबकर मर जाए तो उसे फूटी कौड़ी भी नहीं मिलती थी। किसान खेत में काम करता हो, उसे जहरीला साँप डस ले और वह मर जाए तो उसे फूटी कौड़ी भी नहीं मिलती थी। क्या किसान के साथ यह अन्याय नहीं है? कड़ी मजदूरी व मेहनत करके सरकार के अन्न-भंडार को भरनेवाले किसान के जीवन में कोई मुसीबत आए, तब उसकी तरफ देखनेवाला कोई भी नहीं? इससे अधिक दुःखद परिस्थिति और क्या हो सकती है! मुझे लगा कि किसान तो इतनी अधिक संख्या में हैं, छोटी-बड़ी दुर्घटना हो

जाए, कभी शरीर का कोई अंग भी गँवाना पड़ता है और कभी जीवन ही गँवाना पड़ता है। घर के लोग रो-धोकर रह जाते हैं। इसका कोई उपाय ढूँढ़ना चाहिए। इस कारण राज्य सरकार ने गुजरात के सभी किसानों का बीमा किया है। इस बीमे की पॉलिसी का पैसा राज्य सरकार स्वयं ही भरती है।

आज गुजरात के प्रत्येक किसान के पास किसान पुस्तिका है। किसान को क्रेडिट कार्ड दिए गए हैं। हमने बनासकाँठा में लोक-कल्याण मेले का आयोजन किया है। यहाँ किसान को क्रेडिट कार्ड देने का जितना लक्ष्य बनाया गया था, उसको पूरा करने के लिए हमने एक बड़ा अभियान शुरू किया था, जिससे किसान सर्राफ के यहाँ जाकर लड़की के, पत्नी के, बहन के जेवर गिरवी रखकर रुपए लेने के लिए मजबूर न हो और ब्याजखोर सर्राफ किसान का शोषण न करे। किसान स्वयं बैंक में जाकर अपने अधिकार का पैसा ले सके, ऐसी व्यवस्था की है। ऐसा होने से किसान का शोषण रुकेगा। बाजार में पैदावार का दाम (एकदम कम हो जाए) गड्ढे में चला गया हो, किसान को महामूल्यवान् अनाज मिट्टी के भाव बेचना पड़े, प्रत्येक किसान के पास उत्पन्न चीजों को रखने की जगह न हो, उस समय किसान को टिके रहने के लिए एक निर्धारित (टेका) भाव की आवश्यकता होती है। एक भी पाई का अनाज खरीदा नहीं जाए और किसान की जेब में से कुछ भी जाए नहीं। गुजरात सरकार ने मकई, बाजरा, मूँगफली, कपास आदि निर्धारित भाव से पहली बार खरीदकर गुजरात के मरते हुए किसान को बचाने का प्रयास किया है और इस कारण गुजरात का किसान जी गया है।

यदि गाँव सुखी होंगे तो देश भी सुखी होगा। इसी कारण से हमने गाँवों को सुखी करने के लिए 'गोकुल ग्राम योजनाओं' द्वारा गाँवों को मूलभूत सुविधा देने का प्रयास किया है। समरस गाँव द्वारा गाँव के अंदर एकता बनी रहे, लोग शांति से जीवनयापन करें, सुख से जीएँ और गाँव के प्रश्नों का निराकरण गाँव के भाई लोग ही एकत्रित होकर करें, इसके लिए एक सफल प्रयोग किया है। आनेवाले दिनों में गाँव भले ही गाँव ही हो, परंतु शुद्ध हवा, पानी दूध हो, बस्ती कम हो, भाईचारा हो और गाँव में बैठा आदमी दुनिया की बराबरी कर सके, उतनी शक्ति उसे मिले। बनासकाँठा के किसी किसान का बेटा अमेरिका में रहता हो, नौकरी करता हो और उसे अमेरिका में बैठे-बैठे ही देखना हो कि मेरी जमीन के ७-१२ के पत्र का क्या हाल है तो वह अमेरिका में बैठा-बैठा अपने कंप्यूटर पर गाँव की अपनी जमीन के ७-१२ के पत्र को देख सके, इस स्तर तक हम अपने गाँव का विकास करना चाहते हैं, एक क्रांति लाना चाहते हैं। विश्व में जो कुछ भी है, वह गाँव में होना चाहिए। जो भी अच्छा है, श्रेष्ठ है, वह गाँवों को प्राप्त होना चाहिए। ऐसा गाँवों का विकास होगा तो गाँव टूटेंगे नहीं। इसके लिए गाँव को मूलभूत सुविधाएँ, गाँव में एकता का वातावरण, गाँव में आधुनिकता की पहल, गाँव

में विज्ञान का वातावरण पैदा करना पड़ेगा। इस दिशा में क्रमानुसार आगे बढ़ने का राज्य सरकार ने संकल्प किया है। किसान को आमदनी मिले, गोबर गैस की रचना हो, गोबर गैस से बिजली पैदा हो। गैस और बिजली गाँव के आदमी को मिले, इस हेतु हम एक व्यापक मूलभूत व्यवस्था स्थापित करना चाहते हैं। इससे गाँव के लिए एक शक्ति उत्पन्न होगी और गाँव का आदमी सुखी होगा।

□

* किसान के हितों के लिए सरकार संकल्पबद्ध है। गाँव का विकास राष्ट्र का विकास बनासकाँठा, २६ अप्रैल, २००३

३२

ई-ग्राम : विश्व ग्राम

एक बार अमेरिका के राष्ट्रपति बिल क्लिंटन भारत के प्रवास के समय जयपुर के पास एक गाँव देखने गए थे। वह गाँव देखकर उन्हें बहुत ही आश्चर्य हुआ। उन्होंने कहा कि मुझे अचरज होता है कि छाती तक घूँघट निकाले हुए बहनें कंप्यूटर चला रही थीं और कंप्यूटर से डेयरी का सारा हिसाब करती थीं। यह सब देखकर उन्हें आश्चर्य हुआ कि यहाँ इतनी प्रगति हो गई है।

इस टींबी गाँव में जाकर मुझे भी आश्चर्य हुआ। मैं तो गुजरात के गाँवों में घूमनेवाला आदमी हूँ। मुझे भी टींबी गाँव में आश्चर्य हुआ कि मैंने वहाँ एक बोर्ड देखा ब्यूटी पार्लर का। दूसरों को हो या न हो, मुझे तो आश्चर्य हुआ। जितना क्लिंटन को हुआ था उतना ही मुझे भी हुआ। आधुनिकता अब कहाँ तक पहुँच गई है, इसका यह जीता-जागता उदाहरण है। राज्य सरकार का भी यह प्रयत्न है कि आधुनिकता गाँव-गाँव पहुँचे, परंतु हमें आधुनिकता वह लिपस्टिकवाली, पाउडर लगानेवाली और बाल काले करनेवाली नहीं चाहिए। हमें तो आधुनिकता चाहिए विज्ञान की। हमें तो आधुनिकता लानी है उपयोगिता की। गाँव का मानव विश्व स्तर का जीवन जी सके, ऐसी आधुनिकता गाँवों के चरणों में रख देनी है।

वैसे तो अपने काठियावाड़ में 'ई-गवर्नेंस' कोई नया नहीं लगता है। ई-आए थे, ई-गए थे, ई-खाते थे और ई-बैठे थे। अपने यहाँ तो पग-पग पर 'ई' होता है, परंतु अब इस 'ई' शब्द का नया अर्थ आया है। पहले प्रेम से 'ई' कहते थे। अब यह 'ई' विज्ञान ने पकड़ लिया। वह 'ई' गवर्नेंस आया है। ऐसा यह 'ई' गाँव बना है। ई-गाँव विश्व गाँव और हमारा मंत्र है। 'ई-ग्राम विश्वग्राम' एक दिन ऐसा आएगा कि हमारा लड़का मुंबई में हो और तुम्हें लगे कि पंचायत घर में बैठकर कंप्यूटर पर उसके साथ बात करनी है तो व्यवस्था करो और बात हो जाए। जो विश्व में है वह टींबी गाँव में भी हो। सभी गाँवों में धीरे-धीरे यह स्थिति पैदा करनी है। यह कंप्यूटर एक खिलौना नहीं है। आनेवाले

समय में यह कंप्यूटर अपना जीवनसाथी बनने वाला है। कई बार गाँव के लोग मुझे कहते हैं—साहब, मुख्यमंत्री चाहे जैसा हो, पर पटवारी अच्छा देना गाँव को। गाँव का मुख्यमंत्री पटवारी ही होता है। परंतु यह पटवारी साहब कौन है? आज तक तो यह जगह भरी ही नहीं गई है। तुम्हें यह छोटा सा डिब्बा दिखाई देता है न! यह कंप्यूटर ही पटवारी का साहब है। इसकी शक्ति इतनी ज्यादा है कि मुझे मेरे कमरे में बैठे-बैठे पता चलेगा कि टींबी गाँव के पटवारी ने आज क्या लिखा-पढ़ी की है? तुम्हें आश्चर्य होगा कि गुजरात में पटवारियों ने इकट्ठा होकर आंदोलन किया था कि यह तो नहीं होने देंगे। पटवारी संगठनों का मैं आभार मानता हूँ कि आखिर में गुजरात के भविष्य को समझा। हमारी बातें उनके गले उतरीं और उनके मन में जो गाँठें थीं, उन्हें खोल दिया गया। गुजरात को आधुनिक बनाने के प्रयास में सहयोगी बनने के लिए मैं पटवारी संगठनों के मित्रों का अभिनंदन करता हूँ। बदलते हुए प्रवाह को उन्होंने पहचाना, उनका स्वागत किया। प्रगति इससे संभव बन सकेगी। आप विचार करो कि इस एक नन्ही सी वस्तु से कितना अंतर आने वाला है। मैंने अभी आपका सारा कार्यक्रम पंचायत घर में बैठकर देखा। मैंने बहुत सी सूचनाएँ भी आपको दी हैं; जैसे कि इसमें एक नया काम जोड़ो, जिससे पता चल सके कि हमारे इस टींबी गाँव के लोग कहाँ-कहाँ गए हैं? उनमें से कौन-कौन जीवित हैं? उनका पता क्या है? वे क्या करते हैं? मिल जाएँगे या नहीं मिलेंगे? मान लो, आपके एक मोहल्ले में, जाति में एक लड़की की शादी करनी है। आप पंचायत में जाकर कहो कि इन छह गाँवों में इस जाति के २० वर्ष से अधिक आयु के शादी योग्य लड़कों की सूची तो निकाल दो। साहब, तुम सूची लेकर उसमें से लड़का ढूँढ़ सकोगे या नहीं ढूँढ़ सकोगे? तुम्हें लगता है, लड़की बड़ी हो गई है, अच्छा लड़का ढूँढ़ना है और छह गाँवों में से ढूँढ़ना है। मिलेगा कि नहीं? कितना ढेर सा उपयोग एक साथ हो जाता है। शिक्षकों के ऊपर काम का बहुत बोझ है। कोई आकर कहे कि शिक्षकों को विकलांग भाई-बहनों की फेहरिस्त बनानी है। बेचारे घर-घर जाकर फेहरिस्त बनाते हैं, पर अब यह कंप्यूटर तुरंत ही कह देगा। अत: शिक्षकों की परेशानी कम हो गई। कंप्यूटर में सब जानकारी होगी कि गाँव में शारीरिक विकलांग कितने व्यक्ति हैं? अब हर समय गाँव में जाकर गिनना नहीं पड़ेगा। मतदाताओं की सूची बनाने के लिए ही तीन माह के बाद शिक्षकों या किसी और को भागना नहीं पड़ेगा। कंप्यूटर में जन्म-मृत्यु की जानकारी रखी जाती है। अत: तुरंत पता चल जाता है कि कितने लोगों की मृत्यु हो गई है, बस उतने मतदाता उसमें से कम हो गए और हाँ, कितने जनमे? उनकी उम्र कितनी हो गई? पता चलेगा कि इस वर्ष इस गाँव में कितने लड़के २१ वर्ष के हो गए, कितने १८ वर्ष के हो गए हैं और वे सब मतदाताओं की सूची में जुड़ जाते हैं। सारी व्यवस्था सुचारु रूप से खड़ी की जा सकती है। हम चाहें तो

वह जानकारी इकट्ठी कर सकते हैं। हमारे यहाँ सन् २००३ में सबसे अधिक प्रतिशत अंक लानेवाले लड़के कौन हैं? सबसे अधिक प्रतिशत अंक लानेवाली लड़की कौन है? १०० वर्ष की सूची तैयार करनी पड़े तो तैयार कर सकते हैं। अब कई लोगों को लगता है कि कंप्यूटर कठिन नहीं है। हाथ से लिखकर तैयार करने में बहुत तकलीफ होती है। बस, इस खिलौने के पंद्रह-बीस बटन दबाने आने चाहिए। आप आसानी से इसके द्वारा सारी व्यवस्था और काम कर सकते हैं, विश्व की कोई भी जानकारी प्राप्त कर सकते हैं। गाँव की पंचायत में कोई उत्साही भाई हो तो वह सरकार और गाँव के हित में काम कर सकता है। उदाहरण के लिए, किसी बहन को विचार आए कि आज मुझे डोसा बनाना है और उसे पता नहीं हो कि डोसा कैसे बनेगा? जानकर आप सबको आश्चर्य होगा कि डोसा बनाने की एक वेबसाइट होती है। उसमें देखो तो तुरंत पता चल जाएगा, डोसा कैसे बनता है। इसकी सारी जानकारी मिल जाएगी। आपके घर में किसी बच्चे की परीक्षा है, उसे विचार आए कि साहब ये प्रश्न पूछ सकते हैं। मान लो, ताजमहल पर निबंध पूछ लें तो गाँव में ताजमहल के ऊपर कोई जानकारी नहीं मिलेगी। आप पंचायत में जाकर कहो—साहब, वेबसाइट देखकर ताजमहल के विषय में जानकारी दो न! कल लड़के को निबंध तैयार करना है। यह निबंध तैयार हो जाएगा। ज्ञान-संपदा इस छोटे सी पेटी में है। इसका उपयोग आप जितना करें उतना ही कम। ज्ञान के लिए, जानकारी के लिए, सरकार के किसी कायदे के लिए आप परेशानी में हैं, दुविधा में हैं। आप कंप्यूटर पर जाकर बटन दबाइए और आपको तुरंत सारा कायदा पढ़ने को मिल जाएगा। इतनी सरलता आने वाली है। इससे एक बड़ी क्रांति होने वाली है। राज्य की ३.५ करोड़ जनता गाँवों में रहती है। कई सरकारें आईं और गाँवों को उनके भाग्य पर छोड़ दिया गया। यह परिस्थिति आपको भी मंजूर नहीं और मुझे भी नहीं। □

* ग्राम टींबी, तहसील उमराला, जिला भावनगर, १८ जनवरी, २००४

३३

सफलता का मंत्र : जन-सहयोग

सरकार एक जन-सहयोग का कार्यक्रम चलाती है। अपने यहाँ पाठशालाओं में मध्याह्न भोजन की योजना चलती है। कैसी चलती है, सबको पता है। उसमें सुधार नहीं आ सकता? आ सकता है। ३६५ दिनों में १५० दिन पाठशाला चलती है। इन १५० दिनों के लिए गाँव में १५० परिवार नहीं मिल सकते हैं, जो वर्ष में एक दिन भोजन कराए। अपने पुत्र के जन्मदिन के निमित्त, लग्नतिथि के निमित्त या पिताजी की पुण्य तिथि के निमित्त पाठशाला में सारा परिवार जाए, स्कूल के सब बालकों को भोजन करवाने का भार अपने ऊपर ले ले और प्रेम से उन्हें भोजन करवाए तो कितना मंगलमय वातावरण बनेगा! हमने यह शुरू किया है। अहमदाबाद जिले के ८११ गाँवों ने तिथि भोजन की जिम्मेदारी ली है। अब ये सारे गाँव स्कूल के साथ जुड़ गए हैं। विद्यालय एक मंदिर बन गया है। गाँव के सारे लोगों को ऐसा लगता है कि वर्ष में एक बार तो मुझे स्कूल में सहपरिवार जाकर बालकों की चिंता करनी चाहिए। एक परिवार की बारी वर्ष में एक ही बार तो आएगी और इससे सारे गाँव में कैसी चेतना आएगी!

जन-सहयोग से किए गए कामों में अद्‍भुत सफलता मिलती है। गाँवों के विद्यालय-कंप्यूटर के लिए लोग दान देने के लिए आगे आ रहे हैं। यह रकम कुछ ज्यादा नहीं होती है। बहुत ज्यादा खर्चा नहीं होता है। परंतु इस काम का रुपए के साथ लेना-देना नहीं होता है। जन-सहयोग का महत्त्व होता है। जन-सहयोग के कारण काम की शक्ति बढ़ जाती है। भूतकाल में सरकारें जनता से दूर थीं। हमारा प्रयास है कि जनता और सरकार के बीच में कोई खाई नहीं होनी चाहिए। जनता सरकार चलाती है या जनता के कारण सरकार चलती है। सरकार जनता के लिए चलती है, ऐसी स्थिति पैदा करने का हमारा प्रयास और इस कारण परिणाम भी अच्छे मिलते हैं।

सौराष्ट्र के अंदर पानी के क्षेत्र में बड़ी क्रांति आई है। छोटे-छोटे गाँवों के पास से छोटी-बड़ी नदियाँ निकलती हैं। बरसात होती है और सारा पानी व्यर्थ बह जाता है।

हमने जन-सहयोग कर जनता को जाग्रत् किया। परिणाम देखा कि १,२२,६६० (फरवरी २००७ के आँकड़े) जितने आड़बंध और १,७१,४०० खेत में तालाब बन गए। जन-सहयोग के कारण ये आड़बंध बनने लगे। जन-सहयोग की शक्ति कितनी है, उसका यह एक उदाहरण है। मूँगफली की फसल पहले भी होती थी, परंतु पहले जो मूँगफली पैदा होती थी तो १०० किलो मूँगफली से मात्र २८ से ३२ किलो ही तेल निकलता था। इस आड़बंध के पानी का प्रताप है कि इस वर्ष जो मूँगफली पैदा हुई है, वह तो सोने जैसी मूँगफली है। १०० किलो मूँगफली में से ५२ किलो तक तेल निकलने का रिकॉर्ड स्थापित हुआ है। मूँगफली के इतिहास में नया रिकॉर्ड बन गया, किस कारण? आड़बंध के कारण। जन-सहयोग से लोग जुड़े तो कितनी शक्ति संचय हो जाती है, इसकी यह एक जीती-जागती मिसाल है।

लड़कियों की शिक्षा के क्षेत्र में भी हम इस जन-शक्ति का दर्शन करना चाहते हैं। इसमें कुछ भी व्यय नहीं होता है। गाँव में सातवीं कक्षा तक पढ़ी लड़की निश्चय करे कि हमने तो पढ़ाई कर ली, वे सारी किताबें इकट्ठी कर उनपर अच्छा सा कवर चढ़ाकर जो गरीब लड़कियाँ हैं, उन्हें ये किताबें भेंट में दे दें। इससे गाँव की गरीब बहनों की पढ़ाई का खर्च निकल जाएगा। सरकार कहीं भी बीच में नहीं आएगी। गाँव की दो-चार लड़कियाँ, सहेलियाँ इकट्ठा हो बस इतना ही करें। जो लड़के पहली कक्षा में पढ़ रहे हैं, उसके पहले की किताबें इकट्ठी करो, उस पर अच्छा सा कवर या जिल्द चढ़ा दो। दूसरी कक्षा में जो पढ़ रहे हैं, उनकी किताबें भी इकट्ठी करो और फिर ये सारी किताबें गरीब बच्चों को भेंट में दे दो। उन बच्चों का काम हो जाएगा। पुस्तकों का भी उपयोग हो जाएगा। अपने देश में मात्र सहयोग से काम आगे बढ़ेगा। एक भी पैसा खर्च किए बिना पढ़ाई की जा सकती है। मात्र सहयोग करने की आवश्यकता है। इसमें रुपयों-पैसों का कोई प्रश्न नहीं है। कितने ही लोगों को यह सब समझने में बहुत देर लगती है। यह तो सहयोग का प्रश्न है। अपने घर कोई भोजन समारोह रखा हो और किसी को बुलाना भूल गए तो उसे कितना बुरा लगता है। क्या कारण है इसका? हमने नहीं बुलाया, इसलिए? वह भूखा रहा, इसलिए? नहीं। उसके पास खाने के पैसे नहीं हैं, इसलिए? नहीं। वह खाने नहीं आए, तब ५ रुपए बचेंगे इसलिए? नहीं। भोजन समारोह में तुम उसे बुलाओ तो उसे उसमें आनंद आता है। इस भोजन की थाली का रुपयों के साथ कोई लेना-देना नहीं है। यह तो जन-सहयोग की शक्ति है। इस जन-सहयोग की शक्ति की तुलना रुपयों से नहीं की जा सकती है।

□

---

* कन्या शिक्षा ज्योति पदयात्रा समापन समारोह, पालिताणा, जिला भावनगर, १९ जनवरी, २००४

३४

जन-शक्ति और राज्य-शक्ति का दर्शन

जिस दिन भूकंप आया, तब किसी को नहीं लगता था कि ऐसा दिन भी आएगा। चारों तरफ मौत के अतिरिक्त कुछ भी नहीं दिखाई पड़ता था। साहसी मनुष्य भी हताश हो गए थे। परंतु सारी दुनिया को अचरज हुआ कि एक वर्ष के अल्प समय में ही गुजरात पुनः खड़ा हो गया। जगह-जगह पुरुषार्थ के मंदिर देखने को मिलते हैं। इसका अनुभव गुजरात की धरती ने किया, मानो सारे दुःखों को बौना बना दिया। वही इस धरती की शक्ति है। यह समाज की शक्ति है। आंतरिक ऊर्जा जब बाहर आकर प्रकट होती है, तब सारे संकट भी बौने ही लगते हैं और यह शक्ति केवल समाज के कारण प्राप्त हुई है। कई बार जब नौकरी नहीं मिलती है, तब युवा लोग कहते हैं कि 'समाज ने मेरे लिए क्या किया? इतनी शिक्षा प्राप्त की, पर आज रुपए भी नहीं कमा सकता। मेरा समाज तो बेकार है।' बस में या रेलगाड़ी में बैठे हो और जेब कट जाती है तो हम हल्ला-गुल्ला करते हैं कि देखो, यहाँ कितने ज्यादा पॉकेटमार या चोर हैं। विदेश से आए और सीमा शुल्क अधिकारी २-५ डॉलर माँगते हैं, एकाध चीज भेंट में माँगते हैं तो यह निश्चित कर लेते हैं कि यहाँ सब चोर कंपनी ही है। समाज की वास्तविक शक्ति विपरीत परिस्थिति में कैसा व्यवहार करती है, उस पर निर्भर करती है। गुजरात में और दुनिया के समस्त मानवतावादियों को सबको जिस शक्ति के दर्शन हुए हैं, वह सत्शक्ति हमेशा संकट के समय प्रवृत्त होती है।

मनुष्य की मूलभूत वृत्ति हमेशा सद्वृत्ति की ही होती है। उसे सही मार्ग और वातावरण मिले तो यह वृत्ति प्रवृत्ति में बदल जाती है। सद्वृत्ति को सत्प्रवृत्ति मिल जाती है, तब परमेश्वर स्वयं अपने आप आशीर्वाद देने आ जाते हैं। यह सद्वृत्ति हमारे अंदर ही निहित होती है। कारीगरों के समान ठोक-पीटकर बराबर तैयार करने का काम अनेक संत कर रहे हैं। हमारे अंदर बैठे मानव को जगाने का काम संतों के नेतृत्व में हो रहा है, मानव जाति को आंदोलित कर रहा है। इन गाँवों के लोगों का पूर्वजन्म में किया

कोई पुण्य फल होना चाहिए। पुण्य इसलिए नहीं कि भूकंप आया। भूकंप के बाद आपकी उँगली संतों ने पकड़ी और संत जिसकी उँगली पकड़ लें, वह तो भव तर जाता है। उन्होंने आपकी उँगली पकड़ी। सबको लगता है कि संत हमारी भी उँगली पकड़ें।

संत सेवाभाव के साथ जन-जीवन को नया स्वरूप दे रहे हैं। नई शक्ति देते हैं। संप्रदायों के भेदभाव से ऊपर उठकर दु:खी लोगों का सहारा बनना, दुखियों का दु:ख दूर करने के लिए कुछ करना, यह कितनी अद्भुत बात है। सागर बनकर जीने का एक नया अध्याय शुरू कर रहे हैं। संतों ने सारे ज्ञान को आत्मसात् किया है। उन्होंने आधुनिकता को स्वीकार किया है। इस कारण हम समाज में एक परिवर्तन देख रहे हैं।

□

* नारायण नगर के उद्घाटन पर 'कच्छ जीवनरा तथा नखत्राणा', २५ मई, २००२

३५

पुरुषार्थ के मंदिर

२६ जनवरी को भूकंप कितनी बड़ी तबाही लेकर आया था! सारी दुनिया सिर पर हाथ रखकर मजबूर सी बैठी थी कि अब क्या होगा? जिनका सबकुछ लुट गया था, उन्हें भी लगता था कि अब इस संकट से बाहर कैसे आएँगे? एक ही वर्ष के अल्प काल में इस भयंकर चोट से, विपत्ति में से जिस प्रकार से गुजरात खड़ा हो गया, वह एक चमत्कारिक घटना ही है। जब तक गुजरात को नहीं समझेंगे तब तक यह चमत्कार कैसे हुआ, दुनिया को अंदाज नहीं होगा। इस समाज में एक ऐसी शक्ति है, जिसे समझने के लिए अलग मानसिकता और शक्ति चाहिए। २६ जनवरी को सुबह जब भूकंप आया, उस समय मैं दिल्ली में था। २६ तारीख को दोपहर को मैं विशेष विमान से अहमदाबाद आया और २७ तारीख से तो मैं कच्छ में था। इस कच्छ की धरती की सेवा करने के लिए दुनिया भर के लोग आए थे। बचाव व राहत कार्य के लिए दुनिया भर की अनेक टीमें भी आई थीं। घूमते-घूमते मुझे ऐसा लगा कि यहाँ पर विदेशों से मित्र काम करने के लिए आए हैं। उनसे मिलकर पता किया कि भाई, आप सब काम कर रहे हैं तो कोई तकलीफ तो नहीं है? मैं उनके तंबू में गया। विदेशी लोगों की एक टुकड़ी थी। मैंने कहा कि आपको कोई परेशानी तो नहीं या कोई आवश्यकता है? थोड़ा वार्त्तालाप होने लगा और उन्होंने स्वयं ही कहना शुरू किया, ''दुनिया के अनेक स्थानों पर भूकंप आए हैं और हम अनेक देशों में मदद के लिए गए हैं, परंतु ऐसे लोग हमने कहीं नहीं देखे।''

मैंने कहा कि आपको कोई तकलीफ तो नहीं हुई? तो कहने लगे, ''नहीं, यह तो अद्‍भुत प्रजा है।'' उन्होंने अपना एक अनुभव सुनाया। उन्होंने कहा, ''एक बहुमंजिला इमारत गिर गई थी। कुत्ते की सहायता से पता चला कि कुछ लोग अंदर जीवित हैं। हम लोग प्रयत्न और विचार कर रहे थे कि २७-२८ वर्ष का एक युवक आया। उसके कपड़े उसके हाथ आदि देखकर लगा कि यह भी कोई सेवा में लगा हुआ साथी ही है। हमसे

कहा कि साहब, मेरे साथ चलिए, एक काम है। हम उसके साथ गए तो हमें बताने लगा, देखिए साहब, वह पाँव जो दिख रहा है, वह मेरी पत्नी का है। वे छोटे-छोटे हाथ जो दिख रहे हैं, वह मेरी एकमात्र बेटी के हैं।...और दूसरे ही पल वह कहने लगा—साहब, आप लोग थक गए होंगे। मैं अभी आपके लिए चाय लेकर आता हूँ।...मैं कल्पना भी नहीं कर सकता कि २८ वर्ष का नवयुवक, जिसकी पत्नी मर गई है, उसकी लाड़ली बेटी का मृत शरीर दिखाई दे रहा है, ऐसे कठिन समय में भी मुझे पूछ रहा है कि आप थक गए होंगे, मैं चाय लेकर आता हूँ!'' जिस समाज के लोगों में ऐसी शक्ति है तो ऐसा समाज उठकर बैठने में कभी भी देर नहीं लगाएगा। ऐसे तो कई अनुभव मुझे मिले हैं। समाज में शक्ति है, शक्ति को बस पहचानने की आवश्यकता है, शक्ति को जोड़ने की आवश्यकता है, शक्ति को संचय करने की आवश्यकता है। इस शक्ति के भरोसे ही हम आगे जाने का निर्णय कर सकते हैं।

जिस दिन भूकंप आया, उस दिन गाँव के लोगों को लगा होगा कि प्रकृति ने हमारे साथ कैसा अन्याय किया है! जिन्होंने अपने स्वजन खोए हैं, उनकी कमी तो कभी भी पूरी नहीं की जा सकती। आज जब नवनिर्मित नगर देखते होंगे तो उन्हें लगता होगा कि कुछ अच्छा हो, इस कारण शायद भगवान् विसर्जन करता है। विनाश के अंदर से विकास का मार्ग खोजा जा सकता है। उसका यह एक उदाहरण है। पूरे गुजरात में ऐसे हजारों की संख्या में पुरुषार्थ के मंदिर बने हुए हैं। कर्तव्यों की कथा कहनेवाले स्मारक खड़े हैं। घोर अंधकार के बीच दीप प्रकट होने की सामर्थ्य प्रकट होने की है—उसका यह जीता-जागता उदाहरण है। यह समाज की शक्ति है। यह इमारत खड़ी की है किसी इंजीनियर ने, किसी मिस्त्री ने, किसी मजदूर ने। ईंट, मिट्टी, चूना, सीमेंट से इमारत बना दी है। इमारत बने, तभी मकान बनता है, घर नहीं बनता। घर के अंदर रहनेवाले लोगों की आत्मीयता, उनकी एकात्मता, उनका पारिवारिक भाव मकान को घर बनाता है।

□

* जी.एन.एफ.सी. के सहयोग से बना चोबड़ गाँव की अर्पण विधि, राजकोट २० अप्रैल, २००२

३६

उद्योग में पारिवारिक भावना

*

औद्योगिक परिवार में ऐसी विभावना रही है कि जो धन लगाता है, वही उद्योग साहसिक। अब इस मूलभूत विभावना में थोड़े से परिवर्तन का प्रयास किया है, कुछ इसमें जोड़ा है, थोड़े से बदलाव का प्रयास किया है। हम मानते हैं कि जिस प्रकार से धन लगानेवाला व्यक्ति उद्योग का मालिक है, ठीक इसी प्रकार उद्योग को जो अपना ज्ञान, अपनी विशिष्टता प्रदान करता है, वह भी तो एक प्रकार का धन लगाने जैसा ही निवेश करता है। इस उद्योग में जो अपना श्रम लगाता है, पसीना बहाता है, वह भी तो एक प्रकार का निवेश ही करता है। हम श्रम को भी निवेश मानते हैं, ज्ञान को भी निवेश मानते हैं और रुपए लगाने को भी निवेश मानते हैं। ये तीनों विषयतत्त्व इकट्ठे हों, तब एक औद्योगिक परिवार की भावना प्रकट होती है। इस कारण इस मूलभूत विचारधारा के आधार पर जो औद्योगिक परिवार हो, धन निवेश करनेवाले को पता हो कि मेरे यहाँ जो कंपनी मैनेजर है, उसके ज्ञान के आधार पर मेरी कंपनी चल रही है। अत: ज्ञान भी मुद्रा निवेश है।

उद्योगपति के रूप में मैंने धन लगाया है, इसी प्रकार उसने अपना ज्ञान लगाया है, ज्ञान का उपयोग किया है। यह भाव उदय हो और प्रत्येक निवेश को एक शक्ति के रूप में स्वीकार किया जाए तो स्वाभाविक है कि औद्योगिक परिवार का वातावरण उत्पन्न होगा। इससे एक परिवार भाव जन्म लेता है, सहभागीदारी का भाव पैदा होता है, तब सहज रूप से अपनेपन का भाव आता ही है। एक बार श्रमिक में भाव जगे कि कंपनी मेरी है, इस कंपनी की प्रगति मेरी है। इस कंपनी का विकास मेरा विकास है। इसके मालिक को जितनी अपेक्षा हो, उससे अधिक परिणाम वह श्रमिक दे सकता है। इसी कारण मूलभूत रूप से हम औद्योगिक परिवार की कल्पना के साथ चलते हैं। मैं निश्चित रूप से मानता हूँ कि इस प्रकार की विभावना के कारण हम एक निश्चित परिणाम प्राप्त कर सकेंगे।

प्राकृतिक संसाधन कम हों और जीवन में सतत संघर्ष चलता हो, ऐसे भू-भाग में हमेशा कौशल्य और उद्योग एक ईश्वरीय देन के रूप में प्रकट होता है। गुजरात प्राकृतिक संसाधन के अभाववाला प्रांत है। जिसने सारे भारत का भ्रमण किया हो, उसे पता होगा कि प्राकृतिक कृपा विपुल मात्रा में है, ऐसे प्रदेश इस देश के अनेक भागों में हैं। ईश्वर एक प्रकार की विशेष शक्ति देता है और समाज इस शक्ति का उपयोग कर ले तो परमात्मा ने जो कसौटी रखी है, उस कसौटी से पार उतरकर उपलब्धिपूर्ण जीवन जीने में समर्थ बनता है। गुजरात के बारे में ठीक ऐसा ही है। प्राकृतिक संसाधनों के अभाव के कारण हमारे पूर्वजों ने एक प्रकार की उद्यमशीलता और कौशल्य का विकास किया था और यह सब हमें विरासत में प्राप्त हुआ है। आप विचार करें कि 'दाल-भात खाऊँ कैसे, हैं पैसे चार?' इस प्रकार की कहावत गुजरातियों के लिए थी, परंतु ४०० वर्ष पहले छोटी-छोटी पतवारवाली नाव लेकर हमारे पूर्वज दुनिया में कहाँ-कहाँ पहुँच गए थे।

मैं अभी रूस गया था। अस्त्राखान देश के साथ हमने एक समझौता किया है। अस्त्राखान के अंदर भारत की पहचानवाला एक मकान है। यदि डी.एन.ए. द्वारा परीक्षण करें तो पता चले कि अधिकांश लोग गुजराती हैं। वहाँ जो भी लोग रहते हैं, उन सबका ओखा के साथ व्यापार था। वहाँ सबको पता है कि हम यहाँ से ओखा जाते थे। ओखा के बंदरगाह के साथ हम लोग जुड़े हुए थे। वहाँ इतिहास में एक कथा प्रचलित है। उसका भावार्थ है कि उस जमाने में हमारे पूर्वजों में एक उद्यमशीलता, कौशल्य, साहसिकता थी और सच में इसका लाभ हमें मिला है।

समय की माँग के साथ आज के युग में अकेली उद्यमशीलता पूर्ण नहीं है। आप में उद्यमशीलता है, इससे काम नहीं चलेगा। जहाँ तक आपके मन में वह पहली आनुवंशिकता है, उसके अनुसार शरीर की उद्यमशीलता को आप सार्थक नहीं करेंगे, तब तक आप कोई भी परिणाम प्राप्त नहीं कर सकेंगे। कहीं-न-कहीं अपने कौशल्य को प्रकट करने की व्यवस्था खड़ी करनी पड़ेगी और तब ही मनुष्य की कसौटी प्रारंभ होती है। अच्छा विचार हो, कच्चा माल हो, समय हो, मेहनत करने की लगन हो; परंतु जहाँ एक संस्था उद्योग के रूप में एक छोटा सा साहस करने का समय आए, तब तक अनेक प्रकार के अवरोधों से पार जाना ही होता है। यह पहला कदम उठाना ही कठिन होता है।

हमारे यहाँ सामाजिक व्यवस्था कैसी थी, व्यक्ति में उद्योग की साहसिकता का सामाजिक प्रयास कैसे होता था, इसका जीवंत उदाहरण सिंधी समाज है। सिंधी समाज की एक विशेषता है कि कोई सिंधी भाई नई दुकान या नया उद्योग या नया धंधा शुरू करता है तो उद्घाटन का पहला दिन होता है। उस दिन उसके सगे-संबंधी समाज के लोग सभी आते हैं और प्रत्येक बिना कुछ लिखे लिफाफा उसे देते हैं। उस लिफाफे पर उसका पता या पहचान नहीं होती है और उसमें अच्छी-खासी रकम होती है। पहले ही

दिन उसे समाज की ओर से इतने रुपए मिल जाते हैं कि वह उद्योग को प्रारंभ करने के व्यय का भार वहन कर सकता है। यह एक सामाजिक व्यवस्था है। वैसे महीने में एक या दो के घर ही जाना हो पाता है और बारह महीने में २५-५० के यहाँ ही जाना होता है; परंतु जब ऐसा समय आता है, तब उसे सारे समाज की ओर से सहारा मिल जाता है, सहयोग मिल जाता है। समाज में कितना विचारणीय चिंतन होता है। उसी के कारण ताकत मिलती है और इस ताकत का अनुभव अपनी सारी सामाजिक संरचना में मिलता है। इस सामाजिक संरचना का उपयोग आज हमारे यहाँ लोग भूल गए हैं। इस कारण इस सारी व्यवस्था को बड़ा नुकसान हुआ है। हमारे यहाँ गाँव सर्वश्रेष्ठ होते थे, क्योंकि समग्र अर्थ-रचना जीवन की श्रेष्ठता पर आधारित थी। उदाहरणस्वरूप हिंदुस्तान के दक्षिण भारत में सुपारी पैदा होती है। अब तक मैंने कोई भी विज्ञान का निष्कर्ष कहीं नहीं पढ़ा है कि सुपारी में कौन-कौन से तत्त्व हैं, कितनी कैलोरी है, कैसा तत्त्व है। मैं पहली बार एक अखिल भारतीय शिविर में गया। वहाँ एक भाई के सामने सुपारी रखी गई। उस बेचारे ने उसे खा लिया और फिर मुझसे पूछा कि आप लकड़ी क्यों खाते हो? अब आप विचार करें, जहाँ यह सुपारी पैदा होती है, उस समाज की आर्थिक स्थिति का क्या होगा? इस लकड़ी के गोल-गोल टुकड़ों को कहाँ, किसे बेचें? कौन खरीदेगा? अपने पूर्वजों के चिंतन को देखो कि उन्होंने सुपारी को धार्मिक प्रतिष्ठा प्रदान की। पूजा-पाठ में उसे शामिल कर लिया। कोई भी पूजा सुपारी के बिना नहीं हो सकती है, इससे सुपारी का एक बड़ा बाजार ही खड़ा हो गया। आप विचार करें कि समग्र अर्थ-कारण को सामाजिक क्षेत्र में रखकर उन लोगों को बड़ी ताकत प्रदान कर दी है। परिणामस्वरूप सुपारी पैदा करनेवालों के लिए समग्र हिंदुस्तान में एक बड़ा बाजार उपलब्ध हो गया। आज अन्य कहीं भी सुपारी का उपयोग नहीं होता है; परंतु भारत के प्रत्येक कोने में सुपारी के बिना काम नहीं चलता है। यह हमारे समाज की एक हकीकत है।

गाँव में कुम्हार आदि अनेक कारीगर होते हैं; परंतु उनकी आर्थिक जिंदगी के लिए समाज की चिंता कैसी थी? कुम्हार घड़े बनाता है, दीये बनाता है। एक गाँव में मिट्टी के बरतनों की आवश्यकता कितनी होती है? ५०० घरों का गाँव होगा तो ५०० घड़े, १,०००-२,००० दीये बस इतना हो जाए तो कुम्हार का पेट कैसे पलेगा? वह तो भूखा मर जाएगा, परंतु वहाँ भी समाज-रचना इस प्रकार से की गई कि नवरात्री आए तो घर में नई मिट्टी, दीवाली आए तो रोशनी करने के लिए नए दीये। पुराने घर में पड़े हों तो काम में नहीं आएँगे। समाज में उसे ऐसा स्थान दिला दिया कि इस काम का एक बाजार पैदा हो, यही उद्योग साहसिकता है और इस प्रकार से सामाजिक जीवन को शक्तिशाली बनाने की एक स्वाभाविक प्रक्रिया है। कालक्रम से पुरानी व्यवस्थाओं को समझे बिना ही इन्हें हम तोड़ते-फोड़ते रहे हैं। नई व्यवस्थाएँ बनाने लगे। नई व्यवस्था

और पुरानी व्यवस्था के बीच एक खाई खड़ी कर दी और अब इस खाई को भरने के लिए हम लोगों को कार्यशाला बननी पड़ती है, परिसंवाद करना चाहते हैं। अनेक प्रकार के कार्य करते हैं। यह जो खाई खड़ी हो गई, इस कारण एक दिन समस्त व्यवस्था नए प्रकार से खड़ी करनी पड़ेगी। इसको करने में हम कहीं-न-कहीं भूल कर जाते हैं। निश्चित रूप से इसका महत्त्व समझने में हम कमजोर पड़े हैं। इसका मूल कारण ८०० से १,००० वर्ष की गुलामी है। इस गुलामी में हमारे पूर्वजों की अधिकतर शक्ति संघर्ष करने में चली गई और परिणामस्वरूप बदलते हुए समाज में सृजनात्मक विचार के साथ नई व्यवस्था को स्वीकार कर नई व्यवस्था (मानदंड) खड़ी करने में इस गुलामी काल के अंदर एक बड़े शून्यावकाश का सृजन हुआ। आजाद भारत में यहाँ स्थिति ऐसी बन गई कि सबकुछ सरकार करेगी। जिस दिन से यह बात हमारे दिमाग में बैठ गई है कि यह सब सरकार करेगी, तब से हमारी अवनति शुरू हो गई और यह लगभग वर्ष १९९२ तक चलती रही। सन् १९९२ के बाद हम सचेत हुए और हमें पता चला कि हमें सरकार का सहारा छोड़ना पड़ेगा।

आप विचार करें, गाँव में मोची जूते-चप्पल बनाते हैं और लोगों की जूतों-चप्पलों की आवश्यकता की पूर्ति हो जाती थी। गाँव का लुहार गाँव के लोगों के लिए दराँती आदि औजार बनाता था; चाकू, छुरी, कैंची बनाता था। गाँव का लुहार आवश्यकतानुसार काम करता था और इस प्रकार सारे गाँव का अर्थकरण चलता था। ऐसे छोटे-मोटे कई व्यवसाय गाँव में थे। समरस गाँव था। परंतु यह व्यवस्था टूट गई। आज हिंदुस्तान में बड़ी-बड़ी कंपनियाँ यह सब कर रही हैं। जूते-चप्पल बनाती है विराट कंपनी और सामान्य लुहार व मोची के लिए नई अर्थरचना खड़ी करने हेतु जो सक्षमता चाहिए, उसमें हम लोग चूक गए। हम पिछड़ गए। अपनी उद्योग-साहसिकता मात्र वैयक्तिक समृद्धि के लिए नहीं थी। वह तो सामाजिक जवाबदेही, उत्तरदायित्व की भावना से भरी हुई थी। इसी कारण आज अपने उद्योग-साहसिकता के कौशल्य का विस्तार करने की समय की माँग है। एक नई रचना करने की आज के समय की आवश्यकता है। हम नए आयाम खड़े करें कि ये आयाम समस्त लोक-कल्याण की भागीदारी करते हों, जन-साधारण की जिंदगी में परिवर्तन—इसमें ऐसी व्यवस्था होनी चाहिए। यदि हम यह नहीं कर सकते हैं तो भले ही हम कितने ही ऊँचे-ऊँचे टॉवर बनाते जाएँ, चाहें जिस ऊँचाई पर पहुँच जाएँ तो भी हम अपने में एकाकीपन महसूस करेंगे, हमें एकाकीपन की ही अनुभूति होगी। यदि समग्र व्यवस्था के साथ चलेंगे तो दो फीट ऊँचे भी होंगे तो भी हमें अकेलेपन का एहसास नहीं होगा। इसका आनंद अनोखा होता है।

आप महँगे से महँगा और दुनिया की श्रेष्ठ-से-श्रेष्ठ कंपनी की कमीज पहनते हों, दर्पण में ५० बार अपने को देखते हों, घर के सारे कमरों में बार-बार घूम आओ, परंतु

जब तक जिन्हें आप पहचानते हैं, वे आपकी कमीज को न देख लें, तब तक आपको आनंद नहीं आता है। आपके अंदर इच्छा होती है कि जो आपको जानते हैं, वे आपकी प्रगति को, आपकी नई वस्तु को देखें। यह मनुष्य का स्वभाव है। मनुष्य को यदि संतोष चाहिए तो वह समाज के अभाव में प्राप्त नहीं कर सकता है। यही वास्तव में औद्योगिकता का कौशल्य बनके रहता है। हमारे सामाजिक जीवन के कल्याण के लिए उपयोगी बने, इस प्रकार की रचना हमें करनी है। इस प्रकार की रचना हम करें तो मैं निश्चित रूप से मानता हूँ कि हमारे मन को एक संतोष मिलेगा।

गुजरात की प्रगति की यात्रा का हम विचार करें तो पता चलेगा कि हमारे पास कितनी ही संभावनाएँ और अवसर हैं। हमारे पास बुद्धि धन है, साहसिकता है, उद्यमशीलता है, इसका लाभ हमें लेना है। मेरा धंधा बहुत अच्छी तरह से चले तो बच्चे बड़े होकर उसे सँभाल लेंगे। एक-दो और भी दुकान कर लूँ, दो लड़के हैं तो उन्हें बाँट दूँगा, इन सबसे कोई विशेष अंतर आने वाला नहीं है। बीस-पच्चीस वर्ष पूर्व ये बातें ठीक थीं, परंतु अब पग-पग पर वैश्वीकरण के इस जमाने में वैश्विक चुनौतियों का सामना करना है। अहमदाबाद का मिल उद्योग व्यर्थ या बेकार नहीं था। मिल मालिक व्यर्थ और बेकार लोग नहीं थे। सभी तो था उसके पास और समाज-सेवा करनेवाले मिल मालिक थे। अहमदाबाद के मिल मालिकों और मजदूरों के मध्य वर्गभेद का वातावरण नहीं था, एक पारिवारिक भाव था। अहमदाबाद मिल मजदूरों से खड़ा हुआ, बना हुआ शहर है। बहुत ही कम शहर हिंदुस्तान में थे, जो मजदूरों के कारण खड़े हुए हैं। अहमदाबाद ही एक ऐसा शहर है; परंतु अपना सारा वैभव समाप्त हो गया। कारण क्या? समयानुसार अनुकूल परिवर्तन नहीं कर सके। अपनी क्षमता, अपने वैभव के भरोसे ही जीवन चलाते रहे तो कई बार अनेक लोग आगे आने की स्पर्धा में पिछड़ जाते हैं और बाद में पछताते हैं। इसी कारण इस गुजरात के उद्योग साहसिकों को मुझे एक ही बात कहनी है कि आनेवाली चुनौतियों का सामना करने में यदि अधिक विलंब किया तो बहुत नुकसान होगा। हमें समग्र विश्व बाजार को सामने रखकर आनेवाले दिनों में अपनी उद्योगशीलता का उपयोग कैसे करेंगे, यह समय और अवसर इसका चिंतन करने का है।

एक समय था, जब नया-नया संशोधन करने में हम कंजूसी करते थे। आर. ऐंड डी. (रिसर्च ऐंड डेवलपमेंट) में यार कहाँ पैसे डालना, सब ऐसी मानसिकता रखते थे। सरकार की भी ऐसी ही मानसिकता होती है। मेरा स्पष्ट मत है कि आनेवाले दिनों में आप अपने कारखाने द्वारा जितना प्रभाव खड़ा कर सकेंगे, इससे भी अधिक इस कारखाने के एक कोने में खड़ी की गई अत्यंत आधुनिक, संपूर्ण रूप से सज्जित प्रयोगशाला से कर सकेंगे। आपके क्षेत्र की संपत्ति बनेगी और इसमें किया गया संशोधन आनेवाले युग में प्रभाव पैदा करनेवाला होगा। प्रत्येक उद्योग-साहसिक के लिए एक संशोधन इकाई

अथवा एक प्रकार के उद्योग के साथ जुड़े हुए लोगों की एक सर्वसामान्य प्रयोगशाला हो, जो नए-नए संशोधन करे। यह आनेवाले दिनों में उद्योग–साहसिकों के लिए सबसे बड़ा योगदान होगा, जानकारी और ज्ञान का खजाना होगा। संशोधन होगा, नवसृजन होगा और इसके लिए नया प्रोत्साहन होगा तो ही हम परिणामलक्षी बन सकेंगे। इस कारण आनेवाले दिनों में इस क्षेत्र में विशेष विचार करने की आवश्यकता है।

□

* महात्मा गांधी श्रम–सहयोग पुरस्कार आई.आई.एम. वस्त्रापुर, अहमदाबाद, ४ अप्रैल, २००५

३८

पतंग : मानव को जोड़ने का उपक्रम

देश में एक सामाजिक अर्थशास्त्र का चलन है; परंतु यह हमारा दुर्भाग्य है कि सामाजिक अर्थशास्त्र में हम लोग एक प्रथा को भूल गए हैं। हमारे सब उत्सवों में एक ऐसी व्यवस्था है कि समाज के कमजोर वर्ग के लोगों को आर्थिक रीति से रोटी-रोजी मिलती रहे; उदाहरणस्वरूप रक्षाबंधन। रक्षाबंधन बहन द्वारा भाई को राखी बाँधने का त्योहार है, परंतु रक्षाबंधन के लिए राखी बनानेवाले लाखों गरीब परिवार हैं। रक्षाबंधन के कारण जो आमदनी होती है, उससे उनकी रोटी-रोजी पूरे वर्ष चलती है। हमारे यहाँ उत्सवों को इस प्रकार से विकसित किया गया है कि उससे गरीब आदमी को रोटी-रोजी मिलती रहती है।

इसी कारण से 'पतंग उत्सव' मनाया जाता है। पतंग के साथ जुड़े हुए लोग ऐसा कहते हैं कि पतंग उत्सव पर १० करोड़ रुपए का धंधा होगा, २० करोड़ रुपए का धंधा होगा। शायद उनके मन में ऐसी धारणा हो कि कहीं सरकार इस धंधे की बिक्री से कर न लेने लगे। गुजरात में पतंग व्यवसाय का लगभग १०० करोड़ रुपए का व्यापार है। इस उद्योग में गरीबी रेखा से नीचे जिंदगी जीनेवाले १ लाख से ज्यादा परिवार जुड़े हुए हैं। मुझे ऐसा लगता है कि मैंने तो ५ करोड़ की जनता की बात की है तो फिर क्यों एक सीमा खड़ी करनी चाहिए। आदमी के पेट की बात, मनुष्य को शिक्षा की बात, आरोग्य की बात करते हुए मैं ५ करोड़ जनता की बात करता हूँ। पतंग उद्योग के साथ समाज का कमजोर वर्ग जुड़ा हुआ है। इस उद्योग को और बड़ा बनाने की बात है। शिवकाशी पटाके के उद्योग का एक बड़ा केंद्र बन गया है। उसी प्रकार यहाँ पतंग उद्योग का केंद्र बनाने की बात है। पतंग कागज से बनती है और कभी पतंग फट भी जाती है तो भी पतंग का व्यवसाय चलता ही है। यह व्यवसाय २,००० वर्ष पुराना है। इसे आधुनिक बनाने का कोई यथार्थ प्रयास नहीं हुआ है। लगभग सभी चीजों में नवीनता आई है। क्यों इस पतंग उद्योग को सब प्रकार से आधुनिक बनाकर आगे न बढ़ाया जाए? संसार में

भिन्न-भिन्न प्रकार की पतंगें उड़ती हैं, भिन्न-भिन्न प्रकार की पतंगें बनती हैं। इस कारण संभव है कि एक मीटर कागज में से एक के बदले पाँच पतंग कैसे बनाई जाएँ, उस प्रकार की आधुनिक प्रौद्योगिकी समझाई जाए। कागज का व्यर्थ व्यय किए बिना कैसे पतंग ज्यादा संख्या में बनें, ऐसी प्रौद्योगिकी का अध्ययन कर इसका विकास करना चाहिए। आज के पतंग उद्योग में बिक्री की उचित व्यवस्था कर और अन्य विषयों द्वारा राज्य सरकार सार्थक प्रयास करना चाहती है। आज पतंग का व्यापार २०० करोड़ रुपए का है तो इसे बढ़ाकर सरकार ५०० से ७०० करोड़ रुपए का करना चाहती है। इतने बड़े गुजरात में पतंग का त्योहार प्रचलित होने के बाद भी कुछ भागों में 'पतंग उत्सव' नहीं मनाया जाता है। ऐसे क्षेत्रों में भी 'पतंग उत्सव' मनाया जाए, हमें ऐसा प्रयत्न करना है। जहाँ-जहाँ पतंग नहीं है, वहाँ-वहाँ पतंग को पहुँचाना है

सबसे पहले राज्य में, राज्य के बाहर हिंदुस्तान के अनेक क्षेत्रों में पतंग के लिए बाजार खड़ा हो, पतंग उड़ाने का शौक पैदा करना है। आज भी गुजरात में बाँस पैदा होता है; परंतु पतंग बनाने के लिए बाँस असम से मँगवाने के कारण पतंग का उत्पादन समयानुसार नहीं होता है। यह भी एक बड़ा प्रश्न है। क्यों न ऐसी व्यवस्था खड़ी हो कि बड़े उद्योग-गृह असम से बाँस खरीदें और यहाँ बेचें। आज पतंग बनाने के लिए जिस गोंद का हम उपयोग करते हैं, उसमें भी आधुनिकता लाई जा सकती है। यह तो सारी प्रौद्योगिकी बदलने की व्यवस्था है। असम से ही बाँस लाना जरूरी है? हम लोग क्यों कर ऐसा बाँस, जिसमें दो गाँठ के बीच का अंतर अधिक हो, यहाँ पैदा नहीं कर सकते? गुजरात में नर्मदा नदी की नहर के किनारे ऐसे बाँस उत्पन्न करने का प्रयास करना चाहिए, जिससे परिवहन खर्च कम हो, पतंग सस्ती बने। बाँस यहाँ का हो, उसकी सलियाँ बनाने की प्रक्रिया यहीं हो, इसके द्वारा इस सारे उद्योग का विकास हो सके। पतंग परंपरागत पुराने ढंग से बनाई जाती है, बाँधी जाती है। पतंग जब व्यापारी के पास पहुँचती है, तब १० से १५ प्रतिशत का नुकसान होता है। इस कारण सारे लाभ का स्तर नीचे चला जाता है। इसके बाद भी पतंग का व्यापार यथावत् चलता रहता है। राज्य सरकार ने इस विषय में पैकेजिंग करनेवाली संस्थाओं को पत्र लिखा है कि वे गुजरात में अपनी शाखाएँ खोलें। पतंग को इकट्ठा करने, पैकेजिंग करके भेजने की पद्धति में बदलाव आए, बरसात में भी वे सुरक्षित रहें—इस सब विषयों व मुद्दों पर विचार कर इस उद्योग में आधुनिकता ला सकते हैं। तीसरी बात है पतंग का कागज! आज लोग नवीनता और विविधता चाहते हैं। हम लोग इस वर्ष की पतंगें आनेवाले वर्ष के लिए बाँधकर-सँभालकर रख देते हैं। इसमें पतंग की आयु भी निश्चित करनी चाहिए। पतंग में उपयोग होनेवाले कागज का उपयोग और उसके उत्पादन में हमारी विचारधारा पुरानी एवं परंपरागत है। पतंग रंग-बिरंगी बनाने के लिए छपा हुआ कागज लगाया जाता है।

यदि कागज तीन-चार रंगों में मिले तो पतंग बनाने में समय की बचत हो सकती है। कागज बनाते समय एक ही कागज अनेक रंगों और विविधता से तैयार कर बनाया जा सकता है। दूसरी ओर, हमें प्रचार-प्रसार और विज्ञापन के बारे में विचार करना चाहिए। यह जमाना प्रचार-प्रसार का है। इस प्रकार का विज्ञापन पतंग के माध्यम से भी भेजा जा सकता है। पतंग से विज्ञापन का प्रचार और उपयोग कैसे हो? ऐसा हो तो पतंग बनानेवालों को विज्ञापन का अधिक लाभ मिलेगा। विज्ञापन एक सामाजिक शिक्षण का माध्यम और साधन बन सकता है। भूतकाल में हम लोग पतंग द्वारा पोलियो की दवाई पिलाने के विज्ञापन करते ही थे। सामूहिक शिक्षा का प्रसार भी पतंग के द्वारा हो सकता है। विज्ञापन के साथ जुड़े हुए अपने मित्रों से विनती है कि वे इस क्षेत्र में संशोधन करें। ऐसा करने से पतंग उद्योग में मूल्य-वृद्धि होगी।

दूसरे दो क्षेत्रों में भी परिवर्तन की आवश्यकता है। आज भी हुचके सदियों पुराने प्रकार के ही हैं। हुचकों में नई-नई तरह के प्रयोग क्यों न किए जाएँ! हुचके को इतना अच्छा और आकर्षक बनाएँ कि लोगों को हुचके के साथ फोटो खिंचवाने का मन हो जाए।

आधुनिक कला के निपुण लोग इस बारे में विचार कर सकते हैं। इस देश में बहुत सी बातों के बारे में बहुत प्रकार से विचार कर सकते हैं। बेकार हुई चीजों में से भी सृजन हो सकता है। डोरी और माँजा बनाने का काम हमारे यहाँ उत्तर प्रदेश से आए कारीगर करते हैं। उसे भी सुनियोजित किया जा सकता है। काँच के टुकड़ों के पाउडर का उपयोग कर माँजे को धारदार बनाया जा सकता है। इसी प्रकार डोरी को रँगने के लिए एक निश्चित रसायन का उपयोग कर डोरी को धारदार बनाया जा सकता है। रँगने के लिए नई पद्धति लाई जा सकती है। डोरी के बाजार के बारे में सोचने की आवश्यकता है। मुझे इस बात का खयाल है कि पहले डोरी 'केलीको' की मिलती थी। साँकल छाप की डोरी बाजार में चलती थी। इस प्रकार से डोरी के बारे में भी एक प्रकार का बाजार खड़ा कर उसमें भी अभिवृद्धि की जा सकती है। पतंग से पेंच लड़ाने और पतंग काटने की पद्धति प्रचलित है। ऐसी खेल-भावना गुजरात में ही देखने को मिलती है।

पतंग उद्योग क्षेत्र में आधुनिकता-वैज्ञानिकता का अभिगम लाया जाए तो एक लाख परिवारों की रोटी-रोजी का प्रश्न हल हो सकता है। बाजार व्यवस्थापन द्वारा दो-चार गुना बस्ती गरीबी रेखा से उठकर ऊपर आ सकती है। राज्य सरकार की श्रमजीवी रोजगार योजना है। ऐसे श्रमजीवियों को गरीबी रेखा से ऊपर लाने का पूरक प्रयास है। इसलिए पतंग उद्योग का एक महत्त्व है। इस उद्योग के साथ जुड़े हुए लोगों को जल्दी से ऊपर और बाहर लाकर प्रयास करना है कि यह सारा पतंग उद्योग पूर्ण रूप से विकसित हो। इस कारण अलग-अलग संस्था द्वारा कार्य का संशोधन हुआ है। गरीब मानव की

आमदनी बढ़े, ऐसी सुविचारित नीति का विचार किया है। पतंग चढ़ाते हुए घर के लोग गुजरात में ऊँधियुँ और जलेबी खाते हैं, कागज की टोपियाँ पहनते हैं। दो दिन चलें, ऐसे सस्ते प्लास्टिक के चश्मे का बहुत उपयोग होता है। इस प्रकार से इस पतंग के १०० करोड़ के धंधे के सामने उस दिन करोड़ों का व्यापार ऊँधियुँ और जलेबी का होता है। इस प्रकार पतंग से एक-दूसरे को जोड़ा जा सकता है। पतंग उद्योग के साथ जुड़े कारीगरों, वितरकों, व्यापारियों आदि को कैसे आधुनिक बनाया जा सके, इसका अभिगम है। पतंग के निकास को उत्तेजित करने के लिए पतंग के बारे में गीत व भजन बनाकर नई ऑडियो कैसेट तैयार कर सकते हैं। प्रत्येक वर्ष नए गीत बनाकर उसकी बिक्री बढ़ाई जा सकती है। पतंग को वैश्विक बाजार मिले, हम उसका विचार करना चाहते हैं। ७० प्रतिशत महिलाएँ इस व्यवसाय से जुड़ी हैं। बहनें समय का अन्य कामों में कैसे उपयोग कर सकती हैं? बहनों के आरोग्य के लिए, बहनों की शिक्षा के लिए क्या व्यवस्था खड़ी हो सकती है, राज्य सरकार ने इस बारे में विचार करने का निश्चय किया है। शायद यही एक ऐसा उत्सव है, जिसमें किसी भी प्रकार की सांप्रदायिकता का बंधन नहीं है। प्रत्येक संप्रदाय के लोग पतंग बनाते हैं, बेचते हैं, पतंग उड़ाते हैं, काटते हैं और लूटते हैं। पतंग के अंदर छुपी हुई इस अद्भुत शक्ति को देखो। करोड़पति-से-करोड़पति पतंग उड़ाएगा, पेंच लड़ाएगा, पतंग काटेगा, कटी हुई पतंग उसकी छत पर आएगी तो लूटेगा, पकड़ेगा। इसमें कितना आनंद आता है! यही पतंग की मस्ती है।

□

* गुजरात पतंग उद्योग कार्य शिविर, गांधी श्रम संस्थान, अहमदाबाद, १६ दिसंबर, २००३

३८

हाट से हार्ट

*

भारत के राष्ट्रपति डॉ. ए.पी.जे. अब्दुल कलाम ने भारत के विकास के लिए एक कल्पना चित्र तैयार किया है। उन्होंने एक सुनहरे सपने की रचना की है और इस आयोजन को भारत के अलग-अलग हिस्सों में बाँटा है। इस आयोजन में उन्होंने एक विस्तार क्षेत्र लिया है 'रेगिस्तान'। यह क्षेत्र जहाँ बरसात कम होती है, जहाँ खेती में पूरे वर्ष के लिए काम नहीं होता है, वहाँ के गाँवों के गरीब लोगों के विकास के लिए उन्होंने सुझाव दिया है कि वहाँ हस्तकला की कारीगरी को प्रधानता दी जानी चाहिए। गुजरात, राजस्थान जैसे राज्य जहाँ रेगिस्तान है, वहाँ सहज रूप से भी कला का विकास होता है। जहाँ प्राकृतिक अनुकूलता न हो, वहाँ ईश्वर व्यक्ति को विशेष प्रकार के गुण देता है। इन प्रदेशों में, ग्रामीण जीवन में विरासत-स्वरूप कलाकारी से जुड़े लोगों में ऐसे गुण हैं।

यहाँ की विकास यात्रा में योजनापूर्वक इस कला का विकास कैसे हो? यह कला कैसे एक वैज्ञानिक स्वरूप प्राप्त करे, इस कला को आधुनिक प्रौद्योगिकी का संबल और सहारा किस प्रकार से मिले और यहाँ निर्मित कला सामग्री को बाजार में एक अच्छा ग्राहक कैसे प्राप्त हो, इन उत्पादनों में मूल्य-वृद्धि किस प्रकार हो—इस हेतु यदि एक संकलित योजना बनाई जाए, तब इस कौशल्य को हम बड़े-बड़े (औद्योगिक) घरों तक पहुँचा सकते हैं।

सामान्यतया अभी तो कहीं भी इधर-उधर मेला लगता हो, कला-कौशल्य के जानकार लोग अपना सामान, अपनी पोटलियाँ लेकर वहाँ पहुँच ही जाते हैं और अनेक प्रकार के छोटे-मोटे प्रचार, जैसे ढोल बजाकर या कुछ करतब दिखाकर अपना सामान बेचते हैं। क्या इसमें बदलाव संभव है? ग्राम हाट बनाने की जब बात आई तो सामान्य रूप से ऐसा विचार आता है कि गाँव की सीमा के आसपास कहीं एकाध जमीन का टुकड़ा सस्ते में मिल जाए, छोटी-बड़ी एक झोंपड़ी जैसा कुछ बना दें, फिर वहाँ लोग

आएँ और अपना माल बेच सकें परंतु हमने ऐसा मर्यादित विचार नहीं किया है। सारी योजना के मूल में एक बड़ा परिवर्तन किया कि शहरी क्षेत्र के अत्यंत महत्त्वपूर्ण स्थान को चुनना। यह एक बहुत बड़ी विचारणीय बात है, नहीं तो चाहे कहीं भी किसी कोने में छोटी-बड़ी इमारत बनाई जा सकती थी। इसके बदले में ध्यानपूर्वक स्थल का चुनाव हो, जिससे जमीन का मूल्य करोड़ों में हो, शहर के महत्त्वपूर्ण स्थान हों, ऐसा स्थान पसंद कर इन गरीब कलाकारों के लिए एक हाट का निर्माण हो। ऐसा स्थापत्य हो और उसकी रचना ऐसी हो कि दूर से देखनेवाले को भी लगे कि इस बाजार में जाना चाहिए। बहुत से लोगों को ऐसे बाजार में जाते एक प्रकार की शर्म महसूस होती है और वे बाजार में जाते ही नहीं हैं। वातानुकूलित यंत्र लगा नहीं हो, दरवाजे पर पहरेदार 'नमस्ते' कहकर स्वागत न करता हो, ऐसी दुकानों में हमारा तो जाना संभव नहीं है, ऐसी विचित्र प्रकार की मानसिकता समाज के उच्च वर्ग में है। उनकी इस प्रकार की मानसिकता को बदलने का काम तो मैं नहीं कर सकता हूँ, परंतु कम-से-कम ऐसा हाट तो बनाएँ, जिसके सामने अपनी गाड़ी खड़ी कर उतरने में एक गौरव की अनुभूति हो और शाम को हमें तो ग्राम हाट में जाना है, ऐसा अपनी चार सहेलियों के बीच कहने में गौरव महसूस हो! अपनी सहज आनंददायी गाड़ी में बैठकर वहाँ जाने का मन हो। ऐसा मनोवैज्ञानिक आधार रखकर हिंदुस्तान में पहली बार एक ग्राम हाट बना रहे हैं। मुझे विश्वास है कि हिंदुस्तान में जब कहीं दूसरा ग्राम हाट बनेगा, तब उनको अपने इस ग्राम हाट को उदाहरण के रूप में स्वीकार करना पड़ेगा। पहला प्रयोग है, परंतु पहला ही नमूना ऐसा बनाया है कि फिर कभी पीछे मुड़कर देखना न पड़े। इसका अन्य कोई स्वरूप हो ही नहीं, ऐसी हमारी भूमिका है।

अभी मैं ग्राम हाट में घूम रहा था। वहाँ मुझे एक भाई मिले। कहने लगे—साहब, मैं हांगकांग में, मॉस्को में अपने गुजरात का डंका बजाकर आया हूँ। मैं वहाँ अपना माल बेचकर आया हूँ। आज तो अहमदाबाद में डंका बजाना है। मैंने कहा—सुन भई, तू जो कर आया है, इतना लिखकर टाँग दे कि परदेस जाकर आया हूँ और फिर देखना, तेरी दुकान पर लोगों की लाइन लगती है कि नहीं! मनोवैज्ञानिक भूमिका को ध्यान में रखकर मुझे इन गरीब लोगों का माल बिक जाए, ऐसी व्यवस्था करनी है। अभी हमने लगभग ५१२ कला-कारीगरों के दल को साथ में लिया है और इस संख्या को ५,००० तक ले जाना है। गुजरात के कोने-कोने में यदि कोई कलाकारी हो तो उसे पता होना चाहिए कि उसका तैयार किया हुआ माल बेचना है तो यह स्थान स्थापित किया गया है। उसे पत्र लिखने, अरजी देने के लिए प्रेरणा दे, उसे कोई वस्तु बनानी आती हो तो उसे पता होना चाहिए कि इस काम के लिए सरकार ने यह व्यवस्था की है। शायद उसे पता भी नहीं हो, राज्य सरकार में उसका रजिस्ट्रेशन नहीं हो। बहुत से एन.जी.ओ. ऐसे

होंगे, जो उसे रजिस्ट्रेशन नहीं करने देते होंगे। बहुतों को इससे तकलीफ होती है। यह भी एक प्रकार का रोग है। बहुत से एन.जी.ओ. ऐसे हैं, जो इसे अपनी ठेकेदारी समझते हैं और दूसरों को प्रवेश नहीं करने देते हैं; परंतु गाँव में बैठे हुए एक दो-कारीगरों तक भी यह बात पहुँचेगी तो हमें आनंद का अनुभव होगा। लोगों का हाथ पकड़कर उन्हें बड़ा बनाना है। यह अभियान छोटे-से-छोटे और गरीब-से-गरीब मानव के लिए, वंचितों के विकास के लिए है। इन कला-कौशल्य के साथ जुड़े हुए मानव को कुछ दें, उसे कुछ मिले। बिचौलियों के हस्तक्षेप के बिना यह कार्यक्रम है। इन बिचौलियों के आए बिना इन गरीबी रेखा के नीचे जीती हुई कला-कौशल्य की धनी अपनी माता और बहनों की मदद करनी है।

इस ग्राम हाट में कला-कारीगरों को लाने का बस का खर्च सरकार देती है। उनके रहने और उनके खाने-पीने की व्यवस्था भी सरकार ही करती है। गरीबी रेखा के नीचे रहने वाले परिवारों को रोजी-रोटी देनी है। उसे जिंदगी को व्यर्थ, बेकार नहीं जीना है। उसके पास कौशल्य है। उसे बाजार चाहिए। उसका माल हाट में डंके की चोट पर बिके, उसकी यही जद्दोजहद है। यह बात नए-नए उत्पादन करने वाले कारीगरों तक पहुँचाएँगे। हम गुजरात में सूरत, वडोदरा तक ही सीमित नहीं रहना चाहते हैं, बल्कि गुजरात के प्रत्येक जिला केंद्रों में यह हाट खड़ी करना चाहते हैं। अंबाजी, डाकोर, सोमनाथ जैसे तीर्थक्षेत्रों अथवा वे सब स्थान, जहाँ लोग सामान्य रूप से आते हैं, वहाँ एक छोटी सी हाट खड़ी कर एक नया बाजार, एक शृंखला खड़ी करना चाहते हैं, जिसकी वजह से इनकी उत्पादित वस्तुओं को बेचने का अवसर मिले। बाजार मिलेगा तो उत्पादन बढ़ाने के क्षेत्र में भी आधुनिक पद्धति को जोड़ सकेंगे। आज कारीगर इसके लिए प्रयत्न नहीं करता है, क्योंकि बारह महीने में बेचारे की छह चीजें बनती हों तो बेचते-बेचते उसे दो वर्ष लग जाते हैं तो उसकी प्रगति करने की कोई इच्छा नहीं होती है। एक बार यदि उसका माल बाजार में बिक जाएगा तो उसमें अधिक माल बनाने का उत्साह जागेगा और यदि माल की माँग बढ़ेगी तो अपने माल का उत्पादन बढ़ाने के लिए उसे आधुनिक पद्धति का उपयोग करने की इच्छा होगी।

यह सरकार मात्र बाजार खड़े करके रुकने वाली नहीं है। यह सरकार तो ग्रामीण कला कौशल्य के निर्माताओं की कुशलता बढ़े, उन्हें आधुनिक यांत्रिकी मिले, उन्हें आर्थिक सहायता मिले, ऐसा एक चक्र खड़ा करना चाहती है। उसे दुनिया के बाजार में जाने के लिए वेबसाइट के द्वारा बाजार मिले, इसके लिए व्यवस्था का पूरा ताम-झाम खड़ा करने का प्रयास किया है। आज भी हिंदुस्तान में कई बड़े-बड़े उद्योगपति होंगे, जो शायद वेबसाइट द्वारा विश्व में बाजार खड़ा नहीं कर सके; परंतु हम इन कारीगरों का माल विश्व बाजार में बेचना चाहते हैं। मेरी सबसे यह विनती है कि इस बार कुछ

खरीदारी के लिए जाने से पूर्व इस हाट में अवश्य जाना, उनका माल देखना और उसके बनानेवाले, बेचनेवाले से पूछना कि भाई, अब तक तुम कहाँ-कहाँ गए थे? इससे उनकी उमंग और बढ़ जाएगी।

इसके साथ-ही-साथ सरकारी अधिकारियों को भी बहुत सी बातों का ध्यान रखना आवश्यक है। इसमें थोड़ा सा मानवीय स्पर्श होना चाहिए और इस हेतु सारा पूर्व आयोजन करना पड़ेगा। उदाहरणस्वरूप रक्षाबंधन का त्योहार आने वाला हो तो हाट के व्यवस्थापक मित्रों को यह विचार आना चाहिए कि रक्षाबंधन से पंद्रह दिन पहले गाँव-गाँव में हाथ से राखी बनाने वाली बहनों को इस हाट में थोड़ा स्थान मिले तो राखी के लिए यही हाट बाजार बन जाएगा और राखी खरीदने के लिए लोग वहीं पर आएँगे। इसी प्रकार राखी के त्योहार में अपने यहाँ भाई-बहन को भेंट में साड़ी देना ही है तो इसी हाट में हस्तकला की साड़ियों का ध्यानाकर्षक बाजार क्यों न बनाया जाए? मान लो, तरणेत्तर का मेला हो और तरणेत्तर के मेले में हाट लगा हुआ हो और इस हाट में भाँति-भाँति की कारीगरी की हुई छतरियों का बाजार लगाया गया हो तो हाट में आनेवाला प्रत्येक व्यक्ति छतरी खरीदेगा। मान लो, दीपावली आने वाली हो और दीपावली से पंद्रह दिन पहले भाँति-भाँति के दीये का हाट लगा हो, कई प्रकार की मोमबत्तियों का हाट लगा हो या दीपावली पहले हाथ से तैयार किए गए दीपावली कार्ड का बाजार लगा हो तो निश्चित रूप से खरीदनेवाले और बेचनेवाले दोनों को ही लाभ होगा।

समाज का एक स्वभाव होता है। समाज में परंपरागत व्यवहार विकसित है। ऐसे समय में आवश्यक वस्तुओं का बाजार इस हाट के साथ जोड़ने से मुझे विश्वास है कि लोग वहाँ दौड़ते हुए वस्तुओं को खरीदने के लिए आएँगे। अहमदाबाद के कॉलेजों में 'कॉलेज डे' मनाने का जोश होता है। यह अच्छा है या बुरा, यह विवाद का विषय हो सकता है; परंतु यदि कॉलेज के प्राचार्य के साथ ग्राम हाट के व्यवस्थापक बात करें कि आपके यहाँ का 'परंपरा दिवस' कब होता है और इस दिवस से पूर्व यदि कॉलेज में पता चले कि परंपरागत कपड़े आदि चाहिए तो इस ग्राम हाट में मिलेंगे तो ये परंपरागत कपड़े हाट में से क्यों नहीं लेंगे?

बिक्री-व्यवस्थापन को आवश्यकतानुसार और उत्पादन के साथ जोड़ने को लेकर हम जाग्रत् होंगे तो मुझे विश्वास है कि यह हाट सही अर्थों में लोगों की आवश्यकताओं की पूर्ति करनेवाली बनेगी। ग्राम हाट में बैठे हुए कारीगर भी धीरे-धीरे समझेंगे कि मुझे कौन से बाजार में जाना है। अचार बनाने की ऋतु हो तब उसे प्रोत्साहन दें तो बाजार के अंदर ऐसे कारीगरों को अच्छा अवसर मिलेगा। इसके लिए हमारे मन में कल्पना है। जब-जब भी मैं कहता हूँ कि हाट से हार्ट अर्थात् हृदय तक एक चेतनता समाज में पहुँचानी है, समाज की चेतना से मन को स्पर्श कराना है, इस हार्ट को मुझे झंकृत करना

है, इस धड़कते हृदय को, इस समाज के उदार हृदयों, धनवान हृदयों को हाट तक ले जाने को यह मेरा प्रयत्न है। वे हाट तक आएँगे तो उनके हृदय को पहुँचने में देर नहीं लगेगी और इससे हाट व हार्ट द्वारा हृदय तक एक आवागमन की गति खड़ी करनी है। बाजार द्वारा सामाजिक जीवन की नई शक्ति खड़ी करनी है। यह एक अत्यंत पवित्र कार्य है। सही अर्थों में तो रोजी-रोटी कमाने की इच्छा रखनेवाले मानवों की मदद करना है। यह कोई उपकार नहीं है, यह कोई प्रोत्साहन नहीं है। उन्होंने जो भी किया, उसका मैं अनुमोदन करने वाला हूँ। मैं चाहता हूँ कि यह बात आसपास के मंदिरों तक पहुँचे। जैन मंदिरों में तो बहुत से लोग जाते हैं। उन्हें हाट में जाने की आदत पड़ जाएगी तो यह हाट मात्र एलिसब्रिज, वासणा या मात्र कर्णावती की नहीं, बल्कि हाट समग्र गुजरात के लिए उपयोगी बन जाएगी।

□

* ग्राम हाट, अन्नपूर्णा हॉल, पालड़ी, अहमदाबाद, १५ मई, २००५

३९

श्रमयोगी : समाज की एक अमूल्य पूँजी

समाज के विकास में समाज के छोटे (अंतिम) व्यक्ति की मदद के बिना कोई काम होना संभव नहीं है। इस देश में श्रम की पूजा के संस्कार हैं और इसी कारण समाज का वह छोटा व्यक्ति भी समाज की धारणा को स्वीकार करता है। समाज में जो भी श्रेष्ठ लोग हुए हैं, उनकी ओर देखें तो एक बात बहुत ही स्पष्ट दिखाई देगी कि दुनिया में किसी भी महान् व्यक्ति के जीवन में कहीं-न-कहीं समाज के इस छोटे (अंतिम) व्यक्ति का साथ अनिवार्य रूप से जुड़ा हुआ है।

भगवान् रामचंद्रजी की सफलता के लिए हमें गौरव की अनुभूति होती है। प्रभु रामचंद्र की पूजा करते हैं, परंतु यदि रामचंद्रजी से पूछें कि आप कैसे सफल हुए तो वे कहेंगे कि वानरों के कारण सफल हुआ। वानर नहीं होते तो सीताजी को लाने में कितना कष्ट उठाना पड़ा होता। सेतुबंध बाँधना था, वानर नहीं होते तो क्या होता? रामचंद्रजी स्वयं प्रभु होने के उपरांत समाज के अंतिम छोटे व्यक्तियों के बिना इस ध्येय को प्राप्त नहीं कर सके होते। माता कौशल्या से भी अधिक आदर-भाव से शबरी को देखा। माता कौशल्या ने जब भोजन खिलाया और उसमें जो आनंद आया होगा, उससे भी ज्यादा आनंद राम को शबरी ने जब जूठे और मीठे बेर खिलाए, तब आया था। समाज के अंदर के छोटे-से-छोटे व्यक्ति की ओर देखने के दृष्टिकोण की यह घटना हमारे लिए प्रेरणास्वरूप है। शायद प्रभु राम ने यह सब भी नहीं किया होता तो चल जाता, क्योंकि वे तो ईश्वर-स्वरूप थे। उन्होंने यह सब इसलिए किया कि यदि तुम्हारे पूज्य, आराध्य रामजी ऐसा करते हों तो तुम्हें क्या आपत्ति हो सकती है!

इतिहास की किसी भी घटना की ओर देखें। गांधीजी के जीवन में दलित, हरिजन, आदिवासी ही समग्र प्रवृत्ति के केंद्र में रहे हैं। हमारे इस समाज में, छोटे समाज के छोटे मानव के बिना कोई भी व्यवस्था, कोई भी ईश्वर रूप, कोई भी शक्ति कभी भी सफल नहीं हो सकती है। मैं मानता हूँ कि जो भी लोग इस देश की मिट्टी की सुगंध लेते हैं, ऐसे

प्रत्येक व्यक्ति को विश्वास होगा कि इस विचार से तो श्रम करनेवाला प्रत्येक व्यक्ति श्रमयोगी है। यह योग का योगी रूप है। इसी कारण से राज्य सरकार ने राज्य के श्रमिकों को 'श्रमयोगी' के रूप में पुरस्कार देने और सम्मान करने के प्रयास को मान्यता दी है।

इस राज्य में एक योजना चलती है, जिसका नाम है 'श्रमयोगी'। प्रत्येक गाँव की सीमा के बाहर या सीमा पर रहनेवाले पाँच व्यक्ति, पाँच कुटुंब ऐसे हैं, जो एकदम दरिद्र-नारायण हैं। ऐसे परिवारों को गरीबी रेखा से ऊपर उठाने के लिए मदद करनी है। इनके सामने रोटी का या पैसे का कोई टुकड़ा फेंककर जिंदगी नहीं बदला जा सकता है। उसे उसका आकाश दो, उसे अपने पाँव पर खड़ा करो कि वह अपने पाँव से ही बड़ी-बड़ी छलाँग लगा सके। समाज के अंदर ऐसी व्यवस्था खड़ी करनी चाहिए। अब इन पाँच गरीब परिवारों में से किसी को पेड़-पौधे दिए और कहा कि चलो भाई, आप पेड़-पौधे उगाओ, फल-फलादि बेचो। किसी को शाक-भाजी के पौधे दिए और कहा कि शाक-भाजी पैदा करो व बेचो और बच्चों को पढ़ाओ, परिवार नियोजन स्वीकार करो। ग्रामसभा के भागीदार बनो, अनेक छोटे-बड़े नियमों के अंतर्गत इन्हें जोड़कर सक्रिय किया है। उनके जीवन में एक विश्वास जगाया है कि वे उपेक्षित नहीं रहेंगे। समाज में सबके साथ, सबके बीच बैठने योग्य बनें और बैठें, तब उनमें भी एक विश्वास पैदा होगा। यह समाज के अंत्योदय मानव को जोड़ने का प्रयत्न है।

गुजरात पहला ऐसा राज्य है, जिसने असंगठित कामगारों (मजदूरों) के लिए बीमा करने का उत्तरदायित्व अपने ऊपर लिया है। सरकार इनके बीमे की राशि भरती है। सरकार ने जिन लोगों को १ लाख रुपए दिए हैं, वे सब मजदूर भाई-बंधु ही हैं। खेतिहर मजदूर हैं, असंगठित कामगार हैं; परंतु इनके परिवार में से किसी-न-किसी की मृत्यु हो गई है। ऐसे सभी लोगों को राज्य सरकार की ओर से १-१ लाख रुपए मिले हैं। उनका बीमा सरकार ने किया है और यह सब कर्तव्य-भाव से किया है। यह हमारा उत्तरदायित्व है। एक प्रयत्न है, प्रयास है और इस प्रयास की पूर्ति के लिए हम यह संघर्ष कर रहे हैं। अपने यहाँ आँगनवाड़ी बहनों को ज्यादा-से-ज्यादा पैसा देने का हौसला सारे देश में एकमात्र गुजरात ने किया है। गुजरात ऐसा पहला राज्य है, जहाँ आँगनवाड़ी में काम करनेवाली इन बहनों का भी बीमा कराया गया है, ताकि इनके जीवन में कोई तकलीफ आए तो इन्हें चिंता करने की जरूरत नहीं है। ऐसे पवित्र कामों में भी हवन में हड्डी डालने की प्रवृत्ति चलेगी तो समाज का कल्याण कौन करेगा? समाज की जवाबदेही कौन निभाएगा? दुर्भाग्य से कुछ मुट्ठी भर लोग नकारात्मक विचार के साथ इस पवित्र काम में भी हवन में हड्डी डालने की वृत्ति, राक्षसी मानसिकतावाले, समाज का द्रोह करने का काम कर रहे हैं। ऐसे समय में समाज में संवेदना जगाने की, समाज में जागृति लाने की आवश्यकता होती है। हमारे द्वारा जो प्रयास चल रहा है, इस प्रयास

का अंतिम परिणाम, अंतिम ध्येय तो समाज के छोटे आदमी को मजबूत बनाने का है। हिंदुस्तान में गुजरात ही एकमात्र ऐसा राज्य है, जहाँ पाठशाला जानेवाले प्रत्येक बच्चे का बीमा किया गया है। इसका लाभ किसे मिलने वाला है? सबसे अधिक लाभ गरीबी रेखा से नीचे जीनेवाले इन वंचित परिवारों को मिलने वाला है। इनके परिवार में कोई आफत या कष्ट आया तो परिवार को टिके रहने के लिए, स्थिर रहने के लिए सहारा मिलने वाला है। भारत की संसद् में जो सरकार बैठी है, वह सरकार हमारे पक्ष की नहीं है। हमें निकाल फेंकने को तैयार लोग भी वहाँ बैठे हुए हैं। यही लोग संसद् में कहते हैं, समग्र हिंदुस्तान के अंदर रोजगार के क्षेत्र में सबसे अधिक अवसर पैदा किए हैं और दिए हैं तो वह गुजरात है। रोजगार में भी गुजरात प्रथम नंबर पर है। हमने तो पहली बार ग्रामीण श्रमिकों के लिए एक अलग बोर्ड का निर्माण किया है। इनके प्रश्नों के निराकरण के लिए महिलाएँ जो मजदूरी करती हैं, उनके स्वास्थ्य की चिंता, उनकी रोटी-रोजी की सुरक्षा की जिम्मेदारी इस राज्य सरकार ने उठाई है। अनेक नीति विषयक निर्णयों द्वारा यह परिवर्तन लाने का प्रयत्न किया है, परिणामस्वरूप गुजरात के अंदर औद्योगिक शांति है। हड़तालें नहीं होती हैं, मोरचे नहीं निकलते हैं। एक स्वच्छ-स्वस्थ पारिवारिक वातावरण है। अपने उद्योग जगत् की यह एक बड़ी-से-बड़ी ताकत है। इस ताकत की बात को डंके की चोट से हम दुनिया तक पहुँचाएँगे तो विश्व के उद्योगपति गुजरात में उद्योग के लिए आना पसंद करेंगे पहल करेंगे। ऐसी शांति का अनुभव अन्य कहीं नहीं होता है। हड़ताल के कारण उद्योगपतियों का उत्पादन महीनों तक बंद रहता है तो कंपनी को नुकसान उठाना पड़ता है। गुजरात एक ऐसा राज्य है, जहाँ इस प्रकार का डगमगानेवाला वातावरण नहीं है। गुजरात के अंदर एक सानुकूल वातावरण है। उत्पादन के लिए एक पोषक वातावरण है, इस कारण औद्योगिक प्रगति हेतु गुजरात का वातावरण बहुत ही अनुकूल और पोषक है। यह सरकार की नीतियों को बहुत शक्ति प्रदान करनेवाली स्थिति है। अपनी यह संपत्ति, उपलब्धि हमें दुनिया के सामने रखनी चाहिए।

समग्र भारत में यदि कहीं कम-से-कम मानव दिन व्यर्थ जाते हों तो वह एकमात्र गुजरात राज्य है। पिछले पाँच वर्षों से यह सिद्धि हमने कायम रखी है। प्रथम स्थान और द्वितीय स्थान के मध्य मीलों का अंतर है। उद्योग-धंधे में शांति हो, अवसर-कुअवसर पर हड़तालें नहीं होती हों, तभी यह संभव होता है। समाज का प्रत्येक वर्ग दूसरे वर्ग के प्रति संवेदनशील हो, आदर करता हो, तभी यह सिद्धि प्राप्त होती है।

□

---

* सामाजिक सुरक्षा, सहायता और राज्य सरकार के श्रम व विकलांग पारितोषिक अर्पण विधि समारोह, टाउन हॉल, सेक्टर १५, गांधीनगर, २०, जून २००९

४०

सबको समान अवसर

गोस्वामी समाज ने सदियों से अपने यहाँ के गरीब और पिछड़े हुए लोगों के बीच रहकर, उनके साथ हिल-मिलकर रामायण का पाठ कर, पढ़ाने का कार्य कर अपनी संस्कृति का एक श्रेष्ठ कार्य किया है। समाज में सांस्कृतिक विरासत जीवित रहे, इसका प्रयास किया है और यह गोस्वामी समाज सदियों से सामान्य जन-समूह में आदर का पात्र बनकर रहा है।

सामान्य परंपरा है कि साधु होने के लिए संन्यास लेना पड़ता है; घर-गृहस्थी, गाँव, समाज और परिवार सभी कुछ छोड़ना पड़ता है। इसके अलावा और भी बहुत कुछ सहन करना पड़ता है, तब जाकर साधु-पद की प्राप्ति होती है। यह लाभ अन्य किसी भी समाज को नहीं मिलता है और मात्र साधु-पद प्राप्त हो जाए, इतना ही नहीं, उनके प्रति समाज में आदरभाव भी होता है। संत-परंपरा के साथ अपनी सांस्कृतिक विरासत से जुड़कर कथा, कीर्तन, सत्संग आदि प्रवृत्तियाँ कम-ज्यादा एक परिवार में भी विरासत के रूप में विकसित कर समाज के लोगों को शिक्षित करने का काम सदियों से यह गोस्वामी समाज कर रहा है।

एक समय ऐसा भी था जब 'हम तो उच्च वर्ग और वर्ण के हैं', ऐसा कहलाने में गौरवान्वित अनुभव करते थे। भाई, हम तो ब्राह्मण समाज के समकक्ष हैं, हम तो उच्च वर्ग के हैं। ऐसा कहलाने का एक जमाना था। भूल-चूक से भी इन्हें कभी छोटा कह दिया हो तो बड़ा अनर्थ हो जाता है; परंतु देश आजाद हुआ, फिर ऐसा कुछ नहीं रहा। आजादी से पूर्व अच्छा व बड़ा कहलाने के लिए होड़ लगी रहती थी। अब अच्छे और उच्च में गिनती न हो, इस हेतु आवेदन-पत्र आते हैं। मैं भी बक्षीपंच समाज से हूँ। आगे बढ़ने का मार्ग किस कुल में से, किस व्यवस्था में से है, इसके ऊपर नहीं है। एकलव्य कोई पांडव कुल में पैदा नहीं हुआ था। एकलव्य के जीवन में राजपाट जैसा कुछ भी नहीं था; परंतु उसकी साधना इतनी उच्च श्रेणी की थी कि उसने अर्जुन की समस्त

योग्यता को अपने में ढाल लिया था

रावण एक उच्च स्तर का राजा था, उसके बाद भी उसके प्रति समाज में इतना क्रोध है कि उसका पुतला आज भी जलाया जाता है। रावण मुसलमान या ईसाई नहीं था। हिंदू समाज की यह विशेषता है कि वह सत्कार्यों की प्रशंसा करता है और बुरे कृत्यों की आलोचना करता है। रावण ब्राह्मण कुल में जनमा होने के उपरांत भी विजयादशमी के दिन उसका पुतला जलाया जाता है। यह सब संस्कारों की बात है। यदि हम संस्कारों की सुरक्षा न करें, उन्हें बचाकर, संचित करके नहीं रखें तो हमारे समाज की दशा कैसी होगी?

ईश्वर ने हमें अपने संस्कारों को सँभालने के लिए ही जन्म दिया है और अवसर भी दिया है, उसका लाभ कैसे उठाना है? हमारे समाज में शक्तियों का संचय कैसे हो? ऐसे मार्ग पर समाज को ले जाने, अपने समाज की कुरीतियों और लघुग्रंथि से मुक्त कर समाज में सबको विकास के लिए समान अवसर मिला है, तब कैसे आगे बढ़ सकते हैं, यही हमें अब देखना है। इसका एकमात्र साधन है 'शिक्षा'। इक्कीसवीं सदी में हमारी लड़कियाँ अशिक्षित रहे, यह बड़े शर्म और लज्जा की बात है। भले ही घर में एक समय भूखा रहना पड़े, परंतु अपने घर में लड़की अशिक्षित नहीं रहनी चाहिए। लड़कियों को पढ़ाना ही होगा। लड़कियाँ पढ़ेंगी तो समाज और पीढ़ियाँ तर जाएँगी। सरस्वती हमारी जीभ के ऊपर हैं तो उन्हें कलम द्वारा प्रकट करने की चिंता हम सबको करनी चाहिए। □

---

* श्री गुजरात दशनाम गोस्वामी चैरिटेबल ट्रस्ट अंबाजी भवन के उद्घाटन और श्री महागुजरात दशनाम गोस्वामी महामंडल का ३५वाँ अधिवेशन, अंबाजी, २२ फरवरी, २००४

४१

समाज की प्रगति का आधार

समाज में परिवर्तन नहीं आए, समयानुसार समाज में बदलाव नहीं आए तो ऐसा समाज समस्त प्रवाह से अलग-थलग पड़ जाता है और उसकी प्रगति रुक जाती है। बदलते हुए युग के अनुसार परिवर्तन का स्वागत और उसका अभिनंदन करना चाहिए। कुछ वर्षों पूर्व यदि कोई समूह लग्न की बात करता तो समाज के अनेक लोग इसका विरोध करते थे। जो अपनी गृहस्थी को महामुश्किल से चलाता हो, उसके लिए समूह लग्न की बहुत ही अच्छी बात होने के बावजूद इस प्रकार की परिस्थिति में रहनेवाले लोग भी समूह लग्न के लिए मना कर देते थे और कहते थे कि अपनी बेटी को तो मैं अपने घर से ही विदा करूँगा, दूसरे गाँव में जाकर विवाह नहीं करूँगा। इस प्रकार की अनेक माँगों और हठाग्रह के कारण समाज-सुधारकों को इच्छित सफलता नहीं मिलती थी; परंतु धीरे-धीरे समाज में बदलाव आता गया।

इसके बाद एक नया चलन आया। भाई, हमें तो समाज में रहना है, उसके साथ उठना-बैठना चाहिए। समाज जिस रास्ते पर चल रहा है, उस पर चलना चाहिए। हम भी अपने बेटे-बेटी का समूह लग्न में विवाह कर देंगे; परंतु हमने तो सगे-संबंधियों का खाया है, जाति का खाया है, समाज के लोगों का खाया है, उनका अन्न पेट में गया है। अतः समूह लग्न में विवाह कैसे करें और कर दिया तो फिर घर लौटकर एक बार फिर दूसरा भोज कार्यक्रम करते हैं। अतः जहाँ से चले थे, लौटकर वहीं वापस आ गए। दो-चार बीघा जमीन बेच दें, दो-चार पशुओं को बेच दें और फिर इस प्रकार समाज में भोज आयोजित करें। लोग कहते रहते हैं कि हमने तो अपने बेटे-बेटी का विवाह समूह लग्न में ही किया था, परंतु गाँव के, मोहल्ले के, जाति के लोगों को नहीं बुलाया था, उन्हें नहीं खिलाया था, इसलिए अब यह काम कर रहे हैं। इस कारण गरीब लोगों पर दुगुना बोझ आने लगा, अधिक खर्च होने लगा। समूह लग्न हो, यह एक गौरव की बात है। समाज के साथ कंधे से कंधा मिलाकर

आगे चलने की बात हमारे लिए आनंद की बात है। पहले घर वापस जाकर लोक-व्यवहार का जो खर्चा होता था, अब घर जाकर कुछ भी नया-पुराना नहीं करना है और लोग इस तरह की प्रथा को भूलने लगे हैं। घर जाकर मन कचोटता हो कि मुझे कुछ करना चाहिए और जेब में ज्यादा पैसे हों, जेब से पैसे छलकते हों तो वह पैसा समाज के चरणों में रख देना चाहिए। घर जाकर कुछ भी नया नहीं करना है तो ही समाज की सही और सच्ची सेवा होगी। घर जाकर विवाह का दूसरा मांडवा किया, मंडप किया तो यह कहावत लागू होगी कि बाबाजी के दोनों भव बिगड़ गए—न घर के रहे, न घाट के। जो समाज साहसपूर्वक परिस्थिति को बदलने को तैयार नहीं, वह समाज आज बहुत ही पिछड़ गया है।

भरवाड़ समाज एक परिश्रमी समाज है। प्रकृति के सामने खड़ा होनेवाला यह समाज श्रीकृष्ण का कृपापात्र है। यह कोई छोटी बात नहीं है। कृष्ण कितने सामर्थ्यवान् थे, यह हम सबको पता है। ये भरवाड़ भगवान् कृष्ण के वारिस हैं। कनिष्ठा उँगली पर गोवर्धन पर्वत को उठानेवाले ये सब ग्वाले साथीदार हैं। इस समाज में गजब का साहस और निडरता है। जंगलों में अकेले ही चले जाते हैं। इनके साथ बात करने के लिए कोई साथीदार नहीं होता है। जानवरों के साथ ही महीनों तक बात करते हैं और पशुओं की बात को समझते हैं। कितनी संवेदनाएँ भरी हैं इस समाज में! ये इन जानवरों के साथ कितनी तादात्म्यता से जी सकते हैं। अबोल पशु के साथ ममता का सिंचन कर सकते हैं। अबोल पशु के साथ इतने ममतामय और स्नेहिल संबंध बना सकते हैं तो ये साथियों के साथ कितना अटूट संबंध बना सकेंगे, इसकी तो हम कल्पना भी नहीं कर सकते हैं। इस समाज में इतनी शक्ति है और इस शक्ति को पहचानने की आवश्यकता है, तब यह समाज प्रगति करेगा।

आप में से वयोवृद्ध मनुष्यों को पुराना इतिहास स्मरण होगा। आज से २५ वर्ष पहले पटेल समाज को लोग क्या-क्या कहते थे। उनके लिए किस प्रकार के शब्दों का उपयोग करते थे। कैसी घटिया कहावतें थीं। इसके लिए तो छोटी-छोटी पुस्तिकाएँ प्रकाशित होती थीं। जिसकी सारी देह मनुष्य की हो और सिर पशु का हो, उसका नाम 'बकोर पटेल' रखा होता था। ऐसे पटेल समाज की पच्चीस-तीस वर्ष पूर्व कितनी उपेक्षा होती थी। अति निकृष्ट शब्द इनके लिए उपयोग होते थे। धीरे-धीरे इस समाज में जागृति आई। किसी भी समाज का अध्ययन करना है तो इस पटेल समाज का करना चाहिए। इनमें जागृति आई। लड़के-लड़कियों को शिक्षित करने लगे। समाज में क्या चल रहा है, उसको पकड़ने व समझने का प्रयत्न किया और बहुत ही कम समय में यह समाज प्रगति कर सका। आज देखो, शिक्षा के क्षेत्र में लोग आगे, व्यापार के क्षेत्र में आगे। खेती को आधुनिक बनाने की बात हो तो उसमें भी ये लोग आगे। विश्व

के अन्य देशों में जाना हो तो उसमें भी ये लोग आगे। यह समाज कितना शक्तिशाली हो गया है। समाज के अग्रगण्य लोगों ने निश्चय किया कि हमें इस परिस्थिति में नहीं जीना है। इस परिस्थिति से निकलकर बाहर आना है। समाज को खड़ा करना है, उन्नत करना है और इसके लिए उन्होंने शिक्षा को अपना साधन बनाया। उन्होंने शिक्षा का सहारा लिया और बहुत ही कम समय में कोई भी ईर्ष्या करे, इतनी अधिक प्रगति कर ली है। अपनी नजरों के सामने ही यह समाज बदला है। यदि समाज निश्चय करे तो कितनी प्रगति कर सकता है, इसका यह एक श्रेष्ठ उदाहरण है।

आपको परमात्मा ने सामाजिक शक्ति दी है। इस धरती के प्रति ममता दी है, पशुओं को समझने की संवेदना दी है। परमात्मा ने तुम्हें समूह में कुछ करने की वृत्ति प्रदान की है। आदर, सत्कार, मेहमानदारी—भरवाड़ समाज की विशेषताएँ हैं। समाज आगे बढ़े और समाज की प्रगति हो, इसका एकमात्र आधार है 'शिक्षा'। सबकी शिक्षा के लिए सरकार चिंता करती है। राज्य सरकार ने इस समूह लग्न को प्रोत्साहन देने के लिए योजना बनाई है। समाज के प्रत्येक युगल के पीछे व्यवस्थापकों को एक-एक हजार रुपए दिए जाएँगे। इन १०५८ लग्नों के लिए समाज को १,०५,००० रुपए प्राप्त होंगे। दहेज प्रथा के जैसी कुप्रथा को दूर करने के प्रयास में राज्य सरकार द्वारा 'रमाबाई सात फेरे' सामूहिक विवाह योजना के अंतर्गत दस या उससे अधिक युगलों के विवाह का आयोजन करनेवाली संस्थाओं को १०,००० रुपए की आर्थिक सहायता दी जाती है और विवाह करनेवाले नवदंपती को ५,००० रुपए के 'श्रीनिधि बॉण्ड' दिए जाते हैं। सन् २००१ में शुरू की गई इस योजना में वर्ष २००५ के अंत तक २,९१३ विवाह-स्वरूप १४,५०१ लाख रुपए की सहायता दी गई है। बक्षीपंच की कन्याओं के ३,९१७ समूह लग्न में १६१.८५ लाख रुपए और अनुसूचित जनजाति के १,११० समूह लग्न के लिए ५९.७५ लाख रुपए की सहायता दी गई। यह वातावरण हमेशा बना रहेगा तो समाज के धन की बचत होगी, यह धन समाज की प्रगति के लिए उपयोग में आएगा।

लड़की को पढ़ाने की बात जब भी घर में उठे, तब लड़की की माँ क्या कहती है—लड़की को पढ़ाकर क्या करना है? इसे कौन सी नौकरी करनी है? इसे क्या बैंक में जाना है? इसे क्या स्कूल का मास्टर बनना है? लड़की का काम है—जानवरों को चराना, उनका गोबर आदि साफ करना, झाड़ू-पोंछा करना और घर सँभालना। माँ-बहनों से मेरी विनती है कि अब वह जमाना नहीं रहा। लड़की को चाहे घर में रहना हो, भले नौकरी नहीं करनी हो; परंतु शिक्षा प्राप्त करना बहुत ही मूल्यवान् है। जीवन में आगे बढ़ने के लिए शिक्षित होना बहुत ही जरूरी है।

लड़का भी आगे बढ़े, आगे जाए और लड़की भी आगे बढ़े। जिनके माँ-बाप

शिक्षित हैं, उनके लड़की-लड़के आगे जाएँगे, प्रगति करेंगे। जिनके माँ-बाप अशिक्षित होंगे, उनका लड़का भी आवारा सा इधर-उधर घूमता-फिरता है। अतः यदि तुम्हारे घर में लड़की है तो उसे निश्चित रूप से शिक्षित करना चाहिए। भरवाड़ समाज के लड़के-लड़कियाँ शिक्षित होंगे, शिक्षा पाएँगे तो मेरे लिए इससे बड़ा कोई हर्ष का विषय नहीं होगा। मुझे विश्वास है कि पाँच-दस वर्षों में समाज में परिवर्तन अवश्य आएगा।

□

---

* जिला जामनगर, समस्त भरवाड़ समाज द्वारा आयोजित द्वितीय समूह लग्न महोत्सव, जामनगर, २ अगस्त, २००२

४२

एक हाथ में लकड़ी और दूसरे में कलम

इस देश में धर्म की सामर्थ्य बेजोड़ और बेमिसाल है। धर्म मनुष्य को अनेक सत्कर्म करने की प्रेरणा देता है; परंतु यह दुर्भाग्य है कि आजादी के इन पचास वर्षों में दंभी लोगों ने, ढोंगी लोगों ने, संस्कृति के विरोधियों ने एक ऐसा वातावरण बना दिया है कि इस धर्म के रास्ते पर जाया ही नहीं जा सकता। मंदिरों की ओर जाया ही न जाए और उधर गए या देखा भी तो समझो, अकाल मृत्यु आ गई। इस प्रकार के एक विचित्र वातावरण का निर्माण हुआ है। इसका परिणाम यह हुआ कि हजारों वर्षों से जो शक्ति संचित थी, वह शक्ति आजादी के बाद समाज-सुधार में, विकास में और परिवर्तन में उपयोग आनी चाहिए थी। इसके बदले हुआ यह कि इस बड़ी संचित शक्ति की उपेक्षा हुई और इस कारण देश को बहुत बड़ी हानि उठानी पड़ी।

सरकार करोड़ों रुपए खर्च करके कहती है—'व्यसन करना एक पाप है। व्यसन मत करो। व्यसन करोगे तो स्वास्थ्य खराब होगा। व्यसन करोगे तो कैंसर भी हो सकता है।' सरकार कहती है तो इसका बहुत ज्यादा असर नहीं होता है, परंतु यदि कोई महात्मा यही बात कहता है तो उसका बहुत असर होता है। हमने इस शक्ति का उपयोग नहीं किया। इस ढोंगी-बिन सांप्रदायिकता के कारण हमने अपनी हजारों वर्ष पुरानी इस शक्ति की अवगणना कर डाली। इस शक्ति का उपयोग राजनीति के दाँव-पेच के लिए नहीं, बल्कि समाज का भला करने के लिए किया होता तो कितना शुभ परिणाम प्राप्त होता। अब भी 'जब जागे, तभी सवेरा'—इस शक्ति का उपयोग समाज का भला करने के लिए करेंगे तो समाज का भला अवश्य होगा। देश का भी भला होगा। अब इस दिशा में कैसे और किस प्रकार से कदम उठाएँ—यह विचार करने योग्य है।

हमारे यहाँ प्रत्येक बारह वर्ष के बाद कुंभ का मेला लगता है। कुंभ का मेला वास्तव में सामाजिक प्रश्नों का, चिंतन का, मनन का मेला है। सतत एक महीने तक सामाजिक-सांस्कृतिक, आध्यात्मिक अग्रगण्य संत और महात्मा साथ रहकर-मिलकर

समाज के प्रश्नों के निराकरण हेतु चिंतन करते हैं, इसीलिए इसे कुंभ के मेले की संज्ञा प्राप्त हुई थी। हमारा भी एक कुंभ मेला है। यह भरवाड़ समाज का कुंभ मेला है। इस छोटे से कुंभ मेले में हम अपने इस समस्त समाज का चिंतन करें। एक भाई ने मुझे एक लकड़ी भेंट में दी है। वह भाई जो भेंट देने आए थे, उनसे मैंने कहा—क्या सच में आप लकड़ी मुझे दे देंगे। ये भाई मेरे सामने देखते रहे, मुझे कोई प्रत्युत्तर नहीं दिया। मैंने कहा, ''मैं इसीलिए यहाँ आया हूँ कि मुझे आपकी लकड़ी लेनी है। आप मुझे लकड़ी दे दो, मैं आपको कलम देने के लिए आया हूँ। अब अकेली लकड़ी से काम नहीं चलेगा, कलम से काम बनेगा। यदि भरवाड़ युवक हाथ में लकड़ी के स्थान पर कलम लेगा तो आपकी जिंदगी बदल जाएगी और आनेवाली पीढ़ी की जिंदगी भी बदल जाएगी।''

पढ़ाई में समझदारी आवश्यक है। समझदारी तो भरवाड़ में बहुत है। यदि समझदारी है तो शिक्षण क्यों नहीं? इसीलिए मैंने कहा कि यदि आपने अपनी लकड़ी मुझे दे दी तो मेरी कलम आपको समर्पित है। जिसे लकड़ी नहीं देनी, उन्हें कहता हूँ—बाएँ हाथ में लकड़ी रखो और दाएँ हाथ में कलम रखो। दोनों ही तुम्हारे, परंतु इस २१वीं सदी में प्रगति करने के लिए समाज में शक्ति पैदा करनी पड़ेगी, समाज में सुधार लाना पड़ेगा। समाज में व्यर्थ का व्यय और दिखावा दूर करना पड़ेगा

□

---

* श्री वालीनाथ झझावड़ा देव प्राण-प्रतिष्ठा महोत्सव-थरा, तहसील कांकरेज जिला, बनासकाँठा, १२ फरवरी, २००९

४३

शिक्षा लाएगी समाज-क्रांति

मैं अनुमान से कह सकता हूँ, इस विषय में मेरा कोई अध्ययन नहीं है। आज से लगभग १०० वर्ष पूर्व चौधरी समाज को निश्चित रूप से कोई योग्य नेतृत्व मिला होगा। निश्चित रूप से विशेष नेतृत्व मिला होगा, जिन्होंने इस समाज को पशुपालन के बारे में नई दिशा दिखाई, जो आज १०० वर्ष बाद भी समाज को टिकाए रखने के काम आ रही है। उस समय के नेतृत्व को पता होगा कि हमारे उत्तर गुजरात में चौधरी समाज की सविशेष प्रजा है और इस उत्तर गुजरात में पानी की बहुत कमी रहती है।

खेती करने के लिए जमीन चाहे जितनी भी हो, उस जमाने में यह प्रश्न हमेशा रहता था कि घर को सुख से चलाने के लिए परिवार को जितना चाहिए उतना अन्न उत्पन्न होगा या नहीं और यह प्रश्न समाज के नेतृत्व को भी हमेशा खटकता होगा। उन्हें भी लगा होगा कि इस प्रकार की स्थिति में हम कब तक रह पाएँगे? इस चिंता में उन्होंने पशुपालन की ओर अपना ध्यान दौड़ाया, अन्यथा जातिगत रचना में पशुपालन और समाज के बीच कुछ भी औचित्यपूर्ण संबंध नहीं है। उस समय की परिस्थिति के मध्य में नेतृत्व करनेवाले को यह सूझा होगा कि यदि हमारा यह समाज खेती–बाड़ी के साथ पशुपालन को भी अपना ले तो पूरक आमदनी होगी, पूरक आमदनी होगी तो मान–सम्मान भरा जीवन जी सकेंगे और देश व समाज में अपना सिर ऊँचा करके जी सकेंगे। हमने देखा भी है कि इस चौधरी समाज ने पशुपालन के क्षेत्र में एक बड़ी सफलता प्राप्त की है। यह खेती से भी सवाया पशुपालन का पूरक रोजगार बन गया है। इसके माध्यम से बनासकाँठा और मेहसाणा में दूध की दो डेरियाँ बनीं। यह एक बहुत ही बड़ा योगदान है इस समाज का।

गाँवों में सर्व-सम्मति

गुजरात को बदनाम करनेवाले लोग गुजरात की असली ताकत को पहचान नहीं

सके हैं। गुजरात ने एक योजना बनाई है 'तीर्थ ग्राम योजना'। इस योजना के अंतर्गत इस गाँव में पाँच वर्ष तक कोई झगड़े-फसाद नहीं हुए हों, कोर्ट-कचहरी में नहीं गए हों, पुलिस ने आकर डंडे नहीं फटकारे हों—ऐसा जो भी ग्राम होगा, उसे हम 'तीर्थ ग्राम' कहेंगे। इस गाँव के विकास के लिए १ लाख रुपए की रकम राज्य सरकार देगी। 'यह तो बेकार है, बिना काम का है ' ऐसा कहकर आप समाज नहीं बदल सकते हैं। सही और सच्चा क्या है, सही रास्ता क्या है—इसका मार्ग व उपाय बताएँ तो परिस्थिति को बदला जा सकता है। इस राज्य सरकार ने सफलतापूर्वक प्रयास किया है और आज गुजरात में हजारों गाँव ध्यान में आए हैं, जहाँ पाँच-पाँच, दस-दस वर्ष में कोर्ट-कचहरी जाने की घटना नहीं घटी है और यह कोई छोटी बात नहीं है। जहाँ एक छोटा सा केस या घटना नहीं घटी है, उस गाँव का जीवन कितना उच्च होगा। दुनिया को अपनी सामर्थ्य का परिचय कराए, ऐसी शक्ति इस राज्य में है। यह ५ करोड़ प्रजाजनों की शक्ति है और इस शक्ति से दुनिया को परिचिय करवाने का उत्तरदायित्व हम सब लोगों पर है।

साक्षर दीप योजना

भूतकाल में लोग गुजरात में प्रौढ़ शिक्षण के नाम पर करोड़ों रुपए चबा गए। यह 'चबा गया' शब्द मैं जान-बूझकर उपयोग कर रहा हूँ। प्रौढ़ शिक्षा के नाम से कितने ही अधिकारी नियुक्त किए गए, एन.जी.ओ. आते हैं और रुपए-पैसे लेकर चले जाते हैं। परंतु कितने प्रौढ़ों को शिक्षण मिला, कितने प्रौढ़ पढ़े—इसका कोई भी हिसाब-किताब नहीं है। एक भी रुपए का बजट व्यय किए बिना यह राज्य सरकार 'साक्षर दीप योजना' ले आई है। मैंने तो कहा है कि जिस प्रकार से डॉक्टर एम.बी.बी.एस. बनता है और एक वर्ष तक अस्पताल में शिक्षार्थी के रूप में सेवा देता है, अस्पतालों में जाकर काम करता है। उसके बाद ही वह नियमित रूप से डॉक्टर बनकर सेवा दे सकता है। बी.एड. पास विद्यार्थी परीक्षा देकर तुरंत शिक्षक बन जाता है। हमने कहा, इतने से बात नहीं बनेगी। आप १५ दिन तक किसी भी गाँव में जाकर प्रत्यक्ष पढ़ाओ। राधनपुर और सांतलपुर, इन दो तहसीलों में चौधरी समाज का बाहुल्य है। इन दो तहसीलों को प्रयोगात्मक प्रकल्प के रूप में स्वीकार किया। पी.टी.सी. और बी.एड. की पढ़ाई करते लड़कों को प्रयोगात्मक प्रकल्प में १५ दिनों के लिए भेजा। सरपंचों ने उनके रहने और खाने-पीने की व्यवस्था की। १५ दिन की योजना थी, पर ये विद्यार्थी वहाँ १२ दिन ही रहे। दो दिन उनके आने-जाने की यात्रा में चले गए। इन विद्यार्थियों के पास से दो तहसीलों में ४० वर्ष की उम्र से भी बड़ी उम्र की बहनें पेन-पट्टी लेकर पढ़ने के लिए आने लगीं। वयोवृद्ध भी पढ़ने के लिए आने लगे।

स्थिति ऐसी हो गई कि वे स्वयं ही बस-स्टैंड पर लगे बोर्ड को पढ़ने लगीं, समाचार-पत्रों की बड़े-बड़े अक्षरों में छपी मुख्य खबरों को पढ़ने लगीं। अपना स्वयं का नाम लिखने लगीं। घर का पता लिखने में सक्षम हो गईं। जिन भगवान् में वे श्रद्धा व भाव रखती थीं, उस भगवान् का नाम लिखने लगीं और इस कारण सारे क्षेत्र में एक उत्साह के वातावरण का निर्माण हुआ। अभी-अभी मैंने इस कार्य का सर्वेक्षण करवाया है। ५७ बी.एस-सी., पी.टी.सी. और बी.एड. के विद्यार्थियों के योगदान से 'साक्षर दीप योजना' से एक बड़ी क्रांति हो सकती है, ऐसी संभावना पक्की हो गई।

समाज में हमने कई स्थानों पर देखा है, अनुभव किया है कि जो आदमी पढ़ा-लिखा है, शिक्षा प्राप्त की है, वह अन्य लोगों से जल्दी आगे निकल जाता है और समाज में भी वह सम्मान पाता है। जिन लोगों ने शिक्षण प्राप्त नहीं किया, निरक्षर हैं, उन लोगों को कुछ भी थोड़ा-बहुत लिखना हो तो दूसरों की मदद लेनी पड़ती है, दूसरों पर निर्भर होना पड़ता है और कभी-कभी तो ऐसा भी होता है कि निरक्षर व्यक्ति जिसके पास लिखवाने जाता है, उसके पास लिखने के लिए समय नहीं हो या किसी अन्य कारण से वह लिखने के लिए मना कर दे तो उस गरीब का काम अटक जाता है।

अपने राज्य में यह निरक्षर व्यक्ति बेचारा व मजबूर बने, यह एक शर्म की बात है। निरक्षरता एक कलंक है। निरक्षरता के इस कलंक को दूर करने के लिए समस्त लोग साक्षर बनें—इसके लिए हमने विविध प्रयास प्रारंभ किए हैं। वर्तमान सरकार ने पिछले तीन वर्षों में 'साक्षर दीप' नाम से एक कार्यक्रम प्रारंभ किया है। इस कार्यक्रम में ६ से १८ वर्ष तक के बालकों को नि:शुल्क पर अनिवार्य प्राथमिक शिक्षा का और १५ से ३५ वर्ष के लोगों के लिए प्रौढ़ शिक्षण का काम चल रहा है। राज्य सरकार ने इस काम को जन-सहयोग के साथ जोड़ दिया है। सरकार ने, समाज ने, लोगों ने जो इस क्षेत्र में प्रयास किया है, उसका एक सुखद परिणाम भी प्राप्त हुआ है। २६.७५ लाख निरक्षर व्यक्ति साक्षर बने हैं, जिनमें १६.२५ लाख महिलाएँ हैं। यह इस साक्षर दीप कार्यक्रम की एक उपलब्धि है।

तीर्थ गाँव : पावन गाँव

भारत की अधिकांश प्रजा गाँवों में रहती है। दूसरे शब्दों में कहें तो असली भारत तो गाँवों में बसता है। ग्रामीण क्षेत्र में रहते लोगों में कुटुंब-भावना और सामाजिक एकता का माहौल देखने को मिलता है। यह शहरों में बहुत ही कम देखने में आता है। ग्रामीणों में यह परंपरा बनी रहे और भावी पीढ़ी के नागरिकों में भी परस्पर सद्भाव व सामूहिकता की भावना प्रबल बने, प्रयासों को प्रोत्साहन मिले—इसके लिए राज्य सरकार ने 'तीर्थ गाँव, पावन गाँव' योजना प्रारंभ की है। इस योजना के अनुसार जो भी गाँव

कुरीति व व्यसनों से दूर रहेगा और पिछले पाँच वर्ष में जिस किसी भी गाँव में कोई भी अपराध दर्ज नहीं होगा, उसे 'पावन गाँव' के रूप में पहचाना जाएगा। इसके अलावा इन गाँवों में उचित सफाई व स्वच्छता होनी चाहिए। लड़कियों की शिक्षा का स्तर ऊँचा और स्कूल छोड़ने वालों की संख्या कम होनी चाहिए। गाँव में मादक या नशीले द्रव्यों का उत्पादन, बिक्री या सेवन नहीं होना चाहिए। सामाजिक विवादों का अभाव हो और विवादों का हल आपसी विचार-विमर्श द्वारा हो, यह आवश्यक है। इस प्रकार से चुने गए 'तीर्थ गाँव' को १ लाख रुपए और पावन गाँव के रूप में चयनित गाँव को ५० हजार रुपए का प्रोत्साहन अनुदान दिया जाएगा। सन् २००४ से जनवरी २००७ तक में कुल ४०८ गाँवों को 'तीर्थ गाँव' के रूप में चुना गया है।

□

* चौधरी भाइयों का स्नेह मिलन समारोह—नजापुर, बड़नगर, २ जनवरी, २००५

४४

पराक्रम की परंपरा

हमारे देश की परंपरा में, बलिदानों के इतिहास में कुछ प्राप्त करने या प्रसिद्ध होने की परंपरा नहीं थी। हमने जब अणु बम बनाया तो कई बार हमें दुनिया को कहना पड़ा कि यह हमने किसी को मारने के लिए नहीं बनाया है, बल्कि अपनी रक्षा के लिए बनाया है। यह सीधी-सीधी बात उनके गले उतरती ही नहीं। अरे, हमारा तो एक इतिहास है। हजारों वर्षों की हमारी अपनी परंपरा है। हमने तो किसी की रक्षा करने के लिए, कभी मूल्यों की रक्षा करने के लिए ही बलिदान दिया है। मूल्यों की रक्षा के लिए, बलिदान की यह परंपरा विश्व में किसी के पास है तो वह इस धरती के पास है और इससे हम गौरवान्वित हैं।

संक्षेप में कहूँ तो हमारा देश आजाद हुआ और राज्यों का एकीकरण हुआ, अनेक राजा-महाराजाओं ने देश की एकता के लिए अपना सर्वस्व देश को सौंप दिया, बस हम इतनी सी बात करें तो हमारा इतिहास संपूर्ण।

मैं मानता हूँ कि किसी भी समाज की परंपराएँ, अनेक संघर्षों, बलिदानों, वर्षों का इतिहास ईश्वर की कृपा के कारण ही प्राप्त होता है। एक अवसर मिलता है। राजवंशों द्वारा इसे प्राप्त करने के बाद भी अनेक प्रकार की परीक्षाओं, प्रशिक्षणों में से गुजरना होता है और उसे यह सिखाया जाता है कि बड़ा होकर यह सब तुम्हें सहेजना है, सँभालना है। उसने अच्छी तरह सँभाला भी होता है। दूसरी तरफ लोग हमसे कहते हैं कि लो, अब पाँच वर्ष तुम्हें सहेजना और सँभालना है। मान लो कि भूल-चूक से या किसी कारण से दो वर्ष बाद ही जाना पड़े तो छोड़ते समय कितनी तकलीफ होती है, उसकी तो हमें जानकारी है। जिन पर मेरा कोई अधिकार नहीं, जिसे मेरे पूर्वजों ने खून-पसीने से सींचकर खड़ा नहीं किया है, उसे भी छोड़ते समय कितने कष्ट का एहसास होता है। मैं इन राजा-महाराजाओं को प्रणाम करता हूँ। मित्रो, इन संस्कारों और परंपरा को प्रणाम करता हूँ कि इनके खून में कितना गुण होगा, जिन्होंने मात्र देश के लिए, हिंदुस्तान के लिए अपना सबकुछ दे दिया। यह कोई छोटी बात नहीं है।

सरदार पटेल और क्षत्रियों को लेकर चर्चाएँ होती हैं। कितनी अनोखी बात है कि

एक पटेल का लड़का लेने के लिए आया और राजपूतों ने सबकुछ सहर्ष दे दिया। भेद रेखा खड़ी करने से समाज को कितनी हानि उठानी पड़ती है, इसका कोई भी अंदाज नहीं। ऐसा भी विचार आ सकता है कि देना तो है, पर तुम्हारे माध्यम से नहीं; कोई खानदानी राजपूत रक्त आएगा, तब देंगे। अरे, भारत महान् है। मित्रो, जामनगर देश के लिए आहुति दें तो हमें गर्व होगा। इतिहास की कोख से ही यह सब ज्ञान प्रकट होता है। इस इतिहास में से ही एक नई सामर्थ्य प्रकट होती है। कोई भी समाज अपनी विरासत को भूलकर कभी भी प्रगति नहीं कर सकता है। इतने वर्ष बीत जाने के बाद भी आज 'रामराज्य' क्यों याद आता है? क्यों ऐसा लगता है कि राज व्यवस्था तो रामराज्य जैसी ही होनी चाहिए। 'सर्वजन हिताय, सर्वजन सुखाय' की हमारी अपनी परंपरा रही है। इसी परंपरा को हम आगे बढ़ाने आए हैं।

इस देश की विशेषता को देखो! अनेक लोग इस देश पर आक्रमणकारी बनकर आए। सत्ता प्राप्त करने के उपरांत उन्होंने देश को अपने रंग में रँगने का प्रयत्न भी किया। यह बात महत्त्व की है कि आक्रमणकारियों ने अपने रंग में इस देश को रँगने का प्रयत्न किया, सत्ता का भोग करते रहे। तब तक कोई तकलीफ नहीं, थोड़े वर्ष आप भी सत्ता भोग लो। जब उन्होंने देश को अपने रंग में रँगने का प्रयत्न किया, तब देश की अंतरात्मा जाग गई, लोग जाग गए। विश्व-विजेता बने हुए लोग इस धरती पर आए और हार गए। वापस लौट ही नहीं सके। इसका कारण हमारी यह तेजस्वी, पराक्रमी परंपरा है। एक हाथ में कुरान और दूसरे हाथ में तलवार लेकर सारे देश को हरे झंडे के नीचे लाने को निकले हुए 'दीने-इलाही का बेबाक बेड़ा' हिंदुस्तान की धरती पर आकर कहीं डूब गया। उनका सपना अधूरा ही रह गया।

गौरवान्वित होनेवाली एक बात है। जाम परिवार की ऐतिहासिक महत्त्व की इस बात का मुझे पता लगा है। सारा देश एक विशाल परिवार है। राजा के भाल पर तिलक कौन करे? परंपरा कहती है कि ब्राह्मण करे; परंतु इस परिवार में एक दलित माता के गर्भ से जनमा व्यक्ति राजतिलक करता है। यह एक बहुत बड़ी बात है और यह बात सारे देश में सब जगह पहुँचानी है। यह कोई छोटी बात नहीं है। समाज को संस्कारित करने की इससे बड़ी कोई पाठशाला नहीं हो सकती है।

जिसने भी यह विचार किया और जिन्होंने इस परंपरा का सृजन किया है, दुर्भाग्य से मैं उन्हें जानता-पहचानता नहीं हूँ और यदि मैं जानता तो गाँव-गाँव जाकर उनकी गाथा कहता। भरथरी की तरह गली-गली जाकर मैंने यह बात कही होती। यह एक बहुत बड़ी बात है और जिन्होंने भी इस परंपरा को आगे बढ़ाया है, उनकी सामर्थ्य को हम पहचान सकें, इतनी योग्यता हममें नहीं है। फिर भी, यह एक महान्-अति महान् कार्य है। □

---

* राजपूत समाज सभा, बापूनगर

४५

देवी-पूजक समाज : स्त्री शक्ति का गौरव

गांधीनगर आने से पूर्व मैं हरियाणा, हिमाचल प्रदेश, पंजाब, चंडीगढ़ के क्षेत्रों में काम करता था। मनुष्य का यह स्वभाव है कि कितनी ही त्याग-तपस्या की बातें करे, तो भी कभी मन में लालच आ ही जाता है, मन मचल जाता है। कभी मुझे ऐसा लगता कि गुजराती भोजन मिले तो कितना अच्छा हो; क्योंकि वहाँ कहीं भी गुजराती भोजन बनता ही नहीं था। अधिकांश पंजाबी भोजन ही बनता। परंतु चंडीगढ़ में अपने देवी-पूजक समाज के कितने ही परिवार रहते हैं। गुजराती भोजन करने का मन होता तो मैं उनके घर से भोजन मँगवाता और खाता था।

पंजाब का प्रवास करते समय कई बार लुधियाना जाना होता था। लुधियाना में भी देवी-पूजक समाज के लोग रहते हैं। लुधियाना में भारतीय जनता पार्टी का कार्यकर्ता रुष्ट हो जाता कि साहब, मेरे घर भोजन के लिए नहीं आते हैं और इन सबके घरों में जाते हैं। मैंने कहा कि महीने-दो महीने में भाग्य से गुजराती भोजन मिल पाता है, इसलिए जहाँ ये देवी-पूजक भाई-बहन रहते हैं, वहाँ जाकर भोजन कर आता हूँ। मैंने दो समाज ऐसे देखे हैं, जिनका विश्लेषण करने की आवश्यकता है—एक सिंधी समाज और दूसरा देवी-पूजक समाज। भारत का विभाजन हुआ और फिर नीचे धरती एवं ऊपर आसमान अपना देश छोड़कर हमारे सिंधी भाई यहाँ आए, परंतु तुमने कभी किसी सिंधी भाई को भीख माँगते नहीं देखा होगा। बस स्टेशन पर पिपरमेंट की गोली बेचता होगा, सेंका हुआ पापड़ बेचता होगा, परंतु कभी भी भीख माँगता हुआ नहीं मिला होगा।

समाज की प्रवृत्ति

ऐसा दूसरा समाज देवी-पूजक समाज है। यह एक व्यापारी कौम है। हमारी देवी-पूजक बहनें चाँदनी चौक या दिल्ली के कनॉट प्लेस पर जमीन पर कपड़ा बिछाकर या तो मेवे बेचती दिखेंगी या अपने हाथों द्वारा बनाए गए गृह उद्योग का सामान बेचती

हैं। वहाँ अंग्रेज बहन खरीदने के लिए आए, वह चाहे जो भी भाषा बोले, पर हमारी देवी-पूजक बहन उसे अपना सामान अवश्य बेच देगी वह उसे 'थैंक्यू' कहेगी और प्रत्युत्तर में वह भी उसे 'थैंक्यू' कहेगी। यह देवी-पूजक समाज की अपनी बहनों की ताकत है। तुम देख सकते हो कि इनकी रग-रग में व्यापारी क्षमता का भंडार है। जब-जब भी इस समाज को विकास करने का अवसर मिला है, तब-तब इस समाज ने पीछे मुड़कर नहीं देखा है। विपरीत परिस्थितियों में जीवन का गुजारा करना हो तो भी ईश्वर ने इन्हें संघर्ष करना सिखाया है। शाहपुर के अंदर छोटी-बड़ी नोंक-झोंक चलती ही रहती है। यह तो मानो इनका एक नैमित्तिक कार्यक्रम है, परंतु मुझे कभी शाहपुर के देवी-पूजक समाज के भाई शिकायत करते नहीं दिखे। यह इनकी एक ताकत है। किसी के भी सामने हाथ पसारना इस समाज की प्रकृति में नहीं है।

देवी-पूजक के सामने मैं अपना हाथ पसार रहा हूँ। देवी-पूजक समाज ने कभी भिक्षा नहीं माँगी है, परंतु राज्य का मुख्यमंत्री इनके सामने भिक्षा माँग रहा है, भले ही यह भिन्न प्रकार की भिक्षा है। देवी-पूजक समाज मुझे वचन दे कि जो मैं भिक्षा में माँगूँगा, वे मुझे देंगे तो ही, मैं भिक्षा माँगूँ। तुम लोगों को चाहे जितना कष्ट उठाना पड़े, चाहे जैसी तकलीफ आए तो भी देवी-पूजक समाज के लोगो, अपने घर की लड़की को अवश्य पढ़ाना। मुझे अपनी कोई भी देवी-पूजक बहन-बेटी अशिक्षित नहीं चाहिए, बस यही भिक्षा मुझे आपसे चाहिए। कई बार जब हम कहते हैं कि बहन-बेटी को पढ़ाओ तो वे कह देते हैं कि हमें कहाँ अपनी बहन-बेटी से नौकरी करानी है! उसे तो ढोर का बाड़ा साफ करना है, बाड़े में सब्जी लगानी है और फिर बाजार में सब्जी बेचनी है। उसे पढ़ा-लिखाकर क्या करना है? लड़की को नौकरी करने के लिए नहीं पढ़ाना होता है। अब जमाना बदल गया है। बहन-बेटी को मजबूत और ताकतवर बनाएँगे तो देवी-पूजक समाज ताकतवर बनेगा और देवी समाज के लिए यह कोई नई बात नहीं है।

महिलाओं का स्थान

देवी-पूजक समाज के अंदर माता का जो स्थान है, महिलाओं का जो स्थान है, वह सारी दुनिया में उदाहरण देने योग्य है। आज भी देवी-पूजक समाज का कोई झगड़ा-विवाद कोर्ट में नहीं जाता है। सुबह पंचों की बैठक होती है, सुबह के नाश्ते के समय गोला बनाकर बैठ जाते हैं, चाय पीते जाते हैं, जमीन पर लकड़ी ठोकते जाते हैं। मैं अभ्यासी प्रत्याशी के भाव से ऐसी पंचायत में बैठता था। किस प्रकार से बात करते हैं, उनके तर्क कैसे होते हैं, समाज के निर्धारित नियमों को कैसे बताया जाता है। हिमाचल प्रांत में दूर अंदर मनाली नाम का एक गाँव है। यही एकमात्र गाँव है, जहाँ

न्याय करने का काम महिलाएँ ही करती हैं। दुनिया के बहुत से लोगों ने इस पर लेख लिखे हैं। मैं जब हिमाचल प्रांत में गया तो लोग इसके बारे में चर्चा करते थे। मैंने अपने हिमाचल प्रांत के मित्रों से कहा कि आप लोग इस अच्छी बात का प्रचार-प्रसार करने में एकदम कमजोर हैं। मैंने कहा कि हमारे यहाँ गुजरात में देवी-पूजक समाज में आज भी न्याय तो महिलाएँ ही करती हैं, पुरुष नहीं करते हैं। पंचायत बैठी है और उसमें ग्यारह लोग आए हों और बारहवाँ सदस्य बहन यदि नहीं आई हो तो पंच का निर्णय मान्य नहीं होता। पंचों ने अंदर बैठकर निश्चित किया कि सोहनिया लड़के के विवाह-विच्छेद के लिए २,००० रुपए देता है; परंतु जब तक पंचायत में उपस्थित बहन अपना हाथ ऊँचा नहीं करे, तब तक विवाह-विच्छेद को स्वीकृति नहीं मिलती है—अर्थात् न्याय की यह तुला देवी-पूजक माताओं-बहनों के हाथ में है। बहनों की जहाँ पर इतनी बड़ी प्रतिष्ठा हो, प्रगति की निशानी हो, यह तो देवी-पूजक समाज की श्रेष्ठ प्रगति है। इस समाज में नारी शक्ति का एक विशेष स्थान निश्चित है। समाज की समस्त रचना में बहनों को स्वाभाविक गौरव मिला हुआ है। ऐसे समय में अपनी बहन-बेटियाँ शिक्षित हों तो मात्र देवी-पूजक समाज में ही नहीं, बल्कि समस्त अन्य समाजों के अंदर भी एक शक्ति बनकर खड़ी रहेंगी और समाज की बहुत अधिक सेवा कर सकेंगी।

जिनकी रगों में व्यापार व्याप्त हो, जिनकी रगों में साहसिकता भरी हो और जो लोग मितव्ययता का जीवन जीने के आदी हों, ऐसे इस समाज को यदि शिक्षा का अवसर मिलेगा तो यह खूब प्रगति करेगा।

□

* देवी-पूजक समाज महासम्मेलन, बेड़ीपरा, राजकोट, ८ फरवरी, २००४

४६

सामाजिक रचना में परिवर्तन

समाज में बहुत जल्दी-जल्दी बदलाव हो रहा है। हम पिछड़े हुए लोग ऐसा कहने में शर्म महसूस करते थे, परंतु समय ने पलटा खाया है। आज तो स्पर्धा का युग है। स्पर्धा इतनी बढ़ गई है कि पिछड़े हुए हैं, ऐसी कोई सूची रहने की संभावना ही समाप्त हो गई है। अब तो एक प्रश्न खड़ा होता है कि यदि पिछड़ा हुआ कोई नहीं भी है तो पिछड़े लोगों को जो लाभ मिलता है, उसे लेने के लिए कोई रहेगा भी या नहीं? यह बात एकदम सच है कि समाज में सभी के लिए एक मापदंड निश्चित किया गया है। मापदंड की मर्यादा में अपने योग्य हो, वे ही छूट जाते हैं। इस परिस्थिति में सुधार होना चाहिए। इसके लिए सरकार में एक योग्य कार्य-प्रणाली होती है और उस प्रक्रिया में से गुजरना होता है।

बहुत ही कम लोग होते हैं, जो समाज को जोड़ने का काम करते हैं। एक समाज जब जुड़ने का काम करता है तो कितना भव्य और अच्छा लगता है, यह हमने देखा है। यदि यह समाज नहीं होता तो हम सबकी क्या दशा होती? जो समाज को जोड़ने वाले हैं, वे सबको कितना शालीन और भव्य बना सकते हैं। इस प्रकार का उदाहरण हमें समाज से ही प्राप्त होता है।

समाज की मूलभूत समस्या

कोई समाज प्रगति किस प्रकार से कर सकता है? एक बार सुबह-ही-सुबह राजकोट में एक भाई मेरे घर आया। उसने एकदम गंदे कपड़े पहने हुए थे। सरकारी प्रणाली के अनुसार उसे बाहर ही रोक दिया जाएगा; पर यदि उसने अच्छे कपड़े पहने हों तो अंदर तक घुसता चला जाएगा, कोई पूछेगा भी नहीं। यह मनुष्य का स्वभाव बन गया है। हमारे यहाँ श्रम की कोई प्रतिष्ठा नहीं है। हमारे यहाँ स्वच्छ व अच्छे कपड़े पहनकर कोई मेहमान आए और पूछे कि अमुक भाई हैं, तो हम तुरंत कहते हैं—

आइए-आइए! बैठिए, क्या काम है? यदि रिक्शाचालक दरवाजे पर आकर पूछे कि 'अमुक भाई हैं?' तो हम कहते हैं, नहीं हैं—बाद में आना। पहले जो आया था और अब जो आया है, हम दोनों को नहीं पहचानते हैं; परंतु पहला, जिसने अच्छे वस्त्र पहने थे और दिखने में अच्छा लगता था तो उससे कहते हैं, 'आओ भाई, बैठो' और दूसरा जो मैले व गंदे कपड़े पहनकर आया, उसे भगा देते हैं। इसका मूल कारण यह है कि हमारे समाज में आदमी क्या काम करता है, उसी आधार पर उसका मूल्यांकन किया जाता है। पहला स्वच्छ सफेद वस्त्र पहनकर कुछ भी काम नहीं करता है तो भी सज्जन, साहब; परंतु दुसरा ईमानदारी से मेहनत-मजदूरी कर पेट भरता है तो हम उसके साथ हाथ मिलाने में शर्म महसूस करते हैं। समाज की इस मूलभूत समस्या का जब तक सब लोग मिलकर समाधान नहीं करेंगे, सबको अपना नहीं मानेंगे, तब तक एक समरस समाज बनाने में कई कठिनाइयाँ पैदा तो होनी ही हैं।

हमारे यहाँ की समाज-रचना इस प्रकार की है कि रोटी-रोजी तो मिलती रहे, परंतु यदि विकास करना है तो शिक्षा एक बड़ा साधन है। क्या कारण है कि लड़के को पढ़ाने के लिए सब प्रकार का प्रयत्न करते हैं और लड़की को पढ़ाने के लिए जरा भी प्रयत्न नहीं करते, क्यों? महात्मा गांधी कहते थे कि यदि लड़का पढ़ता है तो एक व्यक्ति ही पढ़ता है, परंतु यदि लड़की पढ़ती है तो सारा परिवार शिक्षित हो जाता है। समाज में लड़कियों को पढ़ाने के जो प्रयत्न चल रहे हैं और जो लोग इसके लिए तैयार हुए हैं, उनका सम्मान समारोह भी चल रहा है। इसके लिए एक अच्छे प्रोत्साहन की भी आवश्यकता है। समाज की रचना अब इस प्रकार से करनी पड़ेगी कि इस काम के लिए कोई छोटी-बड़ी मुसीबत आती है तो समाज को आगे बढ़ाने के लिए एक नई पीढ़ी तैयार करें। पीढ़ी तैयार करने का उत्तरदायित्व आज पूरे समाज पर है। समाज के सामाजिक प्रसंगों में अधिकांशतया यह देखने को मिलता है कि समाज के धनवान लोगों के आसपास ही केंद्र सा बन जाता है और समाज में मान्यता-प्राप्त कोई वयोवृद्ध है तो उनके पास सब केंद्रित हो जाते हैं। नई पीढ़ी को, युवा शक्ति को इस समाज की धुरी सँभालने के लिए तैयार करें, यह आज के समय की माँग है। सब मिलकर समाज के उत्थान का प्रयास करेंगे तो समाज अवश्य लाभान्वित होगा। समाज को हर समय यह हिसाब रखना चाहिए कि हमारे समाज के अंदर शिक्षा के क्षेत्र में कितने लोग आगे आए हैं; क्योंकि किसी भी समाज की प्रगति का मुख्य आधार शिक्षा है।

हमारे यहाँ किसी समय जाति ही आर्थिक शक्ति के केंद्र में रही होगी। जाति के अंदर विवाह की बात भी आर्थिक व्यवस्था से जुड़ी होती थी। कुम्हार की लड़की कुम्हार के लड़के से ब्याही जाती थी तो ससुराल पहुँचते समय उसे माटी गूँधने के काम का पता होता था। चाक घुमाना उसे आता ही था और वह परिवार की आर्थिक व्यवस्था

का हिस्सा बन जाती थी। इसी तरह दरजी की लड़की दरजी के लड़के से ब्याही जाए तो ससुराल जाते ही सिले वस्त्रों में काज-बटन लगाना उसे आता ही था और वह ससुराल पहुँचते ही घर की आर्थिक व्यवस्था का हिस्सा बन जाती थी। अब समय और जमाना बदल गया है। बदलते हुए जमाने में हमें अपनी सामाजिक रचना को भी स्वीकार करने की आवश्यकता है। पंद्रह-बीस वर्ष पूर्व अपने समाज में लड़की का ब्याह करना होता तो उस समय उस जमाने के अनुसार जो होता था, वह ठीक था। आजकल जमाना बदल गया है और इस बदलते हुए जमाने को हम सबको स्वीकार करना चाहिए। □

---

* अखिल गुजरात दरजी सम्मेलन, अहमदाबाद, २६ दिसंबर, २००१

४७

समूह लग्नोत्सव : एक नूतन आंदोलन

मैं ठाकोर समाज के बहुत नजदीक रहकर ही बड़ा हुआ हूँ। मेरा पालन-पोषण इस समाज के बीच रहकर ही हुआ है। गरीबी किसे कहते हैं, यह मैं जानता हूँ। दुःख किसे कहते हैं, इसका मुझे पता है। समाज की नई पीढ़ी को लगा कि केवल एक-दूसरे को सहारा देने भर से ही अपने भाई-बंधु प्रगति कर सकेंगे। जितना सबल सहारा देंगे उतनी ही ऊँचाई तक जाएँगे तो हमें सबल सहारा ही देना है या ऊपर भी उठना है? मुझे इस बात का आनंद है कि समाज की नवीन पीढ़ी के गिने-चुने दो-चार लोगों ने ही नहीं बल्कि सारे समाज ने सशक्त बनने का संकल्प किया है। यही एक सही रास्ता है। यह रास्ता ताकत देनेवाला है। दुनिया में जिस-जिस समाज ने प्रगति की है, वह राजनेताओं के सहारे से नहीं हुई है। जिस भी समाज ने प्रगति की है, वह समाज की एकता से, समाज की इच्छा से, समाज में सुधार लाने से और कुरीतियों से मुक्ति पाने से हुई है।

समूह लग्न समाज को स्वस्थ रखने का सही दिशा में लिया गया एक मजबूत कदम है। अभी शायद इस योजना को सफल बनाने के लिए जिनके विवाह हो रहे हैं, उस दंपती को १५ हजार रुपए तक की छोटी-मोटी भेंट-सौगातें समाज द्वारा मिलती होंगी। हम हिसाब लगाकर देखें कि १०१ परिवारों में अलग-अलग परिवार के अनुसार लग्न हो तो सगे-संबंधियों, परिवार के लोगों को सात-आठ दिन कितनी दौड़-धूप करनी पड़ती है। बस का किराया, रेल का किराया और संबंधियों का खर्चा, लड़की के पिता को जो व्यय करना पड़े, वह इन सबका हिसाब लगाएँ तो लाखों रुपए का अंधा अपव्यय होता है। समूह लग्न से ऐसे लाखों रुपए की बचत होती है। अनेक लोग कई-कई बीघा जमीन गिरवी रखने से बच जाते हैं और व्यक्ति ब्याज के चक्कर में फँसने से बच जाता है। उधार लेने के बाद रात-रात भर जागना और नींद के लिए दूसरे अन्य उपाय ढूँढ़ने पड़ते हैं। समूह लग्न का एक छोटा सा निर्णय समाज को कितनी ताकत देता है, इसका ज्वलंत उदाहरण ठाकोर जाति के समूह लग्न हैं। कई बार जब ऐसा

करने को जाते हैं तो कुछ बड़े लोग ही मुसीबत खड़ी कर देते हैं। बड़े लोगों को ऐसा लगता है कि समाज में क्या कुछ ऐसा होता होगा? हमने तो समाज में रहकर उसका खाया-पीया है, हमें भी तो उन्हें खिलाना-पिलाना चाहिए। अतः वे लग्न अलग से अकेले में करते हैं। परंतु कुछ व्यक्तियों को ऐसा लगता है कि यदि हम ऐसे विवाह समारोह में जाएँगे तो बहुत ही नगण्य लगेंगे। वास्तव में इन विवाहों में जो नहीं आते हैं, वही छोटे होते हैं। जो भी ऐसे समूह लग्न में सम्मिलित होते हैं, वही बड़े हैं। समाज के बीचोबीच पालथी मारकर बैठे, उससे बड़ा आदमी कोई नहीं हो सकता है। रुपए-पैसे से कोई बड़ा नहीं बन जाता है। समाज के सुख से सुखी और दुःख से दुःखी तथा समाज के हर अवसर पर उपस्थित रहे, वही बड़ा होता है।

नया रास्ता अभिनंदनीय

बड़प्पन को छोड़ना बहुत ही कठिन है, बहुत ही कठिनाई वाली बात है। जिन्होंने अपना बड़प्पन त्यागकर समाज के साथ कदम-से-कदम मिलाकर चलने का प्रयत्न किया है, वे लोग विशेष रूप से अभिनंदन के पात्र हैं, क्योंकि सबके साथ रहकर उन्होंने यह परंपरा बनाई है। कई बार ऐसा भी होता है कि इस प्रकार के समूह लग्नों में भाग लेकर आने के बाद कुछ मित्रगण और सगे-संबंधी कहते हैं कि हमने तो आपको अपने यहाँ के कार्यक्रम में बुलाया था, फिर वे घर में एक और कार्यक्रम करते हैं। भाई, यह तो ठीक नहीं है। जिस सत्कार समारोह में दो बार खर्च करना पड़े, यह उचित नहीं। लग्न करनेवाले इन १०० युगल से मेरी प्रार्थना है कि तुम्हारे माता-पिता यदि किसी प्रकार के दबाव के कारण भी ऐसा करते हैं तो उन्हें अवश्य रोकना। अब नया कुछ न करें और फिर भी यदि बहुत ही इच्छा हो तो ऐसे शुभ व अच्छे प्रसंग तो कई बार आते हैं। दो-दो खर्च नहीं करने हैं। इस प्रकार का सुधार लाने का जो प्रयास किया है, उसे राज्य सरकार तो प्रोत्साहन देती ही है। राज्य सरकार का प्रोत्साहन इसलिए है कि समाज में इस प्रकार का एक नवीन आंदोलन खड़ा हो जाए। समाज के कमजोर और गरीब आर्थिक परिस्थिति में जीवन व्यतीत करनेवाले लोग कर्ज करके समाज में हमेशा के लिए दरिद्र हो जाते हैं। सरकार का प्रयास उनका सहारा बनने का है।

अपने समाज में अंतरजातीय और समूह लग्न को अब धीरे-धीरे स्वीकृति मिलने लगी है। यह शुभ प्रारंभ समाज में कोई क्रांति आ जाए, इसलिए नहीं है। यह प्रयास तो समाज का कलेवर बदले, समाज का कायाकल्प हो, समाज का विस्तरण हो और हमारी समझ व विवेक को बड़ा फलक प्राप्त हो, इसी की एक स्वाभाविक प्रक्रिया है। समूह लग्नों में मात्र आर्थिक कारणों के अलावा एक सामाजिक कारणों में भी नवीन चेतना प्राप्त होती है। अंतरजातीय लग्न तो समाज को स्वाभाविक रूप से बढ़ोतरी देता है।

विविध समाज का सहज रूप से जुड़ना सामाजिक समरसता के लिए सशक्त नींव बन सकता है। राज्य सरकार सामाजिक क्षेत्र में चलनेवाली इन दोनों प्रवृत्तियों के लिए आर्थिक सहायता कर प्रोत्साहन देती है। इस कारण इसके मूल में सशक्त समाज और समरस समाज के निर्माण में आज की पीढ़ी ने एक पूरक का काम किया है। समाज के ऐसे प्रयासों के कारण नवयुगल के मन में समाज के लिए एक प्रतिबद्धता का भी विकास होता है। व्यक्ति में समाज-भक्ति, अहं भाव से स्वयं की ओर जाने की प्रकृति का निर्माण हो तो स्वयं का विचार करनेवाले भी कल समष्टि का विचार करने वाले हो जाएँगे।

हमारे यहाँ समाज के पिछड़ेपन के बारे में विचार करें तो दो मूल कारण दृष्टिगोचर होते हैं। प्रथम तो शिक्षा का अभाव और दूसरा परंपरागत रीति-रिवाज। कुरीतियों को सामाजिक मानदंड के रूप में स्वीकार कराकर उसके वशीभूत होने के बंधन को लादने की समाजों की सहज प्रवृत्ति बन गई है। इसके परिणामस्वरूप लोग आर्थिक कर्ज के बोझ से दबने को मजबूर हो जाते हैं। कई बार तो ऐसा लगता है कि हमने ही अपने पाँव पर जान-बूझकर कुल्हाड़ी मार ली है। सामाजिक समरसता का वातावरण बने तो प्रगतिशील समाज में पिछड़े हुए समाज को साथ लाने की लालसा पैदा होगी। इससे पिछड़ गए लोग और समाज भी प्रगतिशील समाज के समकक्ष आने के लिए स्वयं ही परिवर्तन का प्रयास करेंगे, कुरीतियों से मुक्त होने के लिए मंथन करेंगे और शिक्षित होने का सहज वातावरण पैदा होगा। इससे पिछड़ गए समाज में नेतृत्व करते सामाजिक नेता, जाति के अग्रगण्य इस विषय में यदि पहल करें तो किसी भी सरकारी प्रयास से ऊपर जाकर उत्साहजनक परिणाम ला सकते हैं।

□

* वीसनगर-तहसील, ठाकोर समाज द्वारा आयोजित द्वितीय समूह लग्न में, वीसनगर, ११ मई, २००३

४८

साँप को शिक्षित करते हैं तो संतान को क्यों नहीं?

हमारे मोहल्ले में यदि हमें कोई यह समाचार सुनाए कि मोहन भाई के घर में बहुत ही गरीबी है। उनके बच्चों ने तीन दिन से कुछ भी नहीं खाया है। यह सब जानकर हमें दुःख होगा या नहीं होगा? हमारे मुख से यह सब सुनकर वेदना के स्वर फूटेंगे या नहीं फूटेंगे? अरे, मोहन भाई के बच्चों ने तीन दिन से कुछ भी नहीं खाया? इतनी गरीबी है उनके घर में? उसने खाया नहीं, यह जानकर जितनी पीड़ा तुम्हें होगी, उतनी ही पीड़ा तुम्हें यह जानकर होनी चाहिए कि अमुक बच्चे ने शिक्षा प्राप्त नहीं की है? अरे रे, ऐसी स्थिति है? इन बच्चों को पालना ही चाहिए। जब तक इतनी वेदना नहीं होगी, इतनी पीड़ा नहीं होगी तब तक हम वर्तमान परिस्थिति में कोई भी परिवर्तन नहीं ला सकेंगे। कन्याओं को शिक्षा मिले, कन्या शिक्षा को महत्त्व मिले, ऐसा हमारा प्रयत्न है। कन्याएँ पढ़ने लगेंगी तो लड़के तो पढ़ने के लिए अपने आप ही आ जाएँगे। ये लड़कियाँ पढ़ रही हैं तो हमें भी पढ़ना चाहिए।

आनेवाला कल ऐसा है कि जीवन में सबकुछ होगा, परंतु यदि शिक्षा नहीं होगी तो हमारी कहीं भी कोई कीमत नहीं होगी। कोई पूछेगा भी नहीं। बादी (कालबेलिया) परिवार की बहनें वर्षों से पिछड़ी हुई जिंदगी जीती रहीं, साँप और नेवलों के बीच जीवन व्यतीत करती रहीं। इन बहनों को भी लगता होगा कि यदि हम पढ़े होते तो बहुत अच्छा होता। बहुत सी माताओं को भी लगता होगा कि हम यदि पढ़े-लिखे होते तो कितना अच्छा होता? ये पढ़ीं नहीं, इसका उनको दुःख जरूर होता होगा। कोई इनसे जाकर पूछे तो सभी कहेंगी कि हाँ, हम पढ़े-लिखे होते तो बहुत ही अच्छा होता। आपको भी ऐसा लगता होगा कि यदि हमें हमारे माता-पिता ने पढ़ाया होता तो कितना अच्छा होता, हमारी जिंदगी सुधर गई होती। आपको ऐसा भी लगता होगा कि हमारे माता-पिता ने हमें पढ़ाया क्यों नहीं? मन में कभी-कभी गुस्सा भी आता होगा। क्या तुम

चाहोगे कि आपके बच्चे बड़े होकर आपको यह दोष दें कि हमारे माता-पिता ने हमें पढ़ाया-लिखाया नहीं? कोई भी माता-पिता ऐसा कभी भी नहीं चाहेगा कि लड़के-लड़कियाँ बड़े होकर कहें कि हमारे माता-पिता ने हमें पढ़ाया नहीं। प्रत्येक माता-पिता चाहते हैं कि वे अपने बच्चों को पढ़ाएँ और आज के समय की भी यही माँग है।

बच्चा पहले दिन स्कूल जाते समय बहुत रोता है। जोर-जोर से रोकर सारे वातावरण को त्रस्त कर देता है। सारा मोहल्ला इकट्ठा कर लेता है। बच्चा बीमार है और उसे दवाई पिलाएँ तो वह रोएगा या नहीं? तब क्या कोई माँ ऐसा कहेगी कि रहने दो, इसे दवा नहीं पीनी है तो भले नहीं पीए। माँ तो माँ ही है। चाहे जैसा भी प्रयत्न कर के माँ उसे दवाई पिलाती है। उसे पता है कि यदि वह दवाई नहीं पिलाएगी तो बच्चा ठीक नहीं होगा, उसे खोना पड़ सकता है। इसी प्रकार स्कूल जाते हुए बच्चा शुरू-शुरू में रोए तो भी माता-पिता को अपना कलेजा कठोर कर उसे पढ़ने के लिए तो भेजना पड़ता है। स्कूल भेजने के बाद शायद पूरे सप्ताह स्कूल के बाहर बैठे रहना पड़े तो बैठे रहना चाहिए। एक सप्ताह या दस दिन तुमने यदि बच्चे के पीछे खर्च कर दिए तो फिर तुम्हें पीछे मुड़कर देखने की जरूरत नहीं पड़ेगी। फिर ऐसी स्थिति आ जाएगी कि रविवार की छुट्टी के दिन भी बच्चा स्कूल जाने के लिए आपसे झगड़ा कर लेगा कि मुझे तो स्कूल जाना है। तुम उसे समझाओगे कि आज रविवार है। आज शिक्षक स्कूल में नहीं आएँगे, तो भी बच्चा कहेगा कि नहीं, मुझे ले चलो। शिक्षक नहीं आए हों तो तुम मुझे उनके घर ले चलो। इतना आग्रह बच्चा करने लग जाता है। शुरुआत में बच्चों को बहलाना पड़ता है। बादी भाइयों (कालबेलियों) के लिए यह काम कोई कठिन नहीं है। जो साँप को साध सकता है, नेवले को साध सकता है, उसे क्या तकलीफ है? इन भाइयों में तो वह ईश्वरीय देन है। सभी से मेरी आग्रह भरी प्रार्थना है कि हम अपनी लड़कियों को पढ़ाएँ। पढ़-लिखकर जो आगे निकलेगी तो सारे परिवार का कल्याण हो जाएगा।

बादी लोग किस प्रकार की झोंपड़ियों में रहते थे। झोंपड़ी के ऊपर प्लास्टिक की पन्नी ढाँपकर जिंदगी गुजारते थे। अब बादी परिवारों के लिए सरकार ने सुख-सुविधावाले अच्छे घर बनवा दिए हैं, यह देखकर मन में एक प्रकार का संतोष होता है; परंतु साथ-ही-साथ एक अपेक्षा भी है कि अब इन परिवारों की जवाबदेही बढ़ गई है। ये मकान मिला तो इसके आसपास थोड़े पेड़-पौधे लगाएँगे तो मकान की शोभा बढ़ जाएगी, ऐसा करना चाहिए। इतना तो आप लोगों को करना ही चाहिए। नहीं तो फिर मुझे पत्र लिखना कि 'मुख्यमंत्री ने मकान तो दिया, परंतु पेड़-पौधे नहीं दिए' तो मैं पेड़-पौधे भी भेज दूँगा। आजकल ऐसा रिवाज हो गया है कि यदि तुम किसी को थाली और कटोरी दो तो वह तुरंत आवाज लगाकर खाना भी माँगने लग जाता है। हमें इस स्थिति को बदलना है। यह घर मेरा अपना है, इस भाव से घर और घर के आसपास के वातावरण को रमणीय बनाना चाहिए।

हमारा यह सारा क्षेत्र इतना हरा-भरा और रमणीय हो कि लोगों को इस क्षेत्र में आकर देखने का मन करे, और हम निश्चय कर लें तो ऐसा हो सकता है। आप अपने जीवन को एक बार बदलने का प्रयत्न तो करो। आप यह शुरुआत अपने मुहल्ले को बदलने से करें तो अपने आप ही जिंदगी बदलने लगेगी। यहाँ बहुत ही सुंदर पाठशाला बनी है। आप सब संकल्प करें कि इस पाठशाला के आँगन में प्रत्येक परिवार एक पेड़ तो लगाएगा ही। हमारे घर की ओर से यहाँ एक वृक्ष क्यों न हो? इस वृक्ष के नीचे कौन बैठने वाला है, हमारे बच्चे ही तो बैठने वाले हैं। अच्छे पेड़ होंगे, छाया होगी तो यह पाठशाला कितनी सुंदर लगेगी! सामाजिक जवाबदेही को वहन किए बिना समाज का या देश का कल्याण होने वाला नहीं है। सामाजिक चेतना को जगाने का हमारा यह प्रयास है। समाज स्वयं ही अपनी शक्ति से विविध मार्गों को खोजकर स्वयं ही अपनी शक्ति से सही परिणाम की स्थिति को पहुँचे, हमारा यह प्रयत्न है—समाज के अंदर एक नया आंदोलन खड़ा करने का, जिससे समाज स्वयं ही अपनी समस्याओं से लड़ने की शक्ति प्राप्त करे।

□

* कन्या शिक्षा रथयात्रा। गाँव नंदनवन, मदारवास, तहसील मेघराज, जिला साबरकांठा, १६ जून, २००४

४९

गरीब कल्याण मेला : सेवा का महायज्ञ

गरीब कल्याण मेले की जो शृंखला शुरू हुई है, उसकी केवल गरीबों में ही आशा है, ऐसा नहीं है। देश की आजादी के बाद से एक सुशासन (गुड गवर्नेंस) हो, समाज का एक वर्ग इसका विचार करनेवाला है। स्वराज्य प्राप्त हुआ, सुराज्य भी प्राप्त हो, इस हेतु भी कुछ लोग मंथन करते रहे हैं। एक बड़े वर्ग द्वारा मात्र गुजरात में ही नहीं, समग्र देश में इस बारे में मंथन और चिंतन हुआ है। भाई, सरकार की योजनाएँ तो हमेशा ही उत्तम होती हैं, पर कई बार सरकार की उत्तम योजनाएँ समाज के अंतिम पंक्ति के अंतिम व्यक्ति तक पहुँचाने में पूर्ण नियोजन, कार्यान्वित नहीं होने के कारण इच्छित परिणाम प्राप्त नहीं होते हैं। साठ वर्ष से शुभ परिणाम प्राप्त करने हेतु मंथन और चिंतन करने के बाद भी कोई रास्ता दिखाई नहीं देता है। ये गरीब कल्याण मेले सुराज्य हेतु कितना योगदान दे सकते हैं, गरीब कल्याण मेला अध्ययन के लिए एक उदाहरण स्वरूप है।

अभी दो दिन पूर्व मैं दिल्ली में था। वहाँ मैं कई अन्य राज्यों के कर्ता-धर्ताओं से मिला, प्रशासन के वरिष्ठ अधिकारियों से मिला, कई मुख्यमंत्रियों से मिला, भारत सरकार के प्रशासकीय अधिकारियों से मिला। इन सबके लिए एक कौतुक था कि यह गरीब कल्याण मेला क्या है? इतनी अधिक राशि आप नीचे के तबके तक कैसे पहुँचाते हैं? सब मुझसे प्रश्न पूछते थे। मैं अपने उद्बोधन में कहता था कि ५० गरीब मेलों का आयोजन करूँगा और २५ लाख परिवारों तक जाऊँगा तथा १५०० करोड़ रुपए बड़ी राशि का वितरण किया जाएगा; परंतु दिल्ली में मुझसे इसके बारे में पूछा जाने लगा तो मैंने गांधीनगर के अपने कार्यालय से दूरभाष से पूछा कि यहाँ सब लोग मुझसे बहुत से प्रश्न कर रहे हैं तो आप सब मुझे एकदम सही आँकड़े बताओ और मैंने जब वे आँकड़े देखे तो मैं स्वयं ही आश्चर्यचकित रह गया। कारण, अभी तक तो मैं दौड़-दौड़कर सब हिसाब लगाकर १५,००० करोड़ की बात करता और यही आँकड़े बताता था। अब

आँकड़े बता रहे हैं कि इस गरीब कल्याण मेले में लगभग २६,००० करोड़ रुपए बाँटे गए हैं, उसका सीधा-सादा अर्थ है कि जैसे-जैसे यह गरीब कल्याण मेला प्रसार पाता गया, अलग-अलग कार्यालयों (डिपार्टमेंट) को भी लगने लगा कि हम भी इस कार्य में सहयोग दे सकते हैं—अर्थात् कल्याण मेले में कार्यालयों के बीच एक स्पर्धा शुरू हो गई। अच्छा भाई, आपका कार्यालय इतना कर रहा है तो हम इतना करेंगे। गरीब कल्याण मेले के कारण तहसील-तहसील में स्पर्धा होने लगी। आप १,००० लोगों की मदद कर रहे हो तो हम १२०० लोगों की मदद करेंगे। जिलों में भी स्पर्धा शुरू हो गई। सुरेंद्रनगर जिला इतना बड़ा है, आप इतना करें तो हम इतना करेंगे। डाँग जिला इतना करेगा तो बनासकाँठा जिला इतना करेगा। हर जिला प्रशासन गरीबों के कल्याण हेतु स्पर्धा में लगा है।

गरीब कल्याण मेले ने सेवा करने की स्पर्धा करने के वातावरण का निर्माण कर दिया है। एक जिले की तुलना में दूसरा जिला गरीबों की अधिक सहायता करे, अधिक-से-अधिक योजनाओं को कार्यान्वित करे। पहले अधिकारीगण सप्ताह में छह दिवस दौड़-भाग करते थे। अब गरीब कल्याण मेला सफल बनाने हेतु सप्ताह में सातों दिन दौड़-भाग करने लगे। कभी-कभी रात को वे देर से घर लौटते थे, पर अब कई बार वहीं रुककर काम करने लगे। इस समस्त प्रशासन ने गरीब कल्याण मेले का प्रजालक्षी आयोजन कर एक श्रेष्ठ उदाहरण पेश किया है।

साठ वर्षों का आपका अनुभव होगा कि किसी सरकार ने आपके सुख-दुःख के बारे में पूछा है क्या? ऐसा एक भी आदमी को अनुभव नहीं होगा। आप राह देख रहे होंगे। किसी ने भी आपकी चिंता नहीं की होगी और आपको इसकी आदत पड़ गई होगी कि कोई कष्ट या पीड़ा को पूछे या नहीं पूछे, अब इस भाग्य में कुछ भी नहीं होने वाला है। गरीब कल्याण मेले में अपने कई परिवार के लोगों को कहते हुए सुना होगा। यहाँ लाभार्थियों को भी शायद आपको सुनने का अवसर प्राप्त हुआ होगा। ये लाभार्थी कहते हैं कि एक अद्भुत वातावरण का निर्माण हुआ है। प्रशासन आगे आकर चिंता करे। वास्तव में यह गरीब कल्याण मेले से हुआ है, ऐसा नहीं है। मैं तो इस बात का मंथन उस दिन से कर रहा हूँ, जिस दिन से आपने मुझे पदभार दिया है।

अभी मैंने एक मूँगफली-चने बेचनेवाले को एक लारी देते समय पूछा, 'अब तक तू क्या करता था?' वह बोला, 'साहब, मजदूरी करता था और सोचता था कि थोड़ी बचत हो तो एक लारी लेकर मूँगफली-चना बेचने का काम शुरू करूँ।' मैंने कहा, 'लारी तो मिल गई, अब कैसे काम शुरू करेगा?' बोला कि रोज थोक व्यापारी के यहाँ से मूँगफली, चना लाकर बेचूँगा और शाम को व्यापारी को पैसा दे दूँगा। अब मैं सरकारी अधिकारियों से कहूँगा कि देखना भाई, इस लड़के को व्यापारी से मूँगफली-

चना मिलता है या नहीं? स्कूल के बाहर खड़ा होगा तो लोग इसे वहाँ से धक्के मारकर भगा तो नहीं देते हैं। वह अच्छी मूँगफली और चने बेचता है या नहीं। इस प्रकार से पीछे पड़कर मुझे गरीब आदमी को स्वावलंबी बनाना है। जैसे आप एक डॉक्टर से दवा लेते हैं तो वह पूछता है कि उसकी दवा से लाभ हुआ या नहीं? दवा समय पर और उचित मात्रा में बताए अनुसार लेता है या नहीं? मेरा भी ऐसा ही मंथन है और मैं सारे प्रशासन से जो इस गरीब कल्याण मेले में से मदद पाकर गए हैं, पूछता हूँ कि उसका लाभ मिल रहा है या नहीं? इससे उसका गुजारा ठीक से हो रहा है या नहीं? उन्हें कुछ और चीजों की आवश्यकता तो नहीं है? जो मेहनत कर आगे आना चाहता है, उसे मुझे पूर्ण सहयोग देना है, ताकि वह कहीं रुक न जाए। किसी को भैंस दी है तो डेयरीवालों से कहा है, इतने परिवारों ने भैंस ली है, इनका दूध आपके यहाँ आता है या नहीं? अच्छी भैंस मिले, इस हेतु आवश्यकता हो तो सहायता करो और इन्हीं सब कार्यों को करने का मैं प्रयास कर रहा हूँ। मुझे सुखद परिणाम तक जाना है।

आपने देखा होगा, बी.पी.एल. कार्ड के लिए लोग नेताओं, अधिकारियों के घर चक्कर लगाते रहते हैं। उन्हें बी.पी.एल. कार्ड चाहिए। आर्थिक रूप से सबल हों तो भी बी.पी.एल. कार्ड चाहिए। आर्थिक स्थिति कमजोर हो और बी.पी.एल. कार्ड ले तो ठीक भी है। बी.पी.एल. 'कार्ड' नहीं हुआ मानो पद्मभूषण हो गया और इसे प्राप्त करने हेतु उचित-अनुचित जो भी संभव प्रयास हो, लोग करते हैं। आज मैं धन्य हो गया। आयोजित गरीब कल्याण मेले का प्रयोजन सार्थक हो गया। हुआ ऐसा कि मैं बलसाड़ जिले के एक आदिवासी पट्टे पारड़ी में था। यहाँ मछुआरों का इलाका है। सामान्य स्थिति के मध्यम वर्गीय लोग हैं। यहाँ जाएँ तो राधनपुर, सांतलपुर, हारीजा जैसे ही गाँव लगते हैं। अंतर है कि यहाँ पानी के कारण पूरा क्षेत्र हरा-भरा है। एक २८-३० वर्ष का जवान मंच पर चढ़ आया और मुझे बोला—साहब, मेरा एक काम है। अधिकारियों को लगा, कोई काला झंडा आदि लेकर तो मंच पर नहीं चढ़ गया है। मैंने पूछा कि भाई, क्या काम है, बोलो और मैंने अधिकारियों को रोककर कहा, इसे बोलने दो, क्या काम है। वह बोला—साहब, मेरा एक काम करो। मेरा नाम बी.पी.एल. कार्ड से निकलवा दो। आप विचार करें कि एकदम सामान्य सा दिखता जवान और मंच पर आकर कहता है, मेरा नाम बी.पी.एल. कार्ड से निकाल दो। मुझे लगा, यह कुछ पागल सा है। सारे लोग आज गरीब ही नहीं, अच्छे खाते-पीते घर के लोग बी.पी.एल. कार्ड चाहते हैं और यह युवक... मैंने पूछा, क्यों भाई? तो माइक के सामने आकर बोला, 'मैं गाँव में मजदूरी करनेवाला सामान्य जवान हूँ। मेरे पास कोई जमीन नहीं है। मैं शाम को भजन जहाँ होते हैं, वहाँ नगाड़ा बजाता हूँ, तबला बजाता हूँ, फिर मैं बैंड बजाना सीखने लगा। वह मुझे आ गया। सरकार ने मेरी १ लाख रुपए से मदद की और मैंने अपनी बैंड-बाजे

की एक पार्टी बना ली है। अब मुझे आस-पास के गाँवों में बैंड बजाने का खूब काम मिलता है। जिस गाँव में मैं बैंड बजाता हूँ, वहाँ के लोग ट्रैक्टर, गाड़ी भेजते हैं और आज मेरे साथ के १५ युवकों की आमदनी इतनी हो गई है कि हमें बी.पी.एल. में नहीं रहना है। इस सरकार के दिए २ लाख रुपए से मैं और मेरे बैंड-बाजेवाले साथी गरीबी में से बाहर निकल आए हैं।' इस गरीब कल्याण मेले ने कैसी अद्भुत ताकत पैदा कर दी है—यह इसका एक ज्वलंत उदाहरण है।

सारे भारत में डाँग जिला सबसे कम विकसित है। वहाँ कोई भी जाना नहीं चाहता। यदि किसी को वहाँ भेजें तो वह समझता है कि उसे सजा के रूप डाँग में भेजा गया है। वहाँ की आदिवासी बहनों ने मुझे ३१,००० रुपए कन्या शिक्षा हेतु दिए। डाँग जिले की आदिवासी बहनें, जिनके पाँवों में चप्पलें नहीं हैं, वे देखने में सामान्य हैं। उन्होंने कन्या शिक्षा के लिए ३१,००० रुपए दिए। मैंने एक बहन से पूछा कि कितनी पढ़ी-लिखी हो, तो बोली, 'हम पढ़े नहीं हैं, पर अब लड़कियाँ पढ़ें, इसलिए इतना रुपया देने आपके पास आई हैं।' सामाजिक चेतना प्रकट करने का यह सर्वश्रेष्ठ उदाहरण है।

इस गरीब कल्याण मेले का संदेश मनुष्य को समाज के लिए कुछ करने की कैसी प्रेरणा देता है? कोई बड़ी औद्योगिक संस्था सामाजिक कार्य करे तो समाचार-पत्र पन्ने-के-पन्ने भर देते हैं। मैं इन औद्योगिक संस्थाओं के बड़ों से कहता हूँ कि देखो, गरीब लोग जिनमें समाज हेतु कुछ करने की चेतना जागी है, बिना प्रचार-प्रसार के कितना काम करते हैं, बिना किसी अपेक्षा के। जाइए, एक बार तो इनके काम को देखकर आइए कि सामाजिक क्षेत्र का वातावरण कैसा होता है। मेरे मन में एक नया विचार आया है कि औद्योगिक क्षेत्र के अग्रगण्यों को अपना सामाजिक दायित्व कैसे निभाना चाहिए और इनका दायित्व कैसे निश्चित करना चाहिए, जिससे गरीबों के लाभ हेतु कोई नई योजना आए। निश्चित परिणाम मिले, ऐसी योजना हो और समाज के सर्वांगीण विकास का सपना साकार कर सके।

गरीबी से लड़ने के लिए मुझे तीन महत्त्वपूर्ण कारण दिखाई देते हैं—पहला शिक्षण, दूसरा परिस्थिति व कष्टों के कारण उत्पन्न दुर्व्यसन (बुरी आदतें) और तीसरा कष्टों के कारण कर्ज के बोझ से लद जाना। शिक्षण के बारे में मुझे सतत दुःख और पीड़ा है। सारे आदिवासी क्षेत्रों की परिस्थिति से मुझे दुःख और पीड़ा है, अंबाजी हो या सांतलपुर हो, मुझे इस सारे क्षेत्र को अशिक्षा से बचाने का बीड़ा उठाना है और लोगों को इस हेतु काम पर भी लगा दिया है। गरीबी से लड़ने के लिए शिक्षा एक बड़ी ताकत है। अभी मुझसे मिलने आए एक भाई से मैंने पूछा, 'सरकार आपके लिए हर प्रकार की सहायता कर रही है, आप मेरे लिए क्या करोगे?' बोला कि मैं गरीब आदमी हूँ, क्या कर सकता हूँ? मैंने कहा, 'एक काम मेरे लिए करो, तुम अपने बच्चों को पढ़ाओ। यह मेरा काम है,

तुम करो।' उसकी आँखों में आँसू आ गए और उसने मुझे वचन दिया कि वह अपने बच्चों को पढ़ाएगा। इसलिए मैं कल्याण मेले में आग्रहपूर्वक कहता हूँ कि अपनी संतानों को पढ़ाओ। वे पढ़ें, इसकी चिंता हमें करनी है।

दूसरी बात दुर्व्यसन (बुरी आदत) की, जो सारे परिवार को नष्ट कर डालती है—शराब, बीड़ी, अफीम। लड़की के हाथ पीले होते-होते रुक जाते हैं। एक व्यसन घर को नरक बना देता है। दुर्व्यसनी आदमी तब तक अपनी जगह से हिलता नहीं, जब तक उसकी इच्छा पूरी नहीं हो जाती है। मुझे लोगों को इन दुर्व्यसनों से बाहर लाना है, बचाना है। घर की बूढ़ी औरतें दिन में दो-तीन रुपए की छींकनी खतम कर देती हैं। यदि वे पैसे बच्चे के दूध के काम आएँ तो बच्चा स्वस्थ हो और आनेवाले कल में गुजरात की जनता तंदुरुस्त हो जाए। गरीब कल्याण मेले में सरकार आपके लिए सबकुछ करने को तैयार है, पर बदले में मुझे भी कुछ चाहिए। यह मुख्यमंत्री माँग रहा है कि जब आप इस गरीब कल्याण मेले से जाएँ तो एक वचन मुझे देते जाएँ कि बुरी आदत हमने मुख्यमंत्री को दे दी है। अब मैं यह व्यसन लेकर घर नहीं जाऊँगा। आप निश्चित रूप से जान लेना कि मुझे व्यसन देने के बाद आपका घर गरीबी से बाहर आ जाएगा और यह मेरी जवाबदेही है। मैं आपसे भीख माँग रहा हूँ कि गरीबी से मुक्ति पाकर आनंदमय जीवन आपको मिल सके, अत: आपसे एक व्यसन की भीख माँगने आया हूँ।

गरीबी के सामने लड़ने में यदि और कोई अड़चन है तो वह है कर्ज। घर की आबरू, अड़ोसी-पड़ोसी, रिश्तेदारों को खराब न लगे और समाज में दिखावा करना हो, इसलिए ऊँचे ब्याज पर घर गिरवी रख, माँ-बहनों के जेवर गिरवी रख, जमीन गिरवी रख यहाँ तक कि अपने बच्चों को भी गिरवी रख रुपया लेते हैं और फिर मूल तो वैसा ही रहता है, ब्याज पर ब्याज भरते जाते हैं। इसमें कई जिंदगियाँ नष्ट हो जाती हैं।

मुझे मेरे इन गरीब परिवारों को कर्ज के बोझ से मुक्त कराना है। इसीलिए राज्य सरकार ने एक बड़ा अभियान चलाया है। गाँव-गाँव में बहनों द्वारा सखी मंडल बनाए गए हैं और बहनें इसमें अपनी शक्ति अनुसार एक रुपया, पाँच रुपए, दस रुपए, पचास रुपए, सौ रुपए इकट्ठा कर एक पूँजी जमा करती हैं, बचत करती हैं और हिसाब रखती हैं। उनकी बचत में सरकार अपनी ओर से कई गुना ज्यादा रकम डालती है। बैंक से उन्हें यह रकम दिलाता हूँ। अब धीरे-धीरे सखी मंडल अच्छा बड़ा कामकाज करने लगा है। अभी-अभी मैंने किसी सखी मंडल को ६ लाख, किसी को १.२५ लाख दिए और पूछा इन पैसों का क्या करोगे? उन्होंने कहा कि हम आवश्यकतानुसार जाँच कर जरूरतमंदों को नाममात्र ब्याज पर धन देकर उनको आर्थिक रूप से स्वावलंबी बनाने का काम करेंगी। उन्हें गरीबी से बाहर लाने की यह एक योजना है।

आज भी बचत अभियान चालू है। सारे राज्य में आज १.२५ लाख से ज्यादा सखी

मंडल तहसील-तहसील, जिले-जिले में काम कर रहे हैं और इन सखी मंडलों को सरकार ने ४०० करोड़ रुपए दिए हैं। अभी मैं दाहोद गया था। वहाँ की बहनों का सखी मंडल १ करोड़ रुपए का प्रबंधन करता है। इस स्वर्णिम वर्ष से अर्थात् चार वर्ष में यह ४०० करोड़ रुपए का प्रबंधन बढ़कर १००० करोड़ हो, ऐसा हमारा अनुमान है, लक्ष्य है गुजरात की प्रजा को कर्ज से पूर्ण रूप से मुक्ति दिलाना। ब्याज-खाऊ लोगों की समाप्ति का पर्व है यह कल्याण मेला

वैसे तो मैं राजनीति के लिए एकदम व्यर्थ आदमी हूँ। वास्तव में, यदि मैं राजनीति के लिए योग्य व्यक्ति होता तो इन दिनों इन गरीब कल्याण मेलों का आयोजन नहीं होना चाहिए। चुनाव आने वाले हों, लोगों से मत लेना हो, लोगों को उलटी-सीधी पट्टी पढ़ाने का काम करना हो और जब ऐसा वातावरण हो तो ऐसा लगना चाहिए कि चलो, कुछ ऐसा काम करें, जिससे मत प्राप्त करने की सुविधा सहज हो; परंतु चुनाव का समय नहीं हो, लोगों से कुछ लेना नहीं हो और तब इस प्रकार के कार्यक्रमों का आयोजन कर यह सरकार अपनी निष्ठा का दर्शन कराए कि हमें तो सच में गरीबी के सामने एक लड़ाई लड़नी है, अन्यथा राजनीति का मोह तो हमें भी होना चाहिए। आप चुनाव के समय ये सब कार्यक्रम करेंगे तो अच्छा रहेगा और अभी करेंगे तो सब भूल जाएँगे। मतपेटी भरने के लिए गरीबों का बहुत उपयोग होता है। मतपेटी ने बहुत से राजनेताओं को चलता कर दिया है। मतपेटी भरने हेतु गरीबों के नाम से अपनी जेब भरनेवाले बहुत हो गए, पर गरीबों को क्या मिला? नेताओं की मतपेटियाँ भर गईं, गरीबों को मौत रूपी पेटी मिल गई परंतु इन सबसे मुक्ति दिलाने के लिए ही तो मेरा यह कल्याण मेला है। गुजरात में नरेंद्र मोदी सबसे अधिक समय तक जमे रहनेवाला मुख्यमंत्री। गुजरात में ३००० दिन से अधिक दिनों तक मुख्यमंत्री के रूप में सेवा करने का जिसे अवसर मिला, ऐसा सबकुछ आपने पढ़ा होगा। गुजरात में सबसे अधिक समय तक मुख्यमंत्री रहा हो, ३ ००८ दिन पूरे होने का अवसर मिला हो तो किस प्रकार के उत्सव होते हैं—ढोल-नगाड़े बजते हैं, फूलों की मालाओं से स्वागत होता है, जय-जयकार होती है, जगह-जगह समारोह होते हैं, मिठाइयाँ बाँटी जाती हैं। जरा विचार करके बताएँ कि ऐसा वातावरण होना चाहिए या नहीं होना चाहिए। परंतु हमने ऐसा कुछ भी नहीं किया, न होने दिया। मैंने कहा, ३,००० दिन मुझे जो सेवा करने का अवसर मिला है, यह किसकी वजह से? ये ३,००० दिन पद पर पूरे हुए, यह नरेंद्र मोदी का पराक्रम है? नहीं। इन ३,००० दिनों तक सेवा करने का अवसर जनता-जनार्दन के आशीर्वाद के स्वरूप प्राप्त हुआ है। इस जनता-जनार्दन ने आशीर्वाद नहीं दिया होता तो तीन दिन भी सेवा करने का अवसर नहीं मिलता। परंतु जब जनता की कसौटी पर पास होकर पार निकल जाते हैं तो एक अनोखा आनंद मिलता है। इसी कारण इन ३,०००

दिनों का पूर्णाहुति मनाने हेतु मुख्यमंत्री का स्वागत-सम्मान हो, इसके स्थान पर ३,००० दिनों तक सेवा करने का अवसर देनेवाली इस गुजरात की जनता-जनार्दन के चरणों में जाकर नमन करूँ, वंदन करूँ, ऋण स्वीकार करूँ, इससे अधिक महत्त्वपूर्ण एवं गौरवपूर्ण अवसर कोई नहीं हो सकता है और इसी कारण से एक विचार आया है। एक तरफ गुजरात जन्म के ५० वर्ष हो रहे हैं, रजत जयंती का अवसर है। दूसरी ओर आपने इस मुख्यमंत्री से ३,००० दिनों तक काम लिया है। अत: दोनों को मिलाकर एक योजना बनाई है कि ३,००० दिवस का गौरव तब होगा, जब गुजरात के जन्म के ५० वर्ष पूर्ण होने के उपलक्ष्य में गुजरात के जिले-जिले में पचास गरीब कल्याण मेलों का आयोजन हो और प्रत्यक्ष रूप में सीधे-सीधे गरीबों को मदद पहुँचाने का काम करें।

योजनाएँ तो अनेक बनती हैं, उन्हें नजर में रखा जाता है। समाचार-पत्रों में बड़े-बड़े फोटो के साथ समाचार भी आते हैं। ऐसा सबकुछ आपने देखा होगा। टी.वी. पर आए, इंटरव्यू हो, चारों ओर वाह-वाह भी हो; पर बाद में क्या? पता ही नहीं चलता। बालक रोज खाना खाता है; पर वह उसके शरीर-वृद्धि में सहायता नहीं पहुँचाता हो तो माता-पिता को चिंता होती है। मुझे भी ऐसा ही अनुभव होता है। इतने बड़े बजट, खर्चा इतने रुपए व्यय हो गए, परंतु हमारे गरीब के परिवारों में परिवर्तन क्यों नहीं आया? इनका शरीर क्यों वृद्धि नहीं कर रहा? कहीं कुछ कमी है। यह कमी भाषण देने से पूरी होने वाली नहीं है। इसका उपाय ढूँढ़ना पड़ेगा और ढूँढ़ने पर उपाय यह मिला कि हम स्वयं गरीबों के सामने जाएँ और उसे उन्हें उनके अधिकार की वस्तु मिले तो स्थिति में बदलाव आएगा। आप राजनेताओं, सरकार के प्रतिनिधियों के भाषण सुनते हैं, उनकी अनेक प्रकार की आज्ञाओं को भी देखते हैं; पर प्रश्न उठता है—सच्चाई क्या है?

अभी भारतीय जनता पार्टी गुजरात के प्रदेशाध्यक्ष ने एक बात कही कि आप दो समाचार-पत्रों के संपादक, दो वरिष्ठ पत्रकार, जिलाधीश, संसद् सदस्य, विधानसभा के सदस्य, पंचायत के नेता ऐसे ५० गण्यमान्य व्यक्तियों को इकट्ठा करके पूछें कि भाई, एक गरीब विधवा महिला को सिलाई मशीन देने की योजना है तो सिलाई मशीन प्राप्त करने हेतु उसे क्या करना चाहिए? आप क्रमवार स्थिति लिख दें, उसके अनुसार जो पूरा वर्णन लिखेगा, उसे दस में से दस अंक दिए जाएँगे। मैं विश्वास के साथ कह सकता हूँ कि रोज सलाह देनेवाला पत्रकार हो, लोगों को धज्जियाँ उड़ानेवाला समाचार का संपादक हो, सलाहकार संसद् सदस्य हो, मंत्री हो, पंचायत का नेता या प्रशासन के अधिकारी हों—इन सबको दस में से शून्य अंक ही मिलेंगे। उन्हें पता ही नहीं कि एक विधवा बहन को पेंशन लेनी हो, सिलाई मशीन लेनी हो तो प्रार्थना-पत्र कहाँ से लेना, कैसे भरना, निवेदन-पत्र कहाँ देना और कहाँ सही हस्ताक्षर करना है। इस पेंशन के पैसे को या सिलाई मशीन को लेने के लिए क्या-क्या करना होता है, कुछ भी पता नहीं। जब

इतने बड़े-बड़े लोगों को पता नहीं है तो उस गरीब महिला को कैसे पता होगा कि सरकारी सहायता कैसे लेनी है? इस विचार से एक निष्कर्ष निकलता कि इनके घर ही सरकारी कर्मचारी अधिकारी जाएँ, न कि ये लोग सरकार को ढूँढ़ते तो इनके घर में शायद अमृत वर्षा सी होगी। पर कई बार ऐसा होता है कि सरकारी योजना तो योजना की जगह ही होती है। गरीब अपनी जगह होता है, परंतु बीच में बिचौलिए घूमते रहते हैं। ये झोला लटकाकर गरीबों के घर पहुँच जाते हैं। डाग अभी श्मशान से घर पहुँचे ही हो, विधवा बहन के हाथों की चूड़ियाँ भी नहीं उतरी हों और झोला लटकाए बिचौलिया पहुँच जाता है और कहता है कि यहाँ सही हस्ताक्षर करो, मैं आपको ५०० रुपए दिलाऊँगा, पर उसमें से १०० मेरा। आपको सरदा आवास योजना में घर हेतु ४०,००० रुपए चाहिए, मैं दिला दूँगा, पर ५,००० मेरे तो आपको घर मिल जाएगा। इन झोलाछाप लोगों की इन मंडलियों ने आजादी के इन साठ वर्षों में लोगों को बहुत ठगा है, उनका बहुत शोषण किया है। अत: अब सरकार और गरीबों के बीच में कोई भी बिचौलिया नहीं चाहिए। यह सरकारी योजना है। आप उसके हकदार हैं। यह प्रजा के पैसे से बनाया हुआ बजट है। इसकी पई-पई गरीबों के काम में आनी चाहिए, गरीबों के घर जानी चाहिए और इसलिए सरकार गरीबों के घर स्वयं चलकर आई है।

एक चपरासी से कलेक्टर आदि सभी को मैंने इस योजना की बात कही तो सभी (छोटे से बड़े) गाँव-गाँव में घूमे, घर-घर घूमे और पता चला कि इन योजनाओं की कहाँ आवश्यकता है। इन सात तहसीलों में घूमकर निष्कर्ष निकाला कि ३२,००० लोगों को इन योजनाओं से लाभ मिलना चाहिए अर्थात् ३२,००० लाभार्थी, ३२,००० परिवार सरकारी लाभ लेने के योग्य हैं। आज इस तंबू के नीचे टी.वी. कैमरे के सामने हजारों लोगों की उपस्थिति में ३० करोड़ की एक बड़ी राशि इन गरीबों के हाथ में दे दी जाएगी।

गरीब आदमी को रहने को घर नहीं हो, पाँव रखने को जगह नहीं हो तो वह कहाँ जाएगा। सरकारी योजना है कि घर-विहीन को, गरीब को घर के लिए प्लॉट देना है, इस प्लॉट को लेने में उस गरीब की आँखों में पानी आ जाता है, वह प्रार्थना-पत्र ही भेजता रहता है। अत: हमने निश्चय किया है कि गरीबों को, घर-विहीन लोगों को ढूँढ़-ढूँढ़कर प्लॉट देने का एक अभियान शुरू करें। सरकार के पास जमीन नहीं है तो गाँवों में जमीन निश्चित करे। आवश्यकता हो तो निजी जमीन खरीदकर गरीबों को दें। मुझे गर्व से कहना है कि सन् १९६० में गुजरात का जन्म हुआ, तब से अब तक जितने प्लॉट गरीबों को दिए गए हैं, उससे ज्यादा प्लॉट इस एक महीने में सारे गुजरात में बाँटे गए हैं और यह कोई छोटी बात नहीं है।

जमीन का मूल्य क्या होता है, यह आप सबको पता है। परिवार में भाइयों के बीच आधा फीट जमीन को लेकर मारा-मारी हो जाती है, सिर-फुटौवल हो जाती है, गाँव में

दरार पड़ जाती है और हम सब जानते हैं कि इन सबका कारण जमीन का मूल्य है। जमीन जीवन में बहुत ताक़त रखती है। अरबों-खरबों रुपए मित्रो! आज के हिसाब से जमीन के भाव गिनें तो खरबों रुपए की जमीन के प्लॉट इस सरकार ने गरीबों के हाथ में दिए हैं। गरीब व आदिवासियों को जमीन की सनद, को देने की बात लोगों ने बहुत की है। जब मैंने सनद देना शुरू किया तो हमारे कांग्रेसी मित्रों ने सुप्रीम कोर्ट में मेरे विरुद्ध फरियाद की है कि मैं राजनीति में जमे रहने के लिए आदिवासियों को जमीन के पट्टे दे रहा हूँ, उसे रोको। कोर्ट में केस किया है, सुप्रीम कोर्ट में। गरीब आदिवासियों के हित में कोर्ट फाँसी से बड़ी कोई सजा तो नहीं दे सकती है। हो जाने दो एक बार, इसमें नया क्या है? गरीबों के लिए होगा न यह, जीवन में इससे बड़ा पुण्य का कार्य क्या होगा? गरीब आदिवासियों को जमीन की सनद देने का काम सारे देश में गुजरात सरकार ने एक अभियान के रूप में शुरू किया है। गरीब आदिवासी आत्मनिर्भर हों, यह मंथन इसके लिए ही किया गया है।

गरीब परिवार की लड़की बड़ी हो गई है। पिता को लड़की के हाथ पीले करने हैं, पर घर में कुछ भी नहीं है, क्या करे? गरीब की लड़की क्या कुँवारी रहे? आप सबको जानकर हर्ष होगा कि राज्य सरकार गरीब की लड़की का मामेरा भरती है और इसके विवाह का सारा खर्च उठाती है। समूह लग्न करे तो सरकार रुपए देती है। आपकी लड़की विवाह करे और रहने को घर नहीं है तो घर देने के लिए सरकार योजना बनाती है। उसके पास रोजगार नहीं है तो 'सखी मंडल' से उसकी व्यवस्था कराती है। गरीब कंगाली का जीवन नहीं जिए, इसकी चिंता सरकार ने की है। कोई बहन विधवा हो जाए तो उसे पेंशन दी है; पर मात्र पेंशन देकर ही उसे छोड़ नहीं दिया है, उसे कुछ प्रशिक्षण भी दिया है, हुनर सिखाया है। उसे सिलाई मशीन चलानी आती है तो सिलाई मशीन देने का कार्य किया है। उसे कढ़ाई या जरी का काम आता है तो उसे जरी के काम का प्रशिक्षण दिया है। उसे रसोई बनानी आती है तो लोगों को घर का भोजन मिले, इस हेतु टिफिन बनाकर दे सके, उस हेतु आवश्यक सामान की व्यवस्था कर उसको भी प्रशिक्षण दिया है, उन्हें प्रशिक्षित कर आत्मनिर्भर जिंदगी जीने की व्यवस्था की है। विधवा बहन, गरीब की बेटी विधवा हो जाए। यह विधवा लड़की समाज में कष्टमय जीवन जिए, यह हमें स्वीकार नहीं, इसकी चिंता भी सरकार ने की है।

कोई बालक विकलांग हो तो उसकी चिंता सरकार ने की है। अनेक बेटियाँ ऐसी हैं कि स्कूल में रोज उनके सिर में दर्द होता है। माता को इसकी शिकायत भी आती है। घर में माँ-बाप पिटाई करते हैं कि तुझे पढ़ना नहीं है, इसलिए सिरदर्द का बहाना बनाती हो; पर उस गरीब को पता नहीं कि उसकी बेटी की आँखों में चश्मे का नंबर आ गया है और इस कारण से उसे पढ़ते समय सिर में दर्द रहता है। सरकार ने स्कूल में पढ़नेवाली

एक-एक लड़की के आरोग्य का परीक्षण करवाया है और लगभग ४०,००० लड़कियों की आँखों में चश्मे का नंबर आया था। उन्हें चश्मे लेकर दिए हैं। सैकड़ों की संख्या में लड़कियों को गंभीर रोग थे। किसी को हृदय का ऑपरेशन करवाना था, किसी को पेट की आँत के ऑपरेशन की आवश्यकता थी। किसी को फेफड़े में तकलीफ है, किसी को कान से सुनाई नहीं देने का कष्ट था। यह सब खर्च मुख्यमंत्री कोष द्वारा गरीबों की बीमार संतानों की देखभाल के लिए किया है। वयवंदना का कार्यक्रम किया है और इसके अतिरिक्त किसी बंधु की मृत्यु हो जाए और परिवार में से अग्निदाह की व्यवस्था संभव नहीं हो तो अंतिम संस्कार करने का भार भी इस सरकार ने अपने सिर पर लिया है। माँ के गर्भ से लेकर अंतिम यात्रा तक मेरी गरीब माता को सहायता करने हेतु पग-पग पर इस सरकार ने अनेक कार्यक्रमों का प्रबंध किया है। यह सब इसलिए नहीं कि आप कंगाली में जीवन बिताओ। यह इसलिए भी नहीं कि आप हमेशा राह देखें कि अब सरकार मदद को आएगी। नहीं, यह सब तो इसलिए हो रहा है कि गरीबी के सामने लड़ने की इच्छाशक्ति मजबूत बने। यह सब इसलिए कि गुजरात की धरती से गरीबी को नेस्तनाबूद करना है, गरीबी के कलंक से मुक्त होना है और इसी के लिए यह सब मंथन है।

राजीव गांधी कहते थे कि दिल्ली से एक रुपया निकलकर गाँव तक पहुँचते-पहुँचते १५ पैसे भर रह जाता है। बीच में रुपया घिस जाता है। कहाँ घिस जाता है, पता नहीं चलता है; परंतु भाइयो, यह एक रुपया गांधीनगर से निकलकर आप तक आया है। उसके पूरे १०० पैसे आपके अपने सामने हैं और ये पूरे १०० पैसे गरीब के घर में जाएँ, इस हेतु किया गया है यह आयोजन अर्थात् 'गरीब कल्याण मेला' इसका नाम है बिचौलियों का अंत। इसका नाम है गरीबों में आत्मविश्वास पैदा करने का प्रयास। इसका नाम है गरीबी से लड़ने का एक जन-आंदोलन। इसी कारण यह गरीब कल्याण मेला आपको नई शक्ति देता है, नई चेतना देता है, नया सामर्थ्य देता है, नया विश्वास देता है। इस स्वर्णिम जयंती में गरीबी से लड़ने के संकल्प के साथ सरकार का प्रयास सफल हो, इसकी अभ्यर्थना है।

आप सब जानते हैं कि यहाँ गरीब कल्याण मेले में चार तहसील की बहनें आईं। इसमें ४५,४५० गरीब लाभार्थी थे। गाँव-गाँव व घर-घर जाकर हकदारों को हक मिले, इसका सरकार ने मंथन किया है। यहाँ ४० करोड़ रुपए इन हकदारों में बाँटे। सरकार की तिजोरी उड़ाने का हक हमारे पास नहीं है। हम तो चौकीदार हैं। हमारा काम है तिजोरियों की पाई-पाई का सदुपयोग करना, अच्छा काम हो और यह राशि जरूरतमंद आदमी तक पहुँचे, बस इतनी जवाबदेही इस सरकार की है और इसी में से इस गरीब कल्याण मेले का विचार उत्पन्न हुआ है।

विगतकाल की सरकारों ने भी योजनाएँ बनाई थीं। सभी सरकारें योजना बनाती हैं, बजट में एक निश्चित राशि रखती हैं। आज आप गुजरात में किसी भी दिशा में २५ किलोमीटर में घूमें तो हर जगह किसी-न-किसी प्रकार का विकास होता दिखाई देगा। कहीं रास्ता बन रहा होगा, कहीं नाला बन रहा होगा, कहीं अस्पताल बन रहा होगा, कहीं स्कूल बन रहे होंगे। गाँव में चौपाल पर बड़े-वृद्ध लोग बैठकर हुक्का पीते-पीते बात करते हैं, ऐसी चर्चा कई गाँवों में होती है। यह हमारा स्नेही मोदी इतने रुपए कहाँ से ला रहा है? ऐसा कहते हैं और चर्चा भी करते हैं। कारण—आज तक लोगों को सरकारी तिजोरी में आनेवाला पैसा कहाँ जाता है, यह पता ही नहीं था। पहली बार गुजरात की जनता को पता लगने लगा है कि यह रुपया यहीं उनके पास ही आ रहा है। यह रुपया तो यहीं पैदा होने लगा है और यह सब पहली बार गुजरात की जनता देख रही है।

गरीब कल्याण मेले के आयोजन से धीरे-धीरे लोगों में स्व की भावना जन्म ले रही है। वे आत्मनिर्भर हो रहे हैं। किसान को ट्रैक्टर क्यों नहीं मिले? गरीब कारीगरों को आवश्यक औजार क्यों नहीं मिलें? अब देखो, कोई सुथारी काम के औजार ले गया, कोई दरजी के काम के औजार और सिलाई मशीन ले गया, कोई वायरमैनों के औजार ले गया। मैं जानता हूँ कि इस देश का आदमी आलसी नहीं है, कंगाल या लाचार नहीं है। उसे दूसरे के सामने हाथ फैलाकर माँगना अच्छा नहीं लगता है। उसे कठोर मेहनत करनी है। वह गरीबी और कंगाली का जीवन जीना नहीं चाहता है। उसे तो मात्र एक ऐसे सहारे की आवश्यकता है, जो उसे स्वनिर्भर बनने में सहयोग करे। इस गरीब कल्याण मेले से उसे सहारा मिल जाए। वह गरीबी से लड़ाई लड़ने को तैयार हो जाए, यही मेरा प्रयास है।

हर माँ-बाप की एक ही इच्छा होती है, कि वह अपनी संतान को गरीबी देकर मरना नहीं चाहता है। माता-पिता चाहते हैं कि उनके बच्चों के भाग्य में गरीबी न हो। ऐसे सपनों को साकार करने के लिए ही गरीब कल्याण मेले का जन्म हुआ है और यह सारी गुजरात सरकार अपने सारे मंत्रिमंडल के साथ आपकी सेवा में है। यह कल्याण मेला इस कटकी या दलाली को नेस्तनाबूद करने का स्थान है, अर्थात् बिचौलियों को नेस्तनाबूद करने का मेला। आज मैं एक ही प्रार्थना करता हूँ कि अब किसी को भी कटकी या दलाली के लिए एक नया पैसा भी नहीं देना है, चाहे वे किसी भी प्रकार का दबाव पैदा करें। घबराएँ नहीं, मैं आपके साथ हूँ। यह सबकुछ आपका ही है। मुझे सारे गुजरात को इन जेबकतरों से बचाना है। मैं चौकीदार के रूप में यहाँ बैठा हूँ और यदि हम निश्चय कर लें कि हमें गरीबी के खप्पर में से बाहर आना है तो हम आ सकते हैं। चाहे कितनी भी तकलीफ झेलनी पड़े, गरीबी से हम बाहर आ सकते हैं। मेहनत करनी

पड़े तो करेंगे। ऐसा अपने भाग्य में कोई लिखवाकर नहीं लाया है कि आप गरीब जनमे हैं तो गरीब मरें भी ।

मुझे गरीब आदमी की जिंदगी बदलनी है, उसमें बदलाव लाना है। इस बदलाव को लाने के लिए एक व्यवस्था के भाग रूप में उसे मकान मिले, साधन मिले, गौरवमय जीवन जीने का अवसर मिले और जो भी उत्पादन करे, उस हेतु बाजार मिले, माल का प्रचार हो, उसे ब्रांड मिले, उसकी वेबसाइट बनाए। आप विचार करो कि गरीब व्यक्ति की जिंदगी का संपूर्ण संघर्ष गुजरात की इस सरकार ने उठा लिया है और गरीब कल्याण मेला उसी का एक स्वरूप है।

मैं गरीब कल्याण मेले में आ रहा था, तब यहाँ के मूल निवासी लोग एक गीत गा रहे थे। वह गीत सुनकर लगा कि सच यह तो गरीब कल्याण मेले की आत्मा का दृश्य रूप है। जो गाने के अंश मुझे याद रहे, वे मैं आपको सुनाता हूँ—'चलो रे चलो, लाएँ नया परिवर्तन, हाँ नया परिवर्तन, हाथ में हाथ मिलाकर आओ, लाएँ नया परिवर्तन। नहीं बीच में आए कोई बिचौलिया—आओ हाथ बढ़ाओ, हाथ बढ़ाओ, लाएँ नया परिवर्तन, नहीं रहना है अब गरीब, घर-घर जाकर कहना है। अब किसी को गरीब नहीं रहना है।' ये गीत के कुछ अंश भर हैं बहुत उत्तम भावना के। मेरे इन गरीब परिवारजनों ने बड़ी उमंग से गाया और मुझे लगा, मेरा यहाँ इनके बीच आना सार्थक हो गया।

बनासकाँठा जिले के इस मेले में गरीब परिवार के लोग यहाँ आए। कल्याण मेले में जिले की सारी तहसील, सभी गाँव और सभी लाभार्थी शामिल हुए। १,६७,००० लाभार्थी आए और १२७ करोड़ रुपए हाथोहाथ बाँट दिए। इसकी कितनी आलोचना हुई होगी, आप सबको पता है। इस जिले में पाँच वर्ष में विकास के लिए १२५ करोड़ रुपए का उपयोग हुआ हो, ऐसा भाग्य यहाँ के गरीबों में नहीं था।

मुझे एक लड़की बहुत मोटी मोजड़ी दे गई। मैंने पूछा कि यह पाँव में पहनने की मोजड़ी है या खूब ठंड लगे तो पहनकर सो जाने के लिए है? फिर मैंने पूछा कि बेटा, तू क्या पढ़ती है? तो उसने उत्तर दिया, 'मैं दसवीं कक्षा में पढ़ती हूँ।' मैंने पूछा आगे तुम्हारा क्या विचार है? कहने लगी मुझे बहुत पढ़ना है। गाँव में घर के अंदर मरे हुए जानवर लाकर उसकी चमड़ी से मोजड़ी बनानेवाली लड़की, जिसका सपना है कि उसे बहुत पढ़ना है। यही मेरे इस गरीब कल्याण मेले की सफलता है। लोगों में एक विश्वास पैदा हुआ है।

मैं अभी अमरेली जिले के राजुला गाँव में गया था। एकदम पिछड़ा हुआ गाँव। मछुआरे की जिंदगी है। वहाँ एक गरीब लड़की, जो बचपन से अपंग है, उसे तीन पहियों वाली साइकिल दी और पूछा कि पढ़ने-लिखने का क्या हाल है? उसने कहा कि साहब, मुझे बहुत पढ़ना है और आपसे एक छोटी सी विनती करती हूँ। मैंने कहा

कि बोलो, क्या कहना है? उसने कहा—साहब, इस तीन पहियों की साइकिल के स्थान पर स्कूटी दे दो। मैंने पूछा, पहले कभी कोई साइकिल चलाई है? बोली—नहीं, और उसे स्कूटी चाहिए। मैंने कहा—बेटा, मैं तुझे धन्यवाद देता हूँ। गरीब झोंपड़ी में जनमी, जन्म से अपंग लड़की स्कूटी पर घूमने का सपना देखती है। बस यही बात! गुजरात के अंदर गरीब के सपने कैसे साकार हुए हैं। यही उसका रहस्य है।

गरीबी से लड़ना हो तो समाज में अपार शक्ति छिपी हुई है, उस शक्ति का पुजारी बनना पड़ेगा। गरीब कल्याण मेले में आनेवाले लोगों ने एक बार जरूर सोचा होगा कि सरकार हमको क्यों याद कर रही है? इन गरीबों को लगा होगा कि हमको सरकार ने कार्यक्रम में क्यों बुलाया है? आप सबको लगा होगा कि अभी चुनाव का समय तो नहीं है, फिर क्यों बुलवाया है? सामान्यतया जब चुनाव होता है तब गरीबों को बुलाने का रिवाज है और यह रिवाज पिछले ६० वर्षों से चला आ रहा है। गरीबों को कोई बुलाए तो उसके मन में तुरंत एक ही विचार आता है कि चुनाव आ रहा होगा, इसलिए हमें याद किया है। ६० वर्ष से इस देश के गरीबों को मात्र मनुष्य के स्थान पर वोट बैंक बना रखा है। मुझे इस वोट बैंक की प्रथा को ही तोड़ना है। गरीब भी एक आदमी है। उसमें भावना है, उसके सपने हैं, उसकी भी आशा और आकांक्षा है। इनके सपने पूरे करने के लिए कुछ करना है। ६० वर्ष से आपके जो सपने मात्र कल्पना में हैं, उन सपनों को साकार करना है, उनमें प्राण फूँकने हैं और इसी कारण गरीब कल्याण मेले का आयोजन किया गया है।

इन गरीबों को हमेशा कर्ज में ही जीना है। आपने देखा है कि अधिकांश गरीब गरीबी से बाहर नहीं निकल पाते। उनके कई कारणों में से एक है, खूब ऊँचे ब्याज पर लिये हुए रुपए। १० रुपए का कर्जा लिया तो वह २ रुपए तो पहले ही रख लेता है और ८ रुपए देकर बही-खाते में १० रुपए लिख लेता है। उसके उपरांत यदि थोड़ी बहुत जमीन है तो वह जमीन लिखवा लेता है, साइकिल हो तो साइकिल लिखवा लेता है। कुछ भी नहीं है तो तुम्हारा लड़का सारे जीवन मेरे घर पर काम करेगा, ऐसा लिखवा लेता है। इन ब्याजखोरों की जमात ब्याज पर पैसे देकर गरीबों का मूल धन तो एक तरफ रहा, ब्याज का बोझा ही इतना बढ़ा देती है कि दो-दो पीढ़ियाँ भी कर्ज उतार नहीं पाती हैं। दूसरी ओर, गरीब आदमी मूल रूप से बहुत ही प्रामाणिक होता है, ईमानदार होता है। एक बार ब्याज पर पैसा लिया, फिर चाहे जो हो, जिस दर पर भी ब्याज लिया, उसके मन में एक डंक रहता है—मुझे किसी के पैसे डुबोने नहीं हैं। चाहे मैं गरीब हूँ, घर बेचकर फुटपाथ पर रहना पड़े, रोटी खाने को नहीं मिले, भूखा रहना पड़े, चाहे बच्चों को पढ़ाई से वंचित करना पड़े, परंतु कर्ज चुकता करके ही मरूँगा। इसी चिंता में वह कर्ज में डूबता चला जाता है, ब्याज का बोझ बढ़ता जाता है। पत्नी के पास चाँदी के

दो-चार छोटे-छोटे जेवर हों तो वे भी बिक जाते हैं। इस प्रकार की व्यथा में गरीब को जीना पड़ता है।

इस बड़ी मुसीबत से बाहर निकलने का रास्ता क्या है? गरीब परिवार को ब्याज के चंगुल से बाहर लाकर कर्ज से मुक्त करना हो तो उपाय क्या है? हमने रास्ता खोज लिया है। गाँव-गाँव में जाकर माता-बहनों को विश्वास में लिया, भाई-बहनों को विश्वास में लिया। भाई लोग तो कुछ भी गड़बड़ कर सकते हैं। गाँव-गाँव में बहनों को समझाया, आप दस बहनें इकट्ठा होकर मंडल बनाओ।

हम यदि कोई अच्छा काम करें तो गरीब आदमी भी अच्छे काम के यज्ञ में कुछ-न-कुछ आहुति देने को तत्पर हो जाता है। इसका उदाहरण मुझे हिम्मतनगर में मिला। एक गरीब नाई को कल्याण मेले में उसके उपयोग के साधन दिए तो उसने उनका ठीक ढंग से उपयोग कर वहाँ एक दुकान खोल ली। उसका काम बहुत अच्छा चलने लगा। वह मुझसे मिलने मोड़ासा आया. कन्या हेतु २५१ रुपए दिए और कल्याण मेले का आभार माना। समाज में अच्छा काम हो, ऐसी भावना उसमें थी।

वाकानेर में मदारियों के लिए मकान इस शर्त पर बनाए कि वे अपने बच्चों को पढ़ाएँगे। आज उनके बच्चे साँप और नेवले से खेलने के स्थान पर कंप्यूटर के माउस से खेलते हैं। यहाँ बनासकाँठा में पशुपालन का काम गरीबों ने शुरू किया है और आज दूध के उत्पादन से वे सुखी हो गए हैं और बच्चों को अच्छी तरह से पाल रहे हैं, पढ़ा रहे हैं। गरीबी से लड़ने हेतु कितने-कितने मार्ग अपनाए हैं।

बिचौलिए अब भयभीत हो गए हैं। दलाल नए ठिकाने ढूँढ़ रहे हैं और कह रहे हैं कि यह कैसा बुलडोजर आया है कि सब एकदम मुसीबत में आ गए हैं। मुझे पता है, इनको क्या तकलीफ पड़ने वाली है। इन सबकी धमधमाती दुकानें बंद हो गई हैं। सरकार के सामने चलकर आने से गरीबों की जेब कटना बंद हो गई है और अब ये नए उपाय सोचेंगे। सरकार के ऊपर अलग-अलग प्रकार के आरोप लगाएँगे। समाचार-पत्रों में अनर्गल छपवाएँगे और गलत बातों का प्रचार भी करेंगे। मैं तो एक निश्छल पवित्र काम करने निकला हूँ और इस कारण हर प्रकार के आरोप, कष्ट और संकट का सामना करूँगा। मेरी यह जिंदगी यदि गरीबों के काम नहीं आती है तो सरकार चलाकर क्या करना है। यह सरकार तो गरीबों के लिए ही चलानी है। यह सरकार गरीबों के कल्याण के लिए, गरीबी मिटाने के लिए काम करेगी। मेरी माता स्वाभिमान भरा जीवन जीएँ, इसलिए काम करेगी। इसी हेतु इस कल्याण मेले का आयोजन हुआ है। मैं और मेरे साथियों ने एक दूसरा आदेश भी निकाला है। हमने अपने अधिकारियों से कहा है कि इस गरीब कल्याण मेले में किसी गाँव में ३० लोगों को लाभ मिला है, किसी गाँव में ५० लोगों को। सरकार से मैंने कहा है कि लाभार्थी साथीदारों के नाम गाँव की चौपाल पर

रखे बोर्ड पर लिखो कि हमारे गाँव से इतने लोगों को लाभ मिला है। इनके नाम के सामने जो भी सामान मिला है, उसे भी लिखो, जैसे—किसी को ट्रैक्टर मिला, किसी को सिलाई की मशीन मिली, जमीन का प्लॉट मिला। सारे गाँव को पता लगेगा कि किसको क्या मिला। उदाहरण के लिए, मोहन भाई को यह मिला है। अब सब लोग आश्चर्य से कहेंगे कि मोहन भाई के नाम का कोई लाभार्थी तो हमारे गाँव में नहीं रहता है। ये मोहनिया कहाँ से आ गया। शायद कोई गलत आदमी गाँव में घुस गया है। वह तुरंत पकड़ा जाएगा। इतने सारे लोगों में एकाध गलत आदमी घुस गया तो उसे ढूँढ़ना बड़ा मुश्किल है। गाँव में तो सभी एक-दूसरे को दादा-परदादा तक से परिचित होते हैं। अतः तुरंत गलत आदमी का पता लग जाएगा। लड़का डॉक्टर है, घर में गाड़ी है और उसका नाम गरीबों की सूची में आ गया है, उसका नाम भी बोर्ड पर होगा। बोर्ड पर नाम देखते ही वह शर्म से पानी-पानी हो जाएगा। हमने रस्ता दिखाया है। आपकी प्रगति के सामने जो भी अड़चन है, उसे दूर करने का प्रयत्न हमने किया है और यह सब आपकी ताकत से ही तो किया है। मुझे आपसे ही तो बल मिलता है।

गरीबी के सामने लड़ने के लिए सरकार अकेले कुछ नहीं कर सकती है। आपको भी दो कदम आगे बढ़ना पड़ेगा। इस गरीब कल्याण मेले में से गरीबी से लड़ने के लिए जुझारू बनकर पूरी ताकत से आगे आना होगा। शिक्षण लेने से, शिक्षा से ताकत मिलेगी। दुर्व्यसन छोड़ने से ताकत मिलेगी, संस्कारों से ताकत मिलेगी और यह गरीब कल्याण मेला गुजरात की धरती से गरीबी की समाप्ति का एक बड़ा चरण-चिह्न होगा।

बनासकाँठा का विकास बहुत हुआ है, आगे भी होना है। नर्मदा यहाँ पहुँचने के कारण अनार की खेती होगी, अभी अंगूर की खेती होती है। आपने सोचा था कि कभी बनासकाँठा के टमाटर अफगानिस्तान तक जाएँगे। क्रांति आ रही है, दिख रही है, परिवर्तन आ रहा है। इस शक्ति के भरोसे आनेवाले गुजरात के विकास की शक्तिगाथा बन जाए, यही शक्ति गुजरात के इस कल्याण मेले में है।

मुझे बहुत से लोग अब कहते हैं कि साहब, इस मेले में बोल-बोलकर आपका गला बैठ गया है। आप कई महीनों से इस काम में तन्मय होकर लग गए हो। हम देखते हैं कि गरीब कल्याण मेले का आयोजन करते हैं। क्या आप थक नहीं जाते हैं? मैंने इन लोगों से कहा, मुझमें जब से थोड़ी समझ आई, तब से एक भी कुंभ मेला ऐसा नहीं है, जहाँ मैं नहीं गया हूँ और उस मेले में पर्याप्त समय तक रुका नहीं हूँ। कुंभ मेले में जाएँ तो मित्रों से भेंट हो जाती है, साधु-संतों के साथ बैठने को मिलता है। मैंने कहा, इस बार कुंभ मेले में नहीं गया हूँ। कुंभ मेले में जो आनंद आता था, उससे अधिक आनंद और पुण्य मुझे इस गरीब कल्याण मेले में मिल रहा है। यही मेरी गंगा और यही मेरी कुंभ यात्रा है। आज इस गरीब कल्याण मेले में गरीबों की सेवा करने का आनंद महसूस

करता हूँ। छोटे-छोटे बच्चों को देखता हूँ। जिनके हृदय का ऑपरेशन हुआ है, उनको यहाँ हँसते-खेलते देखता हूँ। सब थकावट मिट जाती है। इनके चेहरों पर खुशी देखकर आनंद आता है।

आजादी के ६० वर्ष हो गए। हमारी सोनगढ़ तहसील के एकवा गोलण गाँव में बिजली नहीं थी। इस गरीब कल्याण मेले के आयोजन में अधिकारी गाँव-गाँव गए और ६० वर्ष से पड़े इस गाँव को बिजली मिल गई। इस जिले के वारिसदारों के ६६६ काम ५० वर्ष से रुके पड़े थे, वे सब काम इस सरकार के तंत्र ने सामने से जाकर निपटाए। ५१,००० बी.पी.एल. परिवारों के घर बिजली पहुँचाई है। सरकारी इंजीनियर कॉलेज, नर्सिंग कॉलेज हॉस्टल, इक्कीस नए उच्च माध्यमिक स्कूल, टेक्निकल स्कूल, मेडिकल शाखाएँ, गरीबों को श्रेष्ठ शिक्षण मिले, उस हेतु संस्थाएँ खड़ी की हैं। आदिवासी बालक को हेलिकॉप्टर उड़ाना आए, इस हेतु हेलिकॉप्टर पायलट ट्रेनिंग की व्यवस्था की गई है और ३४ बच्चों को कनाडा भेजने की व्यवस्था की है। हमारे कोटवाडिया भाइयों के लिए भी योजना बनाई है। सैकड़ों वांस तालीम भवन में अच्छी शिक्षा देकर रोजगार मिले, इसका भी प्रबंध किया है।

हम दिल्ली में बैठी केंद्र सरकार से ५.५ रुपए किलो गेहूँ खरीदकर गरीबों के घर में चूल्हा जले, इस हेतु मात्र २ रुपए किलो में गेहूँ देते हैं और हम ऐसा करते हैं तो दिल्ली की सरकार को अच्छा नहीं लगता है। दुर्भाग्य है कि केंद्र सरकार सारा दोष राज्य सरकारों पर डाल देती है। सारे देश में आज २.५ प्रतिशत कृषि उत्पादन की दर है और गुजरात में दर यह १० प्रतिशत है। गुजरात ने गेहूँ उत्पादन कर दिल्ली के गोदाम भर दिए हैं।

भाइयो, यह हमारे देश का दुर्भाग्य है कि भूतकाल में केंद्र सरकार कभी भी राज्यों को बदनाम करने का काम नहीं करती थी। बहुत बार ऐसा बनता था कि लोग निष्फल हों तो दोष अपने ऊपर ले लेते थे। अभी सी.एन.जी. के भाव हमने बढ़ाए। व्यवस्था तो हमें देखनी है। पेट्रोल के भाव आप बढ़ाएँ तो आपके पास कारण हैं। हम सी.एन.जी. के भाव बढ़ाएँ तो कारण आपको मान्य नहीं। मीडिया से निवेदन है कि कुछ अच्छा करो और नहीं कर सकते हो तो व्यर्थ लोगों को गलत राह पर तो न ले जाओ। गरीब आदमी के लिए आवाज उठाने का काम और उत्तरदायित्व मीडिया का है।

इस गरीब कल्याण मेले में हमें अनेक सिद्धियाँ प्राप्त हुई हैं। संभव है, कहीं कमजोरियाँ भी रही होंगी। उसे आप स्वीकार नहीं करें, यह कहने की हिम्मत मुझमें है। आपको कमजोर वस्तु मिली हो, दिखाई दी हो तो एक पत्र लिखकर मुझे बताना। मैं उसे ठीक करूँगा। आप ५०० ग्राम आलू लें और दो आलू खराब हों तो तुरंत बदल लेते हैं, पर यदि आप ५०० किलो आलू ले तो उसमें कुछ खराब आलू आ सकते हैं, सब आप

देखेंगे, तभी पता चलेगा। इसी प्रकार इस गरीब कल्याण मेले द्वारा लाखों-करोड़ों, वस्तुओं का लेन-देन है। कहीं गलती हुई हो तो बताएँ, हम उस कंपनी को या औद्योगिक इकाई को ब्लैक लिस्ट कर देंगे। आप हमको इसके बारे में बताएँ तो सही।

यह बात एकदम सच है कि सरकारी योजनाओं का लाभ सार्वजनिक रूप से, हजारों लोगों की उपस्थिति में बाँटने का प्रयास शायद कोई अन्य सरकार नहीं कर सके। हमने यह हिम्मत की है, यह एक कठिन काम है। शायद इससे प्रजा का विश्वास बढ़ेगा। यह तभी बनता है, जब सच्चे मन से विश्वास पैदा होता है। सामान्य मानव को जब विश्वास हो जाए कि गरीबों का कल्याण करने की सही दिशा और मार्ग हमने अपनाया है। इस सरकार ने सामने से चलकर २ अरब रुपए जैसी बड़ी राशि यहाँ भावनगर में ९० हजार लाभार्थियों के हाथों में मात्र चार घंटे के अल्प समय में रखी। क्या कभी आपने विचार किया या सोचा कि २ अरब रुपए जिले के अर्थतंत्र को मिले तो उसका कितना विकास होगा। कल्पना से बाहर ऐसी एक जबरदस्त विकास की दौड़ में गरीबों का योगदान है। इस प्रकार के वातावरण का सृजन यह गरीब कल्याण मेला सफलता से कर रहा है।

हम एक ओर गरीबी से लड़ रहे हैं, दूसरी ओर महँगाई गरीबों के लिए नई-नई विपत्तियाँ खड़ी कर रही है। भयंकर महँगाई के कारण गरीब के घर में चूल्हा नहीं जलता। बहनें परेशान हैं इस महँगाई से। जिस पैसे से महीने भर घर का काम चल जाता था, उससे अब आठ दिन काटना भी मुश्किल लगता है। गरीब के बालक को शरीर के लिए प्रोटीन चाहिए। दाल से प्रोटीन मिले और आज दाल एक असंभव वस्तु बन गई है। इन गरीबों का क्या होगा ? आज तो सच बोलना असंस्कार है। दिल्ली सरकार से महँगाई की बात करें तो आपको विवेकहीन, कुसंस्कारी, असभ्य आदि प्रमाणपत्र मिलते हैं।

मैं ही नहीं, सभी लोग (विरोधी भी) जानते हैं कि गरीब कल्याण मेले गरीबों की ताकत हैं, उनकी आस्था हैं और उसी आत्मा की पूजा करने के लिए मैंने गरीब कल्याण मेला आयोजित किया। उसकी सच्चाई, उसमें छिपी शक्ति, उसमें समाए स्वप्न इन सब को एकत्रित कर गरीब कल्याण मेला गरीबों के जीवन में चेतना लाने का एक सार्थक प्रयास है।

□

---

* विविध गरीब कल्याण मेलों में दिए गए भाषणों के संपादित अंश

उपसंहार

दोनों खंडों में ३४२ गरीब कल्याण मेलों में ३७,६९,४७७ लाभार्थियों को कुल ४,८५९.०५ करोड़ रुपए की सहायता दी गई है, जिसमें अनुसूचित जाति के ४,७३,५७० लाभार्थियों को कुल ४२६.४१ करोड़ रुपए की सहायता, अनुसूचित जनजाति के १०,१३,७०७ लाभार्थियों को कुल १,२१९.९६ करोड़ रुपए की सहायता सामाजिक व शैक्षणिक रूप से पिछड़े वर्ग के १०,६२,००१ लाभार्थियों को १,०७५.८३ करोड़ रुपए की सहायता; जबकि अन्य श्रेणी के १२,२०,२४२ लाभार्थियों को कुल २,१३७.०३ करोड़ रुपए की सहायता प्रदान की गई है।

कल्याण मेले की फलश्रुति

अब तक गुजरात में गरीब कल्याण मेले दो खंडों में आयोजित किए गए। प्रथम खंड (२३ दिसंबर, २००९ से २२ फरवरी, २०१०) में राज्य के २२ जिलों में दो-दो और नर्मदा, डाँग, दाहोद एवं पोरबंदर जिले में एक और अहमदाबाद शहर में दो, इस प्रकार से कुल पचास कल्याण मेलों का आयोजन किया गया था।

प्रथम खंड में २१,१२,२७३ लाभार्थियों को कुल २,७४१.७१ करोड़ रुपए की सहायता दी गई है। इसमें अनुसूचित जाति के कुल ३,२६,२९ करोड़ रुपए की सहायता, अनुसूचित जनजाति के कुल ६,१०,१४९ लाभार्थियों को कुल ७६६.२८ करोड़ रुपए की सहायता, सामाजिक व शैक्षणिक दृष्टि से पिछड़े वर्ग के लोगों के कुल ५,०४,८९५ लाभार्थियों को ५२५.७५ करोड़ रुपए की सहायता, अन्य श्रेणी के ६,७६,९७८ लाभार्थियों को कुल १,१२३ करोड़ रुपए की सहायता प्रदान की गई है।

इसके बाद जुलाई व अगस्त २०१० के मध्य राज्य में २२४ ग्रामीण तहसील और ए ग्रेड की १८ म्यूनिसिपैलिटियों, बी ग्रेड की ३३ म्यूनिसिपैलिटियों तथा ७ म्यूनिसिपल कॉर्पोरेशनों में १७ मेले—इस प्रकार २९२ गरीब कल्याण मेलों का सफलतापूर्वक आयोजन किया गया।

दूसरे खंड में कुल १६,५०,२४७ लाभार्थियों को २,११७.५३ करोड़ रुपए की सहायता दी गई है, जिसमें अनुसूचित जाति के १,५३,२७९ लाभार्थियों को कुल ९,९८२ करोड़ रुपए की सहायता, अनुसूचित जनजाति के ४,०३,५५८ लाभार्थियों को कुल ४५३.६८ करोड़ रुपए की सहायता, सामाजिक व शैक्षणिक रूप से पिछड़े वर्ग के ५,५७,१४६ लाभार्थियों को कुल ५५५.०८ रुपए करोड़ की सहायता और अन्य श्रेणी के ५,४३,२६४ लाभार्थियों को १,०१३.९५ करोड़ रुपए की सहायता दी गई है।

हाथोहाथ की गई सहायता

योजना का नाम	*लाभार्थियों की संख्या*	*सहायता राशि करोड़ में*
आवास योजना	४,६१,१२४	१५४२.९४
रोजगार योजना	३,६२,२०७	३४७.६६
कृषि संलग्न योजना	३,७६,८२३	२८६.६६
सामाजिक सुरक्षा	७१,५९८	१२.५५
महिला व बाल विकास योजना	३,०४,१८७	२२.८९
समाज कल्याण योजना	१,०४, ८०६	१५.७०
अन्य योजनाएँ	२०,८८,२८०	२६३०.८३
कुल योजनाएँ	**३७,६७,५२०**	**४,८५९.२४**

५०

समरसता के सेतु : नरेंद्र मोदी

अहमदाबाद में २६ अप्रैल को गुजरात के मुख्यमंत्री श्री नरेंद्र मोदी के लेख व भाषणों पर आधारित पुस्तक 'सामाजिक समरसता' का लोकार्पण हुआ। पुस्तक का संपादन 'नमस्कार' पत्रिका के संपादक किशोर मकवाना ने किया। यहाँ पर लोकार्पण कार्यक्रम में नरेंद्र मोदी ने जो उद्‍गार व्यक्त किए, उसका संपूर्ण हिंदी भाष्यांतर प्रस्तुत है—

'सामाजिक समरसता' नामक इस पुस्तक का मूल्यांकन अलग-अलग लोग अलग-अलग ढंग से करेंगे। किसी को इसमें चिंतन की धारा महसूस होगी तो कोई इसे सामाजिक एजेंडे के रूप में देखेगा। किसी को साहित्य की कृति लगेगी तो किसी को विविधतापूर्ण विचारों का समूह लगेगी। यह पुस्तक अलग-अलग लोगों के लिए अलग-अलग अनुभूति उत्पन्न करने वाली है; परंतु जहाँ तक मेरा मानना है कि यह न तो कोई साहित्यिक कृति है और न ही सामाजिक एजेंडा। मेरा मानना है कि यह संपूर्ण कृति एक ही विचार से उद्‍घाटित हो रही है। मेरे मन में जो समय-समय पर विचार आए, यह पुस्तक उसी का समुच्चय है। मेरे अंतर्मन में जो संवादों की अखंड एवं अविरल धारा बह रही है, यह पुस्तक उसी की एक छोटी सी झलक है।

इस देश में एक तरफ एक ऐसा वर्ग खड़ा हुआ है, जिसने समाज को कोसने का काम किया है। उनका मानना है कि समाज में जो कुछ भी है, वह नकारात्मक है। ऐसे विचार पर आधारित एक वर्ग देश में काम कर रहा है। आज इस देश की समस्याओं में एक कारण यह भी है। इस चिंतन के इतर एक वर्ग ऐसा निकला, जो सदा यही कहता रहा है कि यह सब श्रेष्ठ है। कोई कमी हो ही नहीं सकती है। मेरा मानना है कि आज तक इन्हीं दो चरम विचारों के बीच देश की सामाजिक अवस्था का मूल्यांकन होता रहा है। अलग-अलग लोगों ने अलग-अलग ढंग से ५,००० वर्ष पुरानी सामाजिक परंपरा और व्यवस्था का मूल्यांकन करने का प्रयास किया है। कुछ लोगों को क्रांति का मार्ग

दिखा और उन्होंने यह तय किया कि जो भी पुराना है, उसे छोड़ दिया जाए, उसे समाप्त कर दिया जाए। उन्होंने कहा कि नया निर्माण किया जाएगा। कितनों ने पुरानी व्यवस्था को बनाए रखने में अपनी पूरी ताकत लगाई, क्योंकि उन्हें लगा कि यह सब जरूरी है। बदलाव लाना दोनों ही चाहते थे; लेकिन किसी ने भी लोकतांत्रिक मार्ग को अपनाना उचित नहीं समझा। उनको कायाकल्प का मार्ग चाहिए था। आत्मा अक्षुण्ण रहे और काया बदले। कदाचित् क्रांति का मार्ग तात्कालिक रूप से आकर्षित जरूर करता है, प्रसिद्धि भी मिल जाती है, लेकिन इस मार्ग में सिद्धि की कोई गारंटी नहीं है। समाज को दोष-मुक्त करने के लिए कायाकल्प की जरूरत है। आत्मा को सुरक्षित रखकर समाज को दोष-मुक्त बनाकर नए ध्येय, नए उत्साह, नई प्राण-शक्ति के साथ आगे बढ़ना हमारे कार्य का लक्ष्य होना चाहिए। हमारे समाज की यह एक विशेषता भी है। कई बार अपने समाज के बारे में हमें गलत बोलने की आदत हो गई है, क्योंकि सत्य हमारे तक पहुँचा नहीं है; किंतु अपना समाज ऐसा है कि जहाँ ऐसे महापुरुषों ने जन्म लिया, जिन्होंने अपनी पूरी जिंदगी समाज को सुधारने में लगा दी।

परिवर्तनशील हिंदू समाज

दुनिया में परिवर्तन स्वीकार करने की ताकत बहुत कम लोगों में होती है। एक बार अमेरिका सरकार के निमंत्रण पर मुझे वहाँ जाना पड़ा। वहाँ हिंदुत्व की चर्चा चली। मेरे बारे में बहस करनेवालों को पूरी जानकारी थी। वे मेरी पृष्ठभूमि जानते थे। मैं आर.एस.एस. वाला हूँ, इसीलिए उछल-उछलकर मेरे साथ चर्चा करने लगे। उनको ऐसा लगा था कि हम लोग घोर अतीतवादी हैं। हम लोगों को वे कोई परिवर्तन नहीं करने में विश्वास रखनेवाला मानते थे। उस समय मेरे मन में जो विचार आया, वह उनके सामने रखा। मैंने कहा, दुनिया के सभी समाजों में मृत्यु के बाद की जो क्रिया होती है, उसके लिए कोई समाज बदलाव के लिए तैयार नहीं होता है। सबको ऐसा लगता है कि अंतिम क्रिया परंपरा के अनुसार ही होनी चाहिए। विज्ञान जो कुछ भी कह ले, लेकिन आपके पिता की मृत्यु के बाद आप अपने समाज की परंपरा से बाहर जाने की सोच भी नहीं सकते हैं। उस समय लोग यही कहते हैं कि पहले क्रिया कर लो, बहस बाद में कर लेना। संपूर्ण विश्व में एकमात्र हिंदू समाज ऐसा है, जो किसी जमाने में काशी में गंगा किनारे चंदन की लकड़ी पर अग्नि-संस्कार का घोर समर्थक था। पूर्वजों को उसी से मोक्ष की प्राप्ति होगी, ऐसा वह मानता था; लेकिन आज ऐसा नहीं है। हिंदू समाज ने समय के साथ अपनी मानसिकता में परिवर्तन कर लिया है और अब यह मानता है कि अपने गाँव में बहनेवाली किसी भी नदी के किनारे अग्नि-संस्कार होगा तो भी चलेगा। कालक्रम में इसमें भी बदलाव आया। अभी अपने ही गाँव के

किसी भी छोटे श्मशान में अंतिम क्रिया कर दी जाती है। गंगाजल लाकर छिड़क देंगे तो भी चलेगा। चंदन की लकड़ी नहीं मिले तो कोई फर्क नहीं पड़ता है। अब चंदन के छोटे टुकड़े डालकर भी विधि पूरी कर ली जाती है। बदलाव तो यहाँ तक आया कि बारिश के कारण लकड़ी गीली हो तो टायर भी जलाया जाने लगा है। लोगों ने यहाँ तक साहस किया कि अब विद्युत् श्मशान में भी अंतिम क्रिया होने लगी है। अब तो सौर ऊर्जा से संचालित श्मशान में भी अंतिम क्रिया होती है। वडोदरा में इसका प्रयास प्रारंभ हो गया है। मृत्यु के बाद इस प्रकार के परिवर्तन को स्वीकारनेवाली दुनिया में एकमात्र हिंदू जाति ही है। इस एक मुद्दे पर अगर लेखा-जोखा किया जाए तो मालूम होगा कि समाज में परिवर्तन स्वीकारने के लिए कितनी ताकत की जरूरत होती है।

इस समाज के मूलभूत दोषों में बदलाव कौन लाएगा? सामाजिक जीवन के अंदर हमारे जो पूर्वज कह गए हैं, हमारे बाप-दादा कहकर गए हैं, उसको क्यों स्वीकार करें हम? आज भी अस्पृश्यता के बारे में अलग-अलग विचार मन में रखनेवाले एक-दो आदमी मिलते हैं, यह हमारी बदनसीबी है। आज से ४०० साल पहले कैसी स्थिति थी! और ऐसे समय में कोई नरसिंह मेहता अस्पृश्यता-निवारण के लिए अपनी ही जाति के खिलाफ संघर्ष कर रहा हो, यह कितनी बड़ी बात है। कितनी बड़ी सामर्थ्य उनके पास थी। कितनी प्रतिबद्धता होगी उस महापुरुष में। 'अहं ब्रह्मास्मि' कहनेवाला समाज, ईश्वर के साक्षात्कार को स्वीकार करनेवाला समाज, नमस्ते कहने के साथ अपने अंदर जो परमात्मा है, उसको दिन भर प्रणाम करनेवाला समाज। तू दलित माता के गर्भ से पैदा हुआ है, इसलिए हम दोनों अलग हैं—इस प्रकार की विकृति कब तक झेलता रहेगा? समय-समय पर इस विकृति के विरुद्ध महापुरुषों ने आवाज उठाई। सौराष्ट्र के अंदर गंगा सती २०० वर्ष पहले राजपूत परिवार की कन्या उस वक्त वह गीत लिखती थी, काव्य गाती थी और पढ़ती थी। समाज को संस्कारित करने का प्रयास करते हुए उसने अपनी एक पंक्ति में कहा है—

'जातिपणुं छोडी ने अजाति थाउरे, काढवो वरण विकार रे,
जातिने भाँति नहीं, हरिकेरा देशमा रे, एवी रीते रेउ निर्मल।'

(जाति-पाँत छोड़कर जाति-विहीन बनना और अपने मन से जाति की विकृति निकालकर निर्मल बनने की बात गंगा सती ने अपने भजन में कही है।) २०० साल पहले एक राजपूत कन्या, जिसका ग्रामीण परिवेश में विकास हुआ, वह भी समाज का दर्शन करते समय कहती थी, ये जातिभेद छोड़ दो। समाज में बदलाव लाने के लिए कितने सारे प्रयास किए गए।

समाज में एक वर्ग ऐसा भी है, जिनसे ऐसा लगा कि आर्थिक व सामाजिक स्थिति

ठीक होगी, तभी समस्या का समाधान होगा। एक सवर्ण का लड़का और एक दलित का लड़का डॉक्टर हो जाए तो बात पूरी हो जाएगी। मुझे लगता है कि समता अंतिम लक्ष्य नहीं है। समता तो मात्र एक पड़ाव है, एक स्टेशन है। समरसता अंतिम लक्ष्य होना चाहिए। बाबा साहेब अंबेडकर इतने पढ़े-लिखे व्यक्ति वडोदरा में जब सयाजीराव गायकवाड़ साहब के यहाँ थे। बाबा साहब विद्वान् थे, सामर्थ्यवान थे। गायकवाड़ ने उनको पसंद किया था, लेकिन अर्दली उनको संचिका फेंककर देता था। उनको यह बात अच्छी नहीं लगी। बाबा साहब दलित थे और वह चपरासी था सवर्ण, इसीलिए संचिका उन्हें फेंककर देता था। यह उदाहरण बताता है कि समता समाज का अंतिम लक्ष्य नहीं हो सकती है। समरसता समाज का अंतिम लक्ष्य हो तो ही समस्याओं के समाधान संभव हैं। समरसता की गारंटी यही है—समभाव, योग, ममभाव, बराबर समरसता। समभाव भी चाहिए और ममभाव भी चाहिए। समता और ममता जुड़ी हुई हैं। आर्थिक, सामाजिक अवस्था में परिवर्तन न हो और इससे मेरे इस चिंतन प्रवाह ने मेरे जीवन में जो संस्कार दिए हैं अथवा जो मिले हैं, वह समाज को जोड़ने के लिए हैं। मैं तो हमेशा कहता हूँ कि कोई भी समाज जब तक संवेदना से पूर्ण न हो, करुणा समाज की धारा न हो, उस समाज में भक्ति कभी भी प्रकट नहीं हो सकती है। जिस समाज में भक्ति प्रकट न हो, उस समाज का शक्तिमान बनना संभव नहीं हो सकता है। इसीलिए समाज में करुणा की धारा, समाज में संवेदना का स्पर्श—यह समाज को भक्ति की ओर ले जाता है और यह भक्ति अंततः शक्ति का रूप धारण करती है। यह शक्ति का रूप समाज की चेतना का कारण बनकर युगों-युगों तक इस समाज को संचालित करने का काम करती है।

समरसता के लिए संतों का प्रयास

हमारा भारतीय समाज ज्ञानमार्गी समाज है। इसने ज्ञान पुस्तकों के सहारे नहीं लिया है। दक्षिण में रामानुजाचार्य की एक घटना है। रामानुजाचार्य पवित्र नदी में स्नान करके मंदिर जाते थे। एक दलित समाज की वृद्ध महिला वहाँ सफाई का काम करती थी। उसे जानकारी नहीं थी कि रामानुजाचार्य आ रहे हैं। वह मस्ती में सफाई कर रही थी। रामानुजाचार्य को जाना था और वृद्धा सफाई में व्यस्त थी। रामानुजाचार्य के मुँह से निकला, 'हे अपवित्र वृद्धा! मैं पवित्र होकर जा रहा हूँ और तू बीच में खड़ी है। तुझे इस बात की जानकारी नहीं है। मेरी पवित्रता का क्या होगा?' आचार्य एकदम गुस्से में आ गए। उस वृद्धा को भी लगा कि मेरे से कोई पाप हो गया है। रामानुजाचार्य को जाना है और मैं एक दलित सफाई कर रही हूँ। मैंने क्या पाप किया? मुझसे क्या भूल हो गई है? इससे वह बेचारी सशंकित हो गई, किंतु उसकी अंतरात्मा में से एक आवाज निकली।

उस वृद्धा ने विनम्रतापूर्वक रामानुजाचार्य से एक सवाल पूछा, आपकी बात सही है कि मैं अपवित्र हूँ; लेकिन मैं कहाँ जाऊँ? जहाँ भी जाऊँ, वहाँ पर पवित्रता ही है। मैं अपवित्र देह लेकर कहाँ जाऊँ? मुझे कहाँ जाना है, यह बताइए तो सही। एक छोटे से सवाल ने रामानुजाचार्य के मन-मस्तिष्क को झकझोरकर रख दिया। फिर रामानुजाचार्य उस वृद्धा के पाँवों पर गिर पड़े और कहा कि सच्चा ज्ञान आज तूने मुझे दिया है। ज्ञानी मैं नहीं, तू है। अरे, पवित्रता तो सभी जगह फैली हुई है, फिर अपवित्रता देखनेवाला मैं कौन होता हूँ। मुझसे भूल हुई कि मैंने तुझमें अपवित्रता देखी। माँ, तू तो निर्मल है। तुझे सभी जगह पवित्रता दिखाई देती है।

एक दलित सामान्य वृद्धा, नियमित कूड़ा साफ करने वाली वृद्धा ने रामानुजाचार्य की जिंदगी को बदलकर रख दिया। यह तो हिम्मत उस वृद्धा ने दिखाई और उसके बाद रामानुजाचार्य ने जो हिम्मत दिखाई, वह अद्‍भुत है। अपने वृद्धावस्था में रामानुजाचार्य जब स्नान के लिए जाते थे तो किसी ब्राह्मण के कंधे पर हाथ रखकर जाते थे; लेकिन जब स्नान के बाद मंदिर जाते थे तो किसी चर्मकार के कंधे का सहारा लेते थे। जीवन भर उन्होंने इस परंपरा का निर्वाह किया। एक वृद्धा ने रामानुजाचार्य के जीवन का रास्ता बदल दिया।

स्वामी दयानंद सरस्वती के जीवन की एक घटना है। दयानंद सरस्वती अपने एक भक्त के यहाँ भोजन करने गए। मालूम नहीं था कि भक्त किस समाज का है। जानने के बाद मालूम हुआ कि वह भक्त नाई समाज का है। किसी ने उनसे पूछा कि अरे, आप नाई के यहाँ भोजन करने गए। दयानंद सरस्वती कुछ बोले नहीं। थोड़े दिनों के बाद उस व्यक्ति ने मुंडन कराया, फिर दयानंदजी के पास आया तो उन्होंने उससे पूछा, 'अरे, यह मुंडन कहाँ कराया?' स्वामीजी ने हिसाब पूरा कर लिया।

हमारे समाज की यह संत परंपरा रही है कि जिन्होंने समाज में जो दोष हैं, दुर्गुण हैं, उन दुर्गुणों को दूर करने के लिए निरंतर प्रयास किया है। बाबा साहब अंबेडकर के जीवन की तरफ देखा जाए तो एक बार ऐसा लगता था जैसे कि बाबा साहब सबकुछ तोड़-फोड़ करके रख देंगे। मैं अगर बाबा साहब को देखूँ तो मुझे ऐसा लगता है कि बाबा साहब इस समाज को झकझोरकर सही दिशा में ले जाने के लिए जीवन भर निरंतर मेहनत करते रहे। बाबा साहब कहते थे कि मैंने हिंदू धर्म में जन्म लिया है, लेकिन हिंदू धर्म में मरूँगा नहीं। वह वाक्य धर्मनिरपेक्ष लोगों को आनंद देनेवाला था, लेकिन बाबा साहब ने वही किया, जो उन्हें करना चाहिए था। मैं हिंदू धर्म छोड़ूँगा, इसलिए कि मुझे हिंदू धर्म को हिलाने की आवश्यकता महसूस हो रही है, जिससे वे अपनी भूल सुधारें। धर्मांतरण करूँगा और इसलिए उन्होंने बौद्ध धर्म को स्वीकार किया। बाबा साहब के सामने हैदराबाद के निजाम ने जवाहरात का अंबार लगा दिया था। दुनिया भर के ईसाई

चर्च बाबा साहब को अपने साथ लेने के लिए धन-दौलत का अंबार खड़ा कर देने की बात करने लगे थे; लेकिन बाबा साहब ने उन लोगों के साथ जाना ठीक नहीं समझा। उन्होंने बौद्ध धर्म अपनाया। ऐसे थे हमारे बाबा साहब। उन्होंने कहा था कि इस भारतवर्ष में जन्म लेनेवाले धर्म बौद्ध धर्म को अपनाऊँगा। बौद्ध धर्म बंधुत्व की प्रेरणा देता है। बौद्ध धर्म जोड़ने की जड़ी-बूटी बन जाता है, लेकिन बदनसीबी यह है कि बुद्ध तो जोड़ता, लेकिन प्रबुद्ध परेशानी का कारण बनने लगे हैं। बुद्ध और प्रबुद्ध के बीच का यह अंतर, बुद्ध और प्रबुद्ध के बीच की यह खाई समाज की समस्याओं को बहुत बार जन्म देने का कारण बन जाती है। बाबा साहब प्रबुद्ध थे, लेकिन बुद्ध की शरण में थे। इसी वजह से समस्याओं का निराकरण करने के लिए औषधि बन गए थे।

समरसता जाति-पाँत तक सीमित न रखें

सामाजिक समरसता का संबंध जात-पाँत तक सीमित न रखें। उसका अर्थ बड़ा व्यापक है। अशिक्षित और विकलांग को ही लें। हमारा विकलांगों की ओर देखने का नजरिया अलग ही है। समाज में अगर किसी परिवार में मंद-बुद्धि बालक जन्म लेता है तो मेरे मन में सवाल पैदा होता है कि मंद-बुद्धि बालक ने जिस परिवार में जन्म लिया हो, यह परिवार की जवाबदेही है या समाज की। आप कल्पना करें कि २५-२७ साल के युवा युगल हो और घर में पहली संतान अगर मंद-बुद्धि या विकलांग पैदा हो तो? कितने-कितने स्वप्न देखकर शादी की होगी। कितने स्वप्न देखकर बालक के आने की राह देखी होगी। जीवन में अरमान कितने होंगे उन दोनों के और जब मंद-बुद्धि का बालक जन्म लेता है, तभी से पति-पत्नी अपना पूरा जीवन उस मंद-बुद्धि बालक की सेवा में लगा देते हैं। हमने ऐसे अनेक परिवार देखे हैं। मुझे कई बार ऐसा लगता है कि ईश्वर को उन माँ-बाप पर भरोसा था, अगर मंद-बुद्धि का बालक इनके घर अविरत जन्म लेगा तो उसका वे पालन कर लेंगे। बच्चे की चिंता करेंगे, परंतु मंद-बुद्धि का बालक एक परिवार का न होकर एक समाज का होना चाहिए। सामाजिक समरसता छुआछूत तक सीमित नहीं है। सवर्ण-दलित तक सीमित नहीं है। समाज का दबा हुआ कोई भी वर्ग नारी, अपंग, अशिक्षित, वंचित—इन सभी को ममभाव से कैसे जोड़ा जाए। उसके महत्त्व के विषय से कैसे जोड़ा जाए। इसके लिए हमें सतत चिंतन कर सामाजिक कायाकल्प करने की आवश्यकता है। प्रत्येक युग में हर पल सामाजिक कायाकल्प अनिवार्य है। संतों के आशीर्वाद से अपने आपको सभी तरह योग्य बनाते रहें। समाज की सेवा के लिए समर्पित रहिए, लेकिन समाज को जोड़ते भी रहें। विविधता में एकता इस देश की विशेषता है। हम समाज को टुकड़ों में नहीं देख सकते हैं। समाज को खंडित अवस्था में नहीं देख सकते हैं। और भारत जैसे देश को कश्मीर से कन्याकुमारी,

अटक से कटक तक देश को जोड़ना होगा तो समरसता का सेतु ही समग्र समाज की एकता की गारंटी बनता है। इस देश के लिए, विश्व की मानव जाति के कल्याण के लिए ईश्वर ने बहुत से काम निर्धारित किए हैं। आप विवेकानंद को देखें, अरविंद को देखें, प्रत्येक का एक ही कथन है। ये सब महापुरुष थे, मनीषी थे। उन्होंने कहा था कि भारत की जिम्मेदारी है, भारत को विश्व के कल्याण का मार्ग बताना है; किंतु विश्व के कल्याण का मार्ग बताने के लिए ऐसे समर्थ भारत को खड़ा करना पड़ेगा। इस साधना और तपश्चर्या के लिए राष्ट्र के संतों, महंतों, आचार्यों ने इस समाज को गढ़ने की कोशिश की है। देश की आजादी के आंदोलन की पीठिका देखें। भक्ति आंदोलन न हुआ होता तो देश की आजादी का आंदोलन संभवत: इतना प्रबल नहीं बन पाता।

इक्कीसवीं सदी हिंदुस्तान की सदी बन रही है। ऐसे में देश के कोने-कोने में भक्ति आंदोलन खड़ा हो रहा है। एक नई चेतना ऊर्जा का वातावरण निर्मित हुआ है। इस नई चेतना, नई ऊर्जा ने नई आशा को जन्म दिया है। इस पुस्तक को मुख्यमंत्री के साथ नहीं जोड़ा जाना चाहिए। मुख्यमंत्री को छोड़कर इस पुस्तक का आनंद लें। आप इस पुस्तक या इसमें समाहित शब्द समूह को न देखें, अपितु अपने आसपास बिखरे हुए समाज को देखें। दलितों के दिलों में वेदना क्या होगी, इसकी कल्पना कभी की है? जब तक व्यक्ति खुद नहीं जलता तब तक जलने की अनुभूति नहीं हो सकती है। दलित को होनेवाली पीड़ा जब तक हम आत्मसात् न करें तब तक पीड़ा का अनुभव नहीं हो सकता है। मैंने जीवन जीने की कोशिश की है, उस दर्द का अनुभव लेने की कोशिश भी की है। अस्पृश्यता एक कलंक है, इसे मिटना पड़ेगा। एकरस समाज, सुमधुर समाज और समृद्ध समाज के लिए प्रतिबद्धता दुहरानी होगी। समाज का जन-जन, मन-मन उसकी गतिविधियों का हिस्सा बने, इसके लिए हमें पुरुषार्थ करने की जरूरत है। मुझे विश्वास है कि गुजरात के स्वर्णिम अवसर पर समाज के लिए संवेदना का मेरा एक छोटा सा प्रयास इस समाज के लिए कुछ करने के लिए इच्छा रखनेवाले बहुत सारे लोगों की संवेदना के साथ मुझे जोड़ने का अवसर प्रदान करेगा। इस पुस्तक के माध्यम से मुझे अनेक नए साथी मिलेंगे। अनेक स्नेही भी मिलेंगे, जो समर के नहीं, समरसता के सिपाही बनेंगे। समर के सिपाही तो बहुत मिलेंगे, लेकिन आज समरसता के सिपाहियों की जरूरत है। मैं आप सभी को सामाजिक समरसता का सिपाही बनने का आमंत्रण देता हूँ। बुद्ध के मार्ग पर चलकर समाज को जोड़ने का प्रयास करें। यह जोड़ने का प्रयास हमें शक्ति देगा।

□□□

---

* गुजराती में प्रकाशित पुस्तक 'सामाजिक समरसता' के विमोचन पर मुख्यमंत्री श्री नरेंद्र मोदी का उद्बोधन, २६ अप्रैल, २०१०

नरेंद्र भाई की अन्य पुस्तकें

अन्य संबंधित पुस्तक